中国交通发展综合报告（2016）

《中国交通发展综合报告》编委会　编

中 国 铁 道 出 版 社

2 0 1 6 年·北　京

内容简介

报告主要针对公路、铁路、民航、水运、城市轨道交通等多种运输方式，以2015年为主体，从年度概览、运行分析（包括运输业总体运行情况、运输基础设施情况、运输投融资情况、客运、货运、路网建设规划、运输负债、财政补贴情况）、政策解读、热点研究（包括运价、市场秩序、行政管理改革、信息化、智能化、增值服务）、重点企业、展望（包括结构优化、规划路网、行政管理、市场）等方面进行论述。

本报告研究内容涉及各种运输方式的发展情况，可供相关领域的专家学者以及在校学生在研究、教学中作参考。

图书在版编目(CIP)数据

中国交通发展综合报告．2016/《中国交通发展综合报告》编委会编．—北京：中国铁道出版社，2016.11

ISBN 978-7-113-22475-2

Ⅰ.①中… Ⅱ.①中… Ⅲ.①交通运输业－经济发展－研究报告－中国－2016 Ⅳ.①F512.3

中国版本图书馆CIP数据核字(2016)第260617号

书　　名：**中国交通发展综合报告**(2016)
作　　者：《中国交通发展综合报告》编委会　编

责任编辑：黄　筱　　**编辑部电话**：(010) 51873055
封面设计：郑春鹏
责任校对：焦桂荣
责任印制：陆　宁　高春晓

出版发行：中国铁道出版社（100054，北京市西城区右安门西街8号）
网　　址：http://www.tdpress.com
印　　刷：北京京华虎彩印刷有限公司
版　　次：2016年11月第1版　2016年11月第1次印刷
开　　本：787 mm×1 092 mm　1/16　**印张**：18.75　**字数**：405千
书　　号：ISBN 978-7-113-22475-2
定　　价：98.00元

编委会

目　录

综合交通运输发展篇

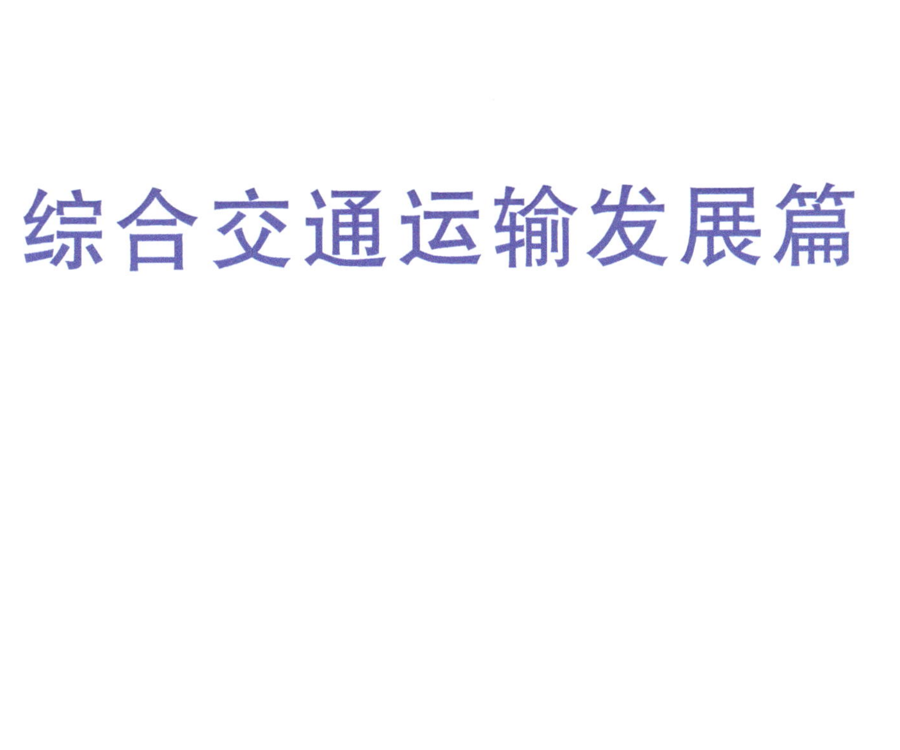

一、2015 年交通运输行业发展简评

(一)交通运输行业运行评述

2015 年是我国交通运输事业发展承上启下的一年，作为“十二五”规划的最后一年，许多建设任务进入到收官的关键阶段，同时作为“十三五”规划编制、准备之年，新思路、新理念掌握运用也成为行业发展中重点、难点。面对各种规划之间衔接和经济发展转型，调结构、稳增长任务也很艰巨，交通运输行业发展呈现一些新的趋势、动向。下文将分别进行简单评述：

1. 交通运输政策环境与社会经济整体发展间的相互协调

“十三五”规划进入制定阶段，至年底中央经济工作会议，初步形成基本政策概念体系，确立了未来一年将是推进结构性改革，全面建成小康社会决胜阶段的开局之年和攻坚之年。做好经济工作要全面贯彻党的十八大和十八届三中、四中、五中全会精神，以邓小平理论、“三个代表”重要思想、科学发展观为指导，加强和改善党对经济工作的领导，统筹国内国际两个大局。

“十三五”规划将按照“五位一体”总体布局和“四个全面”战略布局，将牢固树立和贯彻落实创新、协调、绿色、开放、共享的发展理念，适应经济发展新常态，坚持改革开放，坚持稳中求进工作总基调，坚持稳增长、调结构、惠民生、防风险，实行宏观政策要稳、产业政策要准、微观政策要活、改革政策要实、社会政策要托底的总体思路。

2015 年 GDP 比上年增长 6.9%，创下 25 年新低，经济整体运行承压，党中央和国务院深刻把握经济发展的趋势，认识经济运行内在规律，坚决提出去产能、去库存、去杠杆、降成本、补短板，提高供给体系质量和效率，提高投资有效性，加快培育新的发展动能，改造提升传统比较优势，增强持续增长动力，推动我国社会生产力水平整体改善，努力实现“十三五”时期经济社会发展的良好开局。

交通基础设施投资作为保证经济增长的稳定器，在未来调结构过程中作用愈发明显，同时运输行业面临经济下行、上下游产能和消费的阶段性萎缩会使得经济效益改善变得较为困难。

2. 交通运输行业受到外部新技术、新业态、新模式冲击，传统产业上、下游结构面临重组、调整、融合

电商平台的快速发展形成了围绕电商平台服务的不同的物流与快递公司，对传统商贸流通运输配送构成相当的冲击。“滴滴”“快的”等约租车软件及其平台扩张发展，使得传统出租车行业牌照配额、“份子钱”等成为公众质疑的话题，信息化、网络化管理下等诸多治理问题进一步浮出水面，且有越演越烈的趋势。

O2O 等在线上门服务对于人们生产、生活习惯构成新的冲击，伴随消费升级，啤酒、方便面等传统快速消费品的消费呈现萎缩趋势，各种业态和经营模式演化都对处于底层基础性生产服务型的交通运输、物流业产生较大影响。行业自身兼并重组，流程优化始终

亦步亦趋已经不能有丝毫懈怠,行业竞争压力为过去多年来所未有。

3. 交通运输行业演变过程中,政策供给不足、监管方式、方法与现实企业、行业需求间的矛盾时有突出,行政管理体制、治理方式改革任务十分艰巨

面对经济下行的压力,中央政府多次推出文件,试图通过鼓励和吸引民营资本进入到交通运输等基础公用基础设施领域,以期推动城镇化进程和保持经济稳步增长。我们注意到一些积极作用的 PPP 的文件和政策出台,实际效果与预期仍有较大差距,实践反复证明仅针对投融资改革并不能吸引到足够多的民营资本,很多 PPP 项目最后买单方实际上还是地方政府和银行,投资结构仍较难优化。能否有效开放交通基础设施、市政、能源等建设投资市场,关键还在于能否开放下游服务价格,使服务价格市场化。目前,公共服务价格体制缺乏必要的灵活性,更多的强调公益性,导致契约履行过程中,容易受到媒体公众等影响,增加项目随机性和风险,抑制了民营资本进入意愿,使得其门而不敢入。

此外,随着改革逐渐步入深水区,对于可以预见的新行业、新业态带来的监管问题,是否有提前的政策储备也显得十分重要。例如滴滴快车运营有三年左右时间,行业内已经发生了几次大规模的兼并重组,行业格局发生较大变化,但行业监管政策法规却反应相对较晚。即便是既有法律法规的补充规定也未见出台。现在看来,需要思考约租车是否可以按照属地化管理,由所在地区先根据自身城市特点出台一些监管规范,而不必一定要等到交通运输部拿出行业规范再行动。

可以预见,未来无人驾驶、ETC 支付、停车场收费、城市公交能否使用微信、支付宝支付,这些近在咫尺的服务以及由此带来的监管问题,由于涉及行业领域众多,产品和服务类型复杂,也要提醒有关部门提前进行政策方面的研究储备,以及时应对与公众、金融机构可能带来监管和规范方面的要求。

综上,经济下行的形势下,交通基础设施建设作为宏观经济的稳定器,正在起到稳增长的重要作用,建设任务繁重;另一面,互联网＋、工业制造 2015 带动整个工业生产和社会生活向着更多根本性变化方向演进,运输和物流业内在能力提升与外部环境之间交互产生的问题也较为突出;伴随中国作为全球第二大经济体地位的提升,“一带一路”等外部国与国之间的公共治理任务日趋繁重,而交通运输作为互联互通商贸往来的基础条件,发展和改革的任务也相当艰巨。这一切问题和任务在从“十二五”向“十三五”转变过程中,都十分突出地摆在我们前面,需要妥善应对、积极有效地采取措施,合理应对各种潜在的风险和问题。

(二)交通运输经济运行趋势

1. 货运量增速持续回落,铁路运量呈现断崖式负增长,交通运输行业整体效益低位运行

在 2015 年经济整体下行带动下,三季度 GDP 破“7”后四季度货运量继续回落,四季度经济增速进一步低于三季度。全年铁路货运量增速同比均在－10％以下运行,并有继续扩大趋势;12 月 PPI 指数－5.90％未见反转,如“去产能、去库存、去杠杆”有力推进,不排除未来 PPI 进一步下行的可能,如图 1-1 所示。

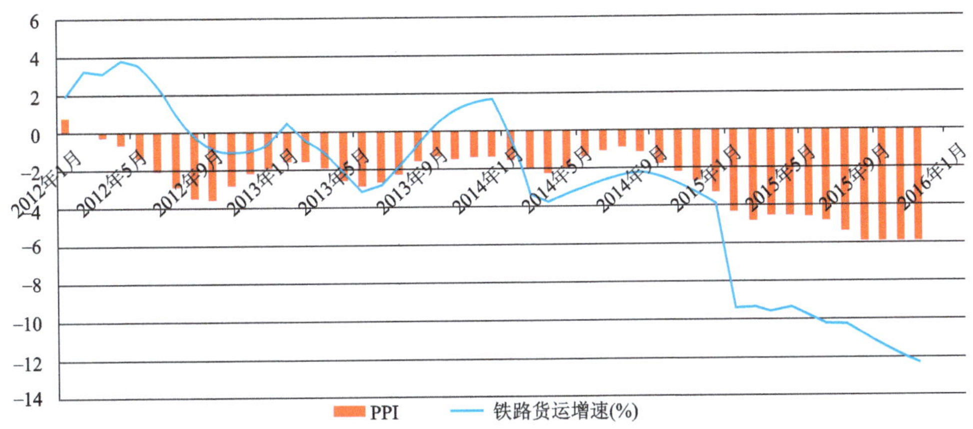

图 1-1　2012 年 1 月—2016 年 1 月 PPI 与铁路货运增速

以工业生产量、价数据结合过去三年趋势判断，即便工业生产增速企稳，未来一年或更长时间经济仍可能处于通缩状态，需求减弱对运输原材来和初级产品运输企业经济效益影响较大，而同时出现的消费需求弱化对与电商相关的快递和物流企业效益也有影响，并将逐渐显现。

2. 美元加息、大宗商品价格暴跌对世界经济影响，正向纵深演进，从新兴国家逐步向发达国家扩散。航运业整体运力过剩继续存在，产业兼并重组内在压力较大

2015 年 12 月 29 日标普道琼斯大宗商品指数显示年度价格下降－32.09%，大宗商品需求和运输处于生产和消费前端，见表 1-1。而进入 2016 年 1 月以来，大宗商品价格指数仍在下行，未来企稳趋势并不明显。我国几家国有大型航运企业，也开始进行兼并和资产重组，以试图降低成本实现规模经济和范围经济。

表 1-1　标准普尔—道琼斯商品斯货指数(S&P GSCI)

截止日期	指数水平	以日计算	以月计算	以季度计算	以年计算
2015 年 12 月 8 日	2 241.62	－0.61%	－5.64%	－13.90%	－30.66%
2015 年 12 月 29 日	2 195.49	1.86%	－7.58%	－15.68%	－32.09%
2016 年 1 月 7 日	2 059.66	－0.75%	－5.11%	－5.11%	－5.11%

2015 年下半年国际油价下跌，各国利用此时机加大石油进口和储备，一定程度推动了油轮运输量和价格变化。受价格下行影响，我国进口大宗商品货值虽有下降，但总量还略有增长。世界经济衰退正从新兴国家向发达国家蔓延趋势，须对美欧日等经济体经济再度下行有所警惕。

3.“稳增长”面临投资力度下降的风险。交通基础设施作为重要稳定经济的投资方向，未来有进一步减弱的可能，需要有所关注

2015 年中国铁路总公司投资完成情况不及 2014 年。进入 2015 年下半年铁路投资呈现大幅下滑迹象。一季度国家铁路基建投资同比增速为 20.9%；二季度增速降至

13.2%;三季度固定资产增速更降至 0.7%。前三季度完成固定资产投资 4 596.49 亿元,占全年计划 57%。

2015 年 7 月 24 日,审计署发布报告指出,中国铁路总公司在铁路建设项目变更设计审批中效率不高,多个铁路项目推进缓慢。2015 年 12 月 10 日审计署发布报告指出,2015 年共有 12 个铁路项目,其中两个铁路项目投资完成率均为 0,5 项工程投资完成率不足 5%,另有 5 个铁路项目投资完成率不足 10%。

整个交通基础设施投资领域"去杠杆"、地方债务也都制约了投资工作推进。化解基础设施投融资问题,对 2016 年"稳增长"将具有重要意义。

4. 各种运输方式经济形势分析

货运:2015 年 1—12 月全社会货运量 450.22 亿吨,增长 4.3%,其中铁路货运量 33.58 亿吨,下降 11.9%;公路货运量 354.52 亿吨,增长 6.4%;水运货运量 62.06 亿吨,增长 3.7%。江海主要港口货物吞吐量 86.24 亿吨,增长 1.2%,其中外贸货物吞吐量 32.3 亿吨,增长为 0.3%。

客运:2015 年 1—12 月全社会客运量 221.45 亿人,增长 0.5%。其中,全国铁路客运量 25.35 亿人次,增长 10%;公路客运量 189.04 亿人次,下降 0.9%;水运客运量 2.71 亿人次,增长 3.1%。

(1)铁路

2014 年为 2012 年货运量同比跌幅最大的一年。2012—2014 年,国家铁路货运量同比分别下降 1.8%、0.4%和 4.7%,货运总周转量同比下降分别为 1.5%、1.4%和 6.5%。从过去 15 年看,铁路货运量增速已经达到一定的平台阶段,增长和下滑都缺乏足够的动力,如图 1-2 所示。

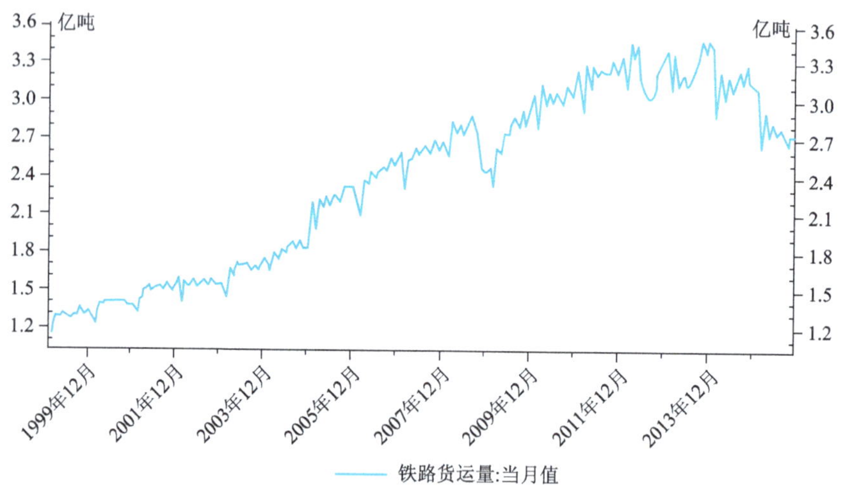

图 1-2　铁路货运量

虽然铁路货运量持续走低,但客运量却形势大好,2015 年,全国铁路旅客发送量 25 亿人次,在 2014 年增长 11.9%的基础上,再增长 6.07%;旅客周转量 1.20 万亿人公里,同比增长 3.45%。

(2)航运

惠誉国际信用评级机构(Fitch Ratings)将航运业的评级展望从2015年的"稳定"调整为2016年"负"。惠誉认为,预期2016年全球经济温和增长,新兴市场经济增速放缓,产能过剩加剧。而航运业信心水平下降。截至2015年11月航运咨询顾问Moore Stephens发布的航运信心指数,显示航运业整体信心呈现持续下行,如图1-3所示。

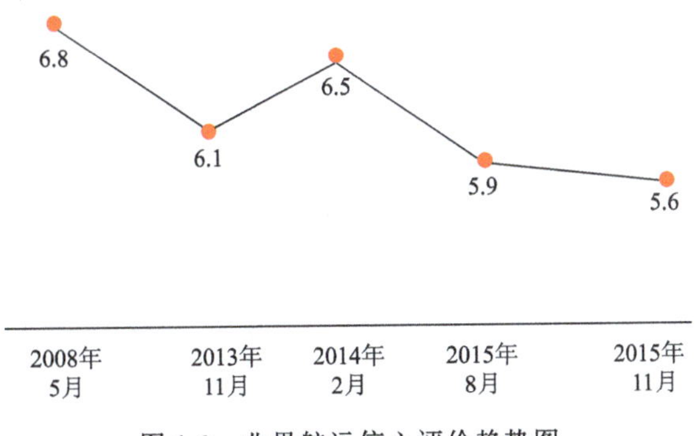

图1-3 业界航运信心评价趋势图

①干散货运输

2015年12月BDI(干散货运输指数)触及471点,相比于2008年5月创出的历史新高(11 793点),BDI指数到现在已经累计大跌96%,如图1-4所示。因我国外贸形势严峻,BDI指数屡创新低,对大宗散货的需求也更疲软。我国产业转型升级和能源结构优化,进一步减少对大宗货物的进口需求,尤其对铁矿石、煤炭的进口量已经达到相当水平。

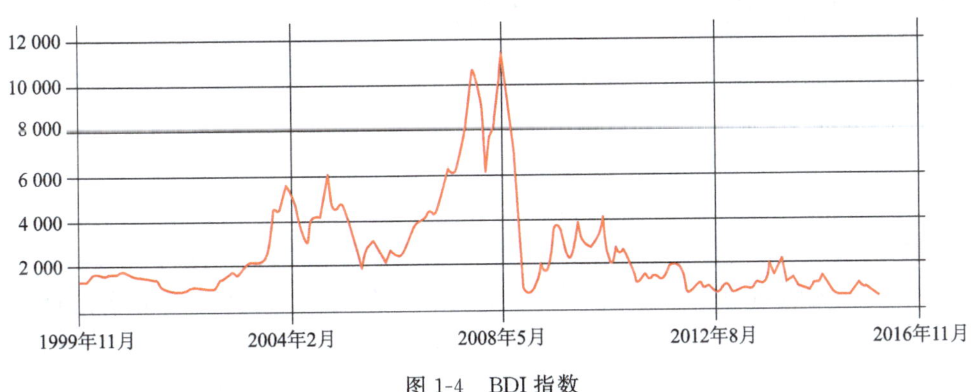

图1-4 BDI指数

随着去产能、去库存、去杠杆等措施不断推进,未来对于大宗商品的影响会进一步加深。2016年大宗散货下游需求仍将下滑,海运需求增长或将出现一定程度下滑,而运力短期内也难进行有效消化,国际干散货海运市场总体情况仍将十分严峻。

②集装箱运输

2016年集装箱船运输能力将增长6%,而2015年需求增量为2%,2016年也仅仅在3%～4.5%间,多重不稳定因素可能导致运费下滑。实施成本控制措施大型班轮公司在2016年还是实现利润,但是实力较弱的航运公司,尤其是干散货公司将继续受到煎熬,预计将有更多公司破产。

③国际油轮运输

2015 年 12 月国际油价创新低。布伦特原油现货价格跌破 40 美元关口。西方圣诞节假日给市场带来成交波动,全球原油即期运输市场运价高位回调。受美国原油库存超预计大增影响,略有企稳的国际油价再度下跌,英美两地价差保持负值。原油贸易市场的供大于求,使油价在数年新低附近徘徊。原油即期运输市场成交减弱,运价高位盘整。月底主要进口航线运价微幅下调,上海航运交易所发布的中国进口原油综合指数全月有所微升。

(3)民航

2015 年 1—12 月,全国民航完成货运量 625.3 万吨,货邮周转量 207.27 亿吨公里,比上年分别增长 5.3%和 10.4%。全年全国民航完成旅客运输量 4.36 亿人次,旅客周转量 7 270.66 亿人公里,比上年分别增长 11.1%和 14.8%。各项数据指标较上月有所回落,但仍处于较快增长区间,快递业的快速发展为民航货运提供重要支撑。

本篇第二、三、四部分以三维层面“综合交通运输”理论的结构维度、功能维度、运作维度分析,研究方法主要以基于典型事件作为分析主轴。具体如:在结构维度分析中,对我国综合交通运输基础设施建设及其适应经济社会水平进行讨论,尤其是一些重大政策背景下的趋势;在功能维度分析中,侧重于不同运输方式功能完善及效率提升,探究综合交通运输体系各部分所发挥作用;在运作维度分析中,讨论交通运输行业治理模式和推进市场化改革的可能路径。

二、结构维度:设施建设与体系构建

(一)交通运输生产运行变化

1. 小汽车消费快速增长,出行选择日趋多样化

小汽车消费进入快速增长期,出行选择日趋多样化。2015 年我国的汽车销量约为 1 890 万辆,而销量世界排名第二的美国则是 1 650 万辆。我国正在成为乘用车的消费使用大国。尽管高速铁路网络不断完善,往返于老家和大城市工作的人群除了选择高铁以外,选择自驾出行也成为重要的出行组成部分。居住在大城市的白领在公共假期自驾出行旅游的比例正在迅速提高,高速公路收费数据尤其是法定假日免费时段更是多次出现拥堵在高速公路上的场面。我国小车消费使用与传统的汽车大国还有一些差异,除了自驾旅行以外,迁徙的作用更多体现在一些在城市务工而老家是农村的人员,由于农村原来的居住地距离高铁站或者高速线网都还有一定的距离,所以他们在节假日,尤其是类似春节这样的假期都选择自驾回家。

每年春节大约 2.45 亿外出务工的人们会离开工作的工厂和城市返回家乡。2015 年全年世界性的油价下跌,客观上也促进了消费者选择购买小汽车,春运期间大城市的出城主干道会被堵得水泄不通。由于驾车人会通过搭载付费乘客分摊成本,车内的空间也十分狭小。与自驾春运不同的,大概还会有 1.45 亿人乘坐火车,约有 2 400 万人会乘坐飞

机返乡。出行多样化正成为交通运输结构中的新变化。

2. 国际油价持续下跌，运输业成本有所下降

从2015年全年航油价格走势看，油价下跌有力地支撑着航空运输业的盈利水平改善，分别从1月、5月、9月航油价格的分析中，可以看出这一趋势。据报道，因航空煤油综合采购成本再次下降触及调价红线，中国民航局发布消息称，2015年1月，国内航空公司国内航班航空煤油综合采购成本下调917元/吨至4 795元/吨。而据了解，航空煤油价格已达到2009年10月以来的最低水平。2015年1月新加坡航空煤油进口到岸完税价4 795元/吨，较上月价格跌946元/吨。受此影响，国内多家航空公司发布燃油附加费下调通知："自今日（2015年1月5日）零时起，800公里（含）以下国内航线下调至10元/人，800公里以上国内航线下调至30元/人"。据了解，这是2015年航空燃油附加费首次下跌，也是自2014年9月以来航空燃油附加费五连跌。国际油价持续大幅下跌给航空公司送来"减负"大礼包受供需基本面逐渐转好影响，配合油价大跌，2015年将是航空股业绩筑底反转的一年。

2015年5月一季度财报出齐，经历了长达5年景气下行后，国内航空业迎来暖春。数据显示，国航、南航、东航、海航2015年一季度净利润为60.63亿元，同比增长约63亿元。2014年同期，这一数字是－2.45亿元。国航、南航、东航、海航一季度净利润分别为16.75亿元、19.03亿元、15.64亿元和9.21亿元，同比分别增长1707%、721.9%、862.9%和427.4%。四大航在财报中均表示，航油价格较低是一季度净利润大增的主要原因。此外，由于一季度人民币对美元汇率中间价贬值幅度大大减少，预计全年很可能超越2010年的盈利高峰。

2015年9月上半年财报表明，在经历近一年来国际油价大幅下跌，东航上半年，平均油价同比降低37.57%，东航航油消耗量约255.81万吨，同比增长13.18%，东航的飞机燃料支出达到人民币105.62亿元，较去年同期减少了29.35%。受此影响，国航、东航、南航、海航营业成本分别同比下降5.7%、5.9%、5.1%、14.6%。

由于燃油价格下跌，航空公司的燃油附加费收入也出现了大幅下降的现象，受此影响，四大航的收入增幅均慢于投入、产出的增速。除了海航外，国航、东航、南航的营业收入均实现了增长，同比增幅分别为4.1%、3.9%、6.2%。收入稳步提升，成本大幅下降，对民航利润增长提升起到了很好的推动作用。从四大航来看，收入、成本增幅形成了明显的剪刀差，国航、东航、南航、海航营业收入与总成本之间的同比增幅差分别为9.8、9.8、11.3、7.0个百分点，其中南航利润增幅最大，同比增加了48.7亿元。

因燃油价格下降，四大航燃油附加费收入随之减少，因此单位座公里营收也在下降。因为单位座公里成本下降幅度更大，带来单位座公里净利的提升，国航、东航、南航、海航单位座公里净利分别达到了0.042、0.045、0.036、0.049元/座公里。在运输旅客人均贡献净利方面，也达到了有史以来的最高水平。在以往年份，一般来说，旅客人均贡献净利基本维持在50元上下，不过在今年这种情况得到了很大改观。国航、东航、南航、海航旅客人均贡献就分别达到了98、86、77、93元，全年有望达到100元左右。

【评述】 国际油价的持续下跌，为包括航空运输业的这个运输业降低成本起到了重

要作用,行业营业收入有较大幅度改进。远洋运输业成本也有较大幅度降低,但相比航空运输业航运业产能过剩局面没有根本改观,尽管成本降低但行业的价格降幅更大,行业生产经营困难仍然较大,也是导致国际航运和国内航运业兼并重组的基本原因。油价走低对国内公路客货运的生产经营情况有一定改善,但是客运受高铁市场挤压生产份额继续萎缩,货运虽有起色但是伴随铁路运能过剩和服务水平提升,以及与供应链需求方议价能力不足等原因,总体盈利水平仍不乐观。

(二)基础设施与设备适应性

1. 铁路建设与投资持续扩张

据报道,2014 年 12 月末,交通运输部部长、党组书记杨传堂部署 2015 年交通运输工作任务时表示,2015 年,交通运输部将全力打好"十二五"收官之战,细化任务,实化措施,确保全面完成"十二五"规划目标任务。公路、铁路等重要交通基建项目完成情况均超过预期,部分领域和地方更是提前完成计划,进入"超产"阶段。

根据铁路"十二五"规划,到 2015 年,全国铁路营业里程达 12 万公里,比 2010 年增长 2.9 万公里(年均增加 0.58 万公里),同比增长 85%;规划铁路固定资产投资规模为 2.8 万亿元,其中 2.3 万亿元为基本建设投资,0.5 万亿元为设备等投资。实际上到 2015 年底,全国铁路里程将达到 14 万公里,远超铁路"十二五"规划的 12 万公里。由于受到"7·23"动车事故影响,2011 年铁路新增铁路里程仅为 2 000 公里,全年仅完成铁路基本建设投资 4 690 亿元。到 2012 年底,我国铁路营业里程 9.8 万公里。2013 年铁路投资建设出现回暖,规划新线投运 5 500 公里,固定资产投资 6 657.5 亿元。2014 年铁路建设迎来了全面回升,不仅投资经过几次上调后达到 8 000 亿元的历史第二高位,开工项目在此前 44 项增至 48 项的基础上,再增至 64 项;2014 年新投入运营的线路要确保达到 7 000 公里以上;2014 年设备投资额由 1 200 亿元增至 1 430 亿元以上。

【评述】 从"十三五"规划看,中国铁路建设的重点将从东部地区转向中西部地区,从重大干线转向中短途城际铁路,"毛细血管"将成为建设重点任务。铁路发展与抓住 2008 年金融危机之后的扩张性的财政和货币政策密切相关。伴随危机后期的工业化中后期对城市化需求,目前看国际经济长期没有得到好转,美国的就业和欧债危机,强化了在 2011 年之后的铁路投资力度,长期看铁路建设投资还将保持较高强度。

2. 电动车研发生产保持强势

据报道,特斯拉认为可以在 2020 年达到年产 50 万辆的目标。但是特斯拉宣布下调 2016 年产能预期 5 000 辆,2016 年每周的平均产能同样从此前的 2 000 辆下调至 1 600~1 800 辆。本应该 2014 年上市的 Model X SUV 延后至 2015 年 9 月之后,Model 3 则要在 2017 年才能面世。

现实是特斯拉能否实现产能跃升才是关键,工业产品只有达到一定的量,才具备规模经济的成本优势,不论特斯拉如何强调期产品的优秀和出色,0 加速到 60 英里仅需要 2.8 秒,并且一次充电可以续航近 300 英里。但是电池和产能这些硬伤没有解决,仍然可能被资本市场所抛弃。

同时，苹果和谷歌都进军电动车领域，并充分利用各自在互联网和操作系统的技术优势，延伸到电动车和无人驾驶的领域。苹果的首款电动汽车可能不是全自动的，长期规划依然是实现类似谷歌的无人驾驶汽车。2015 年 9 月 21 日，苹果公司宣称正加快推进其首款电动汽车的制造和出厂计划，目标发货日期为 2019 年。苹果的汽车项目代号为“泰坦”（Titan，神话中的巨人），该公司计划将现有的 600 人团队扩大两倍至 1 800 人。

苹果致力于电动汽车具有一定的比较优势。通过打造其最成功的电子产品 iPhone，苹果累积了足够专业的电池、传感器和软硬件整合技术，把这些集合到下一代汽车上。未来，智能汽车的领域似乎又要被安卓和 iOS 两大系统瓜分。

【评述】 电动车在渐变当中正在走上制造业舞台中央。未来电动车如果对现有油车进行替代，则工业生产体系势必发生变化，同时运输行业生产组织，尤其是潜在无人驾驶等技术应用都会带来对人工等生产要素的替代作用。未来油价可能还将持续在较低位徘徊，构成对进一步研发电动车的压力。对于特斯拉而言能否在规模量产之前还有资金支持成为关键，但是对苹果和谷歌而言，更多的精力投入在无人驾驶方向，可以有效地避开特斯拉短期难以突破的电池技术上，而可以耐心等待电动车技术成熟后直接在无人驾驶方面介入核心技术市场。

3. 充电桩基础设施尚待时日

据报道，京沪高速公路全线快速充电系统开通。2015 年 1 月 10 日，5 辆电动汽车已率先破冰“京沪行”长途旅行。京沪高速全程 1 262 公里，京沪高速快速充电系统平均单向每 50 公里设一座快充站，电动汽车最快可在 30 分钟充满。充电站电价每度 0.65～0.8 元，同等里程电费支出仅为燃油车的一半。以京沪高速为例，按照平均 150～200 公里充电一次计算，电动汽车只需要充电 6 到 7 次，每次充电 30 度，就能从上海开到北京，全程充电费用不到 400 元。

国家电网已建成 2.4 万个充电桩，形成京沪、京港澳（北京—咸宁）、青银（青岛—石家庄）“两纵一横”网络，续行里程 2 900 公里，规模为世界之最。充电桩可为所有符合国标的电动汽车充电。

【评述】 电动汽车清洁无污染，但长时间以来，充电难题一直困扰着电动汽车的普及。一方面，充电系统前期建设成本高，另一方面，市场上充电设备标准混乱也造成了浪费。电网已经建成的充电站几乎很难盈利，处于亏损状态。

电动车不仅是简单的运输方式或能源使用方式的转变，更为重要的是一种新的工业品的生产。需要上、下游产业链的完善，将带动整个工业生产体系的发展。对于中国巨大市场而言，未来电动车和充电桩可能将会带来巨大连带效应。

4. 快递业与航空资源的整合

据报道，美国洛杉矶时间 2015 年 9 月 23 日上午，在国家主席习近平访美首站西雅图考察波音公司期间，位于杭州空港经济区的杭州圆通货运航空有限公司与美国波音民机集团公司签署合作协议。根据合作协议，圆通订购 15 架波音飞机，成为波音 B737-800BCF 全球启动用户。波音 B737-800BCF（客改货机型）是由目前市场上运行最成熟的客机改造的全货机机型。

在国内快递业航空货运市场上，民营快递顺丰、国资快递 EMS 均有自建的货运航空公司。2015 年 9 月杭州圆通货运航空有限公司(以下简称“圆通航空”)顺利开航后，标志着浙江整个华东地区结束一直没有基地快递航空公司的历史，使国内快递业竞争从地面转向空中。快递业纷纷进入航空市场，或建货运航空公司，或买大型飞机，甚至自建机场。圆通公司则表示，公司已拥有三架波音 737-300 货机，第二和第三架货机将于 2015 年 11 月和 12 月陆续投入商业营运。圆通以此加快推进“航空为主、汽运为辅”的提速步伐。

与此同时，奥凯航空有限公司、ATSG 西部有限公司、唯品会等中外五方宣布合资组建星邦国际快运航空有限公司，服务国内(含港、澳、台)及周边国际航线。民营快递在航空方面的竞争进一步深化。

【评述】 2014 年中国的快递件量已经超过美国成为全球第一，但中国航空企业现役的全货机总数量不足 100 架，而美国仅联邦快递一家快递企业的自有货机就超过 600 架。对于快递业而言，规模就是效益，网络就是优势，掌握全货机等于握有终极的竞争优势，因此可以想见各家快递在全货机上竞争将相当激烈，未来国内快递市场的全货机需求量将持续上升。

圆通航空的成立和开航，将进一步确立了杭州市作为国家电子商务发展示范城市、快递之都的区域核心枢纽地位。顺丰快递计划将在湖北鄂州建一个专门用于顺丰高端快递的全货运机场，将打造成为顺丰的全国核心枢纽，1.5 小时飞行能覆盖经济人口占全国 90%的的地区。该机场将是全球第四、亚洲第一的货运空港集散中心。快递业成立自己的机队甚至建设自己的机场，客观上可以加强企业核心的快递资产的专用性水平，同时降低下游航空运输企业的议价能力。

(三)区域交通运输模式构建

1. 房地产开发参与城轨建设

2014 年 4 月 24 日、4 月 27 日，绿地集团接连宣布要造哈尔滨地铁 6 号线、9 号线和济南一条地铁线路，三条地铁预计总投资 420 亿元。绿地集团整体上市成为中国最大的房地产企业。绿地通过投资、开发地铁，涉足地铁上盖、地铁商场的开发、建设、运营等多项业务。在此之前，绿地已经签约徐州、南京、重庆地铁项目，自 2014 年进军地铁行业以来，绿地在该领域的总投资规模已达到 1 150 亿元。

事实上，地铁建设很长一段时间并不对社会资本开放。涉足地铁建设的主体中，只有中铁、中建等央企以及一些地方政府所属的市政建设和城投公司。但地铁投资资金量巨大，一直是困扰地方政府的难题。2014 年 10 月，国务院下发《关于加强地方政府性债务管理的意见》(国发〔2014〕43 号)，此后相关文件文相继出台，针对地方政府债务管理提出了严格规定，厘清政府与企业融资关系，政府不再为项目“背书”，避免再度增加地铁建设举债及还贷压力。在政策压力下，地方基础设施建设陆续尝试探索 PPP (Public-private Partnership)公私合作模式。如绿地参与投资建设的徐州项目，即以“项目投融资建设+施工总承包+物业开发”模式推进。项目前期由房地产公司投资开发，政府后期对项目股权进行回购。而作为对等的条件,地产公司参与地铁沿线区域的综合功能开发,构建集商业、办公、酒店等功能于一体的地铁上盖城市综合体及配套服务设施。“轨道工程＋区域功能”的整体开发,即用地铁换上盖土地的策略。投资者还通过投资、开发地铁,涉足地铁上盖、地铁商场的开发、建设、运营,以及地铁车厢广告的运营等多项业务。

2014 年绿地旗下的绿地地铁投资公司通过与地方政府、申通、上海建工一起作为 SPV 项目公司的股东,在 SPV 设立后,由项目公司与申通签约运营协议,申通获得运营收入,包括客票收入、广告、电信、站内零售租赁收入、地下空间的收入;与上海建工签订 EPC 项目建设合同,上海建工获得施工利润。运营方还可通过与南北车合作推进机车销售获得利润;施工方有施工利润;机车维养利润等。

【评述】 绿地的城市轨道交通开发模式实际上也为其他城市城投公司所利用,并非有特殊的地方。以地方政府而言,本质上还是以“土地换地铁”模式。这一模式存在两大潜在风险,一是建设地铁需要大量的资金,由于建设周期较长,资金需求巨大容易导致资金链断裂;二是后期投资方进行运营能否有效控制成本也需要经验积累才能做好,更为重要的地铁票价受到较强的管制措施,客观上抑制了现金流的回收。

以北京、上海这些经济较发达城市看,运营之后由于票价较强的管制,财政负担都较重,作为以营利为目的的投资公司而言,能否与政府之间就补贴达成长期的一致也是很难的工作。地铁沿线物业开发营利需要较长的周期,期间金融安排尤为重要,以往很多 PPP 参与者这方面处理起来都不容易。因此,不但要看到抓住基础设施互联互通投资建设的历史性机遇,聚焦全国经济发展能级较高、人口集聚程度较好的省会城市和区域中心城市,以“地铁＋物业”综合开发为核心模式,推动地铁项目落地。还要看到项目实际运营中可能存在诸多问题。需要指出,到目前为止,从财务角度世界各大城市地铁运营只有港铁实现了所谓盈利。

2. 环中心城市的铁路交通圈

据报道,在 2015 年 1 月 29 日召开的中国铁路总公司工作会议上,盛光祖表示,今年铁总将以中西部地区铁路建设为重点,切实做好铁路建设各项工作,确保完成全年建设任务。预计到 2015 年末,高铁运营里程将再增加 2 000 公里,达到 1.8 万公里。到 2020 年,基本实现相邻城市间形成 1～2 小时铁路交通圈。

按照铁总的规划,2015 年末我国将基本建成以高速铁路为骨架,包括区际快速铁路、城际铁路及既有线提速线路等构成的快速铁路网,总规模达 4 万公里以上,基本覆盖 50 万人口以上城市。到 2020 年,路网完善、结构合理、服务优质、安全快捷、技术先进、竞争力强的现代化铁路,将基本实现相邻中心城市间及中心城市与周边城市间形成 1～2 小时铁路交通圈,“人便其行、货畅其流”的目标将逐步变为现实。将进一步加大铁路建设组织实施力度。对新开工项目实行任务书管理,确保新项目如期开工建设。有序组织好年内计划投产项目,确保顺利开通运营。加强路网规划研究论证,做好“十三五”铁路规划建议的编制工作,为铁路未来建设发展提供依据。

【评述】 整体上铁路保持相当建设强度需要持续的资金投入,由此有必要进一步深化铁路投融资体制改革。更为重要的是铁路建设逐渐从长大干线向区际快速铁路、城际铁路及既有线提速线路等转变,铁路建设进入到分类建设阶段,需要不断完善合作机制,尤其是与地方政府和社会企业之间的合作建设和运营城际铁路、市域铁路、资源开发性铁路和支线铁路。

三、功能维度:功能完善与效率提升

(一)功能完善与效率提升

1. 智能网联汽车进展

据报道,在国家工信部发布的"2015 年智能制造试点示范项目名单"中,上海国际汽车城的智能网联汽车试点示范项目入围。国内首个智能物联网汽车试点示范区将落户嘉定,而该项目将以自动驾驶为重点,以安亭汽车城核心区 25 平方公里为主要示范区,逐步扩展到嘉定全区 465 平方公里范围。

智能网联汽车不同于常规汽车,将以自动驾驶为重点,即实现无人驾驶,在一定的环路上行驶,及时地根据路况进行信息感知与故障预警、诊断等。预计未来三年内计划投入示范车辆达到 2 000 辆以上,包括轿车、SUV、轻型客车、公交、环卫车、卡车、物流车等多种车型,其中 400 辆以上安装短距离通信设备、北斗高精度定位设备,可以记录路况信息、车辆运行状况和驾驶员的驾驶行为等,可以实现信息提示、安全预警与控制、绿色节能等智能网联化应用。

以上海汽车博览公园为例,将建设一个由封闭道路构成的智能网联汽车起步示范区,具备智能网联汽车相关技术的测试、验证和示范功能,目前汽车公园内部已有道路构成一个 3 公里左右的环路,另外一条道路将该环路分割成两个小的环路,这部分道路具备弯道、路口等基本道路条件,经过适当改造后可复现智能网联汽车典型测试场景。

【评述】 各地在智能制造方面都不遗余力,希望在未来的产业创业风口有所作为。现在看来智能网联汽车示范区建设需要一段时间,因其开发验证过程需要道路环境、通信环境以及其他智能网联汽车的配合。上述项目的启动将首先建设面向智能网联汽车的测试、验证的环境条件,及相应的数据收集、数据分析、管理监控平台,推动相关标准研讨与制定,再进行推广。

按照计划智能网联汽车能进行信息自感知及故障诊断,车辆可以通过车载摄像头、雷达、超声波等传感器自主探测周边信息,对危险情况作出自主预警与控制,同时还能实现网络通信功能。尽管嘉定区相关机构表示将充分借鉴美国经验,智能网联汽车试点示范区建设涉及车辆智能化改造、多模式通信系统建设、信息服务平台建设、测试验证系统建设等多项关键先进技术,项目的实施今后还将推动各项关键先进技术的研发与产业化。

但是需要指出的是这些前沿的技术需要巨大的投入,需要相当的融资规模,政府介入提高项目成功度的同时,也可能增加项目运行风险。实际上,美国出现的几种技术模式,也没有最后确定哪一种更好,或者更适用。

2. 自动驾驶卡车进展

据报道,德国戴姆勒(Daimler)公布了首款将被批准用于商业用途的自动驾驶卡车。戴姆勒已经和内华达州州长达成协议,并表示这是实现其改变货运安全性和有效性目标的第一步。由于欧洲各国政府在自动驾驶卡车的监管批准方面动作较慢,因此考虑将这种新的自动驾驶技术引入位于美国西南部的人烟稀少的内华达州。之前,内华达州也是美国首批批准自动驾驶小轿车的州之一。目前,这种卡车将只允许在内华达州自动驾驶。一旦跨越州境,驾驶员就必须拿回方向盘的控制权。

自动驾驶系统预计会处理车辆在长途公路上的行驶,而长途行驶目前正是导致驾驶员疲劳的主要原因。该款卡车已在内华达州的公路上开展了数万小时的测试,能够被马上用于全面商业用途,不过戴姆勒将继续监测该车的运作情况。

【评述】 相比自动驾驶技术领域谷歌(Google)在内的新来者的竞争,更多关注轿车自动驾驶技术。奔驰的卡车自动驾驶技术理论将极大地提高干线交通运输能力。换言之,将有可能提升各部门的生产效率水平。面对仓储方面大量无人仓库的使用,卡车自动驾驶技术推进将对运输业生产要素的组合产生重要影响,未来卡车司机职业也将面临洗牌的局面。相比美国和欧洲对于创新技术实验的政策差异,我国有必要加强相关技术和实验标准的政策和法规的储备。一旦新技术推广,原有产业工人如何再就业,道路和车辆安全如何实现都需要相应的准备。

3. 车联网平台的应用

据报道腾讯车联网战略对外发布,车联开放平台(Tencent Automotive Services)基于Android Auto深度定制的操作系统(车联ROM),以及通过微信、QQ连接汽车的"我的车(MyCar)"服务。据介绍,用户可以通过扫描二维码,把自己的车添加成微信或手机QQ好友。车辆出现异常状况时,"我的车"会自动在微信或QQ中提醒你;每天客户会收到"我的车"发来的油耗账单;如有查询违章信息也会及时提醒缴费。

梅赛德斯奔驰成为"我的车"首批合作伙伴,沃尔沃、现代等汽车厂商也已经和腾讯敲定"我的车"的合作。不过按照现有的体系是很复杂的,车和手机之间的通信协议有很多种,不同车型,需要做不同的技术适配。为了要兼容各个不同的车型,现在通过云端相连。任何一款车机的云服务,只要和腾讯云对接就可以解决了。之前,腾讯已悄然布局车联网的多个方面:

2014年5月,腾讯耗资约12亿元入股地图软件四维图新,成为其第二大股东;2015年3月,腾讯和富士康、和谐汽车共同签订战略协议,开始研发智能电动车;2015年8月,腾讯8 500万美元战略领投二手车电商人人车等等。

【评述】 社交软件接入传统的车辆上,其意义重大。车辆使用本质上带来的社交和出行空间的扩展,而社交软件的接入则进一步提高人类出行和社交活动效率。其后带来的各种潜在商业机会极有可能是全方位,交通运输与社交的深度结合将可能成为未来技术趋势。

(二)运输市场竞争与结构

1. 航运业市场整合

据报道,2015 年 8 月 7 日中国远洋、中远航运、中海集运、中海发展分别公告,控股股东拟筹划涉及公司的重大事项,公司股票自 8 月 10 日起停牌。中国最大两家航运业者中远集团以及中国海运正就合并进行协商。合并谈判已进入后期,谈判的焦点是合并两家集团的集装箱航运业务。中远集运和中海集装箱运输分别拥有 175 艘和 156 艘集装箱船,为全球第六大和第七大集装箱公司,二者合计占到全球 8%的运输量。两家公司如果合并,将成为全球第四大集装箱航运公司,仅次于丹麦马士基航运公司、总部位于日内瓦的 Mediterranean Shipping 和法国达飞海运集团。

2015 年 11 月 16 日中外运长航旗下三家上市公司中外运航运、中外运股份和外运发展同时发布公告称:接到中国外运长航集团有限公司的通知,中国外运长航集团正在筹划战略重组事宜。公告内容显示,虽然"该事项的细节尚未确定,且需要获得国资委及相关监管机构的批准",但是"中外运长航作为公司实际控制人可能发生变化"。中外运长航与招商局集团进行重组。

继中远集团和中海集团事实上正在进行的重组之后航运业央企的又一次资产整合,中国航运业将从四家央企最终收缩为两家,从规模和资产上看都将成为全球航运业中规模靠前的企业。招商局集团旗下的航运业务早已经与中外运长航开始在航运业务展开合作,双方将超大型油轮船队拿出来合资成立了中国能源运输有限公司,业务集中于油运,并订购了 10 艘大型油轮。

【评述】 2015 年国资体系瘦身将是一大任务,国企发展模式将从增量发展变为存量组合。下一步,建筑、电力、铁路等产能过剩行业的众多央企,还将面临大规模的合并重组。2015 年将会是国企大重组、大整合的一年。中远集团、中海集团、招商局集团和中外运长航集团,在境内外控股了 24 家上市公司。

航运市场也因为严重的运力过剩而从 2008 年以来就陷入长期低迷,BDI 指数从 2007 年的 11 793 点跌至 2015 年 2 月的 509 点,集装箱、油轮和干散货的各种运价均萎靡不振。受市场的影响,过去七年内,全球航运行业已发生多起企业破产、兼并事件。在低迷的行情中,四大航运央企均采取多种措施加大内部成本的控制,对管理结构和业务结构进行调整,还对营销模式进行了改进,以及对资产进行了处置,使经营情况获得好转。

当前,船舶大型化、运营联盟化、经营网络化已然是航运趋势,中国船企必须跟上趋势方能降低成本,赢得市场。在航运业整体低迷的情况下,四大航运企业重新整合资源,比之前的做大做强具有更为现实的企业生存意义。世界经济当前面临次贷危机以来再次下行的风险,大宗商品价格持续走弱,需求不振,航运业受自身当年扩张导致的产能过剩所累,即便企业完成了兼并重组,提高效率压缩成本度过行业谷底仍然是主要任务。

2. 城市配送多样化

据报道,2015 年 6 月 6 日,顺丰、申通、中通、韵达、普洛斯五家物流公司联合公告,共同投资创建深圳市丰巢科技有限公司，研发运营面向所有快递公司、电商物流使用的24小时自助开放平台—“丰巢”智能快递柜，以解决快递末端难的问题。项目初期投资5亿人民币，五家企业的持股比例为：顺丰35%，申通、中通和韵达各20%，普洛斯5%。丰巢科技将作为独立运营的第三方运营平台，投资方将不直接参与丰巢科技的运营管理。丰巢科技的业务将面向所有快递公司，与投资方之间的业务往来也是独立结算。

依据丰巢科技试运行实际测算：快递员上门派件，每派发一单平均耗时7分钟，如果使用丰巢快递柜自助派件，每派发一单平均耗时3分钟，快递员人均效率可提升1倍。快件柜摆放点都有360度摄像监控，快件取寄的关键操作步骤远程可视，内容存储可追溯；2015年内将完成中国33个重点城市过万网点布局，快件柜投放半径为500米，每个投放点的快件柜有20×20，40×40，80×80等不同规格。

丰巢科技推出的智能快件柜，不仅可以取件，也可以寄件，尤其是可以手机支付。用户不必等待快递员，通过手机在线下单或在柜机上下单，打印出运单贴在快件上，开箱投递。快递员取件并确定金额，通过系统后台给用户发送付款提醒。用户在支付运费的同时，快件已经发出。

【评述】 此前包括申通、韵达、中国邮政等快递公司都尝试过快件柜。从行业发展角度看，这些市场服务的出现具有其必然性，由于基于电商平台的交易爆发性增长，带来快递业的迅猛发展，快递小哥成为其典型的代言形象。但是从行业长远发展看，尤其中国人口刘易斯拐点的到来，人工成本将成为制约企业管理重要环节，只能快递柜的出现以及其他无人化模式必然带来生产效率的提升和成本的降低。快递业将很快从快递小哥的形象向智能化转变。

3. 航空高铁的竞争

分析人士认为，燃油附加费几度下调后，有望刺激更多的春节出行游客选择飞机航线，一定程度上增强了民航客班应对高铁联网开通带来的竞争压力。随着我国高铁建设迈入“快车道”，众多高铁线路的开通对航空业的冲击也越来越明显。2014年底，随着兰新、贵广、南广三条高速铁路同时开通，我国纵横东西南北的高铁主干网络基本成型，加上各省区域内支线动车接驳越来越完善，高铁已经成为民航业供求市场的主要冲击力量。

为了应对增速放缓及高铁带来的行业竞争压力，民航总局于2014年12月15日开始，进一步放开国内航空运输价格政策，全面放开民航国内航线货物运价，并进一步放开相邻省份之间与地面主要交通运输方式形成竞争的短途航线旅客票价，由航空公司根据生产经营成本、市场供求和竞争状况等自主确定具体价格水平。

此前2013年，民航总局已经将机票价格管制基本取消，包括航空公司打折不再受下浮不能超过45%的限制；对部分与地面主要交通运输方式形成竞争，且由两家（含）以上航空公司共同经营的国内航线，旅客运输票价由实行政府指导价改为市场调节价。

对此，东海航空内部人士表示，受多重利好因素影响，航空公司有能力和空间加大力度打折促销，燃油附加费的降低也使得机票价格随之缩水，致使部分线路的旅客买到的打折机票低于同期高铁票价，有利于在即将到来的客源高增速的春节假期中，吸引被高铁

"抢走"的中高端客源群。

【评述】 民航与铁路竞争激烈,民航尤其是支线机场发展尚待完善,目前,通用航空虽有支持,但是进展不甚理想。预判未来"十三五"还是要加大民用航空的投入。

(三)行业发展趋势及问题

1. 有轨电车潜在爆发

据报道,中国城市轨道交通协会公布的数据显示,至2014年末,城市轨道交通累计运营线路长度3 173公里,提前一年实现并超过2015年末运营线路长度3 000公里的预测目标值,其中包括地铁、轻轨、单轨、现代有轨电车、市域快线、磁悬浮等多种制式。截至2014年底,在南京、大连、长春、上海等8个城市,现代有轨电车运营总里程达到180.3公里,虽然在城市轨道交通各种制式中只占4.4%的比例,但发展迅猛。

根据统计,全国已有超过100个城市规划建设有轨电车,到2020年,全国计划建设的有轨电车线路总里程将达到2 500公里。其中,大部分是二、三、四线城市。新型城镇化地区对现代有轨电车有着一定的需求,同时,与地铁线路有所不同的是,现代有轨电车审批权在地方,造价又比地铁要低很多,受到不少地方的青睐。这轮建设热潮的原因是在新型城镇化发展的背景下,现代有轨电车有市场需求,造价低于地铁,以及审批相对简单等诸多利好。

目前,苏州高新区已运营的有轨电车线路,沿线一半以上的道口为立交形式,发车间隔最快为8分钟。而香港屯门的现代有轨电车目前日运量达到50万人次,在其发展过程中已有多处的平交道口改为了立交。一般认为,建设热潮背后也有隐忧。主要是一些城市前期论证不足,在决策时系统性不够,仓促上马,而且还存在着各地标准不一、车辆、设备自主化程度不高等问题。对有轨电车的局限性要有足够认识,尤其是在路权和道口信号对现代有轨电车带来的影响上。

随着现代有轨电车的发展,国内生产现代有轨电车的车辆已达到7家,其中5家采用了引进技术,同时,也有不少城市在编制现代有轨电车的技术标准。中国城市轨道交通协会也正在进行现代有轨电车标准体系的研究。全国统一的技术标准,包括车辆制式、供电、信号等方面的相关标准,估计不会很快出台。

【评述】 专家普遍指出路权和道口信号是发展现代有轨电车中必须重视的两个短板。由于现代有轨电车并没有独立的路权,与其他车辆共享地面道路,尤其是道路交叉口,对其运营速度带来了不小的影响。因此,在规划建设时为将来增加道路立交、增加独立路权在全线的比重留有余地,现代有轨电车对新建城区来说更加合适。

未来中国一些中心性的大城市需要疏解相关功能,必然带来人口外迁和新城的建立,提早考虑在基础设施路权用地等方面为现代有轨电车发展预留资源,将极大方便新城人口的出行和新城空间的优化利用。

2. 供应链金融的契机

据报道,供应链金融(Supply Chain Finance)是指银行在向作为核心企业的客户提供融资和其他服务的同时,向这些客户的上游供应商或下游分销商提供融资服务。随着互联网技术的快速发展，企业通过电子化手段实施供应链管理，并办理供应链金融业务的需求日益凸显。目前供应链金融服务集中在汽车、电子、装备制造、民生消费、零售等行业。

在“金融脱媒”、利率市场化步伐加快的大背景下，由于大客户的融资需求将锐减，银行传统盈利模式亦将难以为继，因此，借助供应链金融为中小企业提供信贷等金融服务，被认为有望成为银行转型过程中一个重要增长极。2015 年 3 月 9 日，中国银行（下称“中行”）以供应链金融为主题会上指出，中行供应链金融业务规模近 1 万亿元，发生额相比 2009 年的 740 亿元大幅增长，年复合成长率达 68%。

互联网技术升级的背景下，在线供应链金融才得以为这些中小微企业提供“以前它们根本无法享受到的服务”。服务还包括现金实时归集、账户变动短信通知、交易明细查询等功能。以中行客户浙江网新数码有限公司（以下简称网新数码）为例。作为联想集团一级分销商的网新数码，具备网上电子商务平台，且拥有相对完善的应收账款风险管理系统。在网新数码作为核心企业进行供应链融资时，中行选择“银企直连”的方式，将网新数码的订单及其融资申请通过中行供应链金融业务系统（以下简称“SCF”系统）进行推送。

针对经销商的融资申请实施批量放款。融资到期后，经销商再通过网新数码的电子商务平台向中行发送还款申请，中行则可在其系统上直接完成扣款操作。整个过程实现了融资、申请、发放、规范全流程电子化、无纸化操作，且融资发放及归还可实现“T＋0”处理，在大幅提升融资处理效率的同时，也降低了网新数码及其经销商的经营成本。

【评论】 一直以来，银行贸易金融业务过度依赖大企业的自身需求。但国内中小企业存在信用信息不对称、抵质押担保不足、抗风险能力弱等问题，普遍面临融资难、融资贵的问题。供应链金融跳出仅对中小企业自身信用进行评估的视角，通过引入核心企业的信用支持，以及对交易中产生的订单、应收账款、存货等流动资产的充分利用，打破传统授信和定价模式，降低了准入门槛，进而解决中小企业融资难、融资贵的问题。面对已蔚然成风的电子商务，作为布局，银行与电商平台合作或自建开放性电商平台的方式拓展。合作背后的原因是电商平台在掌握物流、资金流、信息流等方面具备优势。

从理论和发展角度看，早期理论一般性从资金流、信息流、物流角度定义供应量的存在形式，伴随电商发展尤其是互联网技术的普及和应用化程度的提高，以电商为代表的新型的金融与产业之间的关系模式应运而生。更为直观的可以表述以“（移动）互联网＋供应量（生产＋流通）＋金融化”打造而成的产业与金融的平台化机制。因此，BAT 从各自产业所处状态都不自觉地走向金融服务，原则上只要有平台交易存在，平台可以利用信息对称的优势从事金融服务，而挤压传统银行的业务空间。

3. ETC 潜在商机

2014 年 12 月 26 日，北京、天津、河北、山西、辽宁、上海、江苏、浙江、安徽、江西、湖南、福建、山东、陕西 14 省市高速公路电子不停车收费（ETC）系统正式联网运行。据报道，2015 年 9 月 28 日，交通运输部召开的电视电话会议上，内蒙古、黑龙江、广西、新疆四省正式加入高速公路电子不停车收费（ETC）联网系统，即日起高速公路 ETC 系统基本实现全国联网,这意味着一车一卡(ETC)可以畅行全国。西藏、海南因无收费高速公路,并未加入该系统。

电子不停车收费(Electronic Toll Collection,简称 ETC)是指在不停车条件下,应用无线电射频识别及计算机等技术自动完成对通过车辆的识别、收费操作、车道设备控制和收费数据处理的收费方式。经实际测算,安装了 ETC 装置的汽车通过收费站平均时间由 14 秒降低到 3 秒,1 条 ETC 车道的通行能力相当于 5 条 MTC(人工收费)车道。

为提高高速公路的通行效率、缓解日益严重的收费站拥堵,原交通部 2007 年颁布实施了 ETC 国家标准《电子收费专用短程通信》(GB/T 20851—2007),并组织开展了京津冀和长三角区域高速公路 ETC 联网示范工程,对实施全国联网进行探索。此项示范工程形成了两大联网区域,即“京、津、冀、鲁、晋”华北区域和“苏、浙、沪、皖、赣、闽”长三角区域,在联网示范工程的引领下,ETC 技术标准进一步完善、产品质量进一步提高、车道运营水平和客户服务能力进一步提升,ETC 系统的社会认知度进一步扩大,社会效益和经济效益初步显现。为在更大范围内推广应用进而实现全国 ETC 联网奠定了良好的基础。

【评述】 表面上看,ETC 系统可以带来的高速公路收费站通行效率的提高,减少了人工收费车道设置,从而节省了土地征用成本、收费站建设成本等间接性成本投入,可节约近 87%的收费站扩建费用和约 20%的人工与服务成本。ETC 可使燃油消耗平均降低 20%;二氧化碳排放减少约 50%;一氧化碳排放减少约 70%。

但要注意到 ETC 本质上说是与支付宝、微信、公交卡、银行卡都是支付方式。支付方式也不是简单现金的收取和存储,很大程度上支付过程中沉淀的资金使用成本将相当低,具有资金盈利的空间。随着网络型经济发展,公用事业部门大量使用预付费模式收取现金,导致资金实际支付与存量之间有着明显的时间差,为盘活资金使用效率提供了可能。ETC 全国网络的逐渐形成对于在银行、支付宝、微信等支付体系外增加一个新的支付体系,互联网交通金融实际上已经呼之欲出。

四、运作维度:治理模式与市场机制

(一)综合治理体系的完善

1. 全面深化交通运输改革

交通运输部于 2014 年 12 月 30 日正式印发了《关于全面深化交通运输改革的意见》(以下简称《改革意见》)。作为到 2020 年指导交通运输行业全面深化改革的纲领性文件,主要涉及交通运输投融资体制改革、事权与支出责任划分、规范交通运输行政执法、收费公路发展等,这些问题都是行业发展面临的棘手和紧迫问题,到了不改革就难以为继的程度。而且,这些问题如果仅仅按照过去的办法,进行局部的、单一的改革或调整,很难取得突破,这就需要打好组合拳,全面系统地推进改革。

交通运输转型发展,改革亟须顶层设计。综合交通运输是交通运输行业未来的发展方向,当前我国综合交通运输体系建设的突出问题主要集中在体制机制方面,这也是我国交通运输可持续发展必须破解的关键问题。在体制方面，目前普遍反映国家层面大交通管理体制虽然已经建立，但工作机制尚未完全理顺；地方交通运输管理体制还存在职能分割、衔接不顺等问题，推进综合交通运输体系建设困难重重。党的十八届三中全会强调，经济体制改革是全面深化改革的重点，建立完善现代市场体系、使市场在资源配置中起决定性作用是本次改革最重要的任务。

当前，资金仍是制约交通运输发展的重要"瓶颈"，随着国家财税体制改革的推进，交通运输部门在资金筹措、财税政策等方面面临着巨大挑战。党的十八届三中全会提出，推进财税体制改革主要包括 3 个方面：财政预算制度、税收制度、事权与支出责任相适应的财政体制。这三项制度与交通运输关系都很密切，也是基层关注的焦点。为此，《改革意见》提出，合理确定中央和地方交通运输事权范围，解决基层反映强烈的事权财权不匹配问题；完善社会资本参与交通建设机制，推广 PPP 等模式，推动地方建立支持交通运输发展的举债融资机制。其中，收费公路政策改革是解决公路发展融资问题的关键所在。为此，《改革意见》提出，按照"使用者付费、债务风险可控"等原则，加快推进《收费公路管理条例》修订，完善通行费率调整机制和信息公开制度，对收费公路实行分类管理。

《改革意见》提出，探索公共交通引导城市发展模式，推动公共交通规划、建设、运营一体化管理，完善城市公共交通资源配置机制，使公共交通成为公众出行优选。又如，出租汽车行业多年来饱受诟病，相关问题在社会反映强烈，必须从市场化的角度进行改革。为此，《改革意见》提出，要科学定位出租汽车服务，完善运力投放机制，科学调节出租汽车总量，推进通过服务质量招投标等方式配置出租汽车的车辆经营权，加强对手机召车等新型服务模式的规范管理，推动出租汽车行业实行公司化、集约化经营和员工制管理。

2. 快递安全监管继续加强

2015 年 10 月 26 日 ，经李克强总理签批，国务院印发《关于促进快递业发展的若干意见》(国发〔2015〕61 号)(以下简称《意见》)。这是国务院出台的第一部全面指导快递业发展的纲领性文件，提出了促进快递业发展的总体要求、重点任务和政策措施。遵循市场发展规律，进一步开放国内快递市场，用市场化手段引导快递企业整合提升，鼓励企业持续提高服务能力和服务质量。《意见》指出，快递业是现代服务业的重要组成部分，是推动流通方式转型、促进消费升级的现代化先导性产业。

近年来，我国快递业发展迅速，企业数量大幅增加，业务规模持续扩大，服务水平不断提升，在降低流通成本、支撑电子商务、服务生产生活、扩大就业渠道等方面发挥了积极作用。但与此同时，快递业发展方式粗放、基础设施滞后、安全隐患较多、国际竞争力不强等问题仍较为突出。为促进快递业健康发展，进一步搞活流通、拉动内需，服务大众创业、万众创新，培育现代服务业新增长点，更好发挥快递业对稳增长、促改革、调结构、惠民生的作用，现提出意见。

回顾过去几年快递业伴随电商流通平台扩张获得跨越式发展的契机，但是也积累了不少问题，《意见》试图从整体上解决行业快速发展中出现的问题。如果仅以安全问题为例来看，我国快递业政策监管还任重而道远：

2011 年 8 月 14 日下午，位于杭州市天园阁小区的圆通物流有限公司杭州建国中路分公司一个包裹快件发生爆燃,该公司两名员工轻微表皮灼伤。

2012 年 2 月 6 日是元宵节,当晚 8 时许,广州市天河区棠下街历德雅舍小区的李某收到一份快递包裹,拆封后随即发生爆炸,李某被炸成重伤。

2013 年 1 月 2 日上午,安徽滁州市发生爆炸案,一快递代办点店员陶某及前来邮寄包裹的苏某被炸伤。

2015 年 9 月 30 日发生在广西柳州市柳城县的多起爆炸就是由多个装在快递包裹中的爆炸装置引发,初步判断为刑事案件。

回头看,相关政策法规也在不断发力,加大监管力度:

2007 年,国家邮政局以国邮发〔2007〕152 号文件,发布了《禁寄物品指导目录及处理办法(试行)》。快递业务背后的安全隐患也越来越得到政府部门的重视。

2011 年 8 月 11 日,国家邮政局公布实施《快递业务操作指导规范》。该规范要求,快递企业对信件以外的快件,在收寄时应当场验视内件,寄件人拒绝验视的,不予收寄。对信件,必要时可要求寄件人开拆,并进行验视。

2012 年 2 月 28 日,国家邮政局下发的《关于进一步加强快递企业收寄验视工作的通知》称,从近年来寄递渠道发生的安全事件看,未按照规定严格执行收寄验视制度,是造成事件发生的最直接、最主要的原因。

2014 年 9 月,中央综治办牵头,会同公安部、交通运输部、国家邮政局、国家安全部、海关总署、国家工商行政管理总局、国家铁路局、中国民用航空局等部门联合印发了《关于加强邮件、快件寄递安全管理工作的若干意见》。

2015 年 8 月 14 日,国家邮政局在其官网对《快递安全生产操作规范》(征求意见稿)公开征求意见。该意见稿同样要求,对于法律法规或国家相关部门要求实名收寄的,寄件人或收件人要出示有效身份证件。

2015 年 9 月 1 日,中国开始正式实施邮政体制改革后国家邮政局首部强制性邮政行业标准——《邮政业安全生产设备配置规范》(以下简称《规范》)。

快递业的资本市场进展,10 月 21 日,停牌近两个月的浙江艾迪西流体控制股份有限公司(002468)发布公告称,艾迪西已与申通快递股东达成收购申通快递股权的初步合作意向,并签署发行股份购买资产框架协议。在民营快递行业,“四通一达”(申通、圆通、中通、汇通、韵达)和顺丰作为行业领军者,尚无一家成功实现 IPO。2015 年 5 月申通快递董事长陈德军透露,申通今年收入有望达到 100 亿元,正在做上市项目的准备工作。

【评述】《意见》出台对于快递业发展具有重要意义毋庸置疑,但是正如列举有关安全生产案例持续发生,快递业在高速发展的同时,也有很多所谓成长的烦恼问题。媒体认为《意见》亮点在于提出“培育壮大快递企业。鼓励各类资本依法进入快递领域,支持快递企业兼并重组、上市融资,整合中小企业,优化资源配置,实现强强联合、优势互补,加快形成若干家具有国际竞争力的企业集团,鼓励‘走出去’参与国际竞争”。

《意见》为资本运作快递业流出了空间。市场扩张、竞争加剧、新问题不断产生都对行业监管提出更高的要求,做大的过程中企业能够做强,甚至基本的能否做到规范,也将面临市场和消费者的检验。

《意见》中提出，推进“互联网＋”快递。鼓励快递企业充分利用移动互联、物联网、大数据、云计算等信息技术，优化服务网络布局，提升运营管理效率，拓展协同发展空间，推动服务模式变革，加快向综合性快递物流运营商转型。引导快递企业与电子商务企业深度合作，促进线上线下互动创新，共同发展体验经济、社区经济、逆向物流等便民利商新业态。互联网技术为很多问题也带来新的解决方案，区块链技术的运用使得快递业，乃至与快递业相关的金融业都将发生巨大的变化。所以邮件的安全性问题理论上也可以借助区块链技术进行解决。

但作为经济政策制定和执行者，需要充分意识到这一轮的经济结构转型与以往结构转型有所不同，这些结构转型有两个相对特殊的背景，一是全球化进入阶段性放缓阶段，必然带来社会财富重新分配和就业市场的重新出清；二是本轮经济下行与技术进步导致资本带动劳动生产率提高的幅度远高于其他要素的贡献，尤其是人力资本的提升带来效率的改善。如，京东和淘宝通过电子商务平台，可以通过互联网下单，由快递配送上门的服务。机器人对一般工人的替代，都会对就业结构产生深远的影响，技术进步和人均劳动生产率的提升，背后可能是劳动力结构性摩擦调整。因此，快递业做大可以解决一定的就业，但是做强时可能面临就业压力会更大。

3. 行政权力与规划边界

高铁的开通，不仅意味着人们出行方式的变革，更被沿线一些地区看做发展命运的转变。也正因为如此，围绕高铁走线、设站而展开的“争路运动”在一些地方不时发生。新华社记者深入各地采访，探究“争路运动”背后的地方“高铁政治经济学”。 当一条高铁规划修建后，高铁线路怎么走，站点设在哪，成为很多地方关注与争夺的焦点。

2015 年 10 月 13 日，国家发改委官网发布《关于成渝地区城际铁路建设规划(2015—2020 年)的批复》。根据上述批复文件后附的《成渝地区城际铁路规划建设项目表(2015—2020 年)》，作为成渝地区城际铁路的骨架网项目，达渝城际铁路的区段为达州邻水—重庆(含广安支线)。上述项目表证实，达渝城际铁路并未单纯选择此前规划的东线或西线方案，而是在规划经过邻水县的东线方案基础上，另含广安支线。

2015 年 5 月，为表达达渝城际铁路过境邻水的意愿，四川广安邻水群众曾自发在县城聚集游行，并引发围观。据人民日报评论微信号报道，四川广安邻水为求高铁过境，发生于 5 月 16 日的诉求表达演变成群体性事件造成 68 人受伤。“人民日报评论”微信号解释称，论及四川“邻水争路”事件导火索，即达渝城际铁路规划有东线、西线两套方案，分别经过同属广安市的邻水县、广安区。

【评述】 从过去“被高铁”到现在“抢高铁”，许多地方都充分意识到高铁对区域经济社会的巨大拉动作用，特别是一些老少边穷地区，更是将高铁视为改变命运的重大机遇。“争路运动”凸显了高铁建设亟待遵循科学合理原则的重要性。

目前，我国的铁路线网规划制定和实施还是主要由中央政府统筹安排。这一安排与中央政府在建设资金和规划方面主导性有关。一方面规划可以最大限度做到统筹兼顾各方利益，另一方面从长远角度看地方政府之间的竞争关系也决定在公共性项目上，可能缺乏各方都满意的方案，要想达成一致需要各方都有现代意义上的妥协。

因此,依法规划可能才是标本兼治的根本办法,所谓的"法"不能简单是技术性规范的汇编,而应当充分考虑实体正义与程序正义,尤其是程序正义是化解各方利益不平衡,寻求妥协的基本方法。

4. 航运线多样化选择

据报道,中国将首度开通经由北极的定期商船航线。2015 年 10 月 29 日,中国远洋运输(集团)有限公司(下称"中远")表示,由于气温上升使北极航线具备战略可行性,中远计划开通航经北极的首条亚欧班轮线,这将比常规经过苏伊士运河绕行的欧洲航线节省约两周时间。中远旗下的永盛杂货船是中远船队中唯一装备破冰船体的班轮,继 2013 年永盛轮成功首航北极东北航道后,中远船舶今夏再次穿越北极,并将航次任务升级为往返双向通行,于 10 月中下旬成功返回国内。中远表示很可能在 2015 年底前提交打造北海航线船队的计划。

欧洲是中国最大的贸易伙伴。我国认为,北海航线(NSR)是相对苏伊士运河外,中欧船运的"最经济解决方案"。俄罗斯也积极倡导利用该国控制的北海航线,俄总理梅德韦杰夫表示,预计在十年后,每年有超过 1 000 万吨的货物经由该线路运输。迄今为止,北海航线的最高货运记录是 2013 年,通过的 71 艘货船载货总量为 140 万吨。亚欧海运货物量约占全球海运总量的 15%。走北海航线,从上海到荷兰鹿特丹港全程约 8 100 海里,比经苏伊士运河航线路程短 2 400 海里。

中远的计划显示出北海航线的潜力,但在它变为一条主要航道前,还有许多工作要做。航路上的港口需要改造升级,以提高货物处理能力,还需要制定漏油和搜救行动的规划。随着温度升高,航行将变得更容易,但破冰类船只建造费用昂贵,而且航路上部分水道很浅,只允许中型船只通过,航行窗口期分别是 7 月到 11 月、9 月、10 月浮冰量很少时。预计,2021 年,约有 1 500 万吨货物通过北极航线运输,同期苏伊士运河航线的货物通过量高达 9 亿吨。

【评述】 随着我国"一带一路"推进,我国必须更为全面地考虑海洋和陆路通道的建设、运营和维护。开辟马六甲—苏伊士运河以外的亚欧海运航线本身就具有战略意义。此外,有利于我国参与北极地区事务(2013 年,中国在北极理事会获得了"永久观察员"资格)。我国已经成为世界贸易大国,深度与世界经济融合,航线多样性选择不能临时抱佛脚,而应当未雨绸缪积极有为,做长期的打算和准备。

5. 新能源车标准化政策

国务院常务会议已研究通过《加快电动汽车充电基础设施建设的指导意见》(以下简称《指导意见》),并发布实施。《指导意见》提出,到 2020 年基本建成车桩相随、智能高效的充电基础设施体系,满足超过 500 万辆的电动汽车充电需求。2 000 辆电动车必须配建一座公共的充电站,鼓励建设机械一体式的停车充电一体化设施。中国 2020 年将基本建成充电基础设施体系,满足超过 500 万辆电动汽车充电需求。电动汽车充电设施新国标正在制定之中,特斯拉公司正在参与相关工作,并根据新版国标对其车型进行改造和调整。

近年来,我国充电基础设施加快发展,截至 2014 年底,中国建成充换电站 780 座,交直流充电桩 3.1 万个，但目前充电基础设施建设也存在认识不统一、政策配套不完善、协调推进难度大、标准规范不健全等问题。进一步完善电动汽车充电基础设施建设将有四项工作推进：尽快完成充电接口和通信协议等关键国家标准的修订稿发布，这几个标准近日已通过国标委组织的审查；对存量的充电设施进行改造升级，尽快实现充电标准全国统一；制定无线充电等新型充电技术标准；计量、计费、结算等运营服务管理规范。

【评述】 充电设备实际上也是电动车产业链上的重要一环，是保证电动车产业主导权关键步骤。特斯拉公司现在积极参与新版国标的制定工作，将根据新版国标对它们的车型进行改造和调整。发展电动车既可以降低对于原油资源的依赖，保障一定程度的能源安全。同时，更为关键的是形成新的工业制造体系，并围绕电动车制造体系形成新的产业集群和新技术研发。

《指导意见》还重点对目前充电基础设施发展面临的三个重要问题进行部署，包括：建立盈利模式，吸引社会投资；在建立资金保障体系方面，国家安排专项建设基金支持，鼓励社会资本设立专项基金，发行企业债；在解除制约建设瓶颈方面，通过简化规划建设审批手续，优先安排土地供应，加强配套电网接入服务等措施，为加快充电设施建设开辟绿色通道。

这些安排都是消费和使用环节为电动车提供支持，正如上文分析这些支持如果不能在工业制造环节形成有力的研发和生产态势，形成行业发展的自生能力，则很难维持长时间政策性倾斜的投入。如果生产企业不投入更多，是很难吸引其他资本进入到辅助设施的市场当中来。

6. 环保成为贸易博弈工具

据报道，大众“检测门”丑闻发生后，美国投资者、消费者正提出集体诉讼要求大众赔偿。大众使用“欺诈装置”通过排放测试进入美国市场，这意味着其通过欺诈手段推高股价。大众在美国正面临超过 80 多宗消费者诉讼。美国消费者指控大众利用排放测试实施了欺诈行为，让他们支付更昂贵的费用购买大众汽车。这些诉讼将作为集体诉讼发起，或在各个州单独发起。

在围绕 2015 年年底巴黎气候大会展开的先期谈判中，出现限制航空公司和航运公司碳排放的提议。这一措施得到了欧盟(EU)国家的支持。2012 年欧盟曾试图对飞入和飞出欧洲的国际航空公司征收碳排放税。该计划引发欧盟与包括中国和美国之间的外交纷争。欧盟最终把征税对象限定为欧盟内部航班。

航空业是温室气体排放增长最快的源头之一，而巴黎协议的宗旨就是减少温室气体排放。不过，上述措施预计会遭到很多国家的反对。

1997 年达成的《京都议定书》(Kyoto protocol)——要求富国减少温室气体排放，但其中并未包含船只或飞机造成的碳污染，部分原因在于其污染发生在全球各地，而不是某个单一国家内。该协议决定由这两个行业的专业性联合国机构，国际民航组织(ICAO)和国际海事组织(IMO)制定一份解决碳排放问题的全球性计划。

【评述】 大众尾气门事件尽管是其造假的错误，但是从另一方面也说明通过设置所谓环保的技术性门槛，提高自由贸易的门槛不但针对发展中国家也是发达国家之间用来博弈的工具。考虑到航空与航运的碳排放各占全球碳排放总量的约3%、而且航空旅行产生的碳排放增长得尤为迅速。

交通运输行业作为能源消耗大户,也一直受到以环保技术门槛限制。巴黎会议针对航运业和航空业的排放限制,实际上使得贸易大国受到较大的影响,尤其是中国这样的发展中大国,甚至美国这样的发达国家都很容易受到限制。虽然把限制航运与航空碳排放纳入一份全球气候协议是很难办到,但是由此却使得各国不得不进行各种政策博弈。

(二)互联互通的体制机制

1."一带一路"组织架构

据报道,"一带一路"的愿景与行动发布后,关于"一带一路"建设推进工作的领导架构也浮出水面。2015年3月29日,新华社报道称,中国政府已经成立了推进"一带一路"建设工作领导小组,指导和协调推进"一带一路"建设。领导小组办公室设在国家发展改革委,具体承担领导小组日常工作。在"一带一路"具体工作的推进上,国家发改委、商务部、外交部均将深度参与。

推进"一带一路"建设工作领导小组办公室已基本到位,办公室将下设相关机构,设立专家委员会,专家人选由发改委、商务部、各部委的相关学者担任。涉及外贸的商务部门,涉及国际关系的外交部门,涉及互联互通的交通铁道部门,以及电力电信等重点行业及部门都将参与其中。

【评述】"一带一路"自提出以来,各项工作稳步推进,组织工作尤其是政府各部门形成合力,对于追求现代治理结构的中国政府而言也是重要的挑战。以往推动国内经济发展和基础设施互联互通的建设方法和手段,可能用在沿线国家时就会出现偏差,存在新的问题需要妥善解决。必须在较高层面上整合资源才有可能有所突破,构建起基本的组织架构。

高标准设立"一带一路"建设工作领导小组表明,"一带一路"建设是一项宏大系统工程,涉及面广、跨越时间长、建设任务重,需要加强组织和领导,统筹做好对内、对外两方面工作。为此,成立推进"一带一路"建设工作领导小组及时而且必要。

2. 亚投行稳步推进

2015年12月25日,亚洲基础设施投资银行(AIIB,以下简称亚投行)正式成立,全球迎来首个由中国倡议设立的多边金融机构。亚投行的治理结构分理事会、董事会、管理层三层。理事会是最高决策机构,每个成员在亚投行有正副理事各一名。董事会有12名董事,其中域内9名,域外3名。管理层由行长和5位副行长组成。亚投行是一个开放、包容的多边开发机构,欢迎所有有兴趣的国家加入。

为确保各方在6月底前完成章程谈判并签署,各方商定将2015年3月31日作为接收新意向创始成员国申请的截止日期。有意作为创始成员国加入亚投行的国家须在2015年3月31日前提出申请,经现有成员同意后可成为意向创始成员并参与亚投行章程谈判和筹建进程。不能作为创始成员国加入的国家以后仍可以作为普通成员加入亚投行。2015年4月15日,亚投行意向创始成员国全部确定共有57个,其中域内国家37个、域外国家20个。虽然亚投行接收意向创始成员国已经截止，但今后仍会继续吸收新成员加入。各方在今后的章程谈判和磋商中，将就吸收新成员的程序和规则等作出安排。

【评述】 据亚洲开发银行估计，亚洲地区每年需要8 000亿美元的基础设施投资以保持经济增长，而美日主导的亚开行这些年专注于扶贫项目，缺乏承担大规模基础设施项目的财力，美国也反对为亚开行增资。因此，丝路基金、亚投行作为中国参与区域性经济发展的重要金融制度安排，必将为未来发展起到关键作用。

亚投行作为帮助亚洲满足能源、电力、交通、电信和其他基础设施领域数万亿美元投资需求的银行，除了传统意义上的"铁公基"项目（铁路、公路、机场、桥梁、水利等重大基础设施建设），未来亚投行的投资将不完全局限于基础设施领域，也包括节能减排项目等项目。

事实上，通过投融资服务可以实现亚洲发展中国家基础设施升级，为进一步的产业替代打下良好的基础，中国经济发展的实践表明，要想富先修路，良好的基础设施有助于实现工业化和产业分工的细化，最终实现发展中国家整体经济水平的提升，打造具有各国特色和比较优势的供应链体系。

（三）运输价格市场化取向

1. 高速公路收费争议

据报道，《收费公路管理条例》2015年8月20日正式结束公开征求意见，高速公路离"长期收费"更近一步。7月21日，交通运输部公布《收费公路管理条例（修订征求意见稿）》，向社会公开征求意见，意见反馈截止时间为2015年8月20日。根据意见稿，政府收费公路中的高速公路实行统借统还，不再规定具体的收费期限，而是以实际偿债期为准，确定收费期限。特许经营高速公路经营期限一般不超过30年，投资规模大、回报周期长的高速公路可以约定超过30年；偿债期、经营期结束后，实行养护管理收费。

【评述】 有关高速公路收费一直是备受争议。从公众角度一般性地认为政府既然已经征收税，并将其投入到包括基础设施等方面，则没有必要再继续对于公共基础设施提供的服务进行收费。在加之一些收益较高的高速公路被爆料延长收费期，更增加了公众对借收费敛财的猜测。尽管有关部分进行了大量的解释工作，但是社会整体对相关部门作出的分析认可程度仍然不高。

从公共预算预算角度，政府征税并将之用于基础设施建设逻辑没有问题。但仍须针对我国的国情进行分析。即便是我国是世界经济第二位，但是人均GDP仍位列80位左右，而改革开放初期人均水平还要低得多。因此，改革开放初期我们实际上是一个资本稀缺的国家，依靠税收维持基本的公共服务已经十分不易，投入大量资金进行基础设施建设显然只能依靠借贷实现。时至今日，我国基础设施水平已经处于世界较高水平，整体的还贷压力自然较大。我国处在社会主义初级阶段，专项税收和一般公共财政预算无力承担所有公路的建设、养护、管理和债务偿还的资金需求，这是实际情况。

如果考虑到中西部地区相对落后，基础设施即使收费回报率也较低，但同时高速公路建设成本的不断攀升，在原来规定的固定期限内已无法按时偿清贷款，高速公路总体处于亏损状态。不再规定具体的收费期限，增强了灵活性，有利于降低政府性债务风险。针对发展地方经济将不得不开展建设，因此我国可能将长期处于公路使用需要付费的阶段。

2. 航空价格调整管制

2015年1月4日，国家发展改革委网站公布"国家放开24项商品和服务价格"的信息，其中提及，将放开101条相邻省份之间与地面主要交通运输方式形成竞争的短途航线旅客票价。对继续保留实行政府指导价的国内民航客运票价，改由航空运输企业按照国家制定的规则自主制定、调整基准票价。

政策调整后，900～3 000公里的航线经济舱最高涨幅达到18%。受此政策的影响，京沪等航线经济舱全价票已经全线提升。上述两部分规定，将放开101条相邻省份之间与地面主要交通运输方式形成竞争的短途航线旅客票价，并对继续保留实行政府指导价的国内民航客运票价，改由航空运输企业按照国家制定的规则自主制定、调整基准票价。这项改革实施后，有利于航空公司更加灵活地制定、调整价格，反映市场供求关系和竞争状况。同时，民航局也在官网上发布了"民航国内航线旅客运输基准票价定价规则"，将国内航线分为普通航线和高原航线。

本次基准票价定价公式通过计算可知，900公里航线基准票价为788元，按照2004年的计算标准，同航线基准票价为675元。如果票价上浮25%即达到最高销售限价时，新旧标准的票价分别为990元和840元。同时，民航局规定，每家航空公司在不超过定价公式测算值范围内，每航季上调国内航线旅客运输基准票价不得超过10条航线，每条航线每航季基准票价上调幅度不得超过10%。也就是说，本次调整后，机票价格最高比以前上涨18%。但随着航程增加，票价增幅却在下降。1 500公里的航线增幅仅有8%。超过2 000公里航线，基本上是零增长。

【评述】 在当前高速铁路快速成网的阶段，航空公司在中短程航线上减少运力投入，这部分市场占航空公司的投入份额正在减少。长途航线上，客源始终比较稳定，不存在与高铁的竞争关系，因此票价浮动空间不大。因此，价格调整对于与高铁之间的竞争影响不大。实际上，不论民航还是高铁的价格的调整都收到一定的限制，使得运输服务很难根据市场变化进行调整。

未来"十三五"民航机场建设将进入大发展阶段，可能成为高速铁路之后又一重要的基础设施领域。更多的航线将开通，更多的运力被投入，只有更为灵活的价格机制才有助于航空在竞争中处于其合理的地位。

(四)城市交通问题新趋势

1. 代驾行业发展与监管

从2013年开始借助手机APP简化环节、直接对接用户和代驾司机的模式悄然兴起。代驾软件的总部位于京沪等地，通过软件"隔空"招募代驾司机，入职门槛很低，比如只需

5年驾龄，若非本地户籍只需保证人或缴纳履约保证金(解除合作后退还)等。代驾司机只需有一台有GPS定位功能的智能手机，下载一个APP应用，可以提供工作时开启软件，这些软硬件手续都办好后，代驾司机就可以接单工作了。仅有部分要求严格的代驾软件要求报名司机必须通过公司设计的考试，并支付押金购买服装、胸牌及设备。

【评述】 代驾的发展与移动互联网技术和APP软件密切相关，属于所谓O2O模式。虽然行业自治已经起步，但代驾行业仍处在“粗放式”发展阶段。尤其是如何保障代驾人员的安全，事故后如何赔偿成为制约行业发展，成为监管的重点和难点。大体上有三项工作可以做：

一是，成立行业自律组织，引导代驾从业者有序进行自我管理，形成行业准入门槛，约束从业者的行为。

二是，针对代驾平台做出必要的监管和行为限制。相关公司应申请加入驾驶服务专业委员会，或对其实行备案制，并在注册资金、人员资质上，设置门槛。

三是，政府主动引导和要求代驾司机必须上保险，代驾期间的责任由保险公司负担。考虑能否退出代驾险。

2. 约租车的限制与引导

2014年7月，“快的打车”推出“一号专车”，一个月后，“滴滴专车”上线。此前易到用车、AA租车、Uber也已经推出了类似服务。由此，这个市场竞争激烈程度倍增，提供补贴的营销手段，在线下渗透到居民区电梯，线上则刷屏了朋友圈和支付宝。“滴滴打车”全国出租车司机注册滴滴软件总数达到90万，乘客下载注册总数已超过1亿，日成交订单达到530万单。但在日均500多万的订单中，仍然有200多万订单的用户需求得不到满足，实际成交率不足70%。

2014年12月下旬以来，近百辆“专车”，被北京、上海、济南、南京等城市道路管理部门宣布为非法经营。多地交通管理部门公开称，正在研究调查这种“专车”服务，是否涉及更多未获经营许可的车辆。滴滴专车后台数据分析人员预计，北京现场招出租车需求每天在200万～300万次，20个主要城市日需求大约是6 000万订单。多家叫车软件公司的数据显示，在2014年出租车使用叫车软件之后，其里程利用率可提升10%～30%不等。

【评述】 约租车平台提高了供给方与需求方之间交易效率，但是作为交易平台不但通过撮合交易收取费用，同时还要保证一旦交易双方出现争执能够有效进行管理。目前，约租车平台公司几乎不会为交易双方进行负责，使得交易双方容易产生各种问题。

政府有关部门应当通过不断完善监管法规，约束平台担负起对于交易出现问题时的最终负责人，否则交易的机会主义行为可能会限制约租车平台的长远发展。

3. 城市小汽车限牌限行

据报道，2015年1月17日，上海首次车牌拍卖个人额度为7 990辆，共有98 203人参与此次竞拍，较上月增加1 231人，中标率较上月的7.7%稍微提高到8.1%。最低成交价74 000元，平均成交价为74 216元，比上个月的73 687元上升529元。考虑到越来越多的城市加入汽车限购的行列，上海的车牌控制只会越来越严格，许多人选择早点拍下牌照。从目前杭州、广州、深圳等实行限购的城市来看,他们大多采取一半免费摇号、一半有底价拍卖的方式,来分发车牌,仅有上海为一部分符合要求的新能源汽车提供免费牌照。

【评述】 越来越多的城市选择限制小汽车牌照的发放,这样的政策实际上很难长久坚持下去。个人拥有小汽车可以认为是消费者基本的权益,通过限购等手段限制拥有车辆某种程度上还是计划经济思维的体现。地方政府可以更多在限制使用而不是限制拥有上进行政策调整。原则上限行、限购、摇号,都存在法律依据不足的问题。

让市民自主地选择,是用私家车还是用公共交通,而不是侵犯其财产权利。经济手段可以有三种:一是拍卖车牌号,所有拍卖的车牌号费用最后都用于发展公共交通;二是提高部分区域停车费用;三是限制空车行驶,鼓励拼车出行。可能是更为长远的解决办法。

4. 停车位与购车的权衡

数据显示,2005 年以来,我国汽车保有量每年增长 15%以上,截至 2014 年底,全国汽车保有量 1.54 亿辆,其中私人小汽车 1.05 亿辆。2014 年我国国产汽车销售量达到 2 349 万辆,净进口汽车约 50 万辆,据此测算,汽车保有量净增约 1 900 万辆。与此同时,很多城市都出现了停车难、停车乱的现象。据测算,目前我国大城市小汽车与停车位的平均比例约为 1∶0.8,中小城市约为 1∶0.5,而发达国家的水平约为 1∶1.3,我国停车位缺口超过 5 000 万个。新增需求加上历史欠账,需要建设的停车泊位规模越来越大。

国务院第 106 次常务会专题研究了加强城市停车场建设解决居民停车难问题。李克强总理强调要加强基础设施建设,鼓励建设城市停车设施,补上公共产品的短板。2015 年 9 月 25 日,发展改革委副主任连维良表示,要买车就应当有停车位,停车位是汽车消费的前提,或者说停车位本身也是汽车消费的一个重要内容。对于鼓励购买停车位的措施,应当允许地方政府进行试点探索。

【评述】 通过停车场建设可以推动占道停车的治理;反之,通过治理大量的占道停车形成对停车位的有效需求。城市停车位的稀缺单靠政府努力远远不够,还可以鼓励更多社会资本进入,引入先进的停车设备,同时给予一定土地和规划方面的政策倾斜。

5. 城市交通的诚信体系

交通违法纳入征信系统将作为一项长期工作开展,增加交通违法者的失信成本,这是运用社会信用体系解决道路交通管理的问题,也是发达国家采用的一种综合管理手段。2015 年 1 月,江苏省公安厅交警总队等部门联合出台办法,将交通违法行为与个人信用挂钩,但主要针对机动车驾驶人。8 月深圳交警在全市集中开展整治行人、非机动车交通违法的行动。截至 8 月 27 日,查处违法行为超过 2.5 万宗。其中 350 人出现两次以上(含两次)在不同时间和地点、同种类型的违法行为。5 000 多人已按规定缴纳罚款,3 000 多人未缴纳。

逾期未缴纳罚款的行人、非机动车违法数据纳入征信系统,考虑将被处罚 2 次以上的和不配合执法的违法信息加入征信系统。目前,纳入征信记录在深圳,将会对考驾照、驾驶证相关业务办理、小汽车摇号申请产生影响,还将研究用于居住证办理业务。随着信用系统在教育、人社、银行、保险等诸多行业的不断深化和完善,这些失信的交通违法者将在就业、贷款等方面也受到影响。

【评述】 将交通违法行为记入征信体系具有较强的现实意义，由于存在执法成本较高的问题，而交通违法通常具有很强的机会主义特征。因此将交通违法行为纳入个人征信体系具有一定的现实意义，但是作为一项政策可能还须要不断完善，相关部门滥用记入诚信体系的权力，切实保障公民基本的合法权益。

6. 风景区停车收费问题

随着我国经济发展和人民生活水平的不断提高，大量自驾游出现。据报道，八达岭长城景区迎来客流和车流高峰，一些岔道村的村民趁机在路边“圈地”，收取每 24 小时 20 元至 50 元不等的停车费。而司机在进入岔道村前，已经向景区停车运营机构八达岭伟业停车场有限公司交了 10 元每车次的停车费。同样，自驾去往周庄旅游除了一部分跟团游客，来自苏州、上海等附近的许多游客选择了自驾出行，面对集中涌来的大量外来车辆，景区官方常规停车站早已饱和，甚至启动了镇区道路两旁的停车道。相比景区直接管辖的停车站，靠近景区东南角的莘塔汽车站附近的空地，虽然停驻了大量车辆，但目前仍属于无人管辖的情况。同时，来自附近的村民却自发地在空地附近对车辆指挥停靠，并收取停车费。

【评述】 生活水平的提高和小汽车的普及化，自驾游未来仍有较大的增长空间。这一生活和消费模式其实是拉动内需重要途径之一，各地方政府和相关部门应当重视风景区的基础设施，提升服务品质。

(五)城市群及经济带崛起

1. 城市经济带战略确定

据报道，2015 年 10 月 29 日闭幕的中共十八届五中全会，审议通过了《中共中央关于制定国民经济和社会发展第十三个五年规划的建议》(以下简称《建议》)。《建议》提及，要形成沿海沿江沿线经济带为主的纵向横向经济轴带，培育壮大若干重点经济区。

“三沿”具体来说是沿海经济主轴带(东部沿海发达经济地区)、沿江经济主轴带(长江经济带)和沿线经济主轴带(交通主干线：京沪线、京广线、陇海兰新线、新欧亚大陆桥沿线经济带等)，与之前所提及的“四大板块”+“三个支撑带”叠加的概念有所相同。“十三五”期间需要增强 20 个城市群的建设。这 20 个城市群，每个城市群内部的各个城市之间存在竞争关系。《建议》还提出，支持沿海地区全面参与全球经济合作和竞争，培育有全球影响力的先进制造基地和经济区，提高边境经济合作区、跨境经济合作区发展水平。

所谓经济带，就是带状经济区的简称。“十三五”规划对于区域经济工作的定位仍然是进一步促进区域经济协同发展，但是考虑到当前区域经济形势已经出现较为明显的变化，将转为通过经济带、经济区促进各地区发展。

【评述】 “十三五”规划纲要确定以经济带作为未来的发展战略，即走人口、资源高度集聚的发展道路，实现要素的集约化利用，尤其是明确针对京津冀一体化提出了要求。未来京津冀一体化将成为经济带发展的重中之重。

2. 开放大数据解决问题

2015 年 8 月，上海市宣布首次开放十大领域、总容量达上千千兆的交通大数据，面向全球征集改善城市交通、便利市民出行、创新商业模式的应用程序和解决方案。由上海市经信委、交通委主办的 2015“游族杯”上海开放数据创新应用大赛总共收到了 505 个交通解决方案，目前已经决出“100 强”进入复赛，11 月中旬将评审出最佳方案，有望获得风投并实际应用于缓解上海的交通难题。

据了解，此次大赛以城市交通为主题，参赛团队可以运用交通管理部门和相关企业提供的海量开放数据，来形成改善城市交通、便利市民出行、创新商业模式的应用程序和解决方案。上海市公安局、上海市环境保护局、上海市气象局、上海市城乡建设和交通发展研究院、上海地铁、上海公共交通卡公司、强生出租、浦东公交、新浪微博等将开放上海十大领域的交通大数据。其中包括城市道路交通指数、地铁运行数据、一卡通乘客刷卡数据、浦东公交车实时数据、强生出租车行车数据、空气质量状况、气象数据、道路事故数据、高架匝道关闭数据、新浪微博交通数据等，例如上海全市数千辆强生出租车、浦东公交巴士的数据，包括这些车辆每隔一定时间的具体位置、运行速度、是否在高架上、有没有踩刹车等，新浪微博的数据包括拥堵、事故、死亡等交通关键搜索的即时信息等。

【评述】 城市交通和与之相关的公共资源使用将成为未来相当长一段时间重要问题，开放大数据给各方有助于研究的深入推进。伴随城市化和我国现代治理模式的形成，政府开放非保密的公共数据有助于推进研究，形成和凝聚共识。

3. 疏解城市非核心功能

据报道，2015 年 2 月 10 日，习近平主持召开中央财经领导小组第九次会议，听取中央财经领导小组确定的新型城镇化规划等重大事项落实的汇报，审议研究京津冀协同发展规划纲要。习近平指出，疏解北京非首都功能、推进京津冀协同发展，是一个巨大的系统工程。

对此，习近平提出了三个“明确”。一是目标要明确，通过疏解北京非首都功能，调整经济结构和空间结构，走出一条内涵集约发展的新路子，探索出一种人口经济密集地区优化开发的模式，促进区域协调发展，形成新增长极。二是思路要明确，坚持改革先行，有序配套推出改革举措。三是方法要明确，放眼长远、从长计议，稳扎稳打、步步为营，锲而不舍、久久为功。

之后的 2015 年北京市两会上北京政府工作报告已经对京津冀协同发展着了大量笔墨。北京市政府工作报告提出，加快疏解非首都核心功能。严格控制增量，有序疏解存量，对不符合首都城市战略定位的功能和产业，逐一列出清单，拿出具体方案，尽快组织实施，确保取得实质性进展。为此，要严格执行新增产业的禁止和限制目录，疏解一般制造业，禁止在首都功能核心区新建扩建制造业。加快疏解动物园地区批发市场、大红门地区批发市场、天意小商品批发市场，对其他区域性批发市场逐步制定调整疏解计划。积极推动部分教育、医疗等社会公共服务功能向外转移和疏解，促进京津冀区域教育合作和人员交流，探索共建大学新区、研发新区、创业园区和职教园区；深化医疗卫生领域合作，共建一批高水平的护理医院和康复医院；鼓励有实力的养老服务机构在周边地区建设养老服务基地，提高区域间公共服务均等化发展水平。

2015 年 8 月 24 日下午，北京市发改委公布《北京市新增产业的禁止和限制目录(2015 年版)》(以下简称《目录》)。《目录》提出，限制部分行政事业性服务机构。北京全市“禁止京外中央企业总部新迁入”，城六区“严控其他总部企业新迁入或新设立”，“禁止新设立或新迁入市属行政事业单位”，“禁止新设立或新迁入非紧密型行政辅助服务功能，包括服务中心、信息中心、行业协会、研究院所、培训机构、学术类社团、报社、出版社、杂志社等”。这被视为北京市贯彻《京津冀协同发展规划纲要》，有序疏解北京非首都功能的具体举措之一。

根据《目录》，北京全市性禁限的新增产业，占全部国民经济行业分类的比例由 32%提高到了 55%，东城区、西城区禁限行业的比例由 67%上升到 79%。朝阳区、海淀区、丰台区、石景山区等四区相应的比例由 42%上升到 79%。

与此同时，北京还将加大人口监控力度。在京津冀一体化方面，统计部门推进京津冀协同发展监测，实现三地统计系统内部数据共享，按季度开展三地协同发展监测和分析。京津冀三地去年初成立了协同发展统计监测小组，研究三省市的协同发展统计数据共享。利用三经普的成果资料，三地共同开发、充分利用，可初步研究三地的产业疏解、人员调整等。

4. 京津冀城际铁路投资

交通一体化是京津冀协同发展的三大突破口之一。2015 年 8 月 18 日，京津冀交通一体化领导小组召开第三次会议，领导小组组长、交通运输部部长杨传堂主持会议。杨传堂介绍，京津冀协同发展战略启动以来，交通领域已率先完成并报送了《京津冀协同发展交通一体化规划》，制定并印发了《〈京津冀协同发展规划纲要〉交通一体化实施方案》，明确了三年任务台账，为全面推进京津冀交通一体化工作奠定基础。

《京津冀协同发展规划纲要》提出，京津冀三地交通互联互通，将来有望形成 1 小时都市生活圈。7 月北京市交通委公布的京津冀协同发展交通一体化北京推进方案中披露：“轨道上的京津冀”将是三地交通发展的核心内容；“路通”是交通先行的重要任务；京津冀三地将力争在 2017 年实现区域公交、地铁“一卡通”互联互通。

京津冀之间今后将打造 27 条城际铁路线路联通，总规模达到 3 796 公里。其中京唐城际、京滨城际将于年内开工，计划 2016 年底前开工廊涿城际、首都机场到北京新机场城际铁路联络线。

为通过投资主体一体化带动区域交通一体化，促进京津冀协同发展，京津冀三省市政府、铁路总公司在北京签署协议，成立京津冀城际铁路投资有限公司。投资公司初期注册资本 100 亿元，由京津冀三省市政府及铁路总公司按照 3∶3∶3∶1 的比例共同出资成立。投资公司注册在北京，充分利用北京金融资源、人才资源优势。负责具体线路的项目公司注册在线路运营里程最长的省市，相关税收由沿线省市共同分享。投资公司将贯彻国家区域交通一体化战略意图，加快京津冀城际铁路网建设，侧重战略谋划和投融资运作。同时，由投资公司作为发起人，以具体线路为对象，吸引社会投资人共同出资成立项目公司，统筹推进线路的投资、建设、运营及资源综合开发。

以三地为一个整体对象，可以突破现有以行政区划为界限的建设模式，有利于形成统一的线网和市场，将为京津冀协同发展体制机制创新积累经验。交通一体化是京津冀协同发展率先突破的重点领域。城际铁路具有快速、便捷、高效、安全、大容量、低成本的特点，有利于优化改善区域交通出行结构、调整疏解非首都核心功能、促进产业合作和大气环境改善，对打造“轨道上的京津冀”、构建京津冀世界级城市群具有重要的支撑作用，是未来一个时期京津冀交通一体化的重点领域。

公路交通发展篇

一、发展综述

(一)公路交通网络进一步完善,通达水平提高

1. 公路基础设施建设投资持续增长,公路里程进一步增加

2015 年,全年完成公路建设投资 16 513.30 亿元,比上年增长 6.8%,如图 2-1 所示。其中,高速公路建设完成投资 7 949.97 亿元,增长 1.7%。普通国省道建设完成投资 5 336.07 亿元,增长 15.7%。农村公路建设完成投资 3 227.27 亿元,增长 6.5%,新改建农村公路 25.28 万公里。纳入《集中连片特困地区交通建设扶贫规划纲要(2011—2020)》的 505 个贫困县完成公路建设投资 3 474.72 亿元,增长 0.9%,占全国公路建设投资 21.0%。

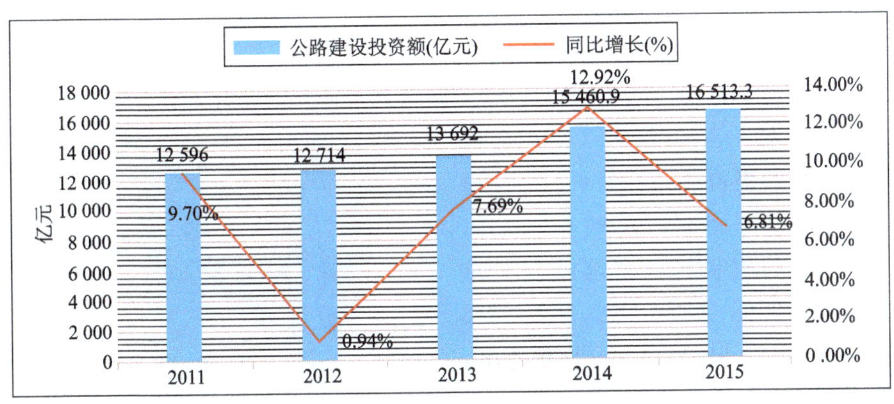

图 2-1 公路建设投资额及增长速度

公路里程持续增长,技术等级提高。2015 年,全国公路总里程 457.73 万公里,比上年末增加 11.34 万公里。公路养护里程 446.56 万公里,占公路总里程 97.6%。全国等级公路里程 404.63 万公里,比上年末增加 14.55 万公里。等级公路占公路总里程 88.4%,提高 1.0 个百分点。其中,二级及以上公路里程 57.49 万公里,增加 2.92 万公里,占公路总里程 12.6%,提高 0.3 个百分点。各行政等级公路里程分别为:国道 18.53 万公里(其中普通国道 10.58 万公里)、省道 32.97 万公里、县道 55.43 万公里、乡道 111.32 万公里、专用公路 8.17 万公里,比上年末分别增加 0.61 万公里、0.69 万公里、0.23 万公里、0.81 万公里和 0.14 万公里,如图 2-2 所示。全国高速公路里程 12.35 万公里,比上年末增加 1.16 万公里。全国公路桥梁 77.92 万座、4 592.77 万米,比上年末增加 2.20 万座、334.88 万米。其中,特大桥梁 3 894 座、690.42 万米,大桥 79 512 座、2 060.85 万米。全国公路隧道为 14 006 处、1 268.39 万米,增加 1 602 处、192.72 万米。其中,特长隧道 744 处、329.98 万米,长隧道 3 138 处、537.68 万米。

2. 农村公路建设成效显著,交通扶贫工作深入推进

2015 年,全国农村公路(含县道、乡道、村道)里程 398.06 万公里,比上年末增加

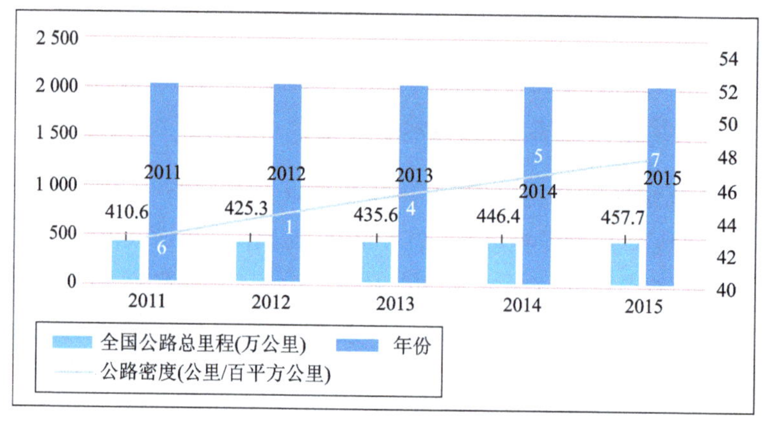

图 2-2 2011—2015 年全国公路总里程及公路密度

9.90 万公里,其中村道 231.31 万公里,增加 8.85 万公里,如图 2-3 所示。全国通公路的乡(镇)占全国乡(镇)总数 99.99%,其中通硬化路面的乡(镇)占全国乡(镇)总数 98.62%、比上年末提高 0.53 个百分点;通公路的建制村占全国建制村总数 99.87%,其中通硬化路面的建制村占全国建制村总数 94.45%、提高 2.68 个百分点。截至 2014 年年末,公路密度 47.68 公里/百平方公里,提高 1.18 公里/百平方公里。

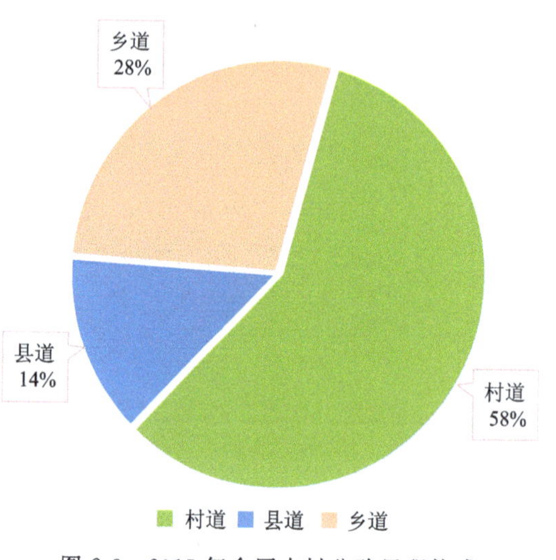

图 2-3 2015 年全国农村公路里程构成

2015 年年初,交通运输部把农村客运通达项目作为更贴近民生十件实事之一。截至 2015 年年底,全国新增通客车建制村超过 8 000 个,提前并大大超额完成了年度预期工作任务。其中,仅湖北、贵州、四川三个省就新增 6 500 多个建制村通客车,全国建制村客运班车通达率达到 94%,14 个省份的建制村通客车率超过 95%,北京、河北、辽宁、吉林、江苏的农村客运实现了建制村全覆盖。

3. 国家干线公路交通流量继续增长

2015 年,全国国道网机动车年平均日交通量为 14 564 辆,比上年增长 2.1%,其中车流量较大的地区主要集中在北京、天津、上海、江苏、浙江、广东和山东。全国国道网机动车日平均行驶量为 254 737 万车公里,国道网年平均交通拥挤度为 0.47,增长 2.1%。其中,国家高速公路日平均交通量为 22 450 辆,日平均行驶量为 162 580 万车公里,年平均交通拥挤度为 0.37,分别增长 5.9%、10.3%和 5.4%;普通国道日平均交通量为 10 714 辆,日平均行驶量为 111 531 万车公里,年平均交通拥挤度为 0.63,分别下降 1.0%、0.4%和 1.5%。全国高速公路日平均交通量为 20 998 辆,日平均行驶量为 229 416 万车公里,年平均交通拥挤度为 0.34,比上年分别增长 5.6%、14.6%和 5.9%。

（二）公路运输能力增强，服务水平提升

1. 运输装备结构进一步优化，公路运量稳步提升

公路客货运输车辆结构优化。2015 年年末全国拥有公路营运汽车 1 473.12 万辆，比上年末减少 4.2%。拥有载客汽车 83.93 万辆、2 148.58 万客位，比上年末分别减少 0.8%和 1.9%。其中，大型客车 30.49 万辆、1 324.31 万客位，分别减少 0.6%和 0.1%。拥有载货汽车 1 389.19 万辆、10 366.50 万吨位，其中普通货车 1 011.87 万辆、4 982.50 万吨位，专用货车 48.40 万辆、503.09 万吨位，分别增长 6.2%和 2.5%。

全年全国营业性客运车辆完成公路客运量 161.91 亿人、旅客周转量 10 742.66 亿人公里，比上年分别减少 6.7%和 2.3%，平均运距 66.35 公里。全国营业性货运车辆完成货运量 315.00 亿吨、货物周转量 57 955.72 亿吨公里，比上年分别增长 1.2%和 2.0%，平均运距 183.99 公里。

截至 2015 年年末，全国有 99.01%的乡镇开通了客运线路，乡镇通车率比上年末提升 0.06 个百分点；94.28%的建制村开通了客运线路，建制村通车率比上年末提升 0.96 个百分点。

公路客货运输能力提高。全年全国营业性客运车辆完成公路客运量 185.35 亿人、旅客周转量 11 250.94 亿人公里，按可比口径比上年分别增长 4.2%和 1.0%，平均运距 60.70 公里。全国营业性货运车辆完成货运量 307.66 亿吨、货物周转量 55 738.08 亿吨公里，按可比口径比上年分别增长 10.9%和 11.2%，平均运距 181.16 公里。

2. 公路运输服务水平提升

2015 年，公路部门致力于做好运输保障，提升运输服务能力和水平，并进一步推动新能源汽车发展。在推动交通运输改革方面，交通运输部于 1 月 15 日正式出台《关于全面深化交通运输改革的意见》，提出到 2020 年在交通运输重要领域和关键环节的改革上取得决定性成果的目标。届时，交通运输体制机制将更加完善，我国将逐步形成更加成熟规范、运行有效的交通运输制度体系。

在提升运输服务保障能力和推动安全建设方面，交通运输部发布了《现有公路实施安全生命防护工程方案》和《现有公路安全生命防护工程示范省建设实施方案》，确定了安徽、河北等 6 省的安防工程示范路段建设实施细节，涉及 24 个路段共 4 100 公里，现有公路安全生命防护工程示范省建设工作全面铺开。

（三）公路体制改革深入推进，公路管理体系更加完善

1. 明确确立公路体系发展模式

2015 年 7 月 21 日，交通运输部向社会公布了《收费公路管理条例》修订稿。修订稿确立了“收费”与“收税”长期并行的两个公路体系发展模式，明确政府收费公路实行规范的预算管理，除收费公路权益外，所有收费公路资产均不得转让和上市交易。在提高收费公路设置门槛的同时，修订稿对收费期限也进行了调整。这是全面深化交通运输改革、加强交通运输法治建设的重要一步，对于建立更加合理的收费公路管理制度、更为长效的收

费公路发展模式必将产生里程碑式的影响。

2. 公路建设管理体制改革试点全面推进

2015 年 4 月，交通运输部印发了《关于深化公路建设管理体制改革的若干意见》，创新公路建设项目管理模式，完善体制机制，全面推行现代工程管理，提高公路建设管理水平。作为交通运输部开展公路建设管理体制改革的试点省份，江西、湖南、陕西正有序推进各项工作。全国各地也纷纷根据《关于深化公路建设管理体制改革的若干意见》，积极开展有关试点工作。

为指导和规范改革试点工作，完善配套制度，交通运输部法制司、公路局加快相关制度制修订工作步伐，出台了《公路建设项目代建管理办法》，重点明确公路建设代建范围和各方责任，对代建单位的选择、代建合同、代建管理等进行了规范；出台了《公路工程设计施工总承包管理办法》，对总承包单位的选择、总承包合同、风险划分、总承包管理等进行了规范；结合重点公路建设项目施工许可下放，修订了《公路建设市场管理办法》。下阶段，交通运输部将对公路建设管理体制改革试点工作加强跟踪、指导、协调、监督，适时开展调研和试点交流，确保试点工作有序推进，保障改革方案落到实处，取得成效。

(四)公路安全形势稳步提升，交通安全工作扎实推进

1. 公路安全事故率降低

2015 年，公路、水路交通运输建设领域全年共发生生产安全事故 35 起，死亡 49 人，分别比上年下降 22.2%和 40.2%。其中，死亡 3～9 人的较大事故 3 起、死亡 15 人，分别下降 8 起、27 人。未发生死亡 10 人及以上重特大事故。

2. 进一步推进交通安全工作

2015 年交通运输部办公厅印发《现有公路实施安全生命防护工程方案》和《现有公路安全生命防护工程示范省建设实施方案》，确定了安徽、河北等 6 省的安防工程示范路段建设实施细节，涉及 24 个路段共 4 100 公里，现有公路安全生命防护工程示范省建设工作全面铺开。此次提出的公路安防工程将成为安保工程的“升级版”。2015 年年初至 2020 年年底，全国交通运输系统将逐步排查各地现有公路安全隐患，重点解决安保工程覆盖范围不够广、技术水平不能适应实际要求、设计和施工质量有待进一步提高等问题，为社会公众创造更加安全、畅通的出行环境。交通运输部公路局局长李彦武指出，本次《现有公路实施安全生命防护工程方案》的下发，是为了贯彻落实 2014 年年底发布的《国务院办公厅关于实施公路安全生命防护工程的意见》提出的全面排查治理现有公路安全隐患、严格规范新改建公路安全设施建设、大力推进公路安全综合治理等三大任务，按照部分工要求，保证现有公路顺利实施安全生命防护工程，全力打造“平安交通”所制定的；并提出如下安防工程目标：2015 年年底前，全面完成现有公路的安全隐患排查和治理规划工作，完成通行客运班线和接送学生车辆集中的农村公路急弯陡坡、临水临崖等重点路段约 3 万公里的安全隐患治理。2017 年年底前，完成急弯陡坡、临水临崖等重点路段约 6.5 万公里农村公路的安全隐患治理。2020 年年底前，基本完成乡道及以上行政等级公路安全隐患治理，实现农村公路交通安全基础设施明显改善、安全防护水平显著提高。

(五)绿色环保交通进一步推进,智慧交通取得新进展

1. 绿色、环保交通理念进一步推进,大力发展新能源汽车

2015 年全年公路、水路交通运输行业环境保护投入 167.09 亿元,其中公路环境保护投入 140.50 亿元,港口 26.59 亿元。公路环境保护投入中,生态保护设施占 65.1%,污染防治设施占 21.5%。

2015 年国家密集出台新能源汽车推广应用利好政策,3 月,《关于加快推进新能源汽车在交通运输行业推广应用的实施意见》明确城市公交、出租汽车和城市物流是新能源汽车推广的重要领域。5 月,《关于节约能源使用新能源车船车船税优惠政策的通知》提出对使用新能源车船免征车船税。10 月,《关于加快电动汽车充电基础设施建设的指导意见》指出到 2020 年基本建成适度超前、车桩相随、智能高效的充电基础设施体系。各新能源汽车生产企业也捷报频传。

根据中国汽车工业协会的统计,2015 年新能源汽车生产 340 471 辆,销售 331 092 辆,同比分别增长 3.3 倍和 3.4 倍。其中纯电动汽车产销分别完成 254 633 辆和 247 482 辆,同比分别增长 4.2 倍和 4.5 倍;插电式混合动力汽车产销分别完成 85 838 辆和 83 610 辆,同比增长 1.9 倍和 1.8 倍。

2. 智慧交通不断取得新进展

2015 年初,交通运输部研究确定了《交通运输厅 2015 年贴近民生 10 件实事》,其中在智慧交通方面,包括 ETC 全国联网和交通一卡通两个项目。在 2015 年,这两个项目不断取得新进展。

2015 年 9 月 28 日,除了海南、西藏没有收费公路以外,全国 29 个省份实现了高速公路 ETC 的联网,提前实现年初确定的计划目标。全国 ETC 联网目标成功实现,标志着交通运输部按时完成了政府工作报告确定的工作目标,提前办完了交通运输部确定的更贴近民生十件实事之一。

作为交通运输部 2015 年更贴近民生十件实事之一,交通一卡通互联互通项目在 2015 年取得重大进展。截至 2015 年年底,全国共有 33 个以上城市实现城市交通一卡通互联互通。此外,京津冀地区将推行京津冀一卡通,首批覆盖北京、天津、张家口、廊坊、保定和石家庄六城市。福建省则推出“福路通”卡,实现省内 8 地市间及外省其他 29 个城市交通运输领域便捷支付。

二、公路交通规划与政策

2015 年是全面深化改革的关键之年,是全面推进依法治国的开局之年,也是全面完成“十二五”规划的收官之年,做好全年交通运输工作意义重大。要大力推动铁路、公路、水路、民航、邮政深度融合,加快建设综合交通运输体系。

2014 年 12 月 28 日,在 2015 年全国交通运输工作会议上,交通运输部部长杨传堂提出了新一年的工作任务。在 2015 年,根据党中央、国务院的战略部署,围绕安全、发展、服

务、创新、改革、法制等环节，交通运输部在深入调查研究，广泛听取意见的基础上，制定出台了一批推动交通运输转型升级、科学发展的新政策、新措施。

(一)《关于全面深化交通运输改革的意见》出台

2015 年 1 月 15 日，交通运输部《关于全面深化交通运输改革的意见》(以下简称《改革意见》)正式出台，提出到 2020 年在交通运输重要领域和关键环节的改革上取得决定性成果的目标。届时，交通运输体制机制将更加完善，我国将逐步形成更加成熟规范、运行有效的交通运输制度体系。

破解交通难题，直面群众呼声，突破重点领域，在大交通、投融资体制机制、收费公路等领域改革实现重大突破，是此次《改革意见》的亮点。

1. 完善综合交通运输体制机制

综合交通运输是交通运输行业未来的发展方向，当前我国综合交通运输体系建设的突出问题主要集中在体制机制方面，这也是我国交通运输可持续发展必须破解的关键问题。在体制方面，目前普遍反映国家层面大交通管理体制虽然已经建立，但工作机制尚未完全理顺；地方交通运输管理体制还存在职能分割、衔接不顺等问题，推进综合交通运输体系建设困难重重。为此，《改革意见》提出，要在国家层面推动出台加快综合交通运输发展的指导意见，在地方层面推动实现交通运输主管部门负责本区域内综合交通运输规划、建设、管理与服务，加快形成“大交通”管理体制和工作机制。在机制方面，综合交通运输规划编制机制的完善是难点。由于规划涉及多种运输方式、多个部门，必须统筹协调才能顺利编制。为此，《改革意见》提出，要加强不同运输方式的统筹规划，探索建立交通运输与国土、住建等部门之间多规衔接的规划编制机制。

2. 完善交通运输现代市场体系

交通运输业是我国最早实行政企分开的行业之一，市场化程度相对较高，但是目前还存在行政干预较多、市场监管不到位、条块分割和地区封锁等问题，影响了行业资源优化配置和发展活力。党的十八届三中全会强调，经济体制改革是全面深化改革的重点，建立完善现代市场体系、使市场在资源配置中起决定性作用是本次改革最重要的任务。为此，《改革意见》提出，完善市场规则，加快建立公平开放、统一透明的交通运输市场；注重发挥市场形成价格的作用，放开竞争性环节价格；完善交通运输市场信用体系，落实各领域守信激励和失信惩戒各项措施。同时积极推进公路养护、道路运输等重点领域市场化改革。

3. 深化交通运输投融资体制改革

当前，资金仍是制约交通运输发展的重要“瓶颈”，随着国家财税体制改革的推进，交通运输部门在资金筹措、财税政策等方面面临着巨大挑战。党的十八届三中全会提出，推进财税体制改革主要包括 3 个方面：财政预算制度、税收制度、事权与支出责任相适应的财政体制。这三项制度与交通运输关系都很密切，也是基层关注的焦点。为此，《改革意见》提出，合理确定中央和地方交通运输事权范围，解决基层反映强烈的事权、财权不匹配问题；完善社会资本参与交通建设机制，推广 PPP 等模式，推动地方建立支持交通运输发展的举债融资机制。其中，收费公路政策改革是解决公路发展融资问题的关键所在。为此,《改革意见》提出,按照“使用者付费、债务风险可控”等原则,加快推进《收费公路管理条例》修订,完善通行费率调整机制和信息公开制度,对收费公路实行分类管理。

4. 完善现代运输服务体系

完善现代运输服务体系是交通运输改革面临的一项重大而紧迫的任务,也是提升交通运输治理能力的重点内容。比如,城市拥堵是困扰各大城市居民出行的一大心病,改革与群众日常出行息息相关的公共交通体制机制是化解这一难题的重要突破口。为此,《改革意见》提出,探索公共交通引导城市发展模式,推动公共交通规划、建设、运营一体化管理,完善城市公共交通资源配置机制,使公共交通成为公众出行优选。又如,出租汽车行业多年来饱受诟病,相关问题在社会反映强烈,必须从市场化的角度进行改革。为此,《改革意见》提出,要科学定位出租汽车服务,完善运力投放机制,科学调节出租汽车总量,推进通过服务质量招投标等方式配置出租汽车的车辆经营权,加强对手机召车等新型服务模式的规范管理,推动出租汽车行业实行公司化、集约化经营和员工制管理。

5. 完善交通运输转型升级体制机制

当前交通发展方式粗放、产业结构不合理、创新能力不强、管理理念滞后等问题突出,行业传统发展模式难以为继,必须通过深化改革,加快转型发展。2014 年全国交通运输工作会议确定了“四个交通”的发展方向,其中智慧交通、绿色交通、平安交通相关的体制机制改革都是支持交通运输转型升级、保障交通运输可持续发展的重头戏。为此,《改革意见》提出,完善智慧交通体制机制,推动交通运输行业数据的开放共享和安全应用,实现 ETC、公共交通一卡通等全国联网,完善交通运输科技创新体制机制,推进新一代互联网、物联网、大数据、“北斗”卫星导航等技术装备在交通运输领域的应用;完善绿色交通体制机制,研究制定绿色交通发展框架和评价指标体系,引导社会各方共同推进绿色交通发展,大力倡导绿色出行;完善平安交通体制机制,科学界定交通运输管理部门与其他安全监管部门的责任界限,健全交通运输安全生产责任体系、隐患排查治理体系、安全风险防控体系。

(二)“一带一路”战略路线图公布

2015 年 3 月 28 日,国家发改委与外交部、商务部联合发布了《推动共建丝绸之路经济带和 21 世纪海上丝绸之路的愿景与行动》。基础设施互联互通是“一带一路”建设的优先领域这一观点被明确提出。2015 年,黑龙江、内蒙古等“一带一路”战略涉及的诸多省份全面加快了交通大通道建设。

1. 时代背景

当今世界正发生复杂深刻的变化,国际金融危机深层次影响继续显现,世界经济缓慢复苏、发展分化,国际投资贸易格局和多边投资贸易规则酝酿深刻调整,各国面临的发展问题依然严峻。共建“一带一路”旨在促进经济要素有序自由流动、资源高效配置和市场深度融合,推动沿线各国实现经济政策协调,开展更大范围、更高水平、更深层次的区域合作,共同打造开放、包容、均衡、普惠的区域经济合作架构。共建“一带一路”符合国际社会的根本利益,彰显人类社会共同理想和美好追求,是国际合作以及全球治理新模式的积极探索,将为世界和平发展增添新的正能量。

2. 合作重点

"一带一路"沿线各国资源禀赋各异,经济互补性较强,彼此合作潜力和空间很大。以政策沟通、设施联通、贸易畅通、资金融通、民心相通为主要内容,重点在以下若干方面加强合作:政策沟通、设施联通、加强能源基础设施互联互通合作、推进跨境光缆等通信干线网络建设、促进贸易畅通等。

3. 合作机制

加强双边合作,开展多层次、多渠道沟通磋商,推动双边关系全面发展。推动签署合作备忘录或合作规划,建设一批双边合作示范。建立完善双边联合工作机制,研究推进"一带一路"建设的实施方案、行动路线图。充分发挥现有联委会、混委会、协委会、指导委员会、管理委员会等双边机制作用,协调推动合作项目实施。

强化多边合作机制作用,发挥上海合作组织(SCO)、中国—东盟"10+1"、亚太经合组织(APEC)、亚欧会议(ASEM)、亚洲合作对话(ACD)、亚信会议(CICA)、中阿合作论坛、中国—海合会战略对话、大湄公河次区域(GMS)经济合作、中亚区域经济合作(CAREC)等现有多边合作机制作用,相关国家加强沟通,让更多国家和地区参与"一带一路"建设。

继续发挥沿线各国区域、次区域相关国际论坛、展会以及博鳌亚洲论坛、中国—东盟博览会、中国—亚欧博览会、欧亚经济论坛、中国国际投资贸易洽谈会,以及中国—南亚博览会、中国—阿拉伯博览会、中国西部国际博览会、中国—俄罗斯博览会、前海合作论坛等平台的建设性作用。支持沿线国家地方、民间挖掘"一带一路"历史文化遗产,联合举办专项投资、贸易、文化交流活动,办好丝绸之路(敦煌)国际文化博览会、丝绸之路国际电影节和图书展。倡议建立"一带一路"国际高峰论坛。

4. 深远意义

秉持开放的区域合作精神,致力于维护全球自由贸易体系和开放型世界经济,符合国际社会的根本利益,彰显人类社会共同理想和美好追求,是国际合作以及全球治理新模式的积极探索,将为世界和平发展增添新的正能量。

互联互通项目将推动沿线各国发展战略的对接与耦合,发掘区域内市场的潜力,促进投资和消费,创造需求和就业,增进沿线各国人民的人文交流与文明互鉴。

当前,中国经济和世界经济高度关联。中国将一以贯之地坚持对外开放的基本国策,构建全方位开放新格局,深度融入世界经济体系。

(三)收费公路领域推广运用 PPP

2015 年 5 月,财政部、交通运输部联合发布《关于在收费公路领域推广运用政府和社会资本合作模式的实施意见》(以下简称《意见》),在收费公路领域推广运用 PPP 模式,鼓励社会资本参与收费公路投资、建设、运营、维护,与政府共同参与项目全周期管理,提高收费公路服务供给的质量和效率。《意见》中明确,收费公路项目实施 PPP 模式所涉及的收费公路权益包括收费权、广告经营权和服务设施经营权。不同的项目可根据实际情况,将各项权益通过有效打包整合提升收益能力,以促进一体化经营、提高运营效率。

在政策支持方面，《意见》称，收费不足以满足社会资本或项目公司成本回收和合理回报的，在依法给予融资支持、项目沿线一定范围土地开发使用等支持措施仍不能完全覆盖成本的，可考虑给予合理的财政补贴。对符合《车辆购置税收入补助地方资金管理暂行办法》要求的项目，可按照交通运输重点项目资金申请和审核规定，申请投资补助。

1. 政策背景

当前，我国公路基础建设仍处在集中建设、加快成网的关键时期，建设规模仍保持在高位发展阶段，收费公路通车里程不断提升，路网不断完善，人民群众的出行越来越快捷便利。但随着公路建设的快速发展，政府充当管理、投资主体的建设模式也为各地政府和交通主管部门带来了巨大的债务负担和融资困难，使地方政府不堪重负。

根据有关资料，截至 2014 年底，全国收费公路里程 16.26 万公里，累计建设投资总额为 61 449 亿元，债务余额为 38 451.4 亿元。2014 年度，全国收费公路收支缺口为 1 571.1 亿元，相较上一年度增长 910.1 亿元。其中，除安徽、广东、浙江、上海 4 省市未亏损外，其他省份均出现不同程度的亏损。巨大的资金缺口和巨额的债务压力增加了地方政府还贷风险，2011 年云南某公路投资平台公司就曾出现过短期还款违约事件。全国部分地方政府债务即将达到融资底线，存在债务违约风险爆发的可能。

2. 改革原则

收费公路改革将坚持四个原则：一是坚持用路者付费原则，通过税收这种间接付费方式，提供体现均等化的普遍服务的非收费公路，主要由公共财政来保障建设、养护和运营管理的资金需求。同时，通过收取车辆通行费这种直接付费的方式，为特定群体提供高效率服务的收费公路，这种收费公路建设养护资金通过市场筹措，未来收费公路将基本为高速公路。二是政府债务风险可控原则，努力提高政府债务性公路的偿债能力，确保政府性债务的正常偿还。三是鼓励社会资本投资原则，推广政府与社会资本合作等模式，通过规范的特许经营制度、合理定价和财政补贴，保障投资者合理的长期稳定投资回报，从而鼓励和吸引社会资本投资经营性公路。四是加强政府监管，将收费公路信息公开制度化、规范化。

（四）《收费公路管理条例》修订稿征求意见

2015 年 7 月 21 日，交通运输部向社会公布了《收费公路管理条例》修订稿。修订稿确立了“收费”与“收税”长期并行的两个公路体系发展模式，明确政府收费公路实行规范的预算管理，除收费公路权益外，所有收费公路资产均不得转让和上市交易。在提高收费公路设置门槛的同时，修订稿对收费期限也进行了调整。

1. 政策背景

收费公路政策对加快我国公路基础设施建设，统筹城乡发展、促进区域经济社会协调发展发挥了重要作用。近年来，随着我国汽车保有量的快速增长和私家车的日益普及，重大节假日期间公路交通量增长迅速，收费站拥堵严重，降低了公路通行效率和服务能力，给公众出行带来不便，有的收费站堵车长达数公里，司乘人员反映强烈。

2. 修订原因

一是现行条例已无法适应全面深化改革特别是财税体制改革的新要求；二是现行条例的有关制度难以兼顾公平与效率；三是现行条例的有关制度无法适应高速公路网络化运营和长期养护管理的客观需要；四是现行收费公路政策吸引社会资本投资公路建设的功能逐步减弱；五是现行条例在收费公路信息公开以及对转让、运营的监督管理等方面规定不完善，政策执行中暴露出的问题需要进一步严格规范。

3. 重点修订方面

本次修订稿主要从以下八个方面作了修订：确立“收费”与“收税”长期并行的两个公路体系发展模式；调整两种类型收费公路的内涵；调整政府收费公路统借统还制度；明确经营性公路实行特许经营制度；提高收费公路的设置门槛；调整收费期限；进一步规范收费公路转让；强化政府对收费公路的监管。

(五)出租车网约车改革公开征求意见

2015 年 10 月 10 日，交通运输部对外发布《关于深化改革进一步推进出租汽车行业健康发展的指导意见(征求意见稿)》(以下简称《指导意见》)和《网络预约出租汽车经营服务管理暂行办法(征求意见稿)》(以下简称《管理办法》)，向社会公开征求意见。两份文件重点围绕科学定位出租汽车服务、改革经营权管理制度、对“专车”等新业态科学管理、构建新老业态共存的多样化服务体系等方面，明确了有关改革思路和重点举措。截至 2015 年 11 月 9 日征求意见结束，共收到有效意见 5 008 件。

2015 年 11 月 28 日，交通运输部根据向社会公开征求的意见，进行系统梳理后，发布《深化出租汽车行业改革两个文件征求意见总体情况分析报告》。报告将网约车平台是否应纳入管理及管理方式、网约车车辆条件及准入、规范网约车经营行为等意见较为集中的问题进行了梳理。交通运输部表示，将继续会同发展改革、公安、工业和信息化等多部门，进一步深入研究论证，吸纳合理意见，寻求出租汽车行业改革的最大“公约数”。

1. 科学定位出租车和专车

《指导意见》明确了出租汽车的地位，指出出租汽车是城市综合交通运输体系的组成部分，是城市公共交通的补充。同时，《指导意见》将“专车”等新业态纳入出租汽车管理范畴，将出租汽车分为巡游出租汽车和预约出租汽车，提出构建两者共存的多样化服务体系，实行分类管理、错位发展和差异化经营。

2. 经营权实行期限制

《指导意见》明确，出租汽车经营权实行期限制，新增出租汽车经营权全部实行无偿使用，并不得变更经营主体，各地不得新出台经营权有偿使用政策。已实行经营权有偿使用的城市，要制定科学合理的过渡方案，逐步取消有偿使用费。此外，《指导意见》明确要求经营权不得炒卖和擅自转让，在出租车经营权有效期内，需要变更经营主体的，依照法律、法规规定的条件和程序办理变更许可手续。

3. 保障乘客和驾驶员权益

《指导意见》进一步完善了巡游出租汽车经营管理，要求出租汽车企业、个体经营者依法与驾驶员签订劳动合同，明确驾驶员的劳动报酬、工作和休息时间、保险福利等事项。鼓励规模化、集约化、公司化经营。引导个体经营者在自愿的基础上，通过服务型公司等方式实行有组织的管理，提高服务质量和抗风险能力。针对“份子钱”问题，《指导意见》鼓励相关企业、行业协会和驾驶员、工会组织平等协商，合理确定出租汽车承包费标准或定额任务，并根据经营成本、运价变化等因素实行动态调整，通过多种渠道公开承包费或定额任务的项目组成、测算方法，并鼓励积极探索企业和驾驶员共担风险、利益合理分配的经营模式。

4. 定价机制

《指导意见》明确要求进一步发挥市场在资源配置中的决定性作用，对预约出租汽车运价实行政府指导价或市场调节价，对巡游出租汽车实行政府定价或政府指导价。建立出租汽车运价动态调整机制，科学、及时调整出租汽车运价水平和结构。充分发挥运价调节出租汽车运输市场供求关系的杠杆作用。

5. 网约车的经营许可管理

据交通运输部法制司副司长魏东介绍，要在《国务院对需保留行政审批项目设定行政许可事项的决定》(国务院令 2004 年第 421 号)的法律框架下，对网络约车经营者、车辆和驾驶员实行许可管理。

《管理办法》对网络约车企业法人资格、税务登记证、出租汽车经营许可、互联网申请信息服务备案、服务器所在地、车辆资质、驾驶员资格等问题作出了明确规定。

6. 保障乘客权益

《管理办法》对网约车经营者的责任和义务提出了明确要求。比如：网约车经营者应保证介入车辆的合法运营资质，网约出租汽车不得巡游揽客，不得同时接入两个或以上网络服务平台等。

此外，《管理办法》还要求，网络约车经营者应提供 24 小时不间断运营服务，建立服务评价体系和乘客投诉处理制度，如实采集与记录驾驶员服务信息。

对于运价管理，《管理办法》规定网络约车运价实行政府指导价或市场调节价。网约车经营者要合理确定运价结构和水平，实行明码标价。

三、公路基础建设与投资

2015 年，公路基础设施建设力度继续增大，投资继续增长。到年末，全国公路总里程 457.73 万公里，比上年末增加 11.34 万公里，全年完成公路建设投资 16 513.30 亿元，比上年增长 6.8%。

(一)高速公路建设

2015 年，全国高速公路里程 12.35 万公里，比上年末增加 1.16 万公里，如图 2-4 所示。其中，国家高速公路 7.96 万公里，增加 0.65 万公里。全国高速公路车道里程 54.84 万公里，增加 5.28 万公里；高速公路建设完成投资 7949.97 亿元，增长 1.7%。

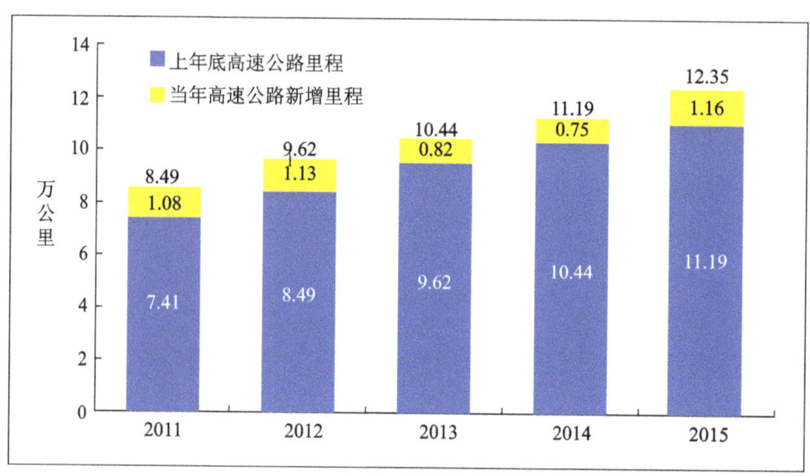

图 2-4　2011—2015 年全国高速公路里程

(二)农村公路建设

2015 年,农村公路建设完成投资 3 227.27 亿元,增长 6.5%,新改建农村公路 25.28 万公里。纳入《集中连片特困地区交通建设扶贫规划纲要(2011—2020)》的 505 个贫困县完成公路建设投资 3 474.72 亿元,增长 0.9%,占全国公路建设投资 21.0%。

(三)各等级公路建设情况

2015 年全国国道观测里程为 126 059 公里,其中,国家高速公路 42 581 公里,普通国道 83 478 公里。全国高速公路观测里程为 56 312 公里。

《国家公路网规划(2013—2030 年)》提出了国家公路网的建设目标:由 12 条首都放射线、47 条北南纵线、60 条东西横线和 81 条联络线组成,总规模约 26.5 万公里。按照“主体保留、局部优化,扩大覆盖、完善网络”的思路,调整拓展普通国道网:保留原国道网的主体,优化路线走向,恢复被高速公路占用的普通国道路段;补充连接地级行政中心和县级节点、重要的交通枢纽、物流节点城市和边境口岸;增加可有效提高路网运行效率和应急保障能力的部分路线;增设沿边沿海路线,维持普通国道网相对独立。

交通运输通过若干年的发展,实现了从“瓶颈制约”到“基本缓解”再到“基本适应”的过渡,公路的服务能力和水平都有大幅度改善。但是和需求来比,尤其是和全面建成小康社会和现代化建设的要求相比,还存在一定的差距。

从国家高速公路网来看,国家高速公路网规划是 13.6 万公里,到目前为止还有约 4 万公里没有贯通,同时早期建设的高速公路有很多通道车流量日趋饱和,亟须扩容改造。普通国道的规划里程共 26.5 万公里,其中还有一些没有贯通的路段。农村公路,尤其是西部的农村公路发展仍然滞后,行政村通硬化路的比例才达到 81%。

未来 10 年尤其是“十三五”的 5 年,我国公路基础设施仍将处于集中建设、加快成网的关键阶段。下一步的投资重点,是要建设运行通畅高效的国家高速公路网,全面提升普通国道、省道干线的保障能力和服务品质，同时，建设畅通安全的农村公路。未来，公路的发展任务依然比较繁重。受工程地质条件、还有地方的经济发展的水平影响，中西部地区任务艰巨。

四、交通运输状况

2015年，国内公路交通客货运总量、国家干线交通流量稳步提高，安全生产形势稳中向好，公路信息化服务水平进一步提升，ETC实现全国联网，公路交通运行情况总体健康平稳，为保持经济平稳较快发展、进一步改善民生、促进社会和谐稳定提供了有力保障。

2015年公路客货运量进一步提高。全年全国营业性客运车辆完成公路客运量161.91亿人、旅客周转量10 742.66亿人公里，比上年分别减少6.7%和2.3%，平均运距66.35公里。全国营业性货运车辆完成货运量315.00亿吨、货物周转量57 955.72亿吨公里，比上年分别增长1.2%和2.0%，平均运距183.99公里。

(一)交通流量稳步增长

全国国道网机动车年平均日交通量为15 424辆，比上年增长2.5%，其中车流量较大的地区主要集中在北京、天津、河北、上海、江苏、浙江、山东、河南和广东，上述地区国道网的年平均日交通量均超过2万辆。全国国道网机动车日平均行驶量为194 440万车公里，增长1.6%。全国国道网年平均交通拥挤度为0.48，增长1.3%。其中，国家高速公路日平均交通量为23 818辆，日平均行驶量为101 422万车公里，年平均交通拥挤度为0.39，分别增长1.9%、1.8%和1.3%；普通国道日平均交通量为11 128辆，日平均行驶量为92 895万车公里，年平均交通拥挤度为0.64，分别增长2.6%、1.2%和1.6%。全国高速公路日平均交通量为22 334辆，日平均行驶量为125 766万车公里，年平均交通拥挤度为0.37，比上年分别增长2.5%、2.4%和2.2%。从总体来看，公路交通发展情况平稳，经济交流活动也日趋紧密。

(二)运力规模稳步增长

2015年年末全国拥有公路营运汽车1 473.12万辆，比上年末减少4.2%。拥有载客汽车83.93万辆、2 148.58万客位，比上年末分别减少0.8%和1.9%。其中，大型客车30.49万辆、1 324.31万客位，分别减少0.6%和0.1%。拥有载货汽车1 389.19万辆、10 366.50万吨位，比上年末分别减少4.4%和增长0.7%。其中普通货车1 011.87万辆、4 982.50万吨位，分别减少7.3%和4.9%；专用货车48.40万辆、503.09万吨位，分别增长6.2%和2.5%。

(三)道路客货运量稳步增长

2015年全年，全国营业性客运车辆完成公路客运量161.91亿人、旅客周转量10 742.66亿人公里，比上年分别减少6.7%和2.3%，平均运距66.35公里。全国营业性货运车辆完成货运量 315.00 亿吨、货物周转量 57 955.72 亿吨公里,比上年分别增长 1.2%和 2.0%,平均运距 183.99 公里。

截至年末,全国有 99.01%的乡镇开通了客运线路,乡镇通车率比上年末提升 0.06 个百分点;94.28%的建制村开通了客运线路,建制村通车率比上年末提升 0.96 个百分点。从数据上来看,乡镇客运增长情况稳定。

五、公路交通安全

(一)生命安全防护工程任务完成

2015 年,交通运输部全面开展现有公路安全生命防护工程示范省建设工作:3 月 24 日,交通运输部发布了《现有公路实施安全生命防护工程方案》;11 月,《现有公路安全生命防护工程示范省建设实施方案》出台,确定了安徽、河北等 6 省的安防工程示范路段建设实施细节,涉及 24 个路段共 4 100 公里。

作为 2015 年交通运输部更贴近民生的 10 件实事之一,在 2015 年年底,生命安全防护工程已经完成了年初制定的实施公路安全生命防护工程 3 万公里的任务。该任务能够完成所采取的主要措施如下:

一是大力落实国务院办公厅《关于实施公路安全生命防护工程的意见》(国办发〔2014〕55 号)要求,印发了《关于贯彻落实国务院办公厅有关实施公路安全生命防护工程意见的实施方案》(交公路发〔2015〕22 号)、《公路安全生命防护工程实施技术指南(试行)》(交办公路〔2015〕26 号)和《现有公路实施安全生命防护工程方案》(交办公路〔2015〕42 号)等文件,对公路安全生命防护工程进行全面部署。

二是启动了《公路安全生命防护工程实施技术指南(试行)》全国宣贯培训工作,完成 8 个批次 4 500 人的培训,另指导 3 个省份培训 1 500 人。

三是先后组织 6 个示范省份和技术专家组召开两次工作会议,根据 6 个示范省份推荐,确定了 24 个路段 4 100 公里作为示范路段,印发了《现有公路安全生命防护工程示范省建设实施方案》,力争用两年时间,建设一批具有典型示范效果和较大社会影响力的示范点段;研究一批不同区域不同地理环境不同经济条件下的地方安全防护技术手段、措施、指南;建立一套体系完善、监管有力的公路安全生命防护工程管理制度和运行机制;造就一批坚持正确导向、德才兼备、富有创新精神的技术研究和决策咨询专业团队,为全国现有公路安全生命防护工程的实施提供示范和借鉴。

四是加大资金支持,2015 年共投入中央车购税资金 42 亿元用于公路安全生命防护工程的实施,较去年增加 12 亿元。

五是组织公路安全生命防护工程技术专家,分四组行程 1 万余公里,对 12 个省(区)的 21 个地市、47 个县区进行督导和技术指导,与各省(区)交通运输厅、公路管理局相关部门同志以及隐患排查一线技术人员举行各层级各类座谈会、讨论会及培训会 27 次,实地查看普通国、省、县、乡道 99 条,全面了解了各地工作开展情况,广泛听取了各方面的意见和建议,并提出了下一步工作措施。冯正霖副部长带队对湖北、重庆、江西、福建、内蒙古、广西、黑龙江等省(区、市)"十件实事"中的安全防护工程和危桥改造、ETC联网、示范服务区创建等的推进情况进行督导调研。

(二)"平安交通"工作顺利推进

2015年是"平安交通"建设的关键年,在2015年4月1日,交通运输部安全委员会发布了全国推进"平安交通"各项建设工作的通知,指出在公路安全建设工作方面,要按照《国务院办公厅关于实施公路安全生命防护工程的意见》,摸清公路安全隐患底数,建立隐患基础台账,全面完成公路安全隐患的排查和治理规划工作,健全完善严查车辆超限超载的部门联合协作机制,并率先完成通行客运班线和接送学生车辆集中的农村公路急弯陡坡、临水临崖等重点路段约3万公里的安全隐患治理。继续深入开展公路隧道安全隐患整治工作,对土建结构技术为A级的公路隧道采取紧急处治或特别措施。并制定"平安公路"考核评价指标。总结公路及桥梁隧道养护管理、治理货运车辆超限超载等工作,部公路局负责组织制定"平安公路"考核评价指标。

在2015年,公路安全方面,交通运输部深入贯彻党的十八大和十八届三中、四中全会精神,落实国务院的决策部署,牢固树立以人为本、安全发展的理念,坚守发展决不能以牺牲人的生命为代价的红线意识,以防事故、保安全、保畅通为目标,以落实安全生产责任为主线,以加强基层基础建设为抓手,坚持公路建设、管理、养护、安全并举,紧紧抓住农村公路这一工作重心,按照"消除存量、不添增量、动态排查"方针,大力整治公路安全隐患,不断完善安全设施,依法强化综合治理,全面提升公路安全水平,促进全国道路交通安全形势持续稳定好转。坚持突出重点、分步实施,着力整治事故多发易发路段隐患,满足公众安全出行基本需要。坚持属地管理、分级负责,落实地方各级政府的主体责任,加强中央部门的政策指导和资金支持。坚持政府主导、社会参与,切实加大公共财政的投入保障,同时注重发挥市场机制的作用。坚持依法治安、综合治理,严厉打击车辆超限超载违法运输等破坏损害公路设施行为,着力解决影响和制约道路交通安全的源头性、根本性问题,夯实道路交通安全基础。

六、收费公路发展情况

(一)收费公路政策发展概述

改革开放以后,我国经济持续快速发展,群众出行需求日益频繁,国内外贸易规模不断扩大,但公路基础设施发展严重滞后。到1984年底,全国二级及以上公路里程只有1.9万公里。全国37%的公路是简易的等外公路,近30%的公路晴通雨阻。公路基础设施供给能力不足与社会需求不断增长的矛盾日益突出。加快推进公路基础设施建设,成为全社会最热切的企盼。

为顺应人民群众的期待,加快解决公路交通落后对经济社会发展的"瓶颈"制约问题,1984年12月,国务院批准出台了"贷款修路、收费还贷"的收费公路政策。收费公路政策的实施,打破了公路建设单纯依靠财政投资的机制束缚,形成了"国家投资、地方筹资、社会融资、利用外资”的多元化投融资格局,极大地促进了我国公路基础设施建设和发展。

截至2015年年底,全国公路总里程达到457.73万公里,是1984年年底的4.9倍。其中,高速公路达到12.35万公里,里程规模居世界第一位;一级公路9.1万公里,是1984年年底的277.3倍;二级公路36.04万公里,是1984年年底的19.3倍。

在我国现有公路网中,超过98%的高速公路、61%的一级公路和42%的二级公路,都是依靠收费公路政策建成的。公路基础设施的快速发展,大幅提高了公路通行能力和运输效率,促进了我国经济社会持续健康发展。2015年,全国公路旅客周转量为10 742.66亿人公里,是1984年的8.0倍;公路货物周转量为57 955.72亿吨公里,是1984年的109.9倍。公路基础设施服务水平迅速提高,极大地促进了我国物流业的发展,世界银行最新发布的《物流绩效指数报告》显示,我国物流绩效水平在世界160个国家和地区中排名第27位。

改革开放之初,我国公路建设以财政资金为主,资金严重短缺,路网发展滞后,交通供给能力不足和效率低下的问题凸显,“行路难”成为制约国民经济和社会发展的重要因素。在这样的历史背景下,1984年国家出台了“贷款修路、收费还贷”政策,有效拓展了公路建设资金来源,开辟了我国公路基础设施建设发展的新纪元。可以说,收费公路政策是迅速改变我国公路交通落后面貌的一个重要支点,是一项对于公路交通发展具有革命性意义、对于国民经济发展全局具有深远历史影响的重大政策,是改革开放以来行业积极探索、改革创新的一次成功实践。

收费公路政策为公路建设养护投融资提供了重要的资金支持。因而,唯有继续坚持收费公路政策,方能保障我国公路交通长远可持续发展,并推进交通运输治理体系和治理能力现代化。

收费公路政策是历次国家级干线公路网规划顺利实施的保障,为提高我国综合国力和国际竞争力奠定了坚实基础。借助收费公路政策,我国于“十一五”期间全面建成了“五纵七横”国道主干线系统,提前10年构建形成了全国公路网主骨架。到“十二五”末,“7918”国家高速公路网也基本建成,至此全国高速公路网络基本形成。据统计,1985年以来我国公路建设资金约70%来源于收费公路政策筹资,我国目前已建成的高等级公路中,几乎所有的高速公路、约60%的一级公路和40%的二级公路都是依靠收费公路政策建成的。这些国家级干线公路网规划的顺利实施,显著提升了我国的机动化水平,加快了生产要素的跨区域流动,推动了工业化城镇化进程,促进了产业升级和空间布局优化,支撑了市场经济发展,加快了区域城乡协调发展和贫困地区脱贫致富,提高了我国的应急救灾和安全保障能力,为我国经济社会发展提供了有力支撑。

收费公路政策的实施为财政资金更多地用于普通公路建设创造了条件,从而显著提升了交通运输基本公共服务水平。收费公路政策的实施,大大缓解了政府公共财政资金用于干线路网建设的压力,相应地增强了对以农村公路为代表的非收费公路的投资能力,从而使其在过去几个五年中实现了跨越式发展。2015年年底,全国农村公路(含县道、乡道、村道)里程398.06万公里,比上年末增加9.90万公里,其中村道231.31万公里,增加8.85万公里。全国通公路的乡(镇)占全国乡(镇)总数99.99%,其中通硬化路面的乡

(镇)占全国乡(镇)总数 98.62%、比上年末提高 0.53 个百分点;通公路的建制村占全国建制村总数 99.87%,其中通硬化路面的建制村占全国建制村总数 94.45%、提高 2.68 个百分点。这说明交通运输基本公共服务水平得到了显著提升。

(二)收费公路发展现状

1. 里程规模

根据《2015 年全国收费公路公报》,截至 2015 年底,中国公路总里程达到 457.73 万公里,全国收费公路结构进一步优化。收费公路里程同比增长 1.10%至 16.44 万公里,占公路里程比重为 3.6%。其中,高速公路 11.70 万公里,一级公路 2.34 万公里,二级公路 2.29 万公里,独立桥梁隧道 1 168 公里,分别占全国收费公路里程的 71.2%、14.2%、13.9%和 0.7%(图 2-5)。

与 2014 年相比,全国收费公路总里程由 162 576 公里增加到 164 434 公里,净增 1 858 公里,增长 1.1%。其中,高速公路里程由 106 739 公里增加到 117 022 公里,净增 10 283 公里,增长 9.6%;一级公路里程基本保持不变;二级公路里程由 31 628 公里减少到 22 867 公里,净减 8 761 公里,下降 27.7%;独立桥梁隧道里程由 793 公里增加到 1 168 公里,净增 375 公里,增长 47.3%。随着高速公路里程不断增长和逐步有序取消政府还贷二级公路收费,全国收费公路结构进一步优化。

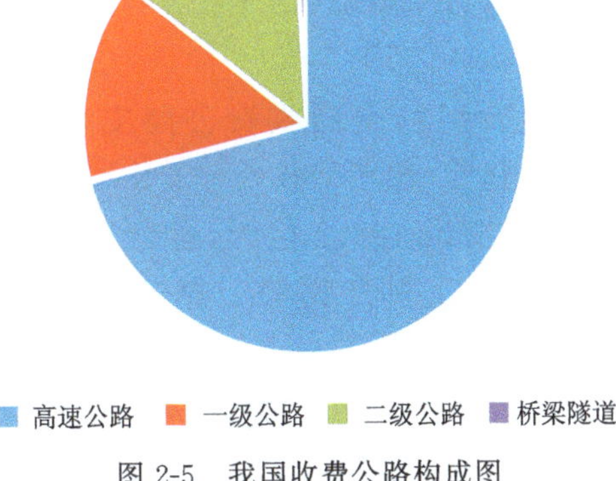

图 2-5 我国收费公路构成图

1. 主线收费站

截至 2015 年底,全国收费公路共设主线收费站 1 588 个(省界联合设置的收费站,每省按照 0.5 个计算,下同)。其中,高速公路 730 个,一级公路 412 个,二级公路 342 个,独立桥梁隧道 104 个,分别占主线收费站数量的 46.0%、25.9%、21.5%和 6.5%。

与 2014 年相比,全国收费公路主线收费站由 1 665 个减少至 1 588 个,净减 77 个,减少 4.6%。其中,高速公路主线收费站由 696.5 个增加至 730 个,净增 33.5 个,增加 4.8%;一级公路收费站由 442 个减少至 412 个,净减 30 个,减少 6.8%;二级公路收费站由 439 个减少至 342 个,净减 97 个,减少 22.1%;独立桥梁隧道收费站由 87.5 个增加至 104 个,净增 16.5 个,增加 18.9%。随着普通收费公路逐步有序取消收费,全国收费公路主线收费站的数量进一步减少,车辆通行效率进一步提高。

2. 累计建设投资

截至 2015 年底,全国收费公路累计建设投资总额为 69 488.5 亿元。与 2014 年相比,全国收费公路累计建设投资总额净增 8 039.5 亿元,增长 13.1%。

在累计建设投资总额中,资本金投入为 21 819.7 亿元,举借债务本金 47 668.8 亿元,分别占收费公路累计建设投资总额的 31.4%、68.6%。与 2014 年相比,全国收费公路累计债务性资金投入由 42 652.0 亿元增加到 47 668.8 亿元,净增 5 016.8 亿元,增长 11.8%。

3. 债务余额

截至 2015 年底,全国收费公路债务余额为 44 493.7 亿元。其中,高速公路 41 460.1 亿元,一级公路 1 748.3 亿元,二级公路 508.2 亿元,独立桥隧 777.2 亿元,分别占全国收费公路债务余额的 93.2%、3.9%、1.1%和 1.7%。

与 2014 年相比,全国收费公路债务余额净增 6 042.3 亿元,增长 15.7%。

4. 收入和支出

2015 年度,全国收费公路车辆通行费总收入为 4 097.8 亿元。其中,高速公路 3 724.8 亿元,一级公路 152.7 亿元,二级公路 59.5 亿元,独立桥隧 160.8 亿元,分别占全国收费公路车辆通行费总收入的 90.9%、3.7%、1.5%和 3.9%。

与 2014 年相比,全国收费公路车辆通行费总收入净增 181.8 亿元,增长 4.6%。其中,高速公路净增 175.3 亿元,一级公路净减 8.0 亿元,二级公路净减 16.8 亿元,独立桥隧净增 31.2 亿元。

2015 年度,全国收费公路支出总额为 7 285.1 亿元。其中,偿还债务本金支出 3 497.9 亿元,偿还债务利息支出 2 251.9 亿元,养护支出 503.5 亿元,公路及附属设施改扩建工程支出 188.2 亿元,运营管理支出 527.5 亿元,税费支出 296.5 亿元,其他支出 19.5 亿元,分别占收费公路支出总额的 48.0%、30.9%、6.9%、2.6%、7.2%、4.1%和 0.3%。

与 2014 年相比,全国收费公路支出总额净增 1 798.0 亿元,增长 32.8%。其中,偿还债务本金支出净增 1 391.3 亿元,增加 66%;偿还利息支出净增 150.9 亿元,增加 7.2%;养护管理支出净增 34.3 亿元,增加 7.3%;运营管理支出净减 6.6 亿元,减少 1.2%;税费支出净增 47.0 亿元,增加 18.9%;其他支出净减 7.2 亿元,减少 27.0%。

2015 年全国收费公路收支平衡结果为－3 187.3 亿元。与 2010 年至 2014 年(收支平衡结果依次为:32.5 亿元、－323.3 亿元、－565.7 亿元、－660.5 亿元和－1 571.1 亿元)相比,收支缺口进一步扩大。

(三)收费公路,如何在改革中凝聚共识

1. 现存公路收费政策需要修改的原因

现行公路收费政策的法理性建立在 1984 年国务院出台的"贷款修路,收费还贷"基础上。这一政策为在国家财政能力不足的情况下大力发展公路基础设施建设提供了有力保障。截至 2015 年的 31 年间,全国公路总里程已达 457.7 万公里,增长了 4.9 倍。其中一级公路达到 9.1 万公里,二级公路达到 36 万公里,分别是 1984 年的 277.3 倍和 19.3 倍。高速公路更是从无到有,达到 12.4 万公里,里程数超越美国成为世界第一。

公路里程数持续增长和公路等级不断提高,证明了当初发展公路基础设施政策的正确性,这也是公路收费的最大法理性所在。但随着时间推移,许多公路实际偿债期到期而仍在继续收费,逐渐遭到广泛批评。一段时间里,设卡收费也盛行一时。许多收费公路实

际上异化为“寻租路”，不仅腐败丛生，还极大制约了社会经济发展，渐渐侵蚀了收费公路政策的法理性。

为治理公路乱收费，制度层面先后出台了《中华人民共和国公路法》和《收费公路管理条例》，后者起着主要制度规制作用。按照现行条例，政府还贷公路最长收费期限不得超过 15 年，中西部省份不得超过 20 年；经营性公路最长收费期限不得超过 25 年，中西部省份不得超过 30 年，一旦收费期限届满，必须终止收费。

然而，现行条例虽为取消公路收费设置了刚性节点，但又面临其他挑战。一方面，30 多年来建设的许多公路已经老化，养护成本迅速增加；另一方面，一轮又一轮的基础设施建设，催生出公路升级、改扩建和新建的巨大需求，也因此留下了巨大的建设资金缺口和地方政府性债务，以时间划定收费期限的方式，不仅可能导致公路基础建设和养护难以为继，还可能抬高地方债务的风险水平，产生系统性金融风险。

尽管对公路实施分类管理的政策，为高速公路收费长期化提供了新的法理性。然而现实却是，“两个路网体系”的划分还不明确，已固化的利益格局又不断增加了对公路实施分类管理的难度。有的通过公路产权的多次转让和贷款抵押等手段，混淆了债权债务关系，模糊了实际偿债期限；有的擅自对二级公路改扩建，以此延长收费期限；有的以环保为名，将公路划归景区，以此收取费用；有的以“统贷统还”为名继续收费。这些变相延长收费的做法，减损了高速公路收费长期化的法理性和公众说服力。因此，实施收费政策还应加强制度建设，客观看，中国公路管理模式的变动艰难并不特殊。平衡公路的公共属性和利益属性，在全世界都是一个难题。美国是除中国外高速公路里程超过 10 万公里的唯一国家，其公路管理模式上也具有特殊性。20 世纪 50 年代美国国会通过《联邦资助公路建设法案》，确定美国洲际高速公路由联邦政府和州政府按照 9 比 1 出资，这赋予了美国对公路管理的联邦政府主导权，能够让高速公路保持基本的公共属性，只收取象征性费用。同时，却导致了私人资本难以进入高速公路建设领域，高速公路建设发展停滞的问题出现。

据不完全统计，目前全世界有超过 70 个国家采取收费模式，且近年来实施收费公路政策的国家还在不断增加，特别是新兴经济体。从这个角度看，中国对高速公路实施长期收费政策，符合国际潮流。不同之处在于，中国国家财政能力强于其他国家，在维护公路的公共属性上还未发挥应有作用。此外，发达国家对于高速公路的规划、投融资、建设、运营、监管有成熟的法律体系，而中国仍然落后。《收费公路管理条例》不能只强调在收费上符合国际潮流，在制度建设上继续滞后。

2. 改革如何触及深层体制痼疾

《收费公路管理条例》的使命，不仅在于找到利益平衡点，找到高速公路收费长期化的法理依据，还在于要触及公路管理体制的深层痼疾。这就不能回避以下四个问题。

其一，法律法规的协同问题。按照 2015 年版的《收费公路管理条例》修订稿，与《公路法》第五十九条规定的依法设立收费公路所规定的情形，存在明显差异。此外，按照此次交通部对人大的答复，认为在公路管理体制改革方案尚未确定的情况下，全面修改《公路法》条件尚不成熟。那么，下位法是否该服从上位法，改革是否必须突破法律规定，需要更系统的说明。

其二,如何让预算管理发挥效力的问题。高速公路的债务数据、营收数据、养护成本等一直是公众质疑的焦点。目前,高速公路的运营已纳入预算管理,本应透明,但公众的不信任表明,预算管理还未发挥关键作用。这一方面缘于地方人大对预决算的解读能力有待提高,监管作用发挥不出来;另一方面也是地方利益决定的结果。即使地方人大有能力起到监管作用,由于高速公路涉及地方利益,也有可能监而不管。

其三,是否存在重复征税的问题。不少人质疑,买车已交了车辆购置税,加油又交了燃油税,为何用路还要缴纳通行费,这是否涉嫌重复征税?按照权威解释,车购税主要用于公路建设,燃油税则不仅用于普通公路养护,还用于航道养护、环境保护、新能源发展等方面。然而,这并不能消除重复征税的质疑。质疑背后,指向的是车购税、燃油税、高速公路通行费的去向。无法完全公开透明,深层体制弊端就无法被触及。

其四,公路收费与物流业发展的关系问题。按照国家发改委的数据,2015 年中国物流费用占 GDP 之比高达 16%,远超发达国家水平。全国工商联数据认为,物流成本已占企业生产成本的 30%～40%,严重制约了企业发展。但是,按照交通部研究结果,中国物流业的快速发展利益于公路收费政策改善了路网,车辆通行费仅占社会物流总费用的1.9%左右。孰是孰非,事关公路收费有利于还是不利于经济发展大局。

总之,《收费公路管理条例》的修订和演变过程,显示出以法治化、公开化推进公路收费政策的政策倾向,这是“得”的一面。没有切实触及公路管理体制的深层弊端,在突破利益格局束缚,维护公共利益至上仍缺少刚性保证,则是“失”的一面。保证“得”,弥补“失”,是公路收费政策改革的关键所在。

3. 收费公路债务规模及收支缺口分析

(1)债务规模扩大的原因

收费公路里程特别是高速公路里程有所增加。2015 年与 2014 年相比,收费公路总里程净增加 1 858 公里,里程结构发生了巨大变化,其中高速公路净增加 10 283 公里,一级公路净减少 39 公里,二级公路净减少 8 761 公里(主要是广西一次性取消了全区政府还贷二级公路收费),独立桥梁隧道净增加 375 公里。

累计建设投资总额和举借债务本金规模进一步扩大。2015 与 2014 年相比,全国收费公路累计完成建设投资总额净增了 8 039.5 亿元,增长了 13.1%,其中举借银行贷款本金和其他债务本金净增 5 016.8 亿元,增长了 11.8%。

受里程增加和投资总额扩大影响,收费公路债务余额持续上升。2015 年与 2014 年相比,收费公路债务余额净增加 6 042.3 亿元。其中,高速公路净增加 6 251.3 亿元,一级公路净减少 107.6 亿元,二级公路净减少 180.4 亿元,独立桥梁隧道净增加 79 亿元。新增的债务余额主要是新通车收费公路建设投资中新举借的银行贷款和其他债务本金;为养护工程、改扩建工程、运营管理等支出举借的新债。

(2)收支缺口扩大的原因

2015 年全国收费公路通行费收支缺口为 3 187.3 亿元,与 2014 年相比扩大了 1 616.2 亿元,增幅 102.9%。其中,偿还债务本金支出增加 1 391.3 亿元,偿还债务利息支出增加 150.9 亿元,增幅分别为 66.0%和 7.2%。

收支缺口扩大的原因：一是新建成通车的收费公路特别是高速公路导致收费公路整体债务规模继续扩大，使年还本付息支出进一步增加；二是随着收费公路剩余收费期限的减少，在债务余额依然较大的情况下，每年偿还债务本金的需求也在逐年增加，同时一些项目的短期贷款、债券、借款集中到期，需要一次性偿还所有本金；三是通行费收入增长缓慢，低于债务余额的增长，与 2014 年相比，高速公路里程增加了 10 283 公里，增长了 9.6%，债务余额增加了 6 251.3 亿元，增长了 17.8%，但高速公路通行费收入只增加了 175.3 亿元，增长了 4.9%，收费标准也大都延续 20 世纪 90 年代的水平，个别省份在 2015 年还进一步降低了收费标准，使收入与成本倒挂的状况愈发严重；四是个别收费公路项目为降低利息费用等财务成本，主动提前偿还了部分债务本金，也导致偿还本金支出的增加。

4. 收费公路降本增效成效分析

2015 年收费公路运营管理支出 527.5 亿元，与 2014 年相比，运营管理支出净减 6.6 亿元，减少 1.2%。虽然与 2014 年相比，收费公路总里程净增加不多，但在高速公路里程大幅增加的情况下，运营管理支出实现了净减少，主要原因体现在几个方面：一是 ETC 的推广应用，在大大提高通行效率的同时，减少了人力成本；二是各地高速公路普遍实施了全面预算成本管理，细化落实成本管理，定期对成本、费用控制绩效进行考核，不断推进高速公路降本增效；三是全国高速公路网络规模效益逐步显现，大多数省份以区域为单位对高速公路实施集约化管理，单位里程高速公路的管理费用有所下降。

七、公路交通发展热点回顾

(一)ETC 实现全国联网逾 2 100 万用户一卡畅行全国

2015 年 9 月 28 日，全国 ETC 联网电视电话会议宣布，随着内蒙古、黑龙江、广西、新疆并入高速公路电子不停车(ETC)联网区域，纵贯南北、互通东西的全国 ETC 联网格局就此形成，2 100 余万用户实现了一卡畅行全国。

交通运输部部长杨传堂在会上表示，全国 ETC 联网目标成功实现，标志着交通运输部按时完成了今年政府工作报告确定的工作目标，提前办完了部确定的更加贴近民生的实事之一。当前和今后一个时期，是我国公路网进入“网络化运行”的关键阶段。交通运输部门将全面提升路网管理能力和服务水平，确保联网系统安全稳定高效运行，采取有力措施扩展 ETC 用户规模，同时做好 ETC 客户办理使用等相关服务。

截至 2015 年年底，全国累计建成 ETC 专用车道 1.2 万余条、5 万余条人工刷卡(MTC)车道，ETC 用户约 2 171.5 万，提前完成了“2015 年底实现用户数量 2 000 万”的目标；建成自营服务网点 1 100 多个，合作代理网点约 1.6 万个，各类服务终端约 2.7 万个。在 2015 年年底，我国将建立完善的全国 ETC 行标准及检测体系，规范和带动相关产业发展；初步建立全国收费公路联网数据服务系统，为国家公路网运行管理及政府行业监管提供决策支持。

1. 突破难题实现联网

在今年全国"两会"上，政府工作报告对全国ETC联网提出了明确要求，"在全国基本实现高速公路电子不停车收费联网，使交通真正成为发展的先行官"。作为交通运输部贴近民生的十件实事之一，全国ETC联网工作于2014年3月正式启动。

由于各地技术规范不同、结算模式各异，部分省份基础薄弱情况复杂，因此，把ETC系统统一起来并不是一件容易的事。交通运输部深入基层，开展了大量现场调研，组织协调省界站测试工作。据统计，近两年里，交通运输部路网中心测试组累计外场测试长达180多天的实车测试，测试行程近30万公里，共完成157个省界站、113个典型站的实车测试，涉及192种ETC车道软件与天线的组合，124种ETC车道软件与刷卡设备的组合，1 800余种电子标签与用户卡的组合。为保证跨省交易清分结算的准确及时，测试组还对河南、湖北等11省市进行了严格的消息验证、联合性功能测试及专项测试，共接收并转发35万余条原始交易、1 000多万条状态名单记录、22万余条用户信息记录，同时下发2 000多个清分消息包、500万量级的状态名单进行压力测试。

随着ETC实现全国联网，纵贯南北、互通东西的联网格局已然形成，有效贯通京津冀、长三角、珠三角等城市群，让城际间交流贸易更密切，让更多的经济圈相连，贯通全国的大经济格局，有效助推区域经济腾飞，为"一带一路"战略提供智能化支撑、搭建创新性平台，为促进国民经济与社会发展做出重要贡献。

2. 使用ETC有助节能减排、缓解拥堵

ETC全国联网带来的好处在于减少资源消耗，降低环境污染。

实验证明，ETC使车辆减少了因排队而频繁启动、刹车的次数，平均每辆车通过ETC车道比通过人工收费车道的油耗节省量为0.031 4升/车次，CH化合物排放量降低约0.7克/车次，CO化合物排放量降低4.7克/车次，NO化合物排放量降低0.3克/车次。据此估算，我国ETC耗油节省量约为6 500万升，平均每年能源节约效益约为4.3亿元；平均每辆车通过ETC车道比通过人工收费车道按照2015年治理污染性气体需投资1.3万元/吨，以目前交易量预估每年治理环境污染的投资建设费用可节约1.5亿元。

一颗成年树木平均每年能吸收18.3千克二氧化碳，而以目前全网2 000多万用户通行比例测算，年均减排量约为9 600吨，相当于种植约52万棵成年树木。

此外，采用ETC还可有效减少因停车收费造成的延误及拥挤，提高高速公路收费效率、车辆运行效率。据统计，普通轿车通过人工收费站的平均时间为14秒，采用ETC缴费通过收费站的平均时间仅为3秒，即每车次可节约11秒的时间。

目前在部分主线收费站，高峰时段ETC交易量占比已超过30%，极大缓解了收费站区的拥堵现象，随着用户量的持续增长，实际效果将越来越显著，可极大程度解决收费站拥堵、节约出行时间。

(二)京津冀公路交通圈进一步推进

根据我国京津冀一体化发展战略，"京津冀一体化"发展已成大势所趋。三地连通，交通先行。根据《北京交通发展纲要(2014—2030年)》，北京将着力打造京津冀"一环六放射二航五港”的交通一体化体系。

京津冀公路交通圈，是指京津冀交通一体化的目标：到 2020 年，计划形成京津冀 9 000 公里的高速公路网和主要城市 3 小时公路交通圈，9 500 公里的铁路网和主要城市 1 小时城际铁路交通圈，实现首都国际机场 1 亿人次乘客目标和北京新机场一期工程的投入使用。

交通是制约京津冀协同发展的一大瓶颈，京津冀协同发展必须交通先行，首先在交通上实现无缝对接。在 2014 年，河北推进京津冀交通一体化取得突破性进展，而在 2015 年，河北省将努力缩小河北与京津交通发展的差距，补齐“短板”、填平“洼地”，为承接北京产业转移创造强有力的交通保障。

1. 京津冀三地公路一体化，打造一环六射公路大通道

2015 年“两会”期间，多位代表委员都将京津冀协同发展作为重要建议并描绘出具体蓝图，“京津冀一体化”发展已成大势所趋。按照规划，京津冀之间以高速公路为主干、干线公路为补充，京津冀间大通道可以概括为“一环六射”，如图 2-6 所示。其中，承平高速、密涿高速、京秦高速、京台高速、京昆高速、京蔚高速、京北公路等尚未建成通车。据介绍，河北省交通运输厅正在加快京台高速、密涿高速、京秦高速、承平高速、京蔚高速等 5 条高速公路项目和京北公路、张定公路、松兰公路、滦赤公路、京白公路、京清公路等 6 条普通干线公路项目前期和建设工作。

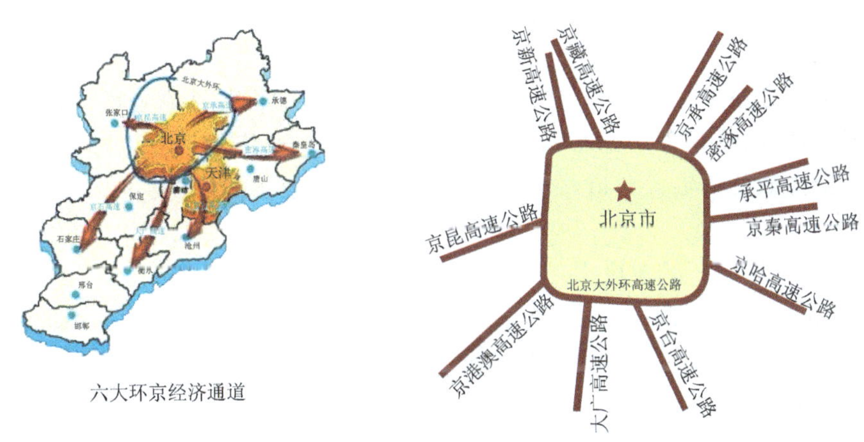

图 2-6 一环六射

2. 2020 年河北省各级公路与京津全面对接

河北省将主动融入京津冀大格局，着力推进京津冀交通的全面对接和一体化。加快建设现代化高速公路网，打通与京津断头路，建成北京大外环。突出廊坊北三县、北京二机场、张家口申奥等重点交通项目，加强交通基础设施相连相通和互联互通，实现规划、建设、运营“三同步”。到 2020 年，实现与京津的高速公路、国省干线和重点农村公路全面对接，形成一体化综合运输体系。河北 2015 年完成 908 亿元交通建设的投资目标，除北京大外环高速外，还将确保京昆北延、京港澳高速公路河北段等高速公路今年建成通车。实际上，加快打通京津冀“断头路”、“瓶颈路”建设工程只是京津交通一体化的一个缩影。

(三)"一带一路"战略路线图公布

2015 年 3 月 28 日,国家发改委与外交部、商务部联合发布了《推动共建丝绸之路经济带和 21 世纪海上丝绸之路的愿景与行动》。基础设施互联互通是"一带一路"建设的优先领域这一观点被明确提出。

1. 中国将构建全方位开放新格局

根据"一带一路"战略路线图,中国将秉持开放的区域合作精神,致力于维护全球自由贸易体系和开放型世界经济,是国际合作以及全球治理新模式的积极探索,将为世界和平发展增添新的正能量。而互联互通项目将推动沿线各国发展战略的对接与耦合,发掘区域内市场的潜力,增进沿线各国人民的人文交流与文明互鉴。

当前,中国经济和世界经济高度关联。中国将构建全方位开放新格局,深度融入世界经济体系。

2."一带一路"的理解

(1)"一带一路"的概念

"一带一路"即共建国际大通道和经济走廊。

首先"一带一路"的合作方向为:丝绸之路经济带重点畅通中国经中亚、俄罗斯至欧洲(波罗的海);中国经中亚、西亚至波斯湾、地中海;中国至东南亚、南亚、印度洋。21 世纪海上丝绸之路重点方向是从中国沿海港口过南海到印度洋,延伸至欧洲;从中国沿海港口过南海到南太平洋。

共建国际大通道和经济走廊:陆上依托国际大通道,共同打造新亚欧大陆桥、中蒙俄、中国—中亚—西亚、中国—中南半岛等国际经济合作走廊;海上以重点港口为节点,共同建设通畅安全高效的运输大通道。中巴、孟中印缅两个经济走廊,要进一步推动合作,取得更大进展。

(2)建设"一带一路"的建设

"一带一路"应由沿线各国共同制定合作规划措施。

在政策沟通方面:沿线各国可以就经济发展战略和对策进行充分交流对接,共同制定推进区域合作的规划和措施。

在设施联通方面:交通方面,优先打通缺失路段,畅通瓶颈路段;能源方面,推进跨境电力与输电通道建设,积极开展区域电网升级改造合作;通信方面,共同推进跨境光缆等通信干线网络建设,规划建设洲际海底光缆项目。

在贸易沟通方面:解决投资贸易便利化问题,消除投资和贸易壁垒;加快边境口岸"单一窗口"建设,降低通关成本,提升通关能力;挖掘贸易新增长点,促进贸易平衡;加快投资便利化进程,消除投资壁垒;拓展相互投资领域,推动新兴产业合作;中国欢迎各国企业来华投资,鼓励本国企业参与沿线国家基础设施建设和产业投资。

在资金融通方面:扩大沿线国家双边本币互换、结算的范围和规模;共同推进亚洲基础设施投资银行、金砖国家开发银行筹建,有关各方就建立上海合作组织融资机构开展磋商;加快丝路基金组建运营;支持沿线国家政府和信用等级较高的企业以及金融机构在中国境内发行人民币债券；符合条件的中国境内金融机构和企业可以在境外发行人民币债券和外币债券。

在民心相通方面：教育文化上，中国每年向沿线国家提供1万个政府奖学金名额，提高沿线各国游客签证便利化水平；医疗卫生上，提高合作处理突发公共卫生事件的能力等；科技合作上，共建联合实验室（研究中心）等。

（四）新能源汽车利好政策密集落地

1. 国家层面：新能源汽车发展的多项利好政策陆续出台

2015年，国家密集出台新能源汽车推广应用利好政策。3月，《关于加快推进新能源汽车在交通运输行业推广应用的实施意见》明确城市公交、出租汽车和城市物流是新能源汽车推广的重要领域。5月19日，国务院印发《中国制造2025》，明确继续支持电动汽车、燃料电池汽车发展，掌握汽车低碳化、信息化、智能化核心技术，推动自主品牌节能与新能源汽车同国际先进水平接轨；同月，《关于节约能源使用新能源车船车船税优惠政策的通知》提出对使用新能源车船免征车船税。5月22日，工信部装备工业司发布《中国制造2025》规划系列解读，强调大力发展节能与新能源汽车，实现低碳化、电动化、智能化，是从汽车大国到汽车强国的必由之路，明确提出2020年自主品牌新能源汽车年销量达100万辆以上，市场占有率超70%，首次提出2025年汽车平均油耗4升的严格要求，明确要求到2020年电池、电机等核心零部件市场份额要超过80%。10月，《关于加快电动汽车充电基础设施建设的指导意见》指出到2020年基本建成适度超前、车桩相随、智能高效的充电基础设施体系。各新能源汽车生产企业也捷报频传。

到了2016年，在“两会”中，新能源汽车仍是关注的焦点。几乎与“两会”同一步调，各地也纷纷进入新能源地方补贴政策的密集出台期。截至2016年3月16日，已有近20个省市明确了新能源汽车补贴标准。这也一扫2016年年初新能源汽车市场交易量下滑、新能源汽车骗补问题的阴霾。

2. 地方层面：各地区纷纷刺激新能源汽车发展

(1)北京：新能源车不摇号、加快充电网建设

2015年10月25日，北京市小客车指标调控管理信息系统网站发布通告称，从即日起新能源汽车指标不进行摇号，直接向所有通过资格审核的申请人配置。这是继10月13日深圳宣布申请电动汽车的单位和个人可不用摇号直接获得指标上牌后，全国第二个放开新能源汽车指标的限购城市。

2015年12月10日，北京市发展和改革委员会高技术产业处副处长林晓锋透露，北京计划到2017年基本建成平均服务半径5公里的公用充电设施网络服务体系。

(2)上海：采取最宽容的态度给予新能源车最宽松的环境

上海敞开大门，欢迎全国各地甚至国外的新能源汽车，包括插电式混合动力车进入上海市场。不仅仅提供地方补贴，还无偿提供车牌。而目前一个上海车牌的拍卖价高达八万多元。

为了防止有人以购买新能源车获取紧缺的车牌资源，上海市做出规定，从今年1月

起,消费者要获得新能源车免费牌照,需出具停车位和充电桩的证明,否则无法上牌,这其中也包括插电式混合动力车。

在上海街头行驶的新能源汽车,不仅有纯电动汽车,也有插电式混动汽车。不仅国产新能源汽车,进口的宝马 i3 纯电动和增程式电动汽车也可以免费得到牌照。正是这种包容的态度,使上海成正在成为新能源汽车个人市场推广的排头兵,被誉为“中国新能源车个人消费之都”。

(3)深圳:免停车费、高补贴、不摇号等等有利政策多样

2015 年 1 月市政府发布《深圳市人民政府关于印发深圳市新能源汽车推广应用若干政策措施的通知》,其中第四章是关于新能源汽车路边停车优惠的政策。第二十三条内容规定,新能源汽车享有当日在路内停车位免首次(首 1 小时)临时停车费的优惠。

2015 年 9 月 8 日,深圳市交委、发改委发布了《关于 2015 年度待配置电动小汽车增量指标配置有关事宜的通知》。在 2015 年度待配置电动小汽车增量指标中,个人名下已有一辆电动车的,仍可申请普通小汽车摇号指标。同时还将单独划出 4 000 个指标用于满足电动汽车租赁市场。面对如今严峻的普通小汽车车牌摇号环境,深圳新政在满足消费者购车刚需的同时又积极推广了新能源车。

2015 年 10 月,《深圳市新能源汽车推广应用扶持资金管理暂行办法》印发。按照暂行办法,无论是新能源车辆购置、使用(公交车使用环节除外),还是充电设备投资,可获得一万元到数十万元不等财政补贴,最高可补 50 万元。

2015 年 10 月 13 日,深圳市公布了最新的新能源汽车刺激政策,申请电动汽车的单位和个人可不用摇号,直接获得指标上牌。

(4)山西:加大补贴、高速收费减半

2015 年 6 月,山西省财政厅、省经信委联合制定并出台了《山西省新能源汽车营销补助资金管理暂行办法》,由山西省级财政安排专项资金,对山西省甲醇、燃气、电动等新能源汽车生产企业实现产品销售后给予资金补贴,以促进新能源汽车产业健康快速发展。办法确定的补助标准为:2015 年购置甲醇客车补助 1 万元/辆,甲醇重卡 1 万元/辆,甲醇轿车 0.5 万元/辆,甲醇多用途乘用车 0.2 万元/辆;燃气重卡补助 1 万元/辆,燃气轻(微)卡 0.2 万元/辆;电动客车 5 万元/辆,电动轿车 2 万元/辆,电动专用车 1 万元/辆。2016 年至 2017 年购置甲醇汽车、燃气汽车、电动汽车等,补助标准减半。

2015 年 12 月,山西省新能源汽车领导小组办公室发出通知,从 2015 年 12 月 1 日至 2017 年 12 月 31 日,对本省标注的甲醇重卡和燃气重卡新能源汽车在山西省境内减半征收高速公路车辆通行费。省经信委相关负责人称,此举是为了贯彻落实国家和本省新能源汽车推广应用的意见,加快本省新能源汽车产业发展和推广应用。

(5)黔东南:出台优惠政策享受三重优惠

①税收优惠:

为加快新能源汽车的推广使用,节约能源,净化空气,近日,黔东南州政府办公室发布了《关于促进全州新能源汽车推广应用的若干政策措施》(以下简称《措施》)。《措施》要求,对在黔东南州生产或销售并纳入国家工信部发布的《节能与新能源汽车示范推广应用

工程推荐车型目录》的纯电动汽车、插电式混合动力汽车和燃料电池汽车实施补助，补助资金标准，按照省政府相关实施意见确定的省级补助的1∶1配套地方补助。同时要求各县市、各有关部门，严格执行《财政部国家税务总局工业和信息化部关于免征新能源汽车车辆购置税的公告》（公告2014年第53号）和《关于节约能源使用新能源车船车船税优惠政策的通知》（财税〔2015〕51号）等税收优惠政策。

②充电建设优惠：

鼓励和支持社会资本通过特许经营等方式参与建设运营充电设施，在项目用地、税费等要素方面给予优先考虑，地方财政视充电设施运营情况给予适当补助。在加大公共领域推广应用新能源力度方面，《措施》要求州、县机关、企事业单位及公共机构应当统筹考虑公务用车制度改革进程，在核定保留的车辆编制中新购和更新配备新能源汽车，2016年购买的新能源汽车不低于当年配备更新总量的30%，并确保逐年提高。

③停车优惠：

《措施》规定，新能源汽车停车可享受优惠，政府投资或利用国有资源设立的公共停车场、占用市政道路在市政道路两旁设立的停车场每天免收新能源汽车5小时停车费。此外，黔东南州要求各县市、各有关部门严格执行国家新能源汽车交通管理政策，依据公安部规范和标准，实行新能源汽车独立分类注册登记。开辟新能源汽车注册登记绿色通道，提供新能源汽车新车入户自主选取号牌便利，增加号牌选择范围，延长选号时间。在机动车行驶证上标注新能源汽车类型。

(6)重庆：加大充电桩建设解决新能源车里程焦虑

2015年重庆市新能源汽车推广应用工作重点为：

一是加强顶层设计。出台《重庆市新能源汽车与智能汽车产业集群发展规划(2015—2020)》，编制新能源汽车充换电设施发展规划、鼓励社会资金参与充换电基础设施建设意见。

二是加强基础设施建设。筹建新能源汽车运行信息采集公共平台和全市充换电设施运营平台，启动建设全市新能源汽车体验中心。2015年建成综合充电站5座、快速充电站(桩)11座、慢充充电桩275个。

三是加强服务保障。制定并落实充换电设施用地政策，明确用电价格政策和充电服务费标准。启动实施智能与新能源汽车市级科技重大专项，发放新能源汽车和充换电基础设施市级财政补贴配套资金。

(7)沈阳：加快充电站建设

2015年11月16日，《沈阳市新能源汽车推广应用实施方案(2015—2020年)》正式出台。作为国家第二批新能源汽车推广示范城市，到2020年，沈阳将完成1万辆新能源汽车的推广目标，同时进行配套电网建设和改造，预计建设充电站120座、充电桩7 200个。

八、公路交通发展趋势

我国公路交通正处于扩大规模、提高质量的快速发展时期。但是，由于基础十分薄弱,我国公路建设总体上与发达国家的先进水平相比还有较大差距,运输服务水平也亟待提升。随着建设投入的不断增加和科技水平的不断进步,未来我国公路交通设施将向体系化、网络化不断演进,管理水平、服务水平也将得到较大幅度的提升。

(一)单一运输逐步向换乘便捷、换装高效的综合运输体系转变

未来,我国将统筹各种运输方式发展,加快综合运输体系建设,强化基础设施优化衔接,优化综合运输基础设施网络布局,加快综合运输枢纽建设,发挥综合运输的整体优势。重点是加强高速公路与运输枢纽、运输枢纽之间通道的规划衔接;加强城际轨道与客运枢纽规划衔接,推进城际轨道交通与城市轨道、城市公共交通系统的衔接;以高速铁路、轨道交通等建设为契机,重点建设一批集多种运输方式于一体的综合客运枢纽。

(二)公路里程持续增加,逐步形成通达的公路交通网络

逐步形成横连东西、纵贯南北高速公路网。按照中央提出的"适度超前"的要求,交通运输仍处于大建设、大发展的关键时期,截至 2015 年年末,公路总里程已达到 457.73 万公里。未来若干年,我国将继续推进国家高速公路建设,加快高速公路网剩余路段、瓶颈路段的建设,基本完成国家高速公路网,建成比例超过 90%,通车里程达到 8.3 万公里。高速公路总里程达到 10.8 万公里。积极推进国家公路网规划中的国家高速公路新增路线建设;支持纳入国家区域发展规划、对加强省际、区域和城际联系具有重要意义的高速公路建设;继续完善疏港高速公路和大中城市绕城高速公路等建设。

国省道改造仍是重点。加大国省道改造力度,提升技术等级,重点提高国省道二级及以上公路比例,加快实施县通二级公路建设,到 2015 年末,国道二级及以上公路比例已达到 70%以上。二级及以上公路里程已达到 65 万公里。

农村公路建设、口岸公路等专项建设步伐不断加快。推进农村公路建设,为广大农村地区提供更完善的公共交通服务成为未来公路建设的一个重要内容。截至 2015 年年末,我国农村公路总里程已达到 390 万公里。此外,为相应国家尽快形成对外开放格局,将推动口岸公路建设,构建国际大通道,支持亚洲公路网、上海合作组织、东盟区域合作以及中俄地区合作规划等涉及的口岸公路建设,使通往国家重要陆路口岸的公路基本实现高等级化。

(三)车辆逐步向专业化、标准化、清洁化方向发展,运输组织模式进一步优化,运输服务水平不断提升

未来我国将进一步引导营运车辆向专业化、标准化、清洁化方向发展。鼓励发展大中型高档客车,截至 2015 年,中高级营运客车比例已达到 40%,重型车、专用车和厢式车占营运货车比例已达到 25%、10%和 25%。在创新运输组织模式方面,鼓励企业间广泛开展协作与联营,引导运输市场向市场主体集约化和运输经营网络化方向发展。

新能源汽车作为公路交通发展的一个重要方向,在 2015 年也得到了许多利好政策的刺激,国务院明确城市公交、出租汽车和城市物流是新能源汽车推广的重要领域,未来新

能源汽车必将成为引导公路交通进一步发展的强大动力。

(四)融资需求越来越大,需积极拓展融资渠道、加强资金保障

随着高速公路越来越多的向偏远地区和山区发展,复杂的地质条件、桥隧比例上升、运输成本增加等将更加导致建设成本不断增高。据测算,我国高速公路建设成本的年复合增长率为7%,高速公路建设成本的不断攀升导致建设资金需求越来越大。预计"十二五"期间公路建设投资需3万亿元到4万亿元,其中,高速公路建设投资约需1.8万亿元到2.4万亿元。为保障我国公路建设的顺利开展,必须积极拓展融资渠道,利用好金融市场,继续发挥银行贷款等间接融资渠道的功能,促进交通基础设施建设。

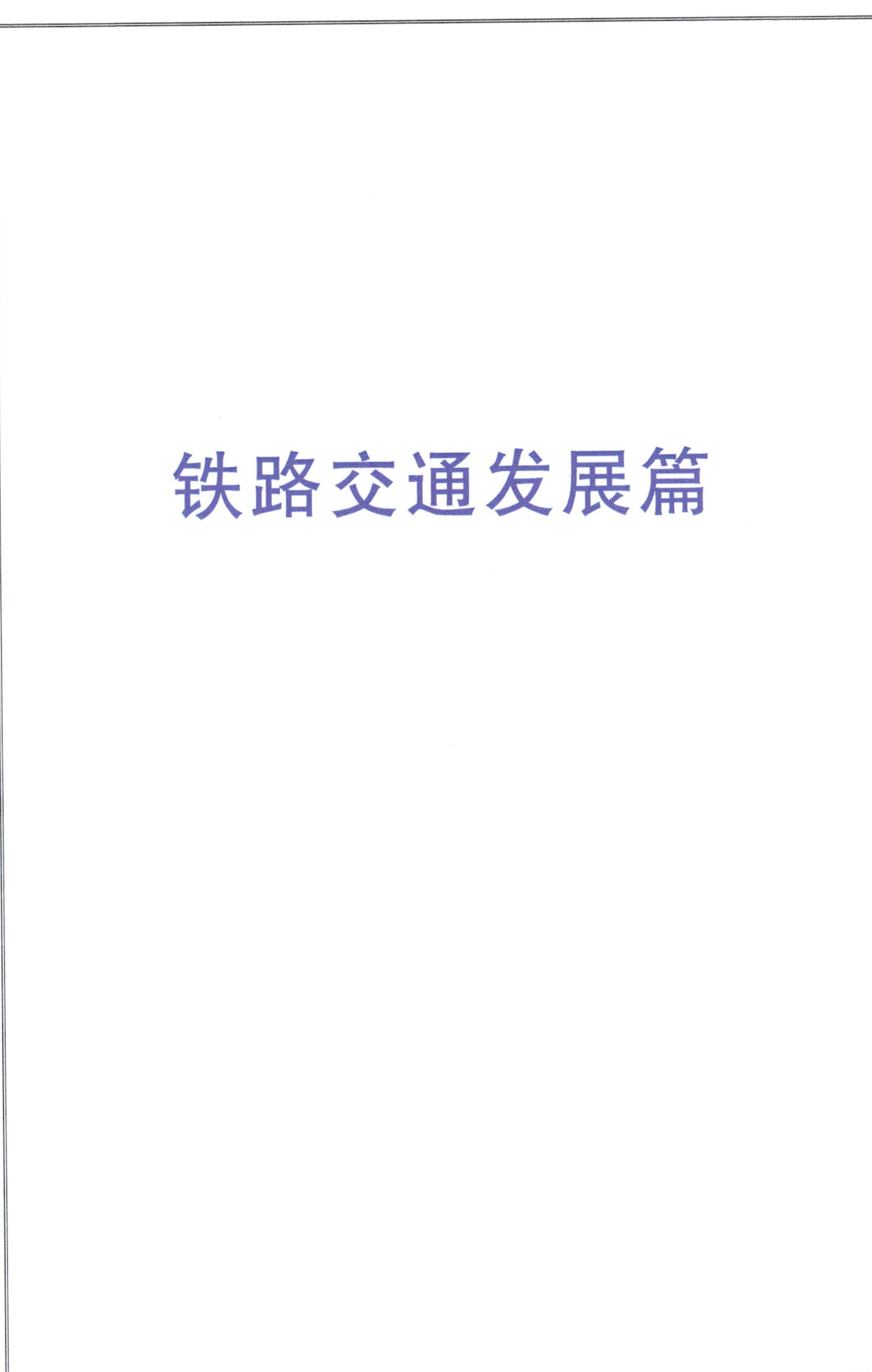

铁路交通发展篇

一、年度概览

2015 年全国铁路与国家有关部门和地方党委政府密切配合，与各参建单位共同努力，采取超常规措施，坚持超前谋划，提早安排部署，合理配置建设资源，统筹组织实施在建项目、投产项目和新开工项目，保证了铁路建设均衡有序推进，圆满实现“两个 8 000 以上”的既定目标。

整个“十二五”期间，2015 年的贡献是最大的。加上这一年浓墨重彩的“一笔”，“十二五”铁路固定资产投资完成 3.58 万亿元，较“十一五”增长 47.3%；投产新线 3.05 万公里、复线 2.63 万公里、电气化铁路 3.11 万公里，较“十一五”分别增长 109%、122.9%、45.3%。到 2015 年底，全国铁路营业里程达到 12.1 万公里，居世界第二位。其中，高铁运营里程超过 1.9 万公里，居世界第一位，占世界高铁总里程的 60%以上。2015 年 11 月 3 日正式发布的《中共中央关于制定国民经济和社会发展第十三个五年规划的建议》中提出，预计“十三五”期间全国新建铁路不低于 2.3 万公里，总投资不低于 2.8 万亿元。

铁路也在绿色发展的道路上不断前进。国家铁路能源消耗折算标准煤 1 569.47 万吨，比上年减少 83.37 万吨，降低 5.0%。单位运输工作量综合能耗 4.68 吨标准煤/百万换算吨公里，比上年增加 0.13 吨标准煤/百万换算吨公里，增长 2.9%。单位运输工作量主营综合能耗 4.05 吨标准煤/百万换算吨公里，比上年增加 0.15 吨标准煤/百万换算吨公里，增长 3.8%。国家铁路化学需氧量排放量 2 002 吨，比上年减排 9 吨，降低 0.4%。二氧化硫排放量 28 760 万吨，比上年减排 2 923 万吨，降低 9.2%。国家铁路绿化里程 4.40 万公里，比上年增加 0.17 万公里，增长 4.0%。

二、运行分析

(一)铁路运输业总体运行情况

2015 年，铁路安全生产持续稳定、建设任务全面完成、运输生产取得新成绩，改革发展迈上新台阶。加快铁路建设对稳增长、调结构起到了重要拉动作用，坚持以改革为动力，充分发挥体制机制优势，采取强有力措施，全力以赴推进铁路建设，形成了非常好的建设局面。

2015 年，全国铁路货运总发送量完成 34 亿吨，同比大降 10.53%，国家铁路货运量连续三年下降，且降幅不断扩大。2012 年至 2014 年，国家铁路货运量同比分别下降 1.8%、0.4%和 4.7%，货运总周转量同比下降分别为 1.5%、1.4%和 6.5%。2015 年铁路货运量已经跌至 6 年前水平。

2015 年，全国铁路客运则一片大好。全国旅客发送量 25 亿人次，在 2014 年增长 11.9%的基础上，再增长 6.07%；旅客周转量 1.20 万亿人公里，同比增长 3.45%。自 2000 年以来，全国铁路旅客发送量已经连续十余年取得增长。

全国铁路总换算周转量完成 35 714.91 亿吨公里，比上年减少 3 057.12 亿吨公里，下降 7.9%,如图 3-1 所示。其中,国家铁路 33 503.67 亿吨公里,比上年下降 7.7%。运输安全,全年未发生特别重大、重大铁路交通事故,铁路交通事故路外死亡人数同比下降 15.8%。

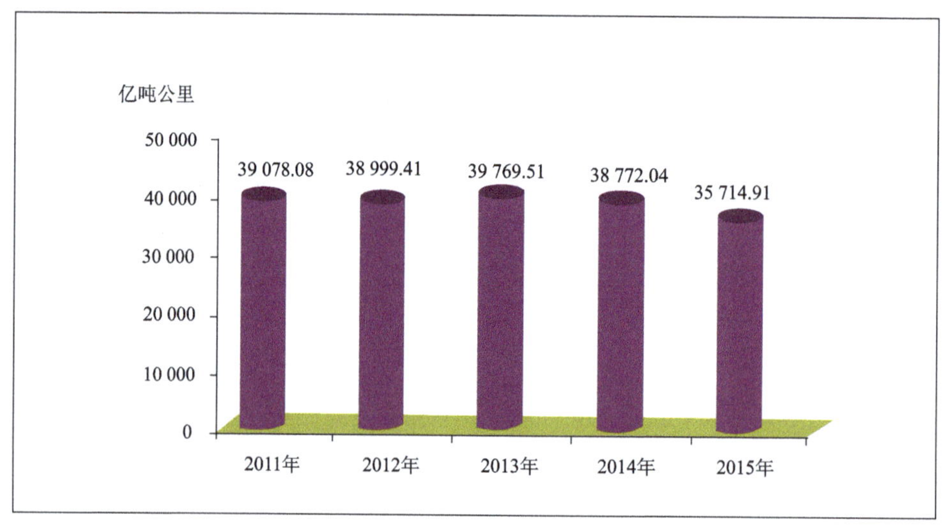

图 3-1　全国铁路总换算周转量

(二)铁路运输基础设施建设情况

全国铁路固定资产投资完成 8 238 亿元,投产新线 9 531 公里,其中高速铁路 3 306 公里。

1. 路网规模

全国铁路营业里程达到 12.1 万公里,比上年增长 8.2%,其中高铁营业里程超过 1.9 万公里,如图 3-2 所示。路网密度 126 公里/万平方公里,比上年增加 9.5 公里/万平方公里。其中,复线里程 6.4 万公里,比上年增长 12.5%,复线率 52.9%,比上年提高 2.1 个百分点;电气化里程 7.4 万公里,比上年增长 12.9%,电化率 60.8%,比上年提高 2.5 个百分点。西部地区营业里程 4.8 万公里,比上年增加 4 401 公里,增长 10.1%。

2. 移动装备

全国铁路机车拥有量为 2.1 万台,比上年减少 69 台,其中内燃机车占 43.2%,比上年下降 1.8 个百分点,电力机车占 56.8%,比上年提高 1.8 个百分点。全国铁路客车拥有量为 6.5 万辆,比上年增加 0.4 万辆;动车组 1 883 组、17 648 辆,比上年增加 479 组、3 952 辆。全国铁路货车拥有量为 72.3 万辆。

(三)铁路运输投融资情况

全年完成固定资产投资 8 238 亿元,其中基建投资 5 925 亿元;投产新线 9 531 公里,其中高铁 3 306 公里;年内 61 个新项目顺利开工建设。

2015 年部分省份铁路投资情况如下:

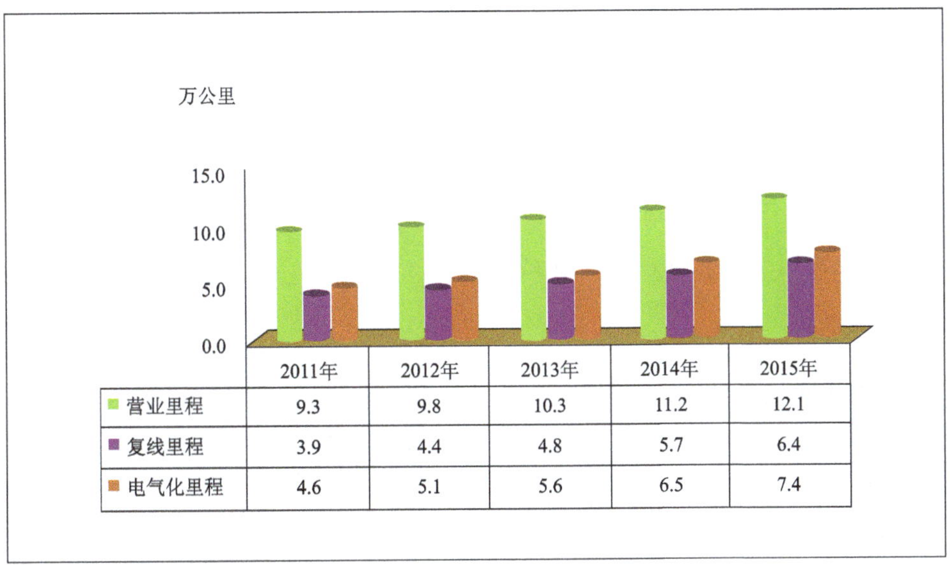

	2011年	2012年	2013年	2014年	2015年
营业里程	9.3	9.8	10.3	11.2	12.1
复线里程	3.9	4.4	4.8	5.7	6.4
电气化里程	4.6	5.1	5.6	6.5	7.4

图 3-2　全国铁路营业里程

辽宁：2015 年，辽宁交通基础设施建设计划投资 460 亿元，同比增长 2%左右。其中计划投资 300 亿元左右重点开展 17 个铁路续建项目，力争沈丹客专、丹大快速铁路等 8 个项目建成通车。推进盘营客专至京沈客专连接线前期工作，力争通辽、赤峰至京沈客专连接线开工建设。

河北：2015 年全省交通固定资产投资计划完成 1 020 亿元，增长 12%；争取完成投资 1 100 亿元，增长 20%以上。地方铁路计划投资 30 亿元，推进唐曹、水曹铁路建设；绿美廊道改造将提升高速公路 272 公里、普通干线公路 880 公里。

天津：实现津保铁路、京津城际延伸线、西南环线建成通车；加快推进京津第二城际、京津城际机场引入线、津石铁路、津蓟市郊铁路、南港铁路、大港港区 30 万吨级航道、航空物流园区等重点项目。

山东：开工建设济青高铁、鲁南城际快速铁路通道、济青高速公路扩容、济南城市轨道交通等项目；研究提出鲁南城际快速铁路通道在曲阜东站、兰考站分别接轨联通京沪、郑徐高铁的设计方案。

江苏：2015 年江苏铁路建设依然是重点，投资比去年多了 100 多个亿，在最新列入国家新一轮铁路建设计划的 1 600 公里铁路中，有 1 500 公里是高速铁路。南通、扬州、泰州今年将首次通上动车，而徐宿淮盐铁路确定年内开建，苏北将很快进入高铁时代。

福建：2015 年福建省将扎实推进城乡基础设施建设，加快铁路、轨道交通、高速公路、港口、机场、核电、油气管网、信息网络及水利等基础设施建设。计划开工建设吉永泉、浦梅铁路、福清核电 5 号机组等 150 个项目。力争福厦高铁等重大项目前期工作取得突破。

重庆：2015 年重庆交通将加大投资建设力度，全市交通计划投资 745 亿元，加快建设西南地区综合交通枢纽。新增营运铁路 155 公里、通车总里程达到 1 929 公里，首条高铁成渝客专年内将开通营运，此外，还将加快渝黔铁路、渝万铁路、涪怀二线等 9 个铁路项目建设进度，推进铁路客货枢纽建设。

西藏：确保全社会固定资产投资突破 1 300 亿元，完成中央政府投资 466 亿元以上，基本完成“十二五”规划项目建设任务。加快拉林铁路建设，开工建设青藏铁路格拉段扩能改造工程。

新疆：全力抓好 290 项、计划投资 3 000 多亿元重大水利、交通、能源等项目建设。加快哈密至额济纳、库尔勒至格尔木、北屯至阿勒泰等铁路建设。全力抓好将军庙至哈密至柳沟、阿勒泰至富蕴至准东等新开工铁路建设。

(四)旅客运输

全国铁路旅客发送量完成 25.35 亿人，比上年增加 2.30 亿人，增长 10.0%，如图 3-3 所示。其中，国家铁路 24.96 亿人，增长 9.9%。全国铁路旅客周转量完成 11 960.60 亿人公里，比上年增加 718.76 亿人公里，增长 6.4%，如图 3-4 所示。其中，国家铁路 11 905.30 亿人公里，增长 6.4%，见表 3-1。

表 3-1　全国铁路客运量

指标	单位	2015 年	比上年(±%)
旅客发送量	万人	253 484	10.0
国家铁路	万人	249 558	9.9
旅客周转量	亿人公里	11 960.60	6.4
国家铁路	亿人公里	11 905.30	6.4

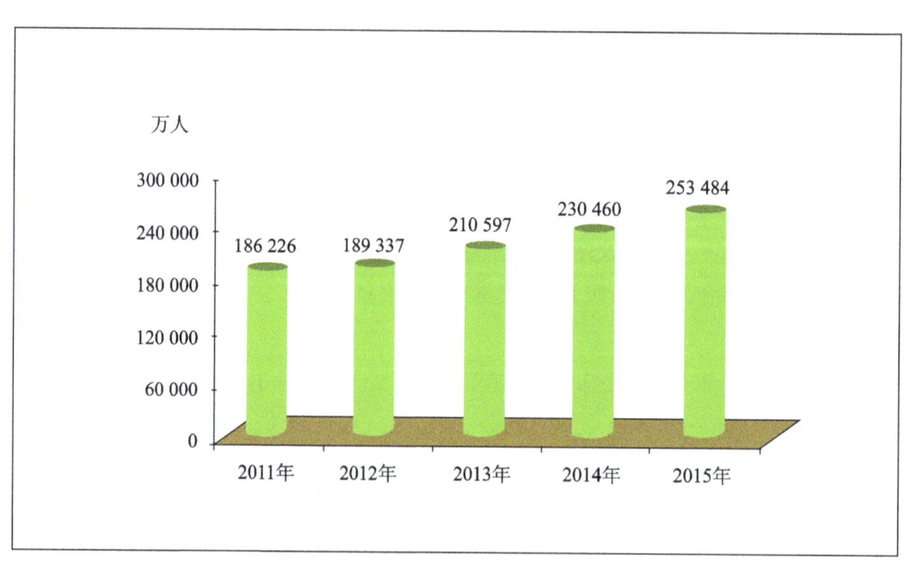

图 3-3　全国铁路旅客发送量

(五)货物运输

全国铁路货运总发送量完成 33.58 亿吨，比上年减少 4.55 亿吨，下降 11.9%见表 3-2、

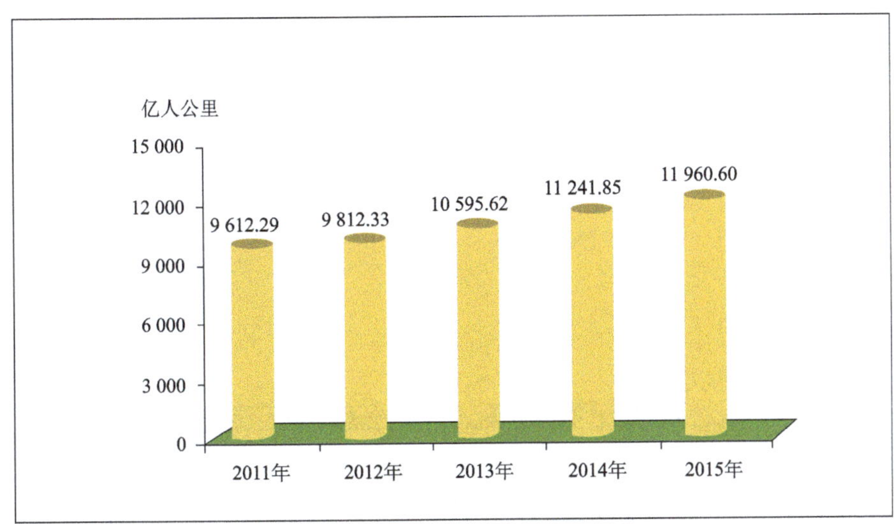

图 3-4　全国铁路旅客周转量

图 3-5。其中，国家铁路 27.14 亿吨，下降 11.6%。全国铁路货运总周转量完成 23 754.31 亿吨公里，比上年减少 3 775.88 亿吨公里，下降 13.7%，如图 3-6 所示。其中，国家铁路 21 598.37 亿吨公里，下降 14.0%。零散货物运量同比增长 18.7%，集装箱发送量同比增长 20.2%。建设中国铁路 95306 网站，网上货运业务受理超过 99%。

表 3-2　全国铁路货运量

指标	单位	2015 年	比上年(±%)
货运总发送量	万吨	335 801	−11.9
国家铁路	万吨	271 387	−11.6
货运总周转量	亿吨公里	23 754.31	−13.7
国家铁路	亿吨公里	21 598.37	−14.0

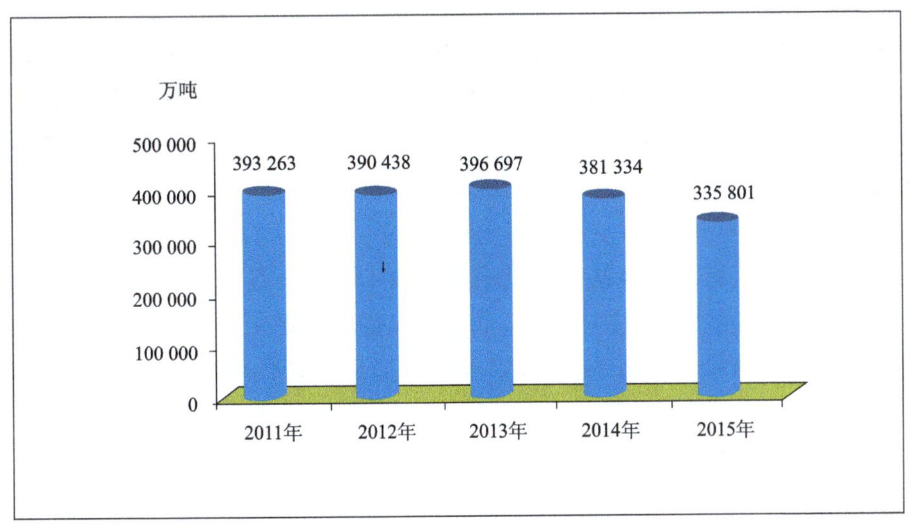

图 3-5　全国铁路货运总量

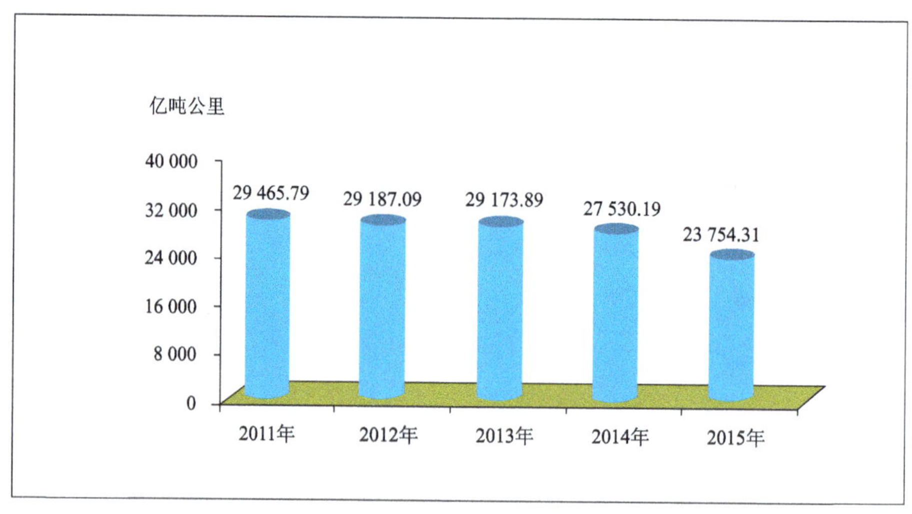

图 3-6　全国铁路货运总周转量

(六)路网建设情况

“十二五”铁路固定资产投资完成 3.58 万亿元、新线投产 3.05 万公里，较“十一五”分别增长 47.3%、109%，是历史上投资完成和投产新线最多的五年。到“十二五”末，全国铁路营业里程达到 12.1 万公里。特别是高铁建设取得巨大成就，京沪高铁、京广高铁、哈大高铁、兰新高铁等一批举世瞩目的重大项目建成通车，基本形成了以“四纵四横”为主骨架的高速铁路网。目前，全国高铁运营里程超过 1.9 万公里，位居世界第一，占世界高铁总里程的 60%以上。铁路建设的加快推进，不仅显著提升了路网规模、质量和运输能力，而且为拉动经济增长、促进经济结构调整、服务改善民生发挥了重要作用。

2015 年通车的主要铁路介绍如下。

1. 海南西环高铁

海南西环高铁是海南省的一条双线一级电气化铁路，全线长 345 公里，连接海口市与三亚市，途经澄迈县、临高县、儋州市、昌江黎族自治县、东方市、乐东黎族自治县。经过 2 年多的工程建设，海南西环铁路于 2015 年 10 月 13 日开始启动联调联试。随后进行试运行，计划 2015 年 12 月 20 日正式开通运营。

2. 天津至保定铁路

天津至保定铁路，从天津西站至河北省保定站，线路全程 157 公里，共设天津西、胜芳、霸州西等 7 个车站，最高设计时速为 250 公里，建成后保定与天津间的运行时间将缩短至 40 分钟。津保铁路目前主体工程已基本完工，近期启动联调联试，将于 2015 年 12 月 28 日正式通车运营。

3. 成都至重庆高铁

成渝高铁又称成渝客运专线，西起成都东站，向西途经简阳南站、资阳北站、资中北站，内江北站、隆昌北站、荣昌北站、大足南站(双桥站)、永川东站、璧山站、沙坪坝站、到达重庆北站。2015 年 10 月 6 日，成渝高铁进入联调联试阶段，重庆市交委表示，成渝高铁预计年底通车，重庆到成都耗时缩短到 1 小时左右。

4. 郑州至机场城际铁路

郑州至机场城际铁路全线设郑州站、郑州东站、经开站、机场北站、新郑机场站共 5 个车站。目前，工程已基本竣工，结束静态验收。近期，郑机城铁将开始联调联试，并预计于 11 月底之前结束。按河南省、中国铁路总公司要求，2015 年年底前开通运营。

5. 丹东至大连快速铁路

丹大快速铁路，即丹(东)大(连)快速铁路，共分 3 段：丹东至庄河段、金州登沙河至庄河段和大连至登沙河段，线路自大连北站接轨，经过大连市甘井子区、金州区、保税区、普兰店、花园口和庄河，后经东港市抵达丹东。目前，丹大快速铁路建设进入收尾阶段，全线预计年底通车运营。

6. 南京至安庆(宁安)高铁

宁安高铁东起江苏省南京市，经安徽省马鞍山、芜湖、铜陵、池州市等长江南岸沿江地带，跨长江后，西至安庆市，线路全长 258 公里。2015 年 10 月 15 日起，宁安高铁进入通车前空载试运行阶段，由高速动车组列车按试验阶段列车时刻表行车，计划为期一个月。试运行结束后将进行初步验收、安全评估等，预计最快通车时间要到年底。

7. 金华至丽水至温州(金丽温)铁路

金丽温铁路起自金华，途经金华市所辖的金东区、武义县、永康市和丽水市所辖的缙云县、莲都区、青田县，到达温州市区。线路全长 188 公里，设东孝、金华南、武义北、永康南、缙云西、丽水、陈篆、青田和温州南共 9 个车站。2015 年 10 月 15 日，金丽温铁路启动联调联试，计划年内开通运营。开通后，杭州到温州行程时间缩短至 2 个小时。

8. 赣州至龙岩铁路复线

赣(州)瑞(金)龙(岩)铁路，即赣龙铁路复线西起江西省赣州市赣县，东至福建省龙岩市，途经江西省于都县、会昌县、瑞金市，福建省长汀县、连城县、上杭县、新罗区。赣龙铁路复线已经全面建成并完成静态验收。10 月 14 日起进入联调联试阶段。经联调联试后，赣龙铁路复线有望于年底通车。(来源：中国路面机械网)

(七)铁路运输负债、财政补贴情况

中国铁路总公司发布的 2016 年一季度审计报告和 2015 年年度报告，2016 年一季度亏损额扩大至 87.27 亿元，去年同期是亏损 64.61 亿元。铁路总公司 2015 年实现税后利润 6.81 亿元，比 2014 年利润增长 7%。铁路总公司 2015 年四个季度的税后利润有"前低后高"的特征，2015 年一季度税后利润为－64.61 亿元、上半年为－88.2 亿元、前三季度为－94.35 亿元、全年税后利润转正，为 6.81 亿元。因此虽然 2016 年一季度税后利润为－87 亿元，但全年税后利润仍有可能转正。截至 2015 年 12 月 31 日，铁路总公司负债合计约 4.09 万亿元，2015 年还本付息约 3 385 亿元；截至 2016 年 3 月 31 日，其负债总额约 4.14 万亿元，今年一季度新增负债约 493.7 亿元，一季度还本付息约 541 亿元。

客运收入成重要增长动力。从收入结构来看,铁路总公司 2016 年一季度和 2015 年度均出现“货运降、客运升”的态势。铁路总公司 2016 年一季度实现收入合计 2 019.6 亿元,同比下降 4.5%;其中运输收入 1 428.9 亿元,同比降低 2%。货运收入 521 亿元(不含建设基金),去年同期为 610 亿元,同比降低 14.6%;客运收入约 674 亿元,去年同期为 581 亿元,同比增长 16%。从 2015 年度情况来看,铁路总公司实现收入合计 9 162.6 亿元,比 2014 年度减少 7.9%。其中 2015 年实现运输收入 5 837.4 亿元,比 2014 年度降低 1.4%;货运收入约 2 312.1 亿元(不含建设基金),比 2014 年度减少 10.3%;客运收入 2 506.3 亿元,比 2014 年度增加 17.8%。

来自铁路总公司的数据显示,高铁每公里的基准票价是每公里 0.48 元,按此标准,中国 84%的高铁最低票价低于基准票价。铁路总公司于去年放开了高铁自主定价权,给了高速铁路根据市场调控票价的机会,然而事实上,到目前为止,笔者没有发现有哪条线路价格浮动的迹象。

但是,不得不承认,高速铁路的出现改变了人们的生活习惯和出行方式,另一方面,是很多高速列车存在上座率不高现象。不是每条高速铁路都能如同京沪高铁一般,连通金融中心和政治中心,贯穿沿海经济大省,京沪高铁的一票难求每天都在上演,即使这样,用了三年的时间铁路总公司才对外宣布盈利。

随着中国铁路走出去战略的实施,一大批由铁路总公司承建的高铁相继通车,中国高铁实现了建设、装备和标准的整体输出,但是,铁路总公司的亏损在未来很长一段时间内不会好转,铁路总公司并不能实现自负盈亏的市场化运作。作为国民经济的大动脉,其运力调控涉及民生,铁路总公司就不能只追求利益,更要重视民意和需求。

三、政策解读

(一)《国家创新驱动发展战略纲要》

2016 年 5 月 20 日,中共中央、国务院发布了《国家创新驱动发展战略纲要》(以下简称《纲要》)。党的十八大提出实施创新驱动发展战略,强调科技创新是提高社会生产力和综合国力的战略支撑,必须摆在国家发展全局的核心位置。这是中央在新的发展阶段确立的立足全局、面向全球、聚焦关键、带动整体的国家重大发展战略。

【政策解读】

1.《纲要》的基本原则

(1)紧扣发展。坚持问题导向,面向世界科技前沿、面向国家重大需求、面向国民经济主战场,明确我国创新发展的主攻方向,在关键领域尽快实现突破,力争形成更多竞争优势。

(2)深化改革。坚持科技体制改革和经济社会领域改革同步发力,强化科技与经济对接,遵循社会主义市场经济规律和科技创新规律,破除一切制约创新的思想障碍和制度藩篱,构建支撑创新驱动发展的良好环境。

(3)强化激励。坚持创新驱动实质是人才驱动,落实以人为本,尊重创新创造的价值,激发各类人才的积极性和创造性,加快汇聚一支规模宏大、结构合理、素质优良的创新型人才队伍。

(4)扩大开放。坚持以全球视野谋划和推动创新,最大限度用好全球创新资源,全面提升我国在全球创新格局中的位势,力争成为若干重要领域的引领者和重要规则制定的参与者。

2.《纲要》提出的目标和总体部署

《纲要》提出了实施创新驱动发展战略三个阶段的目标,与我国现代化建设“三步走”战略目标相互呼应、提供支撑。第一步,到 2020 年进入创新型国家行列,有力支撑全面建成小康社会目标的实现;第二步,到 2030 年跻身创新型国家前列,为建成经济强国和共同富裕社会奠定坚实基础;第三步,到 2050 年建成世界科技创新强国,为我国建成富强民主文明和谐的社会主义现代化国家、实现中华民族伟大复兴中国梦提供强大支撑。

《纲要》明确了实施创新驱动发展战略的总体部署,强调要“坚持双轮驱动、构建一个体系、推动六大转变”:双轮驱动就是科技创新和体制机制创新两个轮子相互协调、持续发力;一个体系就是建设国家创新体系六个;转变就是发展方向、发展要素、产业分工、创新能力、资源配置和创新群体的转变。

3. 创新驱动战略已基本形成新的五类科技计划

(1)自然科学基金,资助科研科技人员的基础研究和科学前沿探索、支持人才和团队建设。

(2)事关于未来国家长远发展的重大科技专项。这是由国务院决策实施的。

(3)事关经济和社会发展的国家重点研发计划,针对各领域突出的共性关键、社会公益的技术问题,从重点基础研究和共性关键技术的研究,一直到产品的研发以及成果的推广,形成一个研发的链条。

(4)技术创新引导专项基金,支持企业技术创新,特别是大众创业、万众创新,中小企业发展、科技孵化器方面的发展。

(5)支持人才基地的计划,包括国家实验室、国家重点实验室、工程中心以及各类人才计划。

(二)《中国铁路总公司关于规范非控股合资铁路建设项目管理的指导意见》

为贯彻国务院部署要求,深入推进铁路投融资体制改革,规范铁路分类投资建设,铁路总公司于 2015 年 9 月出台《中国铁路总公司关于规范非控股合资铁路建设项目管理的指导意见》(以下简称《指导意见》)。这对进一步鼓励和扩大社会资本投资建设铁路,促进非国铁控股合资铁路建设项目健康发展,将起到重要作用。

【政策解读】

1. 关于非国铁控股合资铁路建设项目

《指导意见》明确指出,按照《中华人民共和国公司法》及铁路总公司与地方政府合作协议，由各方出资人或其授权的出资人代表依法组建铁路建设项目合资公司。项目公司作为铁路建设项目法人，对铁路建设项目的策划、前期工作、资金筹集、建设管理、运输经营、还本付息、资产保值增值全过程负责。

2. 关于非国铁控股合资铁路建设项目的运输经营管理

《指导意见》明确指出，在坚持铁路运输统一调度指挥的前提下，项目公司依法决策运输管理方式，可委托铁路运输企业进行运输管理，以发挥铁路运输企业的专业管理优势，提高运输效率；也可由项目公司自管自营，铁路总公司在列车运行图编制、运输组织等方面给予支持。A 股铁路三大上市公司中国铁建、中国中铁、中铁二局，将直接受益于指导意见对于铁路投资的推进。

3. 关于非国铁控股合资铁路建设项目的工程建设管理

《指导意见》明确指出，项目公司可根据需要依法决策项目建设管理方式，既可委托铁路局或铁路专业管理机构代建，也可由项目公司自行组织建设。

(三)《中西部地区铁路项目中央预算内投资管理暂行办法》

为规范中西部地区铁路项目中央预算内投资管理，发挥中央资金使用效率，进一步加快中西部地区铁路建设，国家发改委于 2016 年 4 月 4 日出台了《中西部地区铁路项目中央预算内投资管理暂行办法》(以下简称《暂行办法》)。《暂行办法》分为总则、支持方向、资金安排、资金申请、审核下达、监管措施和附则，共有七章 21 条例，由国家发展改革委负责解释，自发布之日起施行，有效期 5 年。

【政策解读】

1. 预算内投资使用方式

《暂行办法》所称以资本金注入方式使用中央预算内投资，是指国家发改委对符合条件的中西部地区铁路项目给予的投资安排，由中国铁路总公司作为出资人代表投入项目，并作为项目资本金使用管理。中国铁路总公司应对中西部铁路中央预算内投资专项申请是否符合政策要求、项目审批(核准、备案)是否符合有关规定等进行严格审查，对审查结果和申请材料的真实性、合规性负责。

2. 支持方向

《暂行办法》指出，重点支持对促进区域经济社会协调发展、带动国土资源开发、增强国防建设，对改善交通条件、增进人民福祉、强化保障能力具有重要意义的中西部地区铁路项目。支持范围包括中西部地区，以及明确享受中、西部地区支持政策的中央苏区、革命老区有关县市、贫困地区。由中国铁路总公司或中国铁路总公司与地方合资建设项目。

3. 资金申请条件

首先是符合本办法第六、七条确定的领域和方向；其次是符合国家批准的中长期铁路网规划、五年发展规划和相关专项规划；第三是按照有关规定，项目依法合规完成可行性研究报告、初步设计审批、核准或备案，具备开工条件；第四是建设资金来源基本落实；最后是符合年度申报要求的其他条件。

(四)《铁路专用设备缺陷产品召回管理办法》

【政策解读】

《铁路专用设备缺陷产品召回管理办法》经 2015 年 6 月 19 日交通运输部第 8 次部务会议通过,2015 年 11 月 19 日中华人民共和国交通运输部令 2015 年第 23 号公布。该办法分总则、产品缺陷调查、召回实施、监督检查、法律责任、附则六章 35 条,自 2016 年 1 月 1 日起施行。

1. 如何理解铁路专用设备产品缺陷

铁路专用设备产品召回不是仅因为产品发生故障、产品质量不合格,就确认为铁路专用设备缺陷,而应严格按照《铁路安全管理条例》第二十六条对缺陷的定义来确定:由于设计、制造、标识等原因导致同一批次、型号或者类别的铁路专用设备普遍存在不符合保障人身、财产安全的国家标准、行业标准的情形或者其他危及人身、财产安全的不合理危险的。

2. 谁来承担召回实施的主体责任

生产企业是缺陷产品召回的责任主体和实施主体,应当建立完善有关制度并履行召回的义务。生产企业获知铁路专用设备产品可能存在缺陷时,应立即组织开展缺陷调查,并及时向使用企业报告缺陷信息;经调查确认有缺陷的,应立即通知使用企业和国家铁路局;制定召回计划方案,并依据召回计划实施主动召回;向国家铁路局上报召回阶段性报告和总结报告。

3. 使用企业如何参与和协助生产企业实施召回

结合铁路专用设备运用的实际情况,铁路专用设备使用企业应当参与和协助生产企业实施召回。生产企业确认产品存在缺陷的,应当立即停止生产、销售、进口并通知使用企业。立即停止使用可能对铁路运输秩序造成较大影响的,生产企业应当与使用企业协商共同采取应急措施,确保运输安全;使用企业应该配合生产企业做好缺陷产品召回相关工作;使用企业应及时将发现的产品缺陷信息通知给生产企业和国家铁路局;生产企业应当与使用企业协商制定缺陷产品召回计划方案,上报国家铁路局。

4. 国家铁路局如何加强监督

国家铁路局承担铁路专用设备缺陷产品召回的监督管理职能。依据本办法,国家铁路局获知产品可能存在缺陷时,应当立即通知和督促生产企业开展产品缺陷调查,必要时可直接开展缺陷调查或委托与生产企业无利害关系的专业技术机构进行调查;国家铁路局对生产企业召回计划予以备案;对于生产企业未按规定实施主动召回的,国家铁路局应当责令生产企业实施召回;在生产企业完成召回计划后,国家铁路局组织与生产企业无利害关系的专家或专业技术机构对生产企业消除缺陷的效果进行评估,从而保证社会公众的人身、财产安全。对生产企业未按规定召回缺陷产品,没有采取措施消除缺陷,并拒不改正的,国家铁路局将依照《铁路安全管理条例》规定视情节予以行政处罚。

(五)《铁路建设项目国家验收实施办法》

为贯彻国务院关于简政放权、加强事中事后监管要求,规范国家投资的铁路建设项目竣工验收工作，国家发改委、国家铁路局于 2015 年 12 月 1 日制定了《铁路建设项目国家验收实施办法》(以下简称为《实施办法》)。该办法分为总则，验收范围、依据和条件，验收准备，验收实施和附则共五章 24 条例，自 2016 年 1 月 1 日起施行。

【政策解读】

1. 实际意义

《实施办法》能够适应深化铁路投融资体制改革和政企分开改革的新形势新要求，针对国家发展改革委审批、组织验收或委托国家铁路局组织验收的政府投资铁路项目，从验收范围、依据、条件以及验收准备、验收实施等方面，对铁路建设项目国家验收工作进行规范，提出了具体明确要求。该办法的发布实施，体现了放管结合、强化事中事后监管的改革精神，对完善铁路工程监管机制、提高铁路建设工程质量，促进铁路持续健康发展具有重要意义。

2.《国家验收证书》

通过国家验收的铁路建设项目，由验收组织部门制发《国家验收证书》。《国家验收证书》主要包括建设依据、工程概况、验收范围、建设经过、开通及初期运营情况、建设投资情况、验收经过、验收结论和有关要求等内容。验收组织部门起草《国家验收证书》(征求意见稿)，征求国家相关部门意见修改后提交验收委员会审定。

四、热点研究

(一)中国中车股份有限公司(简称“中国中车”)

近年来，全球主要经济体和众多发展中国家均公布了铁路(尤其是高速铁路)的发展规划，全球轨道交通市场正快速成长。我国国家领导人提出了加强“互联互通”及建设“一带一路”的战略构想，未来十年将对外投资 1.2 万亿美元。筹建丝路基金、亚洲基础设施投资银行和金砖国家开发银行等举措，也将为亚太及全球发展中国家基础设施建设提供资金支持。全球轨道交通行业面临广阔的市场空间。

中国轨道交通经过近年的快速发展，已经具备了较好的基础，未来将以干线铁路客运专线、城际铁路网络和城市轨道交通系统的“三网融合”为发展目标，组成全国范围内完整的轨道交通网络。推进轨道交通“三网融合”将为整个轨道交通装备市场的增长带来新的机遇。

在国内外轨道交通市场快速发展的背景下，中国南车、中国北车作为我国轨道交通装备制造业领军企业和全球重要的轨道交通装备制造商及解决方案提供商，拟通过合并为“中国中车”以进行重组整合，并以提升合并后新公司的业务规模，增强盈利能力，打造以轨道交通装备为核心，跨国经营、全球领先的大型综合性产业集团，进而提升全体股东的利益。

1. 经营风险

中国轨道交通装备制造行业未来将进一步加大开放力度。随着行业准入可能进一步放开和国外厂商利用技术输出渠道在零部件方面的渗透,合并后中国中车面对国外领先的轨道交通装备制造商的竞争压力将逐步加大。在城轨地铁车辆领域,目前行业的国内外参与者数量较多,随着行业的发展,竞争可能加剧。

合并后的中国中车为轨道交通装备制造企业,产品质量与社会公众的切身利益息息相关。尤其是随着大量动车组的投入使用,产品质量和运行安全成为社会持续关注的焦点。产品质量出现任何问题都可能对业务经营产生不利影响,甚至在一定时间内对行业的发展造成冲击。

中国中车能否在“南北”车合并后一路走好并继续创造新的传奇,事关国家战略布局及企业发展前景,颇值得关心。

2. 面临的挑战

中国南车和中国北车的重组,除了具有市场意义,更多具有国家战略层面上的意义:这一强强合并不仅能够使中国中车这家央企以航空母舰的姿态参与国际竞争,还能强力加速中国轨道交通装备业由“中国制造”向“中国创造”的转变,有力推动中国高端装备业的产业升级,进而推进中国由“制造大国”向“制造强国”迈进。

这既顺应经济全球化和市场一体化大趋势,也符合“一带一路”战略方针以及我国优化产业布局、发展高端装备制造业的产业政策的“国家战略驱动型”合并,打上了国家意志的烙印,高层面的督办,快速的整合,从 2014 年年底“两车”公告合并,到以“中车”名义出现,不过半年时间。

但放眼世界市场,高铁竞争十分激烈,在中国中车面前,就有庞巴迪、阿尔斯通、西门子这样强劲的竞争对手。中国中车本身还面临着另一重考验,即如何令合并后的中国中车蓝图成为现实,实现预期目标。

央企重组,已然是大势所趋。强强联合,意味着双方都更为强势。以大局为重,迅速妥善解决重组合并本身可能遇到的问题,未雨绸缪,从长计议,早日实现重组目标,于国家战略而言,于企业自身发展而言,皆善莫大焉。

(二)中国高铁“走出去”:动车组出口欧洲、俄罗斯第一单等

随着中国高铁的迅速崛起,中国高铁品牌在世界范围内的认知度也逐步提升。高铁技术和设备在国际舞台上的影响力日趋增强。中国高铁技术的不断发展,不仅成为推动社会经济发展的巨大动力,也成为维护国家安全的重要保障。

我国高铁技术从“技术引进”到“消化吸收”,再到“科技输出”,跨越很是迅速。数据显示,目前,中国铁路总公司对高铁技术具有完全的自主知识产权,并已获得 900 多项国际专利。

2014 年 6 月 24 日,马其顿首都斯科普里与中国南车签署 6 列内燃、电动车组购销合同。南车株洲电力机车为马其顿研制的这批动车组为标准轨距,最高运营时速 140 公里,设计寿命 30 年。该车辆按照马其顿国家标准等研制,是为马其顿量身订制的一款全新动车组车辆。这是中国动车组整车产品首次进入欧洲市场,标志着中国的最高端轨道交通装备产品赢得了欧洲市场的认可。

2015 年 6 月 18 日，在中俄投资合作委员会第二次会议框架下，由中国中铁二院工程集团有限责任公司参与投标的俄罗斯首条高速铁路的规划设计合同在圣彼得堡正式签署，成为中国高铁走出国门的第一单，也标志着中俄在共建丝绸之路经济带的实践中迈出了具有深远意义的一步。根据规划，从莫斯科到喀山段的高铁全长 770 公里，跨越俄罗斯 7 个联邦主体，覆盖 2 500 万人以上，全程计划设立 15 个车站。铁路最高设计时速 400 公里，轨距为 1 520 毫米，项目规划在 2018 年世界杯之前完工。

(三)京津冀一体化

京津冀一体化由首都经济圈的概念发展而来，包括北京市、天津市以及河北省的保定、唐山、石家庄、邯郸、邢台、衡水、沧州、秦皇岛、廊坊、张家口、承德和安阳，涉及京津和河北地区 12 个地级市。区域面积约为 21.6 万平方公里，人口总数约为 1.1 亿人，其中外来人口 1 750 万。

推动京津冀协同发展是党中央、国务院在新的历史条件下作出的重大决策部署，是重大国家战略，对于深入实施国家区域发展总体战略、全面建成小康社会以及实现中华民族伟大复兴的中国梦具有重要现实意义和深远历史意义。对于北京来说，推动京津冀协同发展，是实现可持续发展、解决“大城市病”难题的必由之路，也是提高发展质量和效益前所未有的历史性机遇。

《京津冀协同发展规划纲要》指出，推动京津冀协同发展的核心是有序疏解北京非首都功能，要在京津冀交通一体化、生态环境保护、产业升级转移等重点领域率先取得突破。

在交通一体化方面，构建以轨道交通为骨干的多节点、网格状、全覆盖的交通网络。重点是建设高效密集轨道交通网，完善便捷通畅公路交通网，打通国家高速公路“断头路”，全面消除跨区域国省干线“瓶颈路段”，加快构建现代化的津冀港口群，打造国际一流的航空枢纽，加快北京新机场建设，大力发展公交优先的城市交通，提升交通智能化管理水平，提升区域一体化运输服务水平，发展安全绿色可持续交通。

在生态环境保护方面，打破行政区域限制，推动能源生产和消费革命，促进绿色循环低碳发展，加强生态环境保护和治理，扩大区域生态空间。重点是联防联控环境污染，建立一体化的环境准入和退出机制，加强环境污染治理，实施清洁水行动，大力发展循环经济，推进生态保护与建设，谋划建设一批环首都国家公园和森林公园，积极应对气候变化。

在推动产业升级转移方面，加快产业转型升级，打造立足区域、服务全国、辐射全球的优势产业集聚区。重点是明确产业定位和方向，加快产业转型升级，推动产业转移对接，加强三省市产业发展规划衔接，制定京津冀产业指导目录，加快津冀承接平台建设，加强京津冀产业协作等。

推动京津冀协同发展，要遵循 5 条基本原则。一是改革引领，创新驱动。二是优势互补，一体发展。三是市场主导，政府引导。四是整体规划，分步实施。五是统筹推进，试点示范。

习近平就推进京津冀协同发展提出 7 点要求：

一是要着力加强顶层设计，抓紧编制首都经济圈一体化发展的相关规划，明确三地功能定位、产业分工、城市布局、设施配套、综合交通体系等重大问题，并从财政政策、投资政策、项目安排等方面形成具体措施。

二是要着力加大对协同发展的推动，自觉打破自家“一亩三分地”的思维定式，抱成团朝着顶层设计的目标一起做，充分发挥环渤海地区经济合作发展协调机制的作用。

三是要着力加快推进产业对接协作，理顺三地产业发展链条，形成区域间产业合理分布和上下游联动机制，对接产业规划，不搞同构性、同质化发展。

四是要着力调整优化城市布局和空间结构，促进城市分工协作，提高城市群一体化水平，提高其综合承载能力和内涵发展水平。

五是要着力扩大环境容量生态空间，加强生态环境保护合作，在已经启动大气污染防治协作机制的基础上，完善防护林建设、水资源保护、水环境治理、清洁能源使用等领域合作机制。

六是要着力构建现代化交通网络系统，把交通一体化作为先行领域，加快构建快速、便捷、高效、安全、大容量、低成本的互联互通综合交通网络。

七是要着力加快推进市场一体化进程，下决心破除限制资本、技术、产权、人才、劳动力等生产要素自由流动和优化配置的各种体制机制障碍，推动各种要素按照市场规律在区域内自由流动和优化配置。

(四)铁路服务：中国铁路餐饮品牌、WiFi、12306验证码等

1. 中国铁路餐饮与“互联网＋”的思考

“兵马未动，粮草先行”，“民以食为天，食以安为先”，从古至今，食品在百姓心中的分量可谓是不轻，特别是对于长途奔波的旅客来说，幸福莫过于一顿温暖可口的饭菜。说起在火车上用餐，很多旅客朋友们都存在着这样的忧虑：要么餐车太远，独身一人携带随身物品去吃饭不方便；要么车上人太多，动辄吆喝一路“麻烦让一下”，十分不便。

2016年5月15日铁路十年来最大调图后，首次推出了具有统一标识的“中国铁路餐饮”系列产品，其中包含15元以下的快餐，以满足不同的档次需求。针对不同区域、季节、时段，在原基础上推出包子、饺子、面条及多种富有地域特色的餐食，由原来300余种增加到400余种。

过去放眼铁路版图，全国18个路局(公司)有18个餐饮企业，却没有“中国铁路餐饮”这个品牌，而且铁路餐饮服务，一直饱受广大旅客诟病，火车上的食物要么“不能吃”，要么“吃不起”。如今，“中国铁路餐饮”品牌由铁路总公司依法管理，全国所属铁路企业餐饮产品统一使用“中国铁路餐饮＋企业商标”标识，提供标准化、专业化的铁路餐饮服务，从而实现统一管理、统一规划、统一标准、统一服务，不仅仅使得餐饮服务标准化，工作上也规范起来。而且餐饮改革体现出了一种合作共赢的思路，也是铁路由政府部门转变为企业角色后勇于探索市场机遇的一次有益尝试。铁路部门正在用自己的努力让人们的出行更加舒服、舒心，让旅客“吃得好”也是铁路供给侧改革的有力举措。

此外，随着互联网的日益发展和便捷，“互联网＋”也融入了火车上的餐车里。旅客可以在出发前将午餐或晚餐订好，上车后乘务员即会按照约定的送餐时间将预订好的餐点

送到你的手中。而且办理的手续也很简单,只需要打开手机微信,通过专门的12306微信公众号,填写乘车日期、车次、乘车站,点击“微信订餐”,即可进入点餐界面,在填写姓名、送餐时间、车次、座位号等详细信息后,点击“微信支付”即可进入结算界面,支付成功即可下单,值得一提的是,现在旅客使用微信动车订餐还可享受9.5折优惠。

2. 普速列车的WiFi业务

近来各地越来越多的普通列车开通了WiFi业务。据了解,WiFi网络是通过处理铁路沿线网络运营商发射的信号后,发射到车厢。每节车厢都会安装一个主机和一个信号发射器,确保信号良好。

随着互联网飞速发展,互联网的普及程度日益广泛,手机和网络已经成为人们通信、工作、娱乐等不可或缺的东西。近年来,随着铁路的快速发展,火车成为民众长途出行的首选交通工具,但是由于火车运行距离远、时间长,旅客们在面对十几个小时的乘车时间时,希望铁路部门能够在列车上安装免费WiFi服务,让旅客在出行中切实享受到互联网带来的乐趣,为无聊的旅行增添活力。面对民众对WiFi日益高涨的呼声,铁路部门在经过大量的试验后,率先在普速列车上开通了免费WiFi服务。这一举措,无论是从提升旅客出行质量,还是在提升自身的品牌影响力,都展现了铁路部门“人民铁路为人民”的服务宗旨,也让旅客看到了铁路部门深化改革后的新面貌。

但与此同时,也有不少人在技术层面上对此业务的开展表示担忧。公开资料显示,目前火车上一般是通过车载设备把沿线的3G或4G信号转换为WiFi供乘客使用,上网速度受运营商基站覆盖密度和列车行驶速度等因素影响。运营商基站覆盖密度较小的地方上网信号较差,列车速度超过每小时200公里后,信号衰减程度也很大,将影响旅客上网体验。

北京交通大学经管学院教授赵坚认为,列车WiFi信号的改进需要突破技术上的壁垒,仅凭铁路局一时半会儿难以解决。与此相比,WiFi造价高和设备损坏等问题的解决难度要低一些。赵坚教授认为,铁路局可以尝试采用公开透明的招标来选择合适的服务提供商,降低投资运营成本。而且普通列车旅客人数较多,铁路局可以探索以WiFi为接入口的商业运作模式,例如开展网络传媒广告业务,提升列车服务质量的同时可以增加收入。

总而言之,免费WiFi只是起点,随着铁路部门在改革、建设过程中的努力,铁路部门将会把科技发展、技术创新成果更多地应用到为旅客服务中,为旅客提供更多贴心、便捷、利民的服务,让旅客在出行中真正体会到“家”一般的温馨、舒适。

3. 12306验证码的利与弊

从铁路官方购票网站12306推出验证码开始,不是被刷票软件攻破,就是被无情的吐槽。2015年12306网站又出新招,在登录界面推出了全新的验证方式,不过这次验证码的推出似乎难住了大家网购火车票的步伐,广大网民纷纷调侃道“12306的验证码,已经击败了全国99%的购票者,我已经找不到回家的路了”。

近几年,随着铁路官方购票网站12306的开通让民众出行的脚步变得更方便、更快捷,但是随之而来的问题也慢慢凸显出来。从去年12306网站验证码刚刚推出12小时即被抢票软件破解，到今年让民众伤透脑筋，似乎铁路部门怎么做都不会被民众买账。

12306 当初设置验证码的初衷就是为了防止“黄牛”刷票。此外个别互联网公司以抢票浏览器、抢票插件等形式，对 12306 网站的验证码进行自动识别，进而达到插队购票的目的。这种行为严重扰乱了互联网购票秩序，影响了购票的公平和 12306 网站的安全。对此 12306 网站的技术也在不断改善。但是随着预售期的提前新的问题又显现了出来，由于目前 12306 网站采取提前 60 天购票的方式，导致很多出行旅客盲目提前预订车票，甚至有的人不确定出行日期，为了防止买不到车票便在网上预订了不同时期的车票，等明确出行日期后再退掉多预订的车票，从而产生了众多的“占票族”、“退票族”。从另一个角度来说，这种囤票的做法不亚于一个票贩子产生的效果，无形中制造了车票紧张现象。

12306 网站此前采取了相应的技术措施，将静态验证码更换为动态验证码，有效地遏制了对验证码的自动识别行为，但同时也增加了旅客识别验证码的难度。12306 网站再度对验证码方案进行了调整优化，将动态验证码更换为增加了底纹或干扰线的新版静态验证码，既大大降低了旅客的识别难度，同时也保持了对自动识别软件的有效防控。

从 12306 平台建成初期的四位数字验证码到现如今的八张图验证码，从最初的“不攻自破”到现如今的“坚不可摧”，这中间改革的过程也可谓是“有血有泪”。最初的简易验证码由于破解简单，一度被抢票神器利用，服务器崩溃的现象时常发生。现如今的八图验证模式，虽然使各类抢票软件无法运作，但购票的公平性却得到了大大的提高。虽然用户体验方面，现在的八图模式确实造成了一定影响，但是和以往相比确实有不少好处。

首先作为一个公共服务平台，保证所有使用人的公平性是一个重要的因素，这也是 12306 为什么在不断更新验证图片的原因。其次，使用复杂的图片验证码，能够有力的阻击各类抢票软件在购票高峰期对 12306 平台服务器的冲击，保证平台的稳定性。再次，火车票与“黄牛党”在人们心里向来是密不可分，复杂的验证码也能够侧面对黄牛党利用互联网购票进行遏制，逐渐地瓦解“黄牛票”的来源。总而言之，铁路 12306 网络平台所做出的种种看似加高门槛的工作，其实都是在为广大旅客增加保障。

但同时也有网友给 12306 提出了几条中肯建议：一是建议 12306 平台将验证码图片的质量提高，使用户在使用的过程中能够更清晰地看到图片显示的信息。二是建议 12306 平台的验证码图片不妨换成广告图标，这样不仅便于旅客阅读，同时还能拓展广告业务，创造收入。三是建议 12306 平台能够设置信誉用户，对购票用户进行区分，普通旅客将有机会免去输入验证码图片，直接登录。而对于存在“黄牛”现象的用户，则加大验证码难度或给予账户锁定的处罚。

(五)铁路货运

2016 年以来，铁路总公司认真贯彻落实党中央、国务院的部署要求，主动适应经济发展新常态，大力推进铁路供给侧结构性改革，制定实施了降低社会物流成本，提高货运服务质量的一系列措施，深入开展“转观念、闯市场、增效益”活动，取得明显成效。在煤炭等大宗物资运输需求明显下滑情况下，5 月，全路日均装车完成 115 677 车，同比增加 1 170 车、增长 1.0%，6 月，日均装车完成 115 718 车，同比增加 2 066 车、增长 1.8%，自 2014 年以来首次实现同比增长。

2016年作为"十三五"计划的开局之年，铁路部门加快推进现代物流转型发展的大部署，抢抓"一带一路"以信息技术为先导，以基础设施为支撑，全面树立现代物流服务理念，坚持一体化运作、集约化发展、专业化管理，形成与其他交通运输方式有效衔接的现代物流服务体系，使物流能力、物流规模和物流服务品牌得到提升，物流总成本得到明显下降，物流总体效益得到明显提高，物流现场份额得到明显增长。

1. 货运结构发生积极变化

贯彻落实国家推进供给侧结构性改革"三去一降一补"的要求，实施"总对总"物流合作、开行货运班列、投用新型集装箱产品等一系列措施，积极适应社会物流结构变化，大力调整运输供给结构，增强白货准时快捷运达能力，铁路货运结构进一步趋于优化。5月以来，散货日均发送71.5万吨，同比增加15.4万吨，增长27.3%；集装箱日均发送34.1万吨，同比增长28.4%，较1—4月增长8.7%。

2. 货运装车形势转好

5月以来，在煤炭运输需求下降的情况下，大力落实供给侧改革措施，深入挖掘其他货源潜在需求，效果明显。5月，全路日均装车115 697车，同比增长1.4%，较今年1—4月增长3.2%。除煤炭外的其他货物日均装车68 189车，同比增长14.3%；28个货运品类中，14个品类实现了同比增长。

3. 货运改革力度不断加大

落实国家"一带一路"战略，增开中欧、中亚班列，中欧、中亚班列运行线达到62条，较原图增加17条、增长37.8%。深化货运组织改革，加快发展铁路现代物流，以压缩运到时限、准时快捷运输为目标，创新货运产品供给，全面优化特快、快速货运班列和快运列车开行方案，构建货物快捷运输网络，以时速120公里为主的各类货物快速班列开行总数达到251列，较原图增加58列、增长30.1%。

4. 社会物流成本进一步降低

今年以来，铁路总公司对煤炭运价每吨公里下调了1分，扩大铁路局运价调整自主权，对焦炭、钢铁等品类由货车标记载重计费改为按实重计费，统一合资铁路与国家铁路货运价格水平，清理和规范专用线收费，有效降低了企业物流成本，吸引了部分品类货物回归铁路运输。5月以来，焦炭日均装车同比增加1 361车，增长41.6%；金属矿石日均装车同比增加632车，增长4.4%；木材日均装车同比增加312车，增长34.0%。

铁路倡导践行"工匠精神"，是改革发展的需要，更是闯市场增效益的源头活水。树立"工匠精神"即是要求大家牢固树立"与企业同呼吸、共命运"的担当意识，像琢玉一样对待自己的工作。与此同时，还应加大对铁路物流的宣传力度，在候车室里、广场上的LED显示屏滚动播放铁路营销宣传专题片，引发旅客的关注；积极与主流媒体沟通协调，邀请记者现场体验并在一些影响较大、关注较多的网页或电视台播放；定期编发货改短消息，扩大宣传覆盖面；加大对发货企业的走访力度，组织货主召开座谈会，向他们面对面宣传铁路物流。再者就是建立统一的铁路系统，提升空车的使用率，增加发货办理渠道，增加可能性等等。

增强供给结构对需求变化的适应性和灵活性，争取提高铁路物流全要素生产率，力图使供给体系更好适应物流需求结构变化，是铁路适应市场变化的有力举措，也是铁路优化货运产品结构的新思路。

(六)铁路调图

从 2016 年 5 月 15 日零时起，全国铁路开始实行新的列车运行图。本次调图是近 10 年来最大范围的列车运行图调整，也是铁路运输能力增量最大的一次调整。

此次调图会同时增加普速和高铁。新图共安排开行旅客列车 3 400 多对，其中动车组列车 2 100 多对，普速列车 1 200 多对。旅客列车比原来增加近 300 对，增加部分向二、三线和中西部城市倾斜。

调图后，从乌鲁木齐南至齐齐哈尔的 K1082/3 次列车将成为全国连续运行距离最长、运行时间最长的列车。该趟列车自 5 月 17 日起开行，连续运行距离达到 4 818 公里，运行时间达到 67 小时 32 分。此外，全新的铁路运行图中，有 100 多列跨铁路局的长途列车旅行时间压缩 1 个小时以上。如北京到吉林的 Z117 次足足压缩了 4 个小时，兰州到上海的 Z218 次也压缩了 3 个小时。

在新老运行图的交替过程中，铁路部门将预留足够的时间来调整列车和设备。铁路部门将根据实际情况来调整车辆的检修周期和检修地点，不会因为调图而降低列车和设备的检修标准。

按照以往的惯例，一年 4 次调图，大调在 7 月、12 月进行，但因为在 2016 年 3 月举行的两会上已通过了国家的“十三五”规划，并在会后公布了“十三五”规划纲要，所以 2016 年 5 月就对全国铁路列车运行图进行全面调整和优化，进行十年来最大规模的调图。

1. 2016 年 5 月 15 日调图的亮点

(1)开行夜间高铁。以短途城际客运为主，在京沪、京广、宁杭、广深、贵广等高铁线路增开傍晚后时段的夜间动车组列车 100 余对。

(2)加开京津冀、长三角、珠三角、长江中游、中原、成渝、山东半岛城市群内部的高铁和快速列车。新图将在现有 27 条市域(郊)列车线路的基础上，大幅增开市域(郊)列车。

(3)增开中西部及其跨区域旅客列车，共增开中西部旅客列车 100 对；中西部各省区均将增开跨区域列车。此次调图还注意加强高速列车和普速列车之间、长途列车与短途列车之间的衔接，使旅客换乘更加方便。

(4)增开多趟前往旅游城市、景点的旅客列车，并铺画编制旅游专列运行线 60 多条。此外，还注意增加列车在旅游景点车站的停站次数。

(5)为适应“一带一路”国家战略的需要，新图重视构建铁路货物快捷运输网络。在新图中，按图开行的各类货物班列总数将达到 250 余列。铁总重视快速货运，新图将增开特快、快速货运班列，包括开行快速集装箱班列，增开中欧和中亚班列等。

2.“一带一路”迎来新机遇

“一带一路”战略实施有效推动了中国与相关国家的沟通交流和经贸合作。在国家“一带一路”大战略背景下，我国对外经济、贸易发展非常迅速。2015 年，我国与“一带一路”双边国家贸易总额近 1 万亿美元，我国企业对“一带一路”相关的 49 个国家进行投资，投资额同比增长 20%。

自“一带一路”战略提出以来，中欧班列如雨后春笋般在各地不断涌现。跨越亚欧大陆桥的“新丝绸之路”正变得逐渐拥挤。自 2011 年第一条直达欧洲的渝新欧班列开通后，随着“一带一路”顶层设计的出台，多省纷纷打造中欧班列交通线。目前，全国已有渝新欧、蓉欧快铁、郑新欧、苏满欧、汉新欧、湘欧、义新欧等超过 10 条中欧班列。

中欧班列的成功开通和运营，不仅实现了我国内陆地区与欧洲市场的直联互通，而且为推动“丝绸之路经济带”的贸易、投资、产业及科技等多领域务实合作提供了强力支持。

不过，尽管中欧班列正在发挥着越来越重要的作用，但在内蒙古自治区党委宣传部副部长、内蒙古经济学会会长张太平看来，中欧班列的北线还相对滞后。

“北线除了东北外，实际发动机是首都经济圈或者环渤海经济圈，这是中国经济发展的重大引擎。它向北经过内蒙古、吉林，然后是蒙古、俄罗斯，现在一直通向欧洲。东北地区也要通过它向西，通过京包、京兰线，通过林哈线一直接到新疆阿拉山口，比绕道兰州银川近得多。华东地区、东北地区如果向西融入‘一带一路’，向北融入中蒙俄经济走廊，内蒙古也要发挥重要作用，所以现在我们在实施过程中有一些担忧，北线有被忽视的感觉。”张太平表示，希望在区域战略布局上，把 3 条线协调联动，这样将有利于降低“一带一路”实施过程中的风险，可能会提供更加有效的成果。

“和以前的丝绸之路不同，‘一带一路’的本质是多条路、多条带形成的新型国际经济区域合作新平台，我们所有省份都要对接。从国家角度来讲，六大经济走廊都需要建设，都很重要，不存在谁最重要、谁优先搞的情况。”国家发改委对外经济研究所国际经济合作室主任张建平表示，目前，正在做中蒙俄经济走廊的相关规划。

截至目前，我国已与 30 多个国家签署了建设“一带一路”框架协议，搭建了一套工作机制，有关部门和地方都出台了推进“一带一路”建设的实施方案，中国专门设立了丝路基金，并且取得了一批实实在在的早期收获。国际产能合作是促进我国与沿线国家深度融合的重要途径，也是“一带一路”建设大有可为的重点领域。

(七)铁路“十三五”规划

铁路是国民经济的大动脉，是国家的基础设施，在国家经济发展中，起着举足轻重的作用，因而加快铁路建设，对地区经济的快速发展，对方便人民群众的出行及其富裕梦的实现起着桥梁和纽带的作用。国家铁路局对“十三五”铁路建设规划的描绘，为我国加快铁路建设步伐奠定了基础。

在“十二五”期间，铁路投资不断逐年增加，“十三五”将在“十二五”期间铁路投资累计达到 3.47 万亿元的基础上再有增高，远高于“十二五”规划的 2.8 万亿元。国务院要求确保全面完成今年铁路建设投资 8 000 亿元以上、新投产里程 8 000 公里以上的目标任务。

“十三五”规划已经明确了铁路仍是国家投资的重点，并且铁路建设的重点在向中西部转移，这对中西部的人民群众来说，是一个非常大的利好消息。在我国，铁路的发展比较不平衡，中西部地区的铁路网比较稀疏，已经成为制约地区经济发展的瓶颈，特别是有些地区，比如内蒙古自治区、宁夏回族自治区及西藏自治区还没有实现高铁零的突破，这对地区经济发展的招商引资及人才的引进有着很大的影响，所以加快中西部地区铁路建设的步伐，对西部大开发战略的实施有着助力和引擎的作用。

在“十三五”期间，中央将进一步加大预算内资金对交通基础设施的支持力度的政策下，重点投向中西部铁路、城际铁路，地方财政性资金也将向城际铁路、城市轨道交通等领域倾斜。将更进一步地带动铁路相关产业的发展，使目前日臻完善的高铁逐步推广到全国各地，在为人民出行创造便利的前提下，拉动地方经济稳步发展。

在“十三五”期间，全国铁路网要基本覆盖 20 万人口以上的城市，80％的县级行政区。高速铁路网基本覆盖 50 万人口以上的城市、90％地级行政中心。基本实现国家、区域中心城市 1 至 8 小时高速通达圈；相邻大中城市 1 至 4 小时快速交通圈；城市群内 0.5 小时至 2 小时通勤圈。高速铁路、干线铁路、城际铁路建设将同时发力。高速铁路网要在“四纵四横”骨架基础上，继续实施一批条件成熟的高铁项目。包括北京至沈阳、北京至张家口至呼和浩特、大同至张家口等 23 个高速铁路项目；同时建设郑州至万州、太原至郑州、贵阳至南宁等 21 个高速铁路。至 2020 年年末，中国高速铁路里程要达到 3 万公里；干线铁路方面，首先推进以中西部区际干线铁路为重点的新线建设，重点建设西宁至成都、罗布泊至若羌等 6 条铁路。至 2020 年，中西部路网规模要达到 9 万公里左右；“十三五”期间，城际铁路规划新开工建设 5 000 公里左右，2020 年城际铁路规模达到 5 000 公里。重点建设京津冀地区、长三角地区、珠三角地区等 8 个城市群城际铁路。

李克强总理在第十二届全国人民代表大会第四次会议上作政府工作报告，再次强调要扎实推进“一带一路”建设。2016 年是“十三五”规划开局之年，“一带一路”将成为实现“十三五”规划目标的重要支撑。

铁路“十三五”规划提出，国家高度重视铁路“走出去”，把铁路作为实施“一带一路”战略的重要领域和优先方向，必然要求树立全球视野，统筹两种市场，发挥我国铁路总体优势，提升国际影响力和竞争力，在推进“一带一路”建设、带动我国优势产业走向国际市场及构建开放型经济体系等方面发挥更大作用。根据要求，“十三五”期间，要落实“一带一路”战略规划和周边基础设施互联互通总体规划，积极实施重点铁路项目建设，完善相关沿边铁路、口岸铁路及配套设施。统筹国防铁路建设，增强国防交通保障能力。此外随着高铁出海和“一带一路”战略的推进，泛亚、欧亚和中亚高铁线将是中国高铁全产业链输出的重点，目前泛亚高铁和欧亚高铁国内段均已动工，“十三五”期间铁路产业链将享受投资盛宴。

（八）中国制造 2025

中国制造 2025，是中国政府实施制造强国战略第一个十年的行动纲领。《中国制造 2025》提出，坚持“创新驱动、质量为先、绿色发展、结构优化、人才为本”的基本方针，坚持“市场主导、政府引导，立足当前、着眼长远，整体推进、重点突破，自主发展、开放合作”的基本原则，通过“三步走”实现制造强国的战略目标：第一步，到 2025 年迈入制造强国行列；第二步，到 2035 年中国制造业整体达到世界制造强国阵营中等水平；第三步，到新中国成立一百年时,综合实力进入世界制造强国前列。

制造业是国民经济的支柱产业,是工业化和现代化的主导力量,是国家安全和人民幸福的物质保障,是衡量一个国家或地区综合经济实力和国际竞争力的重要标志。历史证明,每一次制造技术与装备的重大突破,都深刻影响了世界强国的竞争格局,制造业的兴衰印证着世界强国的兴衰。实践也证明,制造业是创新的主战场,是保持国家竞争实力和创新活力的重要源泉。大力发展制造业,对我国实施创新驱动发展战略、加快经济转型升级、实现百年强国梦具有十分重要的战略意义。必须坚持发展制造业的决心和信心不动摇,通过制造业创新升级,铸就更加坚实的强国之基。

围绕实现制造强国的战略目标,《中国制造 2025》明确了 9 项战略任务和重点,提出了 8 个方面的战略支撑和保障。

1. 中国制造业的压力与现状

随着工业化进程的加快推进,中国已成为世界公认的制造业大国。近年来国内外发展环境错综复杂,经济增速换挡、结构调整阵痛、动能转换困难相互交织,经济下行压力加大。实体经济特别是制造业不仅不能为稳增长提供支撑,反而成为经济稳定增长的拖累。制造业的生命线在于技术创新,在劳动力成本提升和技术创新乏力的双重夹击之下,制造业正面临下行压力。

企业经济增长乏力、出口订单下降。从国内大中小型企业发展来看,大型企业受益于国企改革释放红利,"一带一路"和"中国制造 2025"等战略影响,经营预期回升、发展前景看好。中小企业依然面临融资难融资贵的困难,受困于经营转型压力,需要更为积极的财政政策和宽松的货币政策为之创造有利的经营环境,通过简政放权、结构性减税、供给侧改革等方式降低企业经营成本和提供优质的服务指引。从订单需求方面来看,新订单和新出口订单趋势表明内外需求依然较弱,制造业面临产能过剩的压力严重,未来经济增长动力有待提高。

人口红利逐渐消失、高端制造对外依赖高。理论上说,仅仅依托低成本竞争的"中国制造"模式,难以抵御经济增长对环境和社会的冲击,不具有可持续性。而实际情况也确实如此。资源总有耗尽或者说越来越少的时候,人口红利也不可能永远吃不完。资本的逐利属性决定了,它总是往低成本、高产出的地方流动——过去二三十年是流向中国,如今则开始流向人力成本更低的地方,譬如越南、印度等国。由于技术创新能力薄弱及缺乏核心技术,部分制造业企业技术开发能力和创新能力薄弱,缺乏技术创新的机制和优秀人才,自主开发能力薄弱,重大技术装备对外依赖度高。据统计,国内机器人和高端自动控制系统的 95%、高档数控机床的 90%、高档数控系统的 95%的市场份额被国外产品占领。在重点装备的核心技术上与工业发达国家有较大差距,自主品牌明显缺乏。

中国要进入后工业化时代,将会遭遇相当程度的人才瓶颈,不仅要面临高级人才匮乏的挑战,还面对低端人力过剩的境地。劳动者的素质是企业在后工业发展过程中最强有力的杠杆,资本将无需严重依赖金融杠杆,企业对公权力寻租的需求也将大大降低。劳动力素质的提高,除能增加劳动者的收入外,还能成为缓和贫富差距、拉动内需的关键因素。中国虽然拥有全世界规模最大、技艺最高、纪律最优的流水线型工人,但是高端人才的缺口依然庞大。“十三五”规划提出加快推进人才发展体制和政策创新，构建有国际竞争力的人才制度优势，实施国家高技能人才振兴计划，培养1 000万名高技能人才。

2.《中国制造2025》的机遇与挑战

《中国制造2025》指出，全球制造业格局面临重大调整，国内经济发展环境发生重大变化，我国制造业发展必须紧紧抓住历史机遇，积极稳妥应对内外部挑战。

(1)新一代信息技术与制造技术融合，将给世界范围内的制造业带来深刻变革。当前，信息技术、新能源、新材料、生物技术等重要领域和前沿方向的革命性突破和交叉融合，正在引发新一轮产业变革，将对全球制造业产生颠覆性的影响，并改变全球制造业的发展格局。特别是新一代信息技术与制造业的深度融合，将促进制造模式、生产组织方式和产业形态的深刻变革，智能化、服务化成为制造业发展新趋势。随着产业价值链重心由生产端向研发设计、营销服务等的转移，产业形态将从生产型制造向服务型制造转变。

新一轮科技革命与产业变革也给我国的制造业发展带来重要机遇。当今，我国在相当一些领域与世界前沿科技的差距都处于历史最小时期，已经有能力并行跟进这一轮科技革命和产业变革，实现制造业的转型升级和创新发展。

(2)全球产业格局重大调整，国际贸易规则正在重构，我国制造业发展面临严峻的外部形势。发达国家高端制造回流与中低收入国家争夺中低端制造转移同时发生，对我国形成“双向挤压”的严峻挑战。一方面，高端制造领域出现向发达国家“逆转移”的态势。制造业重新成为全球经济竞争的制高点，各国纷纷制定以重振制造业为核心的再工业化战略。另一方面，越南、印度等一些东南亚国家依靠资源、劳动力等比较优势，也开始在中低端制造业上发力，以更低的成本承接劳动密集型制造业的转移。一些跨国资本直接到新兴国家投资设厂，有的则考虑将中国工厂迁至其他新兴国家。

此外，国际贸易保护主义强化与全球贸易规则重构相交织，我国也将面临国际贸易环境变化的新挑战。近年来，我国成为遭受贸易救济调查最严重的国家，2014年上半年的涉案金额达52.9亿美元，比上年同期增长136%。可以预见，未来我国与发达国家和发展中国家的经济贸易摩擦将更为激烈。全球贸易规则也处于重构过程。

总的来看，未来十年我国制造业发展面临的挑战巨大，机遇也前所未有，但机遇大于挑战。必须牢牢把握新一轮科技革命和产业变革与我国加快转变经济发展方式形成历史性交会的战略机遇期，审慎应对、前瞻部署，坚定不移推进结构调整和转型升级，努力形成新的经济增长点，塑造国际竞争新优势，抢占制造业的未来发展先机。

(九)中国至少已有6条东部沿海高铁线路盈利

伴随2016年7月20日国家发改委正式印发《中长期铁路网规划》(2016—2025年)，中国高铁再次成为世界瞩目的焦点。中国高铁覆盖网络极其复杂，大部分线路仍处于亏损状态，但是目前为止，中国已有6条高铁线盈利。

1. 沪宁高铁

沪宁高铁是世界上标准最高、里程最长、运营速度最快的高铁，连接南京至上海两个城市，共301公里，于2010年7月1日正式开通，促成两座城市的相互发展与交融。

沿途车站:南京站、仙林站、宝华山站、镇江站、丹徒站、丹阳站、常州站、戚墅堰站、惠山站、无锡站、无锡新区站、苏州新区站、苏州站、苏州园区站、阳澄湖站、昆山南站、花桥站、安亭北站、南翔北站、上海西站、上海站。

2015 年净盈利:6.41 亿元。

2. 宁杭高铁

宁杭高铁(南京至杭州)于 2013 年 7 月 1 日通车,虽然这两个城市之间的距离 248.963 公里比南京至上海近些,但并没有叫做城际铁路。杭州和南京都是著名的旅游胜地,而且,宁杭高铁作为"三线一枢纽"的之一,是其中重要的枢纽,既然能盈利,应该与这两方面分不开。

沿途车站:南京南站、江宁站、句容西站、溧水站、瓦屋山站、溧阳站、宜兴站、长兴站、湖州站、德清站、杭州东站。

2015 年净盈利:1.01 亿元。

3. 广深港高铁

广深港高铁是一条部分通车的在建高铁,从广东省广州市、深圳市经由香港西九龙的一条高速铁路,也是中国"四纵四横"客运专线中,京广高速铁路至深圳、香港的延伸线,亦为珠三角城际快速轨道交通网的骨干部分。铁路主要提供广深港之间的客运服务,并计划发展长途高速铁路客运业务。广州南站至深圳北站于 2011 年 12 月 26 日正式通车,深圳北站至福田站于 2015 年 12 月 30 日正式通车,福田站至西九龙站计划 2018 年第三季度通车。

沿途车站:广州南站、庆盛站、虎门站、光明城站、深圳北站、福田站、西九龙站。

2015 年净盈利:1.77 亿元。

4. 沪昆高铁(沪杭段)

沪昆高铁沪杭段,连接上海与杭州,是中国"四纵四横"客运专线网络中沪昆高铁的一个组成部分。其全长 169 公里,大部分为桥梁工程,于 2010 年 10 月 26 日正式运营。不仅缓解了客运紧张的状况,促使经济、文化和交流的进一步发展,还为长三角地区的网络汇通增添重要的一笔。

沿途车站:上海虹桥站、松江南站、金山北站、嘉善南站、嘉兴南站、桐乡、海宁西站、余杭站、杭州东站。

2015 年净盈利:未知。

5. 京津城际铁路

京津城际铁路是一条连接北京市和天津市的城际客运专线,也是中国《中长期铁路网规划》中环渤海地区城际轨道交通网的重要组成部分。该线于 2008 年 8 月 1 日开通,从北京到天津只需半小时,极大地促进了周边经济、贸易、旅游等的发展。

沿途车站:北京南站、亦庄站、永乐站、武清站、天津站。

2015 年净盈利:未知。

6. 京沪高铁

京沪高铁作为京沪快速客运通道,是中国"四纵四横"客运专线网的其中"一纵",也是中国《中长期铁路网规划》中投资规模大、技术水平高的一项工程，是新中国成立以来一次建设里程长、投资大、标准高的高速铁路。这条线路于 2011 年 6 月 30 日开通，不仅更加促使两座重要一线城市的发展，还将带动两座城市周边以及京沪线周边城市的发展，带动各种产业动起来。

沿途车站：北京南站、廊坊站、天津南站、沧州西站、德州东站、济南西站、泰安站、曲阜东站、滕州东站、枣庄站、徐州东站、宿州东站、蚌埠南站、定远站、滁州站、南京南站、镇江南站、丹阳北站、常州北站、无锡东站、苏州北站、昆山南站、上海虹桥站。

2015 年净盈利：66 亿元。

五、展　望

2015 年全路与国家有关部门和地方党委政府密切配合，与各参建单位共同努力，采取超常规措施，坚持超前谋划，提早安排部署，合理配置建设资源，统筹组织实施在建项目、投产项目和新开工项目，保证了铁路建设均衡有序推进，圆满实现“两个 8 000 以上”的既定目标。

“十三五”期间，铁路投资将有望继续保持增长势头。根据规划，“十三五”期间全国新建铁路不低于 2.3 万公里，总投资不低于 2.8 万亿元，而且中西部铁路、城际铁路将是未来规划建设的重点，从中央到地方都会加大对铁路的支持力度。如果将地方编制的一些投资项目纳入其中，“十三五”期间铁路投资将远超 2.8 万亿。另外，随着高铁出海和“一带一路”战略的推进，泛亚、欧亚和中亚高铁线将是中国高铁全产业链输出的重点，目前泛亚高铁和欧亚高铁国内段均已动工，“十三五”期间铁路产业链将享受投资盛宴。

“十三五”期间，铁路建设将呈现“投资规模持续高位运行”的特点，且随着国家“一带一路”、“走出去”战略的深入实施，中国铁路的科技创新和管理创新力度亟待加大。2016 年之后的一段时间，中西部地区是铁路建设的“主战场”，铁路项目地质条件、水文条件更加复杂，施工挑战增多。此外，铁路建设面临的环保要求也将更加严格，考验更多。

2016 年 3 月 5 日，国务院总理李克强在 2016 年《政府工作报告》中指出，坚持以区域发展总体战略为基础，以“三大战略”为引领，形成沿海沿江沿线经济带为主的纵向横向经济轴带，培育一批辐射带动力强的城市群和增长极。加强重大基础设施建设，到 2020 年高铁营业里程达到 3 万公里、覆盖 80％以上的大城市，新建改建高速公路通车里程约 3 万公里，实现城乡宽带网络全覆盖。

2016 年作为“十三五”规划的开局之年，铁路建设将继续保持高速发展，铁路作为交通行业的重要枢纽，在“十三五”期间必将起到推动经济杠杆的重要作用。

（一）结构优化

1. 创新工作方式方法

建设单位要积极创新工作方式方法，集中力量破解铁路建设中的征拆、资金、技术等难题。建设单位要提早介入项目前期工作，加大与地方政府协调力度，解决项目重难点征拆问题，管好用好征地拆迁资金，切实做好征拆基础管理工作；认真研究项目资金来源情况，强化资金使用和管理，降低财务成本，提高资金使用效率和效益；加大技术攻关力度，对福平铁路平潭大桥、沪通铁路沪通长江大桥、大瑞铁路高黎贡山隧道以及成兰铁路工程试验段、大型铁路枢纽等重难点工程，要发挥专家咨询的优势，集中开展技术攻关，优化施工技术方案，超前防范施工风险，大力推广应用新技术，提升项目建设技术创新能力；在生态环境保护方面，要认真落实《铁路工程绿色通道建设指南》要求，优先安排绿色通道工程建设，确保环保措施与施工方案同部署、同实施、同检查、同验收，让绿色环保与铁路建设同行。

2. 纵深推进标准化管理

建设项目标准化管理要持续推进，尤其要通过抓好标准化管理让今年新开工的 45 个项目和去年底完成招标的 40 多个项目起好步、走得稳。施工单位要按建设单位要求，在开工准备阶段提前统一规划好项目标准化管理工作，对项目组织机构、管理制度、人员配备、现场管理、资源配置、“四化”支撑、用地审批、临时工程建设等标准化管理内容做出科学安排，确保项目高标准起步，开工后高效率推进，实现高标准建设。

3. 牢固树立创新、协调、绿色、开放、共享的新理念

落实创新发展理念，开展铁路建设管理和技术创新，比如，如何推进项目管理机构专业化管理，如何完善路地合作建设铁路的模式，如何加快提升铁路工程建造技术信息化水平。

落实协调发展理念，加大中西部铁路建设力度。除让发展成果惠及不发达地区群众外，还应深入思考在国家综合交通运输体系中铁路与其他运输方式的协调发展、铁路项目建设与土地综合开发协同推进等问题。

落实绿色发展理念，加强铁路建设项目环境保护。铁路建设要严格遵守国家环境保护、水土保持等方面的法律法规，留住青山绿水，并有效节约用地、用材，服务国家长远发展。

落实开放发展理念，推进铁路建设不断“走出去”。对外，我们应充分依托“一带一路”战略，加快铁路建设“走出去”步伐，带动资金、技术、装备和管理的成功“出口”；对内，我们应提高项目透明度和公开度，吸引更多的社会资源和力量参与铁路建设。落实共享发展理念，谋求铁路建设参建各方互利共赢。铁路建设中，应确保参建各方目标同向、任务共担、责任共负、利益共享，保证铁路与地方或沿线群众互惠互利、共同发展。

(二)2016 年中国铁路计划开工项目一览

2016 年中国铁路总公司计划开工 45 个项目，范围覆盖全国众多省市。45 个项目如下：

1. 贵阳至南宁客运专线

速度 350 公里/小时，正线长 482 公里；包括贵阳枢纽：大土联络线、贵安联络线、贵阳北第二动车所，贵安动车所；南宁枢纽：南宁东客车联络线、钦广联络线、钦柳联络线、南宁第二动车所和五象中间站。新建路基 56.55 公里，隧道 113 座 269.83 公里，桥梁 223 座

183.01 公里，车站 16 个。下半年开工。

2. 赣州至深圳客运专线

时速 350 公里，新建正线长度 430 公里。下半年开工。

3. 中卫至兰州客运专线

北起宁夏回族自治区中卫市，向南经甘肃省白银市、兰州市引入兰州站，线路全长约 236 公里，配套建设皋兰北至兰州新区连接线长约 36 公里。线下工程按 350 公里/小时标准建设。下半年开工。

4. 徐州至连云港客运专线

工程主要内容包括：(1)正线：连云港站(含)至徐宿淮盐铁路后马庄站(不含)，线路长度 180.385 公里，右线绕行长度 2.408 公里。(2)相关工程：连云港站与连盐铁路西北上下行联络线；连云港站动车存车场；徐州东维修车间。全线设 6 个车站。下半年开工。

5. 佳木斯至牡丹江铁路

线路全长 330 公里，已开展前期工作，年底开工。

6. 通辽至京沈高铁新民北站快速铁路

线路长度 197.015 公里，新建北京方向上、下行联络线共计 12.206 公里；通辽枢纽相关线改建 9.613 公里。一季度开工。

7. 赤峰至京沈高铁喀左站快速铁路

正线线路长度 157.375 公里，路基 88.012 公里，桥梁 52 座 43.505 公里，隧道 11 座 25.858 公里，相关联络线工程总长 11.725 公里，其中北京方向下行联络线 5.289 公里，北京方向上行联络线 6.436 公里。一季度开工。

8. 安庆至九江铁路

新建线路正线全长 199.948 公里，新安庆西站(含)至庐山站(含)段设计时速 350 公里，新安庆西站(不含)至安庆站(含)段 200 公里/小时。一季度开工。

9. 太原至焦作铁路

设计时速 250 公里，正线线路长度 362.095 公里，既有石太线左线改建线路 1.756 公里，右线线路长度 2.826 公里。共设 13 个车站。一、二季度开工。

10. 北京至唐山城际铁路

起自新北京东站(原通州站站址)，终至唐山站，沿线经北京市通州区、河北省廊坊市(三河市燕郊、大厂、香河)、天津市宝坻区、河北省唐山市(玉田、丰润、高新、路北)，线路全长约 153.10 公里。

11. 张家界至吉首至怀化铁路

线路全长约 240 公里。四季度开工。

12. 盐城至海安铁路

线路全长约 106 公里。下半年开工。

13. 福州至厦门城际铁路

新建福州站(含)至漳州站(含)，正线长为 296.58 公里，配套工程贯通长度 32.11 公里,联络线 40.94 公里,动车走行线 22.76 公里。其中福州站至福清站利用在建福平铁路和既有福厦铁路。新建桥梁 72 座 180.86 公里,隧道 24 座 24.79 公里。全线共设车站 9 个,新建动车所 2 个。

14. 上海至苏州至湖州城际铁路

线路全长约 142 公里。下半年开工。

15. 川南城际铁路

分为内江至自贡至泸州铁路和自贡至宜宾铁路两段。线路全长 215 公里。时速 250 公里。下半年开工。

16. 崇礼铁路(京张铁路崇礼支线)

设计时速 250 公里,线路长 60 公里。三季度开工。

17. 曲阜至临沂铁路(鲁南快速铁路客运通道曲阜至临沂段)

时速 350 公里,正线长度 139.16 公里,设 5 座中间车站(曲阜东站(鲁南场)、泗水南站、平邑南站、费县北站、临沂北站)。配套工程为曲阜至泰安城际正线、曲阜东站(鲁南场)临沂方向联络线、京沪高铁联络线等。二季度开工。

18. 盘锦至朝阳高速铁路连接线

线路长 132 公里,年底开工。

19. 白河至敦化铁路

线路全长 110 公里,三季度开工。

20. 吉安至泉州铁路

线路全长 498 公里。线路北起江西省赣州市兴国、于都、宁都、石城,然后进入福建省三明市宁化、清流、明溪、三明、永安、大田,再经泉州市德化、永春、安溪、南安等市县,终至福建省泉州市。

21. 浦梅铁路建宁至冠豸山段

工程内容包括正线 173.60 公里(本次新建正线线路长度 166.6 公里),相关工程 13.957 公里。正线设车站 16 座。单线,速度目标值 160 公里/小时。二、三季度开工。

22. 京霸铁路

近日国家发改委批复了北京至霸州铁路可行性研究报告,京霸铁路全长 78.24 公里,设黄村、新机场、永清西、霸州等 4 站。同步建设廊坊动车运用所。北京至新机场段采用时速 250 公里,新机场至霸州段时速 350 公里。

23. 沪通铁路太仓至四团段

线路全长 112 公里。计划三季度开工。

24. 克拉玛依至塔城铁路铁厂沟至塔城段

全长 190 公里。年底开工。

25. 广西中越铁路防城至东兴段

全长约 59 公里,项目还包括引入地区相关工程,改建防城港北站等。三季度开工。

26. 洪湖、监利铁路支线

线路长 112 公里。三季度开工。

27. 贵州湖林支线

28. 湖北省长江三峡水铁联运铁路

29. 青岛董家口港疏港铁路

30. 重庆枢纽东环线

31. 南疆铁路至兰新铁路联络线

32. 天津杨双汉周联络线

33. 丹灶至佛山铁路

34. 哈尔滨至佳木斯铁路电化

35. 沈阳至吉林铁路电化

36. 衡阳至柳州铁路电化

37. 内蒙古集通复线电化

38. 玉林至梧州扩能

39. 沈丹、辽阳至本溪电气化

40. 怀化至柳州铁路电化

41. 长图铁路长春至吉林电化

42. 北京丰台站改造

43. 山东临沂铁路物流基地

44. 青海曹家堡铁路物流基地

45. 广东省改建石龙铁路集装箱办理站

(三)行政管理

2016 年 5 月 9 日,国务院召开全国推进放管服改革电视电话会议。李克强讲道:"'放管服'改革实质是政府自我革命,要削手中的权、去部门的利、割自己的肉。计利当计天下利,要相忍为国、让利于民,用政府减权限权和监管改革,换来市场活力和社会创造力释放。以舍小利成大义、以牺牲'小我'成就'大我'"。

国家铁路局认真贯彻落实中央推进"放管服"改革要求,以减少和规范行政许可为抓手,加快职能转变。原铁道部 25 项行政审批减少到 6 项,审批产品目录从 148 项减少到 40 项,审批程序、申报材料等不断精简优化,建立完善许可设备随机抽查、产品质量抽查、监督检查情况通报等事中事后监管制度,努力优化服务,为企业减负,激发了企业市场化经营活力。

今年上半年,按照国务院简政放权重点工作部署,国家铁路局进一步加大"放管服"改革力度,一是精简优化铁路行政审批程序,组织对许可申报材料进行逐项梳理,取消了铁路运输基础设备生产企业审批中不必要的证明材料;修订局行政许可实施程序规定和工作流程,加强许可窗口建设,规范许可审查,为申请企业提供便捷服务,主动跟踪铁路新型装备研制进度,深入大西、郑徐客专掌握标准化动车组试验情况,为后续许可审查做好充分准备。

在国家铁路局召开的加强高铁安全质量监管交流座谈会和上半年安委会上,局党组书记、局长陆东福进一步强调:结合铁路实际,深化“放管服”改革,要体现在减少铁路行政审批上,体现在监管新体系新机制的探索上,体现在法规制度和标准体系的建设上。

一是从源头抓起,进一步清理相关法规标准和政策性文件,更加突出安全和质量要求,对不符合“放管服”改革精神的,该废止的要坚决废止,该修改的要及时修改,同时对新制定文件要加强合法性审查,广泛听取各方意见。

二是坚持“简”字当头,继续精简、优化行政许可程序,坚决砍掉那些不必要的繁文缛节,把关注重点始终放在加强安全质量监管上。对投资建设经营铁路的企业,要提供政策法规支持,为运输经营许可提供便捷服务。

三是坚守安全目标,强化事中事后监管。对直接涉及公众生命财产安全的装备和企业,在严格按程序许可准入后,仍要按规定监督企业持续满足许可条件,要把监督检查计划的实施与推行“双随机、一公开”监管有机结合起来,提高事中事后监管的针对性、有效性。

四是与时俱进,创新监管方法和手段。要运用大数据、互联网等信息技术手段,建立健全监管信息系统和数据库,实现精准监管;要建立跨部门、跨区域执法联动响应机制,实现协同监管;建立市场主体诚信档案、行业黑名单制度和市场退出机制,认真处理群众投诉举报,发挥社会监督和舆论监督作用,实施信用监管。

(四)市　　场

2015 年 1 月 4 日,国家发改委网站公布,国家发展改革委会同有关部门先后印发了 8 个文件,放开 24 项商品和服务价格,下放 1 项定价权限。其中包括:放开 4 项具备竞争条件的铁路运输价格,即铁路散货快运、铁路包裹运输价格,以及社会资本投资控股新建铁路的货物运价、社资控股新建铁路客运专线旅客票价。铁路改革开展至今,一直都牵动着全国人民的心。

自 2016 年以来,铁路总公司主动适应经济发展新常态,大力推进供给侧结构性改革,满足人民群众日益增长的出行和物流需求,取得了较好成效。今年一季度,国家铁路旅客发送 6.55 亿人,同比增长 13.5%;白货发送 5 801 万吨,同比增长 28.5%;集装箱发送 2 513 万吨,同比增长 25.8%,客运和白货运输保持了持续大幅增长的良好态势。

市场化含义有两种,一是指建立国家调节的市场经济体制,并由此形成统一的市场运行机制和市场体系;二是指在短期内实现用市场经济体制取代双轨过渡体制的改革过程。市场化是一项在开放的市场中,以市场需求为导向,竞争的优胜劣汰为手段,实现资源充分合理配制,效率最大化目标的机制。

逐步走向市场化的铁路,在国内高铁事业迅猛发展的基础上,通过打造高铁服务品牌,影响并促进普速铁路服务质量的提升,带来了整个行业服务水平全面升级。在全球经济持续疲软、国内产业转型升级的大环境下，煤炭、矿石、粮食、水泥、钢铁等铁路传统大宗货源流失严重，货运量下滑压力陡增，铁路部门准确把握历史机遇，运用企业模式的灵活性，成功启动了货运组织改革，向零散、批量市场进军，大力发展集装箱运输。

但是铁路市场化改革任重道远，需稳中求进、步步为营。对于如何在市场化浪潮里破浪前行，铁总尚需进一步厘清市场权责关系，找准定位，如此，则或可在运输市场占得先机，助力国家供给侧改革政策走向深入。

内河水运交通发展篇

一、发展综述

2015年是“十二五”规划实施的最后一年，面对经济下行压力加大，资源环境约束趋紧，结构性矛盾日益突出等错综复杂的国内环境，我国内河水运积极贯彻落实国家经济发展“三大战略”，围绕“四个交通”发展，统筹推进“稳增长、促改革、调结构、惠民生、抓安全”等各项工作，狠抓改革攻坚，推动转型升级，为水运业“十三五”开好局、起好步奠定了坚实基础。

“十二五”期间，我国水运行业围绕稳增长、促改革、调结构、以加快建设、简政放权为主要抓手，进一步推动水运行业转型升级、促进水运市场提质增效，水运在综合交通运输体系中的作用凸显，实现了水运行业发展阶段由“总体缓解”向“基本适应”的重大跃升。特别是党的十八大以来，随着“一带一路”、长江经济带战略的深入实施，在当前转方式、调结构、促发展的新形势下，内河水运是综合运输体系和水资源综合利用的重要组成部分，是实现经济社会可持续发展的重要战略资源，被摆上了事关经济社会发展大局的重要位置。

(一)内河水运基础设施建设稳步推进

2015年，我国水运基础设施建设完成投资1 457.17亿元，比2014年下降0.2%，如图4-1所示。其中，内河建设完成投资546.54亿元，比2014年上升7.6%。505个贫困县完成水运建设投资25.90亿元，全部为内河建设投资，增长4.9%，占全国内河建设投资4.7%。内河港口新建及改(扩)建码头泊位161个，新增吞吐能力5 079万吨，其中万吨级及以上泊位新增吞吐能力2 981万吨。全年新增及改善内河航道里程932公里。

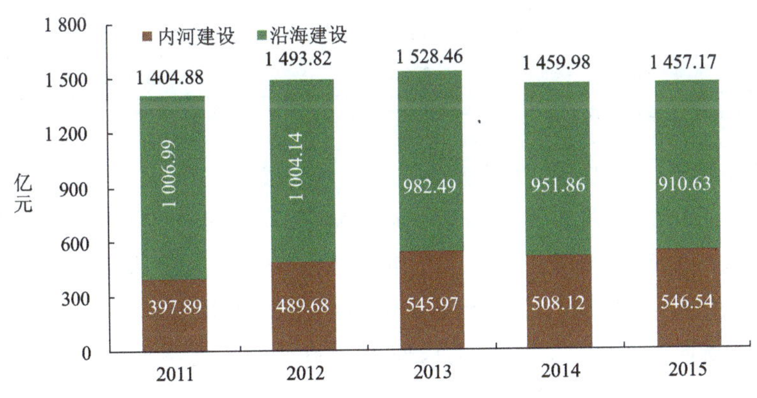

图4-1　2011—2015年水运建设投资额占比图

1. 高等级内河航道建设取得积极进展

2015年底，全国内河航道通航里程12.70万公里，比上年末增加721公里。等级航道6.63万公里，占总里程52.2%，提高0.4个百分点。其中，三级及以上航道11 545公里,五级及以上航道 3.01 万公里,分别占总里程 9.1% 和 23.7%,分别提高 0.5 个和 1.2 个百分点。

各等级内河航道通航里程分别为:一级航道 1 341 公里,二级航道 3 443 公里,三级航道 6 760 公里,四级航道 10 682 公里,五级航道 7 862 公里,六级航道 18 277 公里,七级航道 17 891 公里。等外航道 6.07 万公里,如图 4-2 所示。

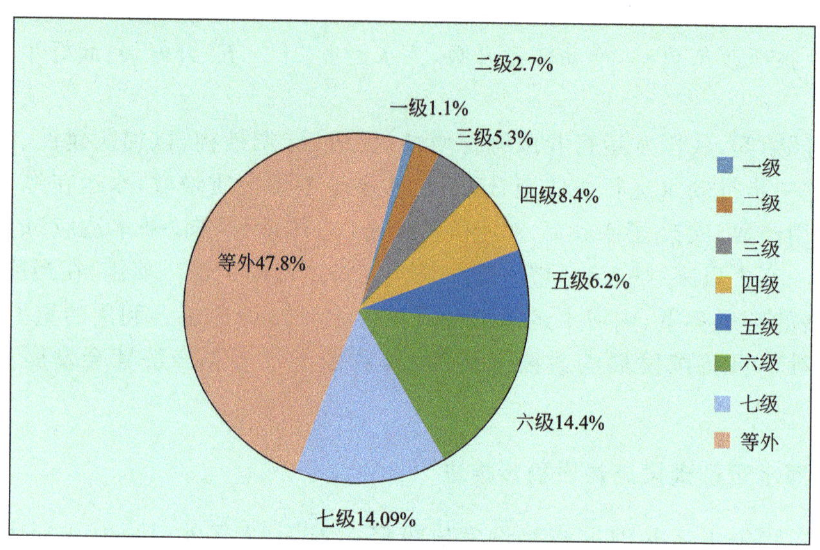

图 4-2　2015 年全国内河航道通航里程构成

各水系内河航道通航里程分别为:长江水系 64 852 公里,珠江水系 16 450 公里,黄河水系 3 488 公里,黑龙江水系 8 211 公里,京杭运河 1 438 公里,闽江水系 1 973 公里,淮河水系 17 507 公里,见表 4-1。

表 4-1　全国内河航道分水系里程

水系内河航道	长江水系	珠江水系	黄河水系	黑龙江水系	京杭运河	闽江水系	淮河水系
通航里程(公里)	64 852	16 450	3 488	8 211	1 438	1 973	17 507

注:本表资料来源是交通运输部统计公报,水系划分以交通运输部统计口径为准。

2. 航道基础建设加快推进,通航保障能力显著提高

长江干线建设成绩显著。2015 年,一大批重点工程项目加快推进。长江南京以下 12.5 米深水航道一期工程竣工验收。长江南京以下 12.5 米深水航道二期工程、宜昌至昌门溪河段航道整治一期工程、赤壁至潘家湾河段燕子窝水道航道整治工程、鲤鱼山水航道整治工程开工建设。长江中游荆江河段航道整治工程昌门溪至熊家洲段工程总体完工并投入试运行。江心洲河段航道整治工程、九龙坡至朝天门河段航道建设工程、湘江二级航道二期工程等项目通过初步设计审查。

西江航运干线扩能工程持续推进。西江界首至肇庆航道扩能升级工程、北江乌石至三水河口航道扩能升级工程、龙穴南水航道整治工程、左江崇左至南宁(宋村三江口)三级航道工程、柳江柳州至石龙三江口二级航道工程等项目相继开工或建设完成。

右江、南北盘江、红水河及柳黔江高等级航道建设继续推进。北江、左江、都柳江等航道开工建设。

京杭运河航道建设持续推进,京杭运河浙江段三段航道整治工程(湖州段)通过初步设计审查。

航运枢纽建设工作稳步开展。江西赣江新干航电枢纽工程、利泽航电枢纽工程建设工作积极推进,岷江犍为航电枢纽工程、京杭运河微山南至泽城段复线船闸工程等项目完成初步设计审批。湘江土谷塘航电枢纽船闸工程完工,通航泄水闸、电站厂房等部分正在加快建设。

西江干线通航枢纽船闸建设扎实推进。长洲枢纽第 3 号和第 4 号船闸先后建成并投入使用,年单向最大通过能力增加 9 604 万吨(下行),船舶待闸时间和日均待闸船舶数均大幅下降,通航效率明显提高。

3. 泊位结构,持续推进大型化建设

2015 年,内河港口新建及改(扩)建码头泊位 261 个,新增吞吐能力 5 079 万吨,其中万吨及以上泊位新增吞吐能力 2 981 万吨。

内河港口泊位数量继续下降,港口码头泊位大型化建设加快推进。截至 2015 年底,内河港口拥有生产用码头泊位 25 360 个,比 2014 年底减少了 511 个,其中万吨级及以上泊位 414 个,比 2014 年底增加 8 个。内河港口万吨级及以上泊位中,1 万~3 万吨级(不含 3 万)泊位 714 个,比 2014 年底增加 5 个;3 万~5 万吨级(不含 5 万)泊位 103 个,比 2014 年底减少 1 个;5 万~10 万吨级(不含 10 万)泊位 128 个,比 2014 年底增加 2 个;10 万吨级以上泊位 9 个,比 2014 年底增加 2 个,见表 4-2。

表 4-2 2015 年内河港口万吨级及以上泊位 单位:个

泊位吨级	全国港口	比上年末增加	内河港口	比上年末增加
合计	2 221	111	414	8
1 万~3 万吨级(不含 3 万)	793	38	174	5
3 万~5 万吨级(不含 5 万)	369	4	103	−1
5 万~10 万吨级(不含 10 万)	728	44	128	2
10 万吨级及以上	331	25	9	2

长江干线港口建设加快推进。重庆果园港建成投用;武汉新港阳逻港区三作业区一期起步工程开港运营,三江港区一期综合码头工程开工建设;安徽省芜湖港裕溪口煤码头改扩建工程完工;浙江嘉兴港煤炭中转码头内河港池与内码头工程基本完工。

珠江水系内河港口建设项目积极开展。柳州港官塘作业区一期工程、梧州港藤县东胜作业区一期工程、百色港田东祥周作业区工程、崇左港扶绥港区等项目相继开工或建设完成。截至 2015 年底,珠江水系 4 省区拥有内河泊位 2 295 个,港口年综合通过能力 5.26 亿吨。

(二)内河水运生产能力不断增强

1. 生产运输总量

全国港口主要生产指标继续保持增长,但港口吞吐量增速放缓。内河港口吞吐量增速超过沿海。2015 年,全国港口完成货物吞吐量 127.50 亿吨,比上年增长 2.4%,增速较 2014 年回落 3.4 个百分点,如图 4-3 所示。其中,内河港口完成 46.03 亿吨,比 2014 年增长 4.2%。全国港口完成旅客吞吐量 1.85 亿人,比 2014 年增长 1.3%。其中,内河港口完成 1.04 亿人,比 2014 年下降 1.3%,见表 4-3、图 4-4。

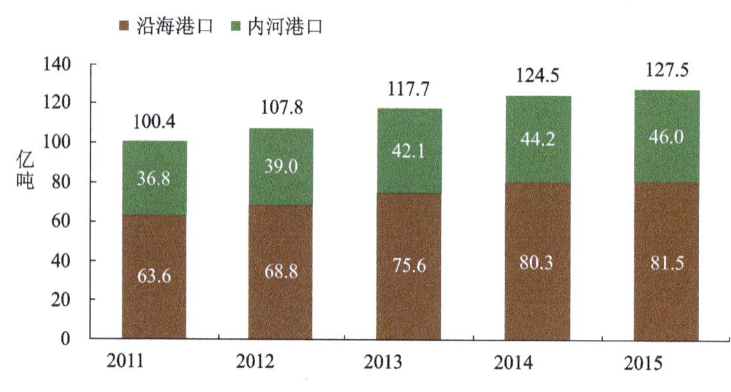

图 4-3　2011—2015 年全国港口货物吞吐量

表 4-3　2015 年全国港口吞吐量

指标名称	单位	2014 年	2015 年	2014 年增速(%)	2015 年增速(%)
1. 全国港口货物吞吐量	亿吨	124.52	127.5	5.8	2.4
内河	亿吨	44.19	46.03	5.1	4.2
2. 全国港口外贸货物吞吐量	亿吨	35.90	36.64	6.9	2.0
内河	亿吨	3.23	3.63	6.8	12.2
3. 全国港口集装箱吞吐量	万 TEU	20 244	21 156	6.4	4.5
内河	万 TEU	2 066	2 249	0.6	8.9
4. 全国港口旅客吞吐量	万人	18 299	18 530	−0.9	1.3
内河	万人	10 238	10 367	−4.2	1.3

2015 年,内河完成货物运输量 34.59 亿吨、货物周转量 13 312 亿吨公里。长江水系完成货物运输量 21.63 亿吨、货物周转量 10 075 亿吨公里,分别比 2014 年增长 4.1%和 5.2%。珠江水系完成货物运输量 5.62 亿吨,比 2014 年增长 3.3%,完成货物周转量 1 151 亿吨公里,比 2014 年下降 4.4%。黑龙江水系完成货物运输量 0.14 亿吨、货物周转量 8.72 亿吨公里,分别比 2014 年下降 15.4%和 6.4%。其中,主要港口(哈尔滨港、佳木斯港)矿建材料内贸进港量完成 201.3 万吨,比 2014 年增长 2.0%;煤炭吞吐量完成 87.1 万吨,比 2014 年增长 2.5%。京杭运河完成货物运输量 3.6 亿吨,比 2014 年增长 1.8%,完成货物周转量 1 000 亿吨公里,比 2014 年下降 0.3%,其中,主要发运港徐州港

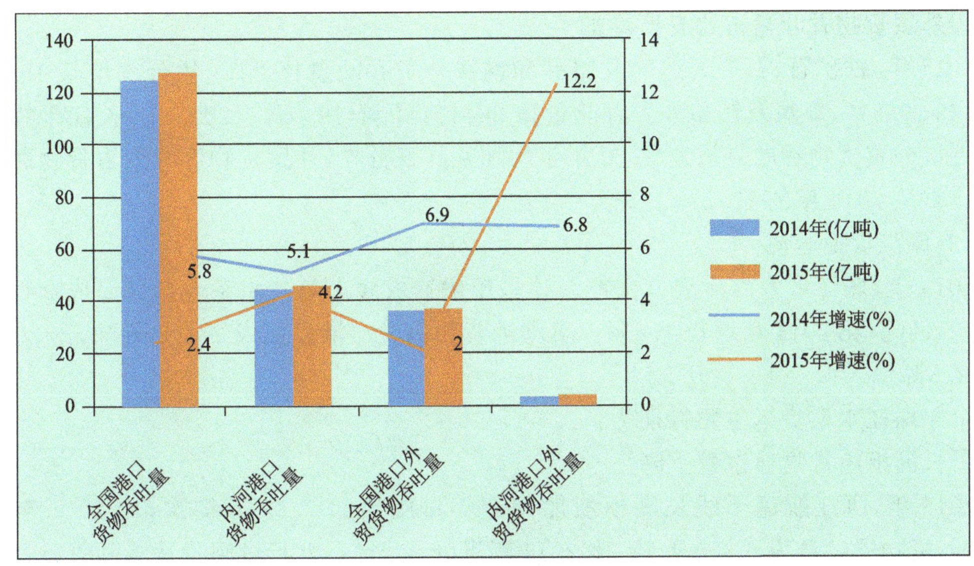

图 4-4　2014 年、2015 年内河港口货物吞吐量及增速图

煤炭内贸出港量完成 2 522.1 万吨，比 2014 年增长 10.9%。

(1)长江货物运输

2015 年，长江航运水运生产总体平稳，水路客货运量、港口吞吐量保持增长，但增幅趋缓，煤炭及其制品、矿建材料、金属矿石和水泥四大货种占总吞吐量的比重为 66.8%。长江航运景气水平有所下滑，长江航务管理局发布的长江航运景气指数一至四季度分别为 95.47 点、101.32 点、99.67 点、93.64 点，除第二季度外，均处于不景气区。长江航运景气指数全年平均为 97.53 点，比 2014 年回落 3.44 点。

2015 年，长江三峡船闸货物实际通过量 110 57 万吨，比 2014 年增长 1.5%。其中，上行过闸货运量完成 6 408 万吨，增长 4.4%；下行过闸货运量完成 4 649 万吨，下降 2.4%。通过船舶 4.4 万艘次，与 2014 年持平。

2015 年，长江水系货运主要特征为：

①长江中游货物吞吐量增长较快

2015 年，长江中游港口吞吐量增速较快，下游港口吞吐量增速最慢，上中下游港口货物吞吐量分别完成 1.89 亿、2.48 亿和 16.81 亿吨，比 2014 年分别增长 6.6%、18.3% 和 4.8%。其中，中游的宜昌、黄石、九江港，下游的安庆、铜陵、芜湖、马鞍山和苏州港增幅均超过 10%。下游港口占比最大，但增速较慢。

②大宗货物吞吐量略有减少

2015 年，8 大货物吞吐量占总货物吞吐量的比例达 83.3%，比 2014 年回落 0.9 个百分点。煤炭及其制品、矿建材料、金属矿石、水泥、钢铁、石油天然气及制品、非金属矿石和化工原料及制品比例分别占 21.8%、19.6%、19.4%、6.0%、4.9%、4.5%、3.6% 和 3.5%，煤炭及其制品、金属矿石占比有所减少，比 2014 年分别回落 1.4 个百分点和 1.3 个百分点。矿建材料、石油天然气及制品占比增幅较大，比 2014 年分别增加 2.6 个和 0.3 个百分点。

③外贸货物吞吐量占比有所增加

2015 年,铁矿石、石油天然气及制品和钢铁外贸吞吐量比 2014 年分别增长 19.1%、6.5%和 20.8%,煤炭及制品外贸吞吐量比 2014 年下降 19.0%。2015 年,长江干线规模以上港口外贸货物吞吐量增速比 2014 年增加 9.0 百分点,外贸货物吞吐量占货物总吞吐量的比重从 2014 年的 13.2%上升为 14.2%。

(2)珠江货物运输

2015 年,珠江水系内河港口生产总体呈现增速放缓态势。水系港口共完成货物吞吐量 5.76 亿吨,比 2014 年增长 1.8%。贵港港货物内贸出港量完成 272.9 万吨,比 2014 年下降 2.8%。

全年珠江水系货运主要特征为:

①长洲枢纽货物通过量下降

2015 年,西江航运干线长洲枢纽船闸全年过闸船舶 7.82 万艘次,比 2014 年下降 12.1%;货物通过量为 6 350 万吨,比 2014 年下降 3.2%。上行过闸货运量和下行过闸货运量分别完成 1 897 万吨和 4 453 万吨。上行过闸货以煤炭和粮食作物为主,占上行总量的 75%以上;下行过闸货以建筑用料为主,占下行总量的 80%以上。

②西江水路运价低位下探

2015 年,西江干线水路运输市场的供需失衡加剧了航运企业间的竞争程度,加上燃油成本下跌,西江水路运价低位下探,2015 年,贵港至广州平均运价为 20.8 元/吨,贵港至深圳运价为 24.5 元/吨,比 2014 年均下降 23%。[1]

2. 船舶标准化、大型化进程进一步提升

随着内河运输需求的持续快速增长,内河船型标准化全面推进,内河航运船舶日趋大型化,运力结构进一步优化,航运效益显著提高。截至 2015 年底,我国拥有内河运输船舶 15.25 万艘、12 494.01 万载重吨,分别比 2014 年底减少 3.7%和增长 10.8%;平均净载重量 819 吨,比 2014 年底增长 15%;载重量 78.13 万客位,比 2014 年底下降 8.3%。

(1)长江水系运输船队

截至 2015 年底,长江经济带 14 省(市)拥有内河货运船舶 11.54 万艘、净载重量 1.13 万亿载重吨,比 2014 年分别减少 4.4%和增长 11.9%。内河货运船舶平均净载重量 983 吨,比 2014 年增长 17.2%。船舶标准化、大型化程度进一步提升。内河货运船舶运力规模位居前三的省(市)分别是:安徽省、江苏省、山东省,三省货运船舶运力规模占 14 省(市)内河货运船舶总运力规模的 72.1%。

截至 2015 年底,长江干线共有省际危险品运输船舶 3 388 艘、324.0 万载重吨,分别比 2014 年减少了 7.7%和 2.7%。其中,油船共计 1 747 艘、161.8 万载重吨,分别比 2014 年减少 11.0%和 2.8%;化学品船共计 1 360 艘、70.6 万载重吨,分别比 2014 年减少 4.4%和增长 8.8%;油/化两用船共计 249 艘、90.4 万载重吨,分别比 2014 年减少 0.8%和 9.9%;液化气船 32 艘、1.2 万载重吨。

1 数据来源:中国航运发展报告 2015

(2)珠江水系运输船队

截至2015年底,珠江水系拥有运输船舶16 829艘、净载重量1 600万吨、载客量18.1万客位;集装箱箱位重16.9万TEU。其中,机动货船13 100艘、托驳船27艘,分别比2014年底增长12.9%和减少30.8%;机动货船平均净载重量为1 221吨,比2014年增长29.6%。

珠江内河省际液货危险品船舶67艘、7.2万载重吨,分别比2014年底减少26%和29.4%;平均净载重量为1 074吨,比2014年底减少了4.2%。其中,油船平均净载重量1 253吨;化学品船平均净载重量652吨。船舶平均船龄12.9年。其中,油船平均船龄13.2年;化学品船平均船龄12.7年。

(3)黑龙江水系运输船队

黑龙江省从事营运性运输船舶1 589艘,船舶净载重量31.2万吨。其中,货船360艘;推(拖)船180艘;驳船350艘。

黑龙江省货运船以驳船为主,驳船平均净载重量约600吨,占全省船舶总运力的68%。船队以顶推船方式为主,船舶标准化程度较高。货运运力中,绝大部分是干散货运输船舶,少量为油船、滚装船等专业化船舶及江海两用船舶。

截至2015年底,内蒙古自治区登记注册的内河船舶781艘、3.4万总吨、1.6万总载重吨。其中货运船舶29艘、2 127总吨,分别比2014年底减少40%和8.6%。[1]

2015年全国拥有水上运输船舶相关数据见表4-4。

表4-4 全国拥有水上运输船舶

	总运力				内河			
	2014年	2015年	2014年增速(±%)	2015年增速(±%)	2014年	2015年	2014年增速(±%)	2015年增速(±%)
运输船舶数量(万艘)	17.20	16.59	−0.3	−3.5	15.83	15.25	−0.5	−3.7
净载重吨(万吨)	25 785.22	27 244	5.7	5.7	11 274.71	12 494	10.4	10.8
载客量(万客位)	103.23	101.73	−0.1	−1.5	80.77	78.27	−1.1	−3.1
集装箱箱位(万TEU)	231.87	260.40	36.3	12.3	25.78	27.05	5.4	4.9

3. 加快推进节能减排,大力发展绿色水运

大气污染已经引起我国社会各界的高度重视,我国节能减排面临的国际国内压力日益增大,船舶排放也越来越受到关注,继续贯彻落实国务院《大气污染防治行动计划》和《水污染防治行动计划》,全面推进船舶与港口污染防治工作,积极推进绿色水路交通发展。

2015年8月,交通运输部发布《船舶与港口污染防治专项行动实施方案(2015—2020年)》,明确了到2020年,船舶与港口大气污染物、水污染物得到有效防控和科学治理,排

1 数据来源:中国航运发展报告2015

放强度明显降低,清洁能源得到推广应用的总体目标要求。

推进绿色航运发展和船舶节能减排,减少船舶在我国重点区域的大气污染物排放,2015年12月,交通运输部发布《珠三角、长三角、环渤海(京津冀)水域船舶排放控制区实施方案》,规定了在排放控制区内航行、靠泊船舶使用燃料的硫含量指标。

加快落实《关于推进水运行业应用液化天然气的指导意见》,积极推进水运行业应用LNG试点示范项目的实施,LNG燃料动力船、加注站、运输船建设初见成效,通过试点示范项目的引领带动,推动水运行业应用天然气的有序发展。开展岸电试点示范、港口能效试点,通过示范引领,推进不同船型、不同码头应用岸电技术。研究原油成品油码头油气回收治理试点工作,印发《原油成品油码头油气回收试点工作实施方案》。

推进水运节能减排相关标准和规范的制定。重点推进《水运工程结构耐久性设计标准》、《煤炭矿石码头粉尘控制技术规范》、《液化天然气加注码头设计规范》、《液化天然气码头设计规范》(修订)等节能减排标准的编写。

(三)航运管理

1. 内河水运法制建设取得突破性进展

推动出台《中华人民共和国航道法》,填补了航道管理在法律层面的空白;推动出台《国内水路运输管理规定》,为规范水路运输经营行为,维护运输市场秩序,提供有力的法律制度保障;进一步完善水运法规体系,制定修订《危险货物水路运输从业人员考核和资格管理办法》等一系列部门规章;加强法制建设,发布水运行业权力清单。

2. 航运市场监管有序进行

开展水上涉企收费清理。清理整顿进出口环节经营服务性收费,印发《关于全面清理和规范港口经营性收费的通知》;加大收费监督检查力度,配合国家发展改革委对部分港口开展进出口环节水上涉企经营性收费进行专项督查。

3. 水运安全管理不断加强

水路危险货物安全监督管理不断加强。规章制度进一步完善,推进《危险货物水路运输从业人员考核和资格管理办法》、《水路危险货物运输管理规定》等规章的制订修订工作。加强危险品运输管理,出台《内河禁运危险化学品目录(2015年版)》(试行),印发《关于进一步加强港口危险货物安全监管工作的通知》、《关于进一步加强长江干线危险货物运输船舶过闸安全工作的通知》,组织开展长江三峡—葛洲坝河段危险货物运输船舶通航安全隐患排查。开展港口安全督查和隐患排查,督促相关企业落实整改;开展港口危险货物安全管理突出问题专项治理活动,印发《港口危险货物安全管理突出问题治理行动方案》,推动港口行政管理部门落实责任。

二、内河水运"十二五"发展成绩

2011年,国务院印发了《关于加快长江内河水运发展的意见》,推动内河水运上升为国家战略,加强内河水运基础设施建设,促进内河水运加快发展。"十二五"期间,内河水运发展迎来新机遇，内河水运行业深入落实国家战略，加快结构调整，转变发展方式，提质增效升级，取得了来之不易的发展成就。“十二五”期间，内河水运建设累计完成投资2 488亿元，全面推进内河高等级航道建设，建成长江南京以下12.5米深水航道一期工程等内河重点水运工程；大力推进内河船型标准化工作，促进内河运力结构调整，建设现代化内河运输船队。

1. 基础设施建设稳步推进

“十二五”期间，内河水运建设全面加快，2015年我国内河建设固定资产投资为286 372万元（表4-5），连续三年超过沿海建设固定资产投资，如图4-5所示。长江干线航道系统治理成效显著，高等级航道体系基本形成，内河规模化、集约化港区建设取得明显进展。

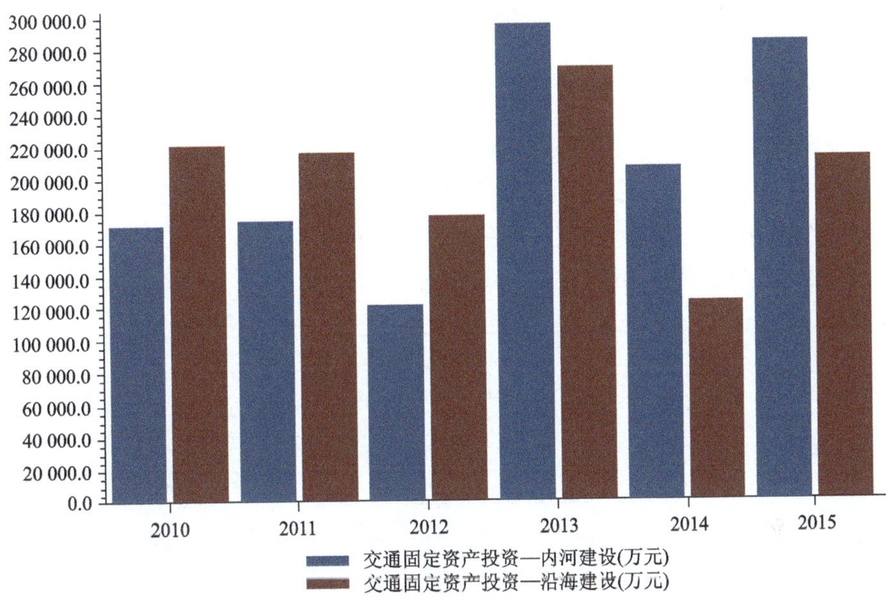

图4-5 2010—2015年我国内河建设与沿海建设固定资产投资额

表4-5 交通固定资产投资 单位：万元

日期	内河建设	沿海建设
2015年	286 372.00	214 298.00
2014年	208 621.00	124 319.00
2013年	296 635.00	269 679.00
2012年	123 065.00	177 258.00
2011年	175 897.00	217,848.00
2010年	172,607.00	222,053.00

2. 运输装备结构不断优化

按照“兴内河、优港口、强海运”的总体思路，加快水运基础设施、运输装备结构优化升级，促进现代物流发展和综合运输体系建设，不断提升水运发展的质量、效益、竞争能力和服务水平，促进水运科学发展、安全发展。内河船型标准化工作积极推进，全面提升内河水运发展水平。加快现有非标准船型和安全、环保设施达不到规范要求的老旧运输船舶的更新改造,严格实施船舶更新报废制度,积极开发和推广使用标准船型,优化船舶运力结构。截至“十二五”末,内河船型标准化率达 50%,内河货运船舶平均吨位超过 800 吨。

3. 安全绿色发展水平明显提升

港口资源整合步伐加快,岸线资源得到集约利用。为改善我国港口城市空气质量,设立了珠三角、长三角、环渤海(京津冀)水域船舶排放控制区,长三角已于 2015 年 4 月 1 日起率先实施船舶大气污染物排放控制,收到明显效果。深入推进绿色港口试点示范、集装箱码头场桥油改电、靠港船舶用岸电、内河液化天然气(LNG)动力船舶试点应用,水运节能减排取得实效。

三、2016 年内河水运发展趋势分析

(一)内河水运发展现状

除受经济危机影响的 2008 年外,2006—2013 年间,我国内河水路货运量保持了高速增长,年增速保持在 10%左右及以上。受到国家宏观经济下行压力的影响,2014 年、2015 年内河货运量增速明显放缓,保持在 3%左右,进入了航运低迷期。2015 年全国完成内河货运量 34.59 亿吨,与上一年相比增长 3.5%,如图 4-6 所示。

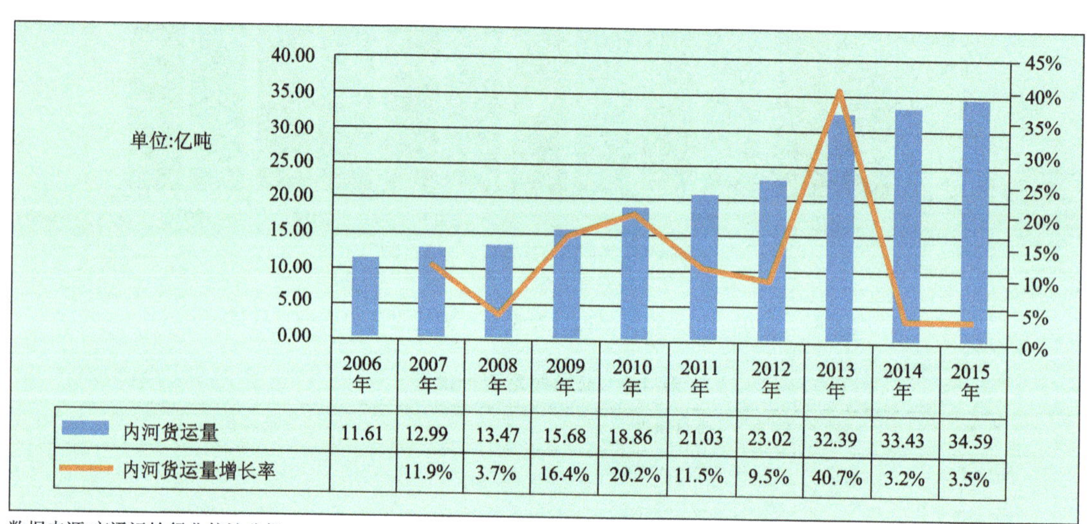

	2006年	2007年	2008年	2009年	2010年	2011年	2012年	2013年	2014年	2015年
内河货运量	11.61	12.99	13.47	15.68	18.86	21.03	23.02	32.39	33.43	34.59
内河货运量增长率		11.9%	3.7%	16.4%	20.2%	11.5%	9.5%	40.7%	3.2%	3.5%

数据来源:交通运输行业统计公报

图 4-6　内河货运量发展变化趋势

从内河港口货物吞吐量来看,2006—2011 年间保持了 10%以上的高速增长,2012 年以来增速放缓,这与内河港口基础设施的建设周期密切相关。在“十一五”和“十二五”初期,为促进地区经济增长,内河沿岸城市加快了港口基础设施的投资建设,一批内河港口快速兴起;“十二五”中后期港口能力开始出现剩余,一定程度上又受到经济和货运量增速下降的影响,内河港口货物吞吐量增速放缓至 5%左右。2015 年全国内河港口完成货物吞吐量 46.03 亿吨,与上一年相比增长 4.2%,如图 4-7 所示。

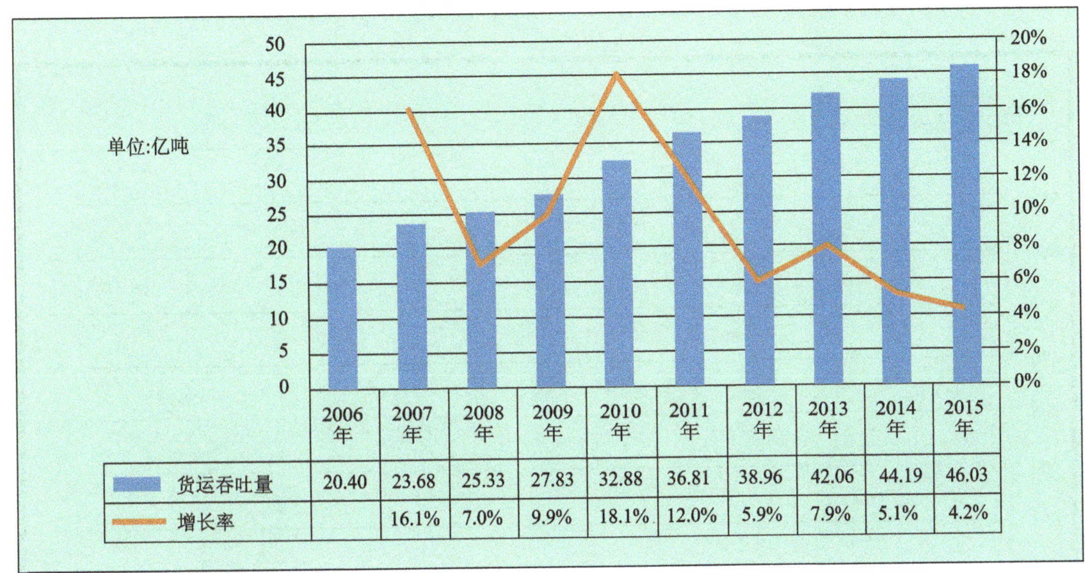

	2006年	2007年	2008年	2009年	2010年	2011年	2012年	2013年	2014年	2015年
货运吞吐量	20.40	23.68	25.33	27.83	32.88	36.81	38.96	42.06	44.19	46.03
增长率		16.1%	7.0%	9.9%	18.1%	12.0%	5.9%	7.9%	5.1%	4.2%

数据来源:交通运输行业统计公报

图 4-7　内河港口货物吞吐量发展变化趋势

内河航运市场的低迷,还反映在内河运力过剩方面,在内河货运需求增速放缓的情形下,内河运力仍保持了10%以上的高速增长,促使内河货物运价持续走低。2015年全国拥有内河运输船舶总净载重量1.25亿吨,与上年相比增长10.9%,如图4-8所示;而2015年内河货运量与上年相比仅增长3.5%。由长江航务管理局发布的长江干散货综合运价指数以及长江集装箱综合运价指数也可以看出,内河航运市场低迷,运价持续走低。

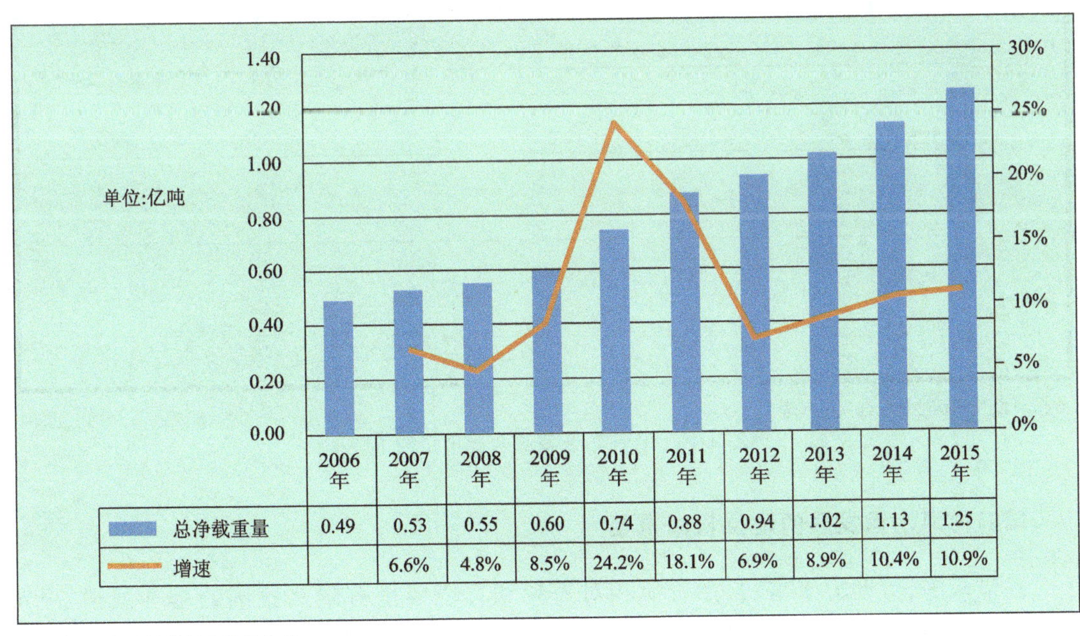

	2006年	2007年	2008年	2009年	2010年	2011年	2012年	2013年	2014年	2015年
总净载重量	0.49	0.53	0.55	0.60	0.74	0.88	0.94	1.02	1.13	1.25
增速		6.6%	4.8%	8.5%	24.2%	18.1%	6.9%	8.9%	10.4%	10.9%

数据来源:交通运输行业统计公报

图 4-8　内河船舶运力发展变化趋势

长江干散货综合运行指数如图 4-9 所示,长江集装箱综合运价指数走势如图 4-10 所示。

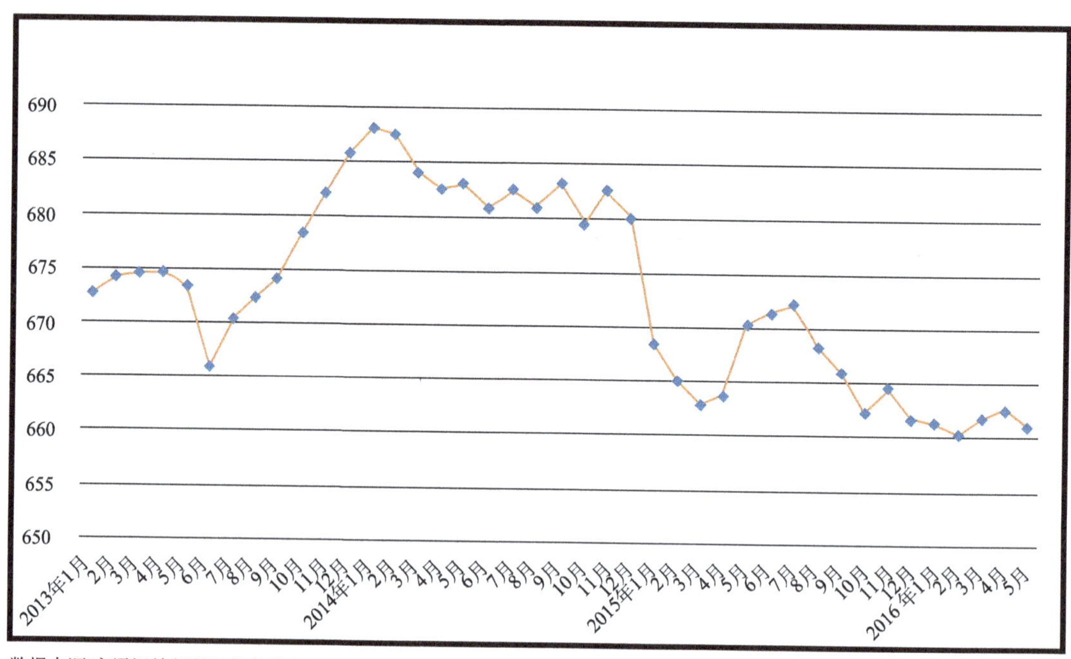

数据来源:交通运输部长江航务管理局

图 4-9　长江干散货综合运价指数

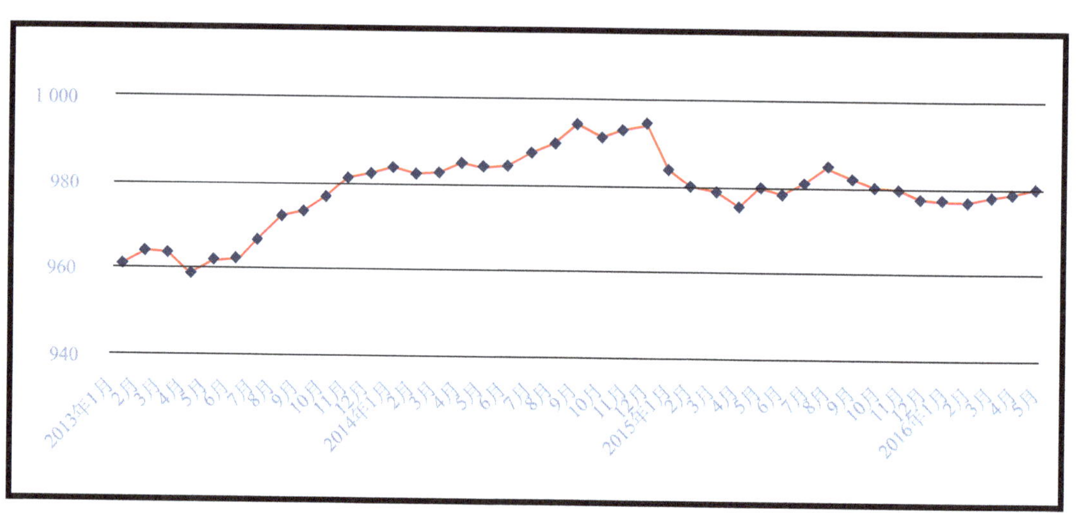

数据来源:交通运输部长江航务管理局

图 4-10　长江集装箱综合运价指数走势

(二)内河水运发展的地位日趋重要

人口众多、劳动力丰富、自然资源相对短缺和环境容量有限是我国的基本国情,决定了内河运输不是一般竞争性服务业,而是实现国家可持续发展战略的重要支撑,这一定位随着经济社会的发展、资源价值提高和环境价值的凸显而日益巩固。作为综合运输体系中的重要组成部分，内河运输是沿江产业布局优化的重要支撑，是保障经济社会正常运行的有效力量，是具有显著环境价值、经济价值和娱乐价值的现代服务业，在我国实现两型社会发展、缓解城市拥堵以及满足人们不断提高的娱乐需求中发挥着日益重要的作用。

1. 关于加快长江等内河水运发展的意见

2011 年，国务院《关于加快长江等内河水运发展的意见》提出利用 10 年左右的时间，建成畅通、高效、平安、绿色的现代化内河水运体系，标志着发展内河航运上升为国家战略。

加快长江等内河水运发展的重要意义在于加快长江等内河水运发展有利于构建现代综合运输体系，有利于调整优化沿江沿河地区产业布局，有利于促进区域经济协调发展，有利于促进节能减排。

指导思想：深入贯彻落实科学发展观，进一步解放思想，把发展内河水运作为建设综合运输体系的重点任务，坚持深化改革，加强统筹规划，强化科学管理，加大投入和建设力度，推进节能减排和技术进步，切实提升内河水运的质量效益和现代化水平，促进产业结构调整和区域经济协调发展。

主要原则：坚持科学发展，合理利用和有效保护水运资源，以市场为导向，突出重点，有序推进，充分发挥水资源综合效益。坚持科学统筹，统筹协调水运、水利、水电发展，统筹协调水运、公路、铁路发展，统筹协调水运资源开发与水生生物资源养护、水生态环境保护。坚持深化改革，创新体制机制，加强各有关部门的协调，充分发挥地方各级人民政府和社会各方面发展内河水运的积极性。坚持科技创新，加强先进适用技术和装备的研发和应用，推进内河水运产业升级和可持续发展。

发展目标：利用 10 年左右的时间，建成畅通、高效、平安、绿色的现代化内河水运体系，建成比较完备的现代化内河水运安全监管和救助体系，运输效率和节能减排能力显著提高，水运优势与潜力得到充分发挥，对经济发展的带动和促进作用显著增强。2020 年，全国内河水运货运量达到 30 亿吨以上，建成 1.9 万公里国家高等级航道，长江干线航道得到系统治理，成为综合运输体系的骨干、对外开放的通道和优势产业集聚的依托。长江等内河主要港口和部分地区重要港口建成规模化、专业化、现代化港区。运输船舶实现标准化、大型化，长江干线运输船舶平均吨位超过 2 000 吨。

主要任务：建设畅通的高等级航道，构建高效的内河水运体系，保障内河水运平安运行，实现内河水运绿色发展，完善现代综合运输体系，带动流域经济社会发展。

2. 关于依托黄金水道推动长江经济带发展的指导意见

2014 年 9 月，国务院出台《关于依托黄金水道推动长江经济带发展的指导意见》，明确提出提升长江黄金水道功能，打造具有全球影响力的内河经济带。江西水系是长江黄金水道的重要组成部分，随着多项港航工程快速发展，江西水运将为长江黄金水道建设注入新力量。

充分发挥长江运能大、成本低、能耗少等优势，加快推进长江干线航道系统治理，整治浚深下游航道，有效缓解中上游瓶颈，改善支流通航条件，优化港口功能布局，加强集疏运体系建设，发展江海联运和干支直达运输，打造畅通、高效、平安、绿色的黄金水道。提升长江黄金水道功能主要包括以下主要任务：

(1)增强干线航运能力。加快实施重大航道整治工程，下游重点实施12.5米深水航道延伸至南京工程；中游重点实施荆江河段航道整治工程，加强航道工程模型试验研究；上游重点研究实施重庆至宜宾段航道整治工程。加快推进内河船型标准化，研究推广三峡船型和江海直达船型，鼓励发展节能环保船舶。

(2)改善支流通航条件。积极推进航道整治和梯级渠化，提高支流航道等级，形成与长江干线有机衔接的支线网络。加快信江、赣江、江汉运河、汉江、沅水、湘江、乌江、岷江等高等级航道建设，研究论证合裕线、嘉陵江高等级航道建设和金沙江攀枝花至水富段航运资源开发。抓紧实施京杭运河航道建设和船闸扩能工程，系统建设长江三角洲地区高等级航道网络，统筹推进其他支流航道建设。

(3)优化港口功能布局。促进港口合理布局，加强分工合作，推进专业化、规模化和现代化建设，大力发展现代航运服务业。加快上海国际航运中心、武汉长江中游航运中心、重庆长江上游航运中心和南京区域性航运物流中心建设。提升上海港、宁波—舟山港、江苏沿江港口功能，加快芜湖、马鞍山、安庆、九江、黄石、荆州、宜昌、岳阳、泸州、宜宾等港口建设，完善集装箱、大宗散货、汽车滚装及江海中转运输系统。

(4)加强集疏运体系建设。以航运中心和主要港口为重点，加快铁路、高等级公路与重要港区的连接线建设，强化集疏运服务功能，提升货物中转能力和效率，有效解决"最后一公里"问题。推进港口与沿江开发区、物流园区的通道建设，拓展港口运输服务的辐射范围。

(5)扩大三峡枢纽通过能力。挖掘三峡及葛洲坝既有船闸潜力，完善公路翻坝转运系统，推进铁路联运系统建设，建设三峡枢纽货运分流的油气管道，积极实施货源地分流。加快三峡枢纽水运新通道和葛洲坝枢纽水运配套工程前期研究工作。

(6)健全智能服务和安全保障系统。完善长江航运等智能化信息系统，推进多种运输方式综合服务信息平台建设，实现运输信息系统互联互通。加强多部门信息共享，建设长江干线全方位覆盖、全天候运行、具备快速反应能力的水上安全监管和应急救助体系。

(7)合理布局过江通道。统筹规划建设过江通道，加强隧道桥梁方案比选论证工作，充分利用江上和水下空间，推进铁路、公路、城市交通合并过江；优化整合渡口渡线，加强渡运安全管理，促进过江通道与长江航运、防洪安全和生态环境的协调发展。

(三)内河水运未来发展的几大特点

1. 绿色发展

随着经济社会发展水平提高，对大气和水资源环境越来越关注，相对公路和铁路，内河运输作为绿色的运输方式，其比较优势在未来将得到更加充分的发挥。党的十八大报告把生态文明建设摆在前所未有的高度，提出"保护优先"、"美丽中国"、"绿色发展"等新理念。我国将大力推进绿色发展、低碳发展，形成节约资源和保护环境的空间格局、产业结构、生产方式，为全国人民创造良好的生产生活环境，为全球生态安全做出贡献。沿江经济带处于工业化和城市化的快速发展进程中，土地资源和岸线资源日益紧张，环境保护压力不断增大，发展绿色水运要求内河运输大幅降低单位能耗，降低硫氧化物、氮氧化物等主要污染物的排放，逐步扭转生态环境恶化趋势。要求内河运输推广绿色环保型的交通工具，利用新技术、新材料，不断创新内河运输工具污染防治手段，提高污染防治效率，改善环境，促进节能减排，更好地服务经济社会可持续发展。

在绿色港口发展方面：一是积极采用各种节能减排和防污染技术，推广使用岸电、液化天然气(LNG)等新能源、新技术、新设备，降低建设、生产中对自然生态影响、能源消耗及氮氧化物排放，提高疏浚土利用效率，有效控制粉尘、废水等对周边环境的影响。二是综合采用技术标准与经济政策，引导和鼓励港口走绿色发展之路。建立港口污染物排放清单，制定严格的排放标准，推进应用《绿色港口评价指标体系》，对绿色发展水平高的港口给予经济鼓励，鼓励提高绿色发展水平。

2. 协调发展

内河水运的协调发展体现在形成完善的水资源综合利用协调、沟通机制，内河水运资源得到合理开发、高效利用、有效保护和优化配置。形成完善的内河航道、通航枢纽等基础设施和具有终极特征的长远发展规划，实现城市规划与水运规划的协调。船型不断得到优化，过闸船舶吨位、尺度实现与通航设施尺度相协调，船舶主尺度集中度明显提高。结合城市发展、港口功能提升和产业转型的机遇，调整码头布局，创新港城和谐发展新模式，专业化码头布局更加协调，核心城区岸线得到高效利用，城市边缘地区岸线得到开发。基本形成完善的内河运输管理体制，包括港口管理体制、航道与枢纽通航设施管理体制、界河管理体制、水上安全生产应急组织指挥和应急救援体制等。

3. 港口岸线资源合理利用与港口转型发展

我国正处于全面建成小康社会的关键时期，一方面在经济社会发展的推动下，港口吞吐量持续增长，但所需优质岸线面临供给压力。由于吸引各类投资的取向和相关涉水规划，部分内河港口岸线被分割、开发粗放，岸线利用散乱，功能布局不合理，影响了港口岸线的成片集约化开发。部分港区集装箱码头、通用件杂货码头功能区与煤炭、水泥等粉尘污染重的大宗散货码头功能区互为交叉；部分地区存在着深水浅用、深水不用的问题，一些港口岸线因经济或运输结构调整而废弃不用。另一方面，第三产业对沿江城市经济社会发展的拉动作用日益凸显，部分第三产业单位GDP对沿江岸线、水域和陆域等资源占用低于码头业，使码头业在资源争夺中处于不利地位，港口利用岸线资源的效率将面临现代服务业和人们休闲娱乐需求的挑战。

为了促进港口转型升级，交通运输部2014年6月发布了《关于推进港口转型升级的指导意见》，内河港口面临建设发展与转型升级的双重挑战。

一是企业转型发展，提高投资回报。在港口总体布局规划框架内，地方纷纷出台了各自的港口总体规划，在前一轮吞吐量高速增长的背景下，出现一轮“港口开发热”，老港区的扩张、新港区的开发，使港口与港口之间距离越来越近，加之功能单一、腹地交叉和吞吐能力适应性由相对不足转向适度超前状态，使得港口间同质化竞争加剧。加之内河码头作业装备水平低，码头公司规模小、企业集约化程度低，且大部分局限于母港城市，码头作业服务成本上升难以转移，投资收益率呈现逐步下降态势，码头公司如何转型、提升功能和服务,从而提高投资回报是面临的挑战。

二是港口转型发展,实现港城共荣。随着城市的发展,要求港口转型发展,走节约资源、环境友好的发展之路,提高自然岸线和陆域利用效率,降低建设生产中对自然生态影响、能源消耗以及二氧化碳和氮氧化物排放,提高疏浚土利用效率,有效控制粉尘、废水等对周边环境的影响,尽可能降低港口集疏运对城市交通和交通资源的争夺。为了实现港城和谐发展,一方面要求港口调整码头布局,使港口和城市均获得发展空间,全面提高城市资源利用效率和城市功能(老码头搬迁、功能调整、挖入式港池建设是为了适应这一趋势),实现港城一体化发展,为城市发展提供新的发展模式和空间。另一方面是结合现代信息技术发展,全面融入供应链管理,提升港口现代物流服务功能和网络化服务水平,提高单位吞吐量增加值,扩大区域就业。

4. 内河优势地位的凸显

内河运能大、占地省、能耗低和环境友好的比较优势全面显现并得到基本发挥。

内河干线高等级航道网基本形成,内河三级以上航道里程达到 1.5 万公里,五级以上航道里程达到 3.5 万公里。内河船舶大型化取得显著性进展,机动货船平均吨位达到 1 200 吨。船型标准化取得显著进展,基本实现船舶生活污水等对水域污染物的零排放,内河船舶燃料油硫含量、发动机氮氧化物等排放控制水平达到国际海事组织同期要求,液化天然气动力船等清洁能源船舶比例明显提高。港口功能显著提升,各港区按照功能定位,实现集约化经营。形成一批品牌港航企业,企业可持续发展能力显著提高。基本形成沿长江航运中心体系,形成科学的法规体系,严格执法、有效监管队伍,内河运输安全生产稳定,形成内河运输技术创新体系,政府职能转变基本完成。

形成整体适度超前的运输能力,码头信息化、智能化和自动化水平取得显著进展。基本形成与其他运输方式有效衔接的安全、便捷、高效的集装箱、液体散货、干散货专业运输体系。基本形成统一开放、公平竞争、规范有序、诚实守信的内河运输市场。发挥市场在资源配置的决定性作用和政府的重要作用,推进内河运输发展各个要素构筑相互关联和相互强化的产业链条。形成完善的水运预警机制和水上安全管理的长效机制。

海上航运交通发展篇

一、中国海上航运综述

(一)2015 年海上水路运输生产总情况

面对错综复杂的国内外环境,海上航运业坚决贯彻落实党中央、国务院各项决策部署,以“四个全面”战略布局为统领,坚持稳中求进工作总基调,统筹稳增长、促改革、调结构、惠民生、防风险,狠抓改革攻坚,推动转型升级,实现了“十二五”圆满收官,为“十三五”开好局、起好步奠定了坚实基础。2015 年完成水路客运量 2.71 亿人、旅客周转量 73.08 亿人公里,比上年分别增长 3.0%和减少 1.7%,平均运距 27.00 公里。全国完成水路货运量 61.36 亿吨、货物周转量 91 772.45 亿吨公里,比上年分别增长 2.6%和减少 1.1%,平均运距 1 495.72 公里。

在全国水路货运中,内河运输完成货运量 34.59 亿吨、货物周转量 13 312.41 亿吨公里;沿海运输完成货运量 19.30 亿吨、货物周转量 24 223.94 亿吨公里;远洋运输完成货运量 7.47 亿吨、货物周转量 54 236.09 亿吨公里。

全年两岸间海上运输完成客运量 189.4 万人,货运量 5 450.8 万吨,分别比上年增长 9.0%和下降 0.2%;集装箱运量 224.3 万 TEU,比上年下降 0.2%。

在水运建设方面。全年内河及沿海建设完成投资 1 457.17 亿元,比上年下降 0.2%。其中,内河建设完成投资 546.54 亿元,上升 7.6%,如图 5-1 所示。内河港口新建及改(扩)建码头泊位 161 个,新增吞吐能力 5 079 万吨,其中万吨级及以上泊位新增吞吐能力 2 981 万吨。全年新增及改善内河航道里程 932 公里。沿海建设完成投资 910.63 亿元,下降 4.3%。沿海港口新建及改(扩)建码头泊位 130 个,新增吞吐能力 42 026 万吨,其中万吨级及以上泊位新增吞吐能力 30 381 万吨。505 个贫困县完成水运建设投资 25.90 亿元,全部为内河建设投资,增长 4.9%,占全国内河建设投资 4.7%。

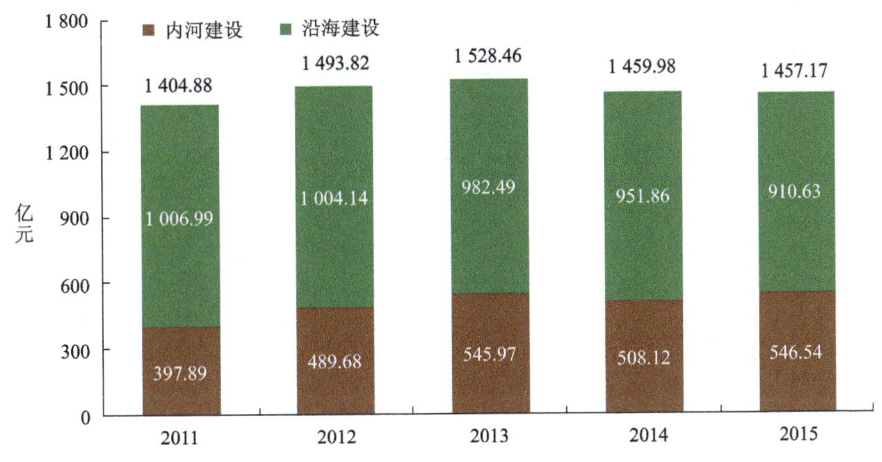

图 5-1　2011—2015 年水运建设投资额

(二)内地与港澳间航运

1. 香港航运

2015 年全年的港口货物快速增长,吞吐量达到 25 660 万吨,较上年下降 13.8%。当中,抵港及离港港口货物较去年分别下跌 17%及 8.6%,为 15 280 万吨及 10 380 万吨。在抵港港口货物中,2015 年全年的进口及抵港转运货物较去年分别下跌 19.9%及 13%,为 8 540 万吨及 6 740 万吨。至于离港港口货物中,出口货物较上年同期上升 0.2%,达 3 820万吨,而离港转运货物则下跌 13.1%,为 6 560 万吨。

在港口货物中,2015 年全年海运及河运货物较去年分别下跌 14.6%及 12.4%,为 16 860万吨及 8 800 万吨,见表 5-1。

集装箱方面,2015 年全年,香港的港口处理了 2 010 万标准货柜单位的货柜,较去年下跌 9.7%。当中,载货货柜及空货柜分别下跌 10.2%及 6.9%,为 1 710 万标准货柜单位及 300 万标准货柜单位。载货货柜中,抵港及离港货柜分别下跌 9.2%及 11.1%,为 870 万标准货柜单位及 840 万标准货柜单位。

2015 年全年的海运及河运重箱较 2014 年全年分别下跌 11.7%及 6.0%,为 1 230 万 TEU 及 480 万 TEU,见表 5-2。

2015 年全年与 2014 年全年比较,抵港远洋轮船船次下跌 3.9%,为 29 011 船次,其总容量则上升 1.8%,达 41 180 万净注册吨。抵港内河船船次下跌 0.5%,为 158 508 船次,总容量亦下跌 6.7%,为 10 370 万净注册吨。

表 5-1 2015 年香港港口货物吞吐量统计 单位:亿吨

指标名称	2015 年	与 2014 年比较(±%)
港口总计	2.566	−13.8
抵港货物	1.528	−14.6
其中:进口	0.854	−19.9
抵港转运	0.674	−13
离港货物	1.038	−8.6
其中:出口	0.382	0.2
离港转运	0.656	−13.1
海运	1.686	−14.6
河运	0.88	−12.4

资料来源:香港特别行政区政府统计处

表 5-2 2015 年香港港口集装箱货物吞吐量统计 单位:万 TEU

指标名称	2015 年	与 2014 年比较(±%)
港口总计	2 010	−9.7
抵港集装箱(重箱)	870	−9.2
抵港空箱	164	−5.2

续上表

指标名称	2015 年	与 2014 年比较(±%)
离港集装箱(重箱)	840	−11.1
离港空箱	136	−7.4
重箱	1 710	−10.2
其中:海运重箱	1 230	−11.6

资料来源:香港特别行政区政府统计处

2. 澳门航运

2015 年,澳门港口集装箱吞吐量继续小幅上涨,一般货物吞吐量微幅上调。全年共完成集装箱吞吐量 14.97 万 TEU、一般货物吞吐量 27.82 万吨,见表 5-3。

表 5-3 2015 年澳门港口一般货物、集装箱吞吐量情况

指标名称	2015 年	与 2014 年比较(±%)
一般货物吞吐量(万吨)	27.82	1.1
集装箱吞吐量(万 TEU)	14.97	7.3
进口(万 TEU)	9.19	5.0
其中:重箱		
抵港转运	8.98	5.5
出口(万 TEU)	5.75	10.8
其中:重箱		
离港转运	1.22	−0.03
转口(TEU)	287	313.7
其中:重箱	287	313.7
空箱(万 TEU)	4.74	3.1

资料来源:澳门统计及普查局、澳门港务局

二、海上航运运行研究

(一)中国对外贸易运输

1. 港口生产

(1)外贸货物吞吐量增速回落

2015 年全国沿海规模以上港口完成货物吞吐量 78.4 亿吨,同比增长 1%,增幅比上年同期回落 4.6 个百分点,其中外贸完成 32.5 亿吨,增长 0.7%,增幅比上年同期回落 5.2 个百分点,如图 5-2 所示。规模以上港口完成集装箱吞吐量 2.2 亿标准箱,同比增长 4.5%,增幅比上年同期回落 1.6 个百分点。

2015 年,全球港口货物吞吐量前十大港口排名顺序依次为:宁波—舟山港、上海港、新加坡港、天津港、苏州港、广州港、唐山港、青岛港、鹿特丹港、黑德兰港。进入十大港口之列的中国港口数量为 7 个,较 2014 年少一个。

中国大连港排名第十一位。从排序上看,与 2014 年相比,前四名的宁波—舟山港、上

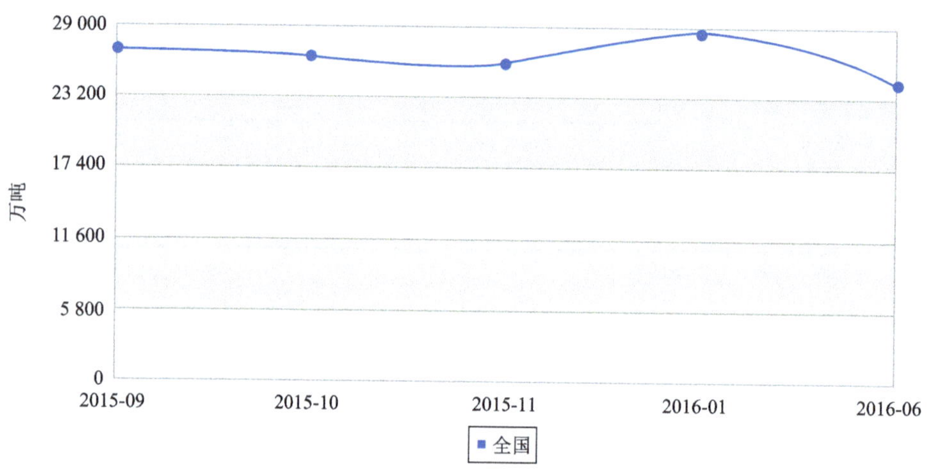

数据来源:中国交通运输部,中国航运数据库

图 5-2　2015 年沿海港口外贸货物吞吐量

海港、新加坡港(5.47 亿吨)、天津港,第六名的广州港,第八名的青岛港,第九名的鹿特丹港(4.67 亿吨),2015 年均保持座次不变。苏州港和唐山港互换位置,苏州港从 2014 年的第七名跃升 2 位,坐上第五的位置;而 2014 年排名第五的唐山港则下滑两位,落座第七位。

近两年保持高速增长的澳大利亚黑德兰港,首次杀入前十,坐上最后一把交椅。

2015 年,宁波—舟山港以完成货物吞吐量 8.89 亿吨的骄人业绩,连续四年夺冠,傲视群雄。2012 年,宁波—舟山港以 7.44 亿吨的战绩,超越上海港全港的吞吐量,首次登上全球第一大港口宝座,四年中不仅卫冕成功,更将与第二名的差距拉大到 1.7 亿吨左右。未来两三年,宁波—舟山港或将向问鼎全球首个 10 亿吨港口发起冲击。

2015 年港口货物吞吐量增速名列全球十大港口之首的是苏州港,达到 13.4%。紧随其后的是澳大利亚的黑德兰港,为 7.3%;2015 前十港口中增幅最低的是上海港,下降 5%,连续两年增幅垫底,增速均为告负;唐山港 2015 年增长－1.6%,在上游钢铁煤炭等周期性行业十分困难、国际大宗商品价格暴跌的 2015 年,大宗商品运输需求低迷,唐山港增幅大受影响,由 2014 年增速排名第一,跌落至 2015 年倒数第二。

2015 年,全球货物吞吐量排名前十港口,吞吐量均在 4.5 亿吨之上,2014 年则只有 8 个港口过这一门槛;2015 年全球有 6 个 5 亿吨大港,比 2014 年增加 1 个。

在增速比较中,除苏州港 2015 年增速较 2014 年有所提升之外,其余中国港口增速较均有程度不同的回落。而国外港口中,除鹿特丹港增速由 2014 年的 1%提升到 2015 年的 4.9%外,黑德兰港和新加坡港增幅回落幅度分别为 22%和 5%左右。

从全球港口货物吞吐量前十大港口所完成的总量看,2015 年达到 56.78 亿吨,比 2014 年增加 1.32 亿吨;同比增长 2.38%,较 2014 年 4.74%的增幅回落 2.36 个百分点,见表 5-4。这反映出在国际经济增长疲软的大背景下,全球港口生产面临较大压力,港口货物吞吐量增长形势不容乐观。

全球前十大港口货物吞吐量累计来看，2010 年中国大陆港口吞吐量所占比重为 78.2%，2011 年比重上升到 79.33%，2012 年比重占到八成，上升到 80.19%，2013 年继续提升到 81.11%，2014 年达到 81.51%，而 2015 年所占比重下降为 73.69%，反映出中国在经济结构转型升级和去产能等供给侧改革等大背景下，中国港口货物吞吐量增长受到影响，出现相应结构性变化。

表 5-4 2015 年全球十大港口货物吞吐量排名

排名	港口	2015 年(亿吨)	2014 年(亿吨)	同比增速(±%)
1	宁波—舟山港	8.89	8.73	1.8
2	上海港	7.17	7.55	−5
3	新加坡港	5.47	5.76	−5.03
4	天津港	5.41	5.40	1.9
5	苏州港	5.40	4.79	13.4
6	广州港	5.01	4.99	0.4
7	唐山港	4.93	5.01	−1.6
8	青岛港	4.3	4.65	−7.5
9	鹿特丹港	4.67	4.45	4.9
10	黑德兰港	4.47	4.17	7.3

数据来源：http://chineseport.cn

(2)集装箱吞吐量增速小幅放缓

2015 年，我国国内生产总值为 676 708 亿元，增速继续下降，为 6.9%，货物进出口总额为 245 741 亿元，同比下降 7.0%。受我国经济增速放缓的影响，我国港口货物吞吐量和集装箱吞吐量增速也明显放慢，见表 5-5。2015 年，我国规模以上港口完成货物吞吐量 114.3 亿吨(包括 12 月吞吐，未在表 5-5 中显示)，同比增长 1.6%，其中：外贸货物吞吐量 35.9 亿吨，同比增长 1.1%。

2015 年，我国规模以上港口完成集装箱吞吐量 2.10 亿 TEU(包括 12 月吞吐，未在表 5-5 中显示)，同比增长 4.1%，增速比货物吞吐量快 2.5 个百分点。虽然集装箱吞吐量增速有所放缓，但是绝对增量达到近 1 000 万 TEU，这个数字也是相当可观的。

表 5-5 2015 年全国规模以上港口吞吐量统计(1—11 月)

指标名称	单位	2015 年	2014 年	比 2014 年增长(±%)
1. 全国港口货物吞吐量	万吨	1 049 814	1 022 690	2.7
沿海	万吨	719 992	706 247	1.9
内河	万吨	329 822	316 443	4.2
2. 全国港口外贸货物吞吐量	万吨	330 860	323 927	2.1
沿海	万吨	298 016	294 833	1.1
内河	万吨	32 845	29 094	12.9
3. 全国港口集装箱吞吐量	万 TEU	19 210.32	18 422.07	4.3

续上表

指标名称	单位	2015 年	2014 年	比 2014 年增长(±%)
沿海	万 TEU	17 200.17	16 570.83	3.8
内河	万 TEU	2 010.15	1 851.24	8.6
4. 全国港口旅客吞吐量	万人	7 872	7 999	−1.6
沿海	万人	6 798	6 778	0.3
内河	万人	1 074	1 222	−12.1

2. 外贸运输

(1)原油进口量增速上升,成为世界第一原油进口国

2015 年,我国货物贸易进出口总值 24.59 万亿元,比 2014 年下降 7%。其中,出口 14.14 万亿元,下降 1.8%;进口 10.45 万亿元,下降 13.2%;贸易顺差 3.69 万亿元,扩大 56.7%。

进口方面,12 月当月进口原油 3 319 万吨,成品油 284 万吨,5～7 号燃料油 119 万吨,液化石油气及其他烃类气 348 万吨,煤及褐煤 1 764 万吨。2015 年全年进口原油 3.34 亿吨,比上年上涨 8.8%;成品油 2 990 万吨,比上年下降 0.3%;5～7 号燃料油 1 540 万吨,比上年下降 13.0%;液化石油气及其他烃类气 3 207 万吨,比上年上涨 17.8%;煤及褐煤 2.04 亿吨,比上年下降 29.9%。

出口方面,12 月当月出口原油 25 万吨,成品油 432 万吨,煤及褐煤 44 万吨。2015 年全年出口原油 287 万吨,比上年上涨 377.4%;成品油 3 615 万吨,比上年上涨 21.9%;煤及褐煤 533 万吨,比上年下降 7.1%。

(2)铁矿石进口量继续创纪录

2015 年,根据海关数据,中国全年进口铁矿石增长 2.2%至 9.527 2 亿吨,创纪录新高。

根据海关数据和彭博社统计,其中澳大利亚铁矿石占中国进口铁矿石的 64%,比 2014 年上升了 5%。巴西铁矿石占中国进口铁矿石的 20%,与 2014 年的 18%相比也有所上升。

这些数据显示,全球三大矿业巨头——澳大利亚的力拓、必和必拓和巴西淡水河谷在铁矿石低迷的价格中,在用扩产来夺取市场份额。

2015 年,由于供给超过需求、中国经济增长放缓、能源成本降低、资源国货币贬值,铁矿石价格下跌了 39%。

从产量来看,中国从澳大利亚矿商手中进口了 6.074 亿吨铁矿石,与 2014 年相比上升了 11%;自巴西进口的铁矿石达 1.916 亿吨,比 2014 年增加了 12%。全球其他地区的铁矿石出口到中国的量从 2014 年的 23%被挤压到 2015 年的 16%。

(3)煤炭及制品进口量继续寒冬季

2015 年,中国煤炭市场延续“寒冬季”,全国性煤炭需求低迷,内贸煤价格持续下跌,与进口煤之间的价差明显缩小,进口煤贸易商《商品煤质量管理暂行办法》对进口煤质量

要求严格化，导致全年进口煤量整体呈现同比下滑态势。2015 年 1—12 月，中国累计进口煤 20 406 万吨，同比减少 8 714 万吨，下降 29.92%。

11 月，中国进口煤量为 1 619 万吨，处于偏低水平，12 月，年底进口煤集中到岸，同时，受中澳自贸协定影响，澳洲进口煤关税降低，部分企业提前进行了澳洲煤炭采购，加之国际煤价的整体下跌，进口煤和内贸煤的价差出现扩大趋势，12 月中国进口煤量环比增加，但是较 2014 年同期仍然有明显差距。

2016 年，南方工业经济前景仍不乐观，工业用电和民用电对于耗煤需求的拉动或将继续走弱，同时，国家政策趋向于扶持内贸煤企，加上进口煤价格优势的减弱甚至消失，预计 2016 年中国煤炭进口量将继续延续缩减态势。

(4)粮食进口量上涨

数据显示 2015 年 1—12 月中国粮食进口数量为 12 477 万吨，同比增长 24.2%；2015 年 1—12 月中国粮食进口金额为 46 739 115 千美元，同比下降 4.7%。2015 年 1—12 月中国粮食进口量统计表见表 5-6。

表 5-6 2015 年 1—12 月中国粮食进口量统计表

月份	数量(万吨)	金额(千美元)	数量同比(±%)	金额同比(±%)
1 月	1 008	4 250 276	16.4	0.8
2 月	764	2 927 442	3.7	−17.2
3 月	793	2 975 534	5.1	−16.7
4 月	932	3 528 720	−0.5	−26.8
5 月	1 016	3 784 221	22.7	−12.8
6 月	1 282	4 821 735	55.5	9.8
7 月	1 461	5 388 785	49.2	6
8 月	1 098	4 155 537	40.2	4
9 月	1 072	3 980 424	41.1	12.2
10 月	845	3 043 903	43.3	10.7
11 月	1 011	3 677 925	26.1	2.2
12 月	1 200	4 380 940	1.5	−15.2

数据来源：国家统计局，智研咨询整理

3. 沿海集装箱运输

2015 年沿海港口货物吞吐量增速明显低于预期，港口集装箱吞吐量增长也低于预期；2016 年基于 GDP 稳定增长、外贸进出口略好于 2015 年的宏观背景，沿海港口仍可实现稳定发展的局面。

(1)沿海港口货物吞吐量增速明显低于预期，港口集装箱吞吐量也低于预期增长

2015 年沿海港口吞吐量预计达到 81.7 亿吨，同比增长近 2%，远低于原预期 5.5%的增速，如图 5-3 所示。误差的原因：一是固定资产投资和消费增速低于预期，对外贸进出口原预期 6%的增长更是属于判断失误；二是下半年增速特别是 8 月后，预期随着投资、消费增速的回升，内贸吞吐量增速有所回升，实际增速加速下滑，9 月后更是出现连续负

增长。

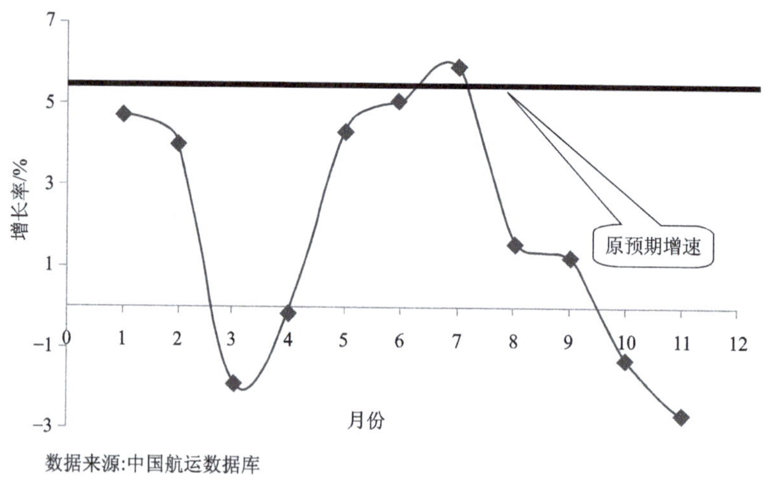

图 5-3　2015 年沿海港口集装箱吞吐量趋势图

(2)港口建设理性推进,码头吞吐能力适度超前

由于沿海港口吞吐能力处于适度超前状态,加之吞吐量增速预期逐步减缓,原预期沿海港口建设投资理性 5%的负增长。从 2015 年前 11 个月实际情况看,沿海港口建设实际投资下降 5%,与预期水平一致,预计深水泊位净增约 70 个。由于吞吐量增速明显低于预期,在泊位净增、码头规模效益和技术进步共同推动下,沿海港口码头吞吐能力适应性整体上升至 1.28,属适度超前状态。

(3)安全生产和码头企业效益面临挑战,资本市场依然追捧

天津港"8·12"特别重大火灾爆炸事故震动全国,对安全生产、监管敲响了警钟。

2015 年受吞吐量增速明显下滑和吞吐能力适应性持续上升影响,企业议价能力整体下降,虽有部分码头公司提高了部分货类转运价格水平,但整体比 2014 年下降约 4%。2015 年前三季度 16 家码头上市公司净利润 113.24 亿元,比 2014 年同期下降了 4.2%,净资产收益率由 2014 年的 7.47%降为 6.49%。同时,公司利润增长继续呈现分化发展,7 家企业较 2014 年实现了利润增长。若扣除非码头业务净利润增长,码头转运主业效益面临挑战更加严峻。

中港网发布 2015 年全球十大集装箱港吞吐量统计排名表显示,2015 年,全球十大集装箱港排名座次中,包括香港港在内的中国港口共包揽七席,余下的第二、第六、第九名分别由新加坡港、韩国釜山港、阿联酋迪拜港摘得。前十大港口中,中国港口"军团"完成的集装箱吞吐量所占比重占到七成,为 69.53%,较上年 68.61%的分量进一步加重。

按吞吐量计,2015 年,全球十大集装箱港口排序依次为上海港、新加坡港、深圳港、宁波—舟山港、香港港、釜山港、青岛港、广州港、迪拜港、天津港。2015 年全球前十港口队列中未有新面孔出现,位次变化也仅有宁波—舟山港和香港港互相交换位置,其余港口仍保持原位。宁波—舟山港继 2014 年超越韩国釜山港、首次跻身世界前五后,2015 年又一鼓作气超越香港港,集装箱吞吐量多出香港港 50 多万标箱,坐上第四名的宝座,香港港则

由 2014 年的第四名滑落至第五名，釜山港虽位居第六，但以 70 万标箱左右的差距，大有重新夺回世界第五之势。

2015 年世界第一大集装箱港口仍为我国的上海港，上海港以 3 653.7 万标箱的吞吐量，连续 6 年坐稳全球第一的宝座。排名第二的新加坡港在 2015 年大幅下降 8.7%，上海港增长 3.5%，被上海港甩出一条街，差距逾 500 万标箱，多年贴身近搏争夺世界第一，彻底梦碎。从最近四年来看，上海港与新加坡港的差距呈逐步拉大之势，据 chineseport.cn 数据跟踪，2012 年上海港与新加坡港差距为 80 余万标箱，2013 年扩大到 100 余万标箱，2014 年差距再拉大到约 140 万标箱，而 2015 年更将差距锁定在 560 万标箱左右。

2015 年，深圳港完成集装箱吞吐量 2 420.4 万标准箱，连续三年稳坐全球第三的位置。据中港网数据，2013 年，深圳港首次超越香港港，跃居全球第三，其后逐渐扩大与第四名香港港的差距，世界第三的位置牢牢站稳。

宁波—舟山港近年发展势头迅猛，2014 年将曾经连续 11 年排名全球集装箱港口第五位的釜山港拉下马，之后马不停蹄，2015 年又夺得香港港全球第四的位置。据中港网数据，2015 年宁波—舟山港集装箱吞吐量增长 6%，虽受国内外经济形势低迷影响，较 2014 年增幅有所下滑，但仍居前十港口前列。更多最新集装箱行业发展趋势分析信息请咨询中国报告大厅网站发布的《2016—2021 年中国港口集装箱产业市场运行暨产业发展趋势研究报告》。

下滑一位退守第五的香港港，集装箱吞吐量已连续四年下跌，2015 年增幅为 −9.72%，创下 13 年来的新低，增速在前十大港口中垫底。值得注意的是，前十港口中，2015 年出现负增长的仅有香港港和新加坡港，新加坡港增幅为 −8.78%，反映出在世界经济不景气的背景下，以集装箱中转运输为主的港口，面临更大压力。

2014 年痛失世界第五宝座的釜山港，2015 年仍暂守第六名的位置，但 5.48% 的增速不容小觑，其与世界第五的差距不足 70 万标箱。2016 年釜山港或卷土重来，重返世界前五，其吞吐量也有望从 2015 年的 1 943 万标箱，进入 2 000 万标箱级的港口大佬“俱乐部”。

分别排名第七和第八位的青岛港与广州港，2015 年吞吐量均属于 1 700 万标箱量级，二者差距微乎其微，因而位次竞争更趋激烈和敏感。从近年的形势来看，据中港网数据显示，2012 年，青岛港以微弱差距惜败广州港，排名其后，2013 年，又以微弱优势打败广州港，排名其前，2014 年，再以微弱差距继续领先广州港。以可比的统计口径来看，2015 年，二者仅有几万标箱的咫尺之遥，呈现胶着之势。

阿联酋的迪拜港，2015 年完成集装箱吞吐量 1 559 万标箱，毫无悬念地保持了全球第九的排名。排名第十的天津港，在 2012 年将劲敌鹿特丹港挑落下马、首次跻身十大集装箱港行列之后，目前已牢牢坐稳第十的位置，将二者差距从 2013 年的约 140 万标箱，扩大到 2015 年的 180 多万标箱。

据测算，2015 年全球前十大集装箱港共完成箱量 21 634.7 万标箱，较 2014 年的 21 590.5万标箱，增长 0.2%，此增幅较 2014 年的 5.7%减少 5.5 个百分点，在全球经济形势低迷背景下，港口集装箱吞吐量增长也十分乏力。

2015 年,全球十大集装箱港"俱乐部"入门门槛仍为 1 400 万标箱,目前,全球1 500 万标箱以上港口共 9 个,2 000 万标箱以上港口共 5 个,比上年多出一个,3 000 万标箱以上港口为 2 个,见表 5-7。

表 5-7　2015 年全球 10 大集装箱港口吞吐量排名表　　单位:万 TEU

排名	港口	所属国家/地区	2015	2014	年增长(±%)
1(1)	上海	中国	3 653	3 528.53	3.55
2(2)	新加坡	新加坡	3 092.23	3 388.6	−8.78
3(3)	深圳	中国	2 421	2 403.7	0.72
4(5)	宁波—舟山	中国	2 062.9	1 939.5	6.36
5(4)	香港港	中国香港	2 022.4	2 228	−9.72
6(6)	釜山	韩国	1 943	1 842	5.48
7(7)	青岛	中国	1 743.56	1 658	5.16
8(8)	广州	中国	1 739.66	1 637.85	6.22
9(9)	迪拜	阿联酋	1 559	1 525	2.23
10(10)	天津	中国	1 411.13	1 406	0.36

注:(　)内位 2014 年排名,根据中国港口网 http://www.chinaports.org 整理

(4)集装箱综合运价指数

2015 年,油价下跌带来的成本减少使得航运公司的盈利有所改善,但是由于欧洲经济下半年复苏放缓拖累了集装箱海运量的增长,全年来看整个集运市场更是波折连连。中国出口集装箱运价指数(CCFI)屡创新低,跌破历史最低点,如图 5-4 所示。全球航运联盟的格局已经悄然成型,全球运力排名前 20 位的班轮公司已有 18 家都在 CKHYE、G6、2M 和 O3 四大联盟之中,据粗略估算,这四大联盟的运力将占到全球总运力 80%左右。联盟化和大型化使得行业集中度达到空前高度,未来欧美等主航线上或将只有前 20 的大船东,而没有大船的小船东将进一步被边缘化,行业面临进一步洗牌。

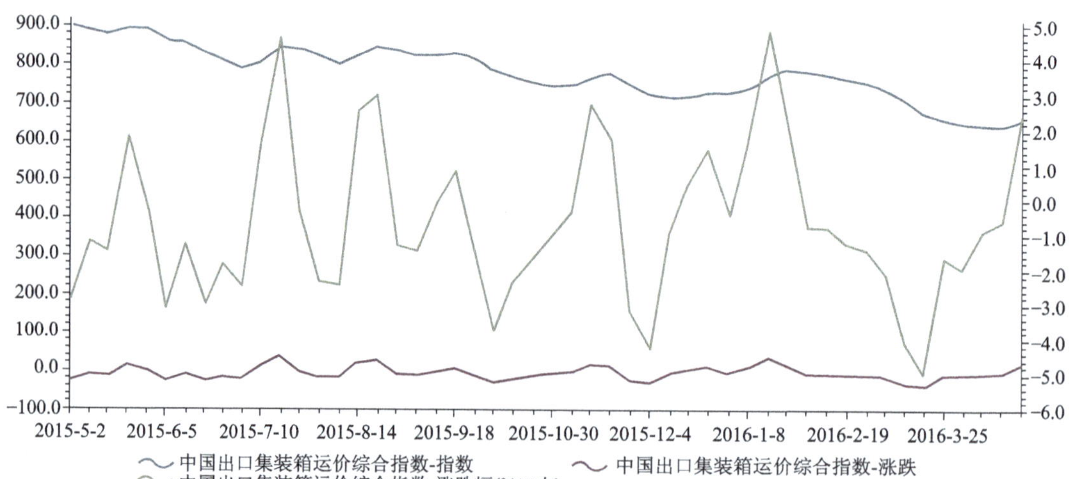

图 5-4　2013—2014 年中国出口集装箱综合运价走势(CCFI)

航运业在国内日子不好过，在国际上同样也不景气。春节期间，世界航运巨头丹麦马士基集团发布的2015年财报显示，受国际油价暴跌、运价下滑及所处业务领域供需差距悬殊等因素影响，马士基集团2015年业绩不佳。

作为全球航运业的风向标，波罗的海干散货指数(BDI)可谓是"惨不忍睹"。该指数2月10日报290点，为1985年1月波罗的海交易所开始编制该指数以来最低。值得一提的是，该指数在2014年11月开始下跌，当时指数还超过1 000点。业内把本轮BDI指数不断跳水的主要原因，归结为国际贸易低迷的同时，新船交付量却不断上升，导致了运力过剩加剧。

BDI指数是由几条主要航线的即期运费(Spot Rate)加权计算而成，反映的是即期运费市场行情，前三季度，BDI指数均值仅有744点，比去年同期下滑32%。2008年经济危机时，BDI指数最低点为663点，自2008年5月创历史新高(11 793点)以来，在近7年的时间里BDI指数累计下跌幅度已近96%。

纵观2014年以来的BDI走势(图5-5)，前5个月指数一直在600点左右震荡。从6月中旬开始，BDI出现快速上涨，至8月初涨至反弹的高点1 222点，近两个月累计涨幅达85%。之后，BDI指数直线下挫，9月中旬指数再度拉起，但仅维持了半个月又重回下跌通道。第四季度理应为国际海运市场的传统旺季时点，但是BDI指数却屡创新低。

BDI指数衡量的是铁矿石、煤炭等大宗商品的运输费用。目前全球经济持续放缓，多个国家和地区不断压缩对大宗商品的需求，尤其是中国这样的大宗商品需求大国经济增速放缓，导致航运需求减少。

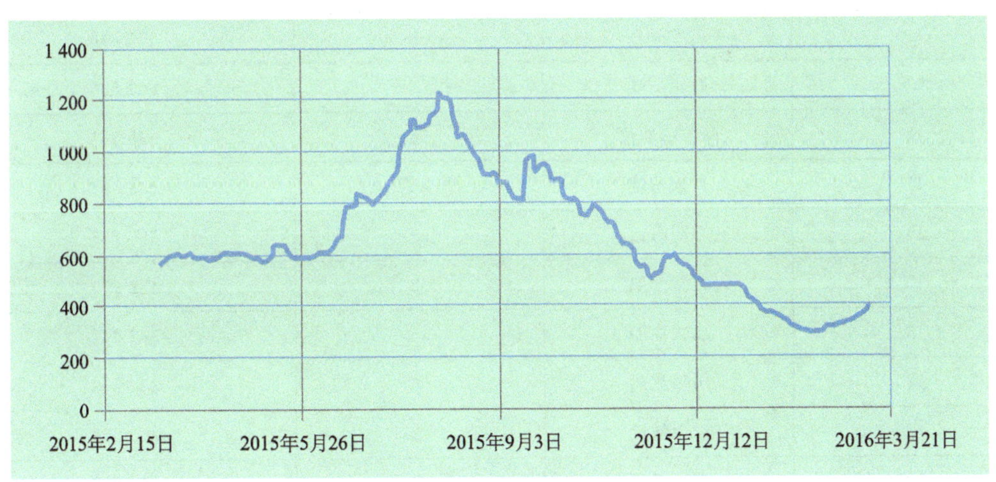

图5-5 2014年波罗的海干散货综合运价指数走势(BDI)

4. 全球班轮运输企业

2016年，班轮公司运力排名没有出现大的变化，其中，排名前3的公司仍为马士基航运、地中海航运、达飞集团(见表5-8)。全球集装箱船队运力规模虽然逐年有所增长，但是增长率持续下降，从2006年的16.5%下降至2012年的5.9%，运力规模从2005年的813万TEU增长至2014年内的1 644万TEU。据联合国贸易和发展会议(UNCTAD)所发布的《2015 海上运输报告》显示,全球商业船队正处于不断老龄化的趋势。随着班轮运输中的并购项目作用日益凸显,2014 年全球商船船队运力年增长率达到 10 年来的最低水平。

据贸发会议消息,在 2015 年初,全球商船总数为 89 464 艘船舶,总运力为 17.5 亿载重吨,与 2014 年同期相比,商船运力增长了 3.5%,成为过去十年来年度运力增长幅度最少的一年。

表 5-8 全球 20 大班轮公司运力排名表(截至 2016 年 2 月 1 日)

排名	公司	船队规模总计	
		艘数	TEU
1	马士基航运	593	3 019 641
2	地中海航运	486	2 673 374
3	达飞集团	458	1 820 430
4	长荣集团	192	939 887
5	赫伯罗特	173	930 014
6	中远集运	166	854 885
7	中海集运	127	699 852
8	汉堡南美	133	645 941
9	韩进海运	101	620 770
10	东方海外	106	575 846
11	商船三井	97	569 886
12	阿拉伯航运	58	538 834
13	美国总统	85	535 007
14	阳明海运	99	525 236
15	日本邮船	98	482 275
16	现代商船	56	389 447
17	川崎汽船	66	380 273
18	以星航运	82	360 329
19	太平船务	144	354 227
20	万海航运	89	220 617

数据来源:Alphaliner

5. 规模以上港口货物吞吐量

全国规模以上港口完成货物吞吐量 114.64 亿吨,比上年增长 1.9%。其中,完成煤炭及制品吞吐量 20.72 亿吨,石油、天然气及制品吞吐量 8.54 亿吨,金属矿石吞吐量 18.26 亿吨,分别下降 6.2%、增长 8.7%和 0.9%,见表 5-9。

表 5-9 2015 年规模以上港口各货类吞吐量及增长速度

货运名称	吞吐量（亿吨）	比上年增长（±%）	外贸吞吐量（亿吨）	比上年增长（±%）
总计	114.64	1.9	36.14	1.7
煤炭及制品	20.72	−6.2	2.11	−25.0
石油、天然气及制品	8.54	8.7	4.32	11.1
#原油	4.74	10.5	3.21	8.8
金属矿石	18.26	0.9	11.27	0.2
#铁矿石	16.42	0.9	10.23	0.8
钢铁	4.79	1.9	1.13	18.1
矿建材料	17.77	6.3	0.37	5.2
水泥	3.07	−0.8	0.15	7.4
木材	0.79	−3.8	0.61	−6.8
非金属矿石	2.57	3.7	0.63	26.7
化学肥料及农药	0.60	15.2	0.37	12.2
盐	0.18	−0.8	0.06	−24.9
粮食	2.51	3.4	1.19	25.2
机械、设备、电器	2.22	0.2	1.37	1.0
化学原料及制品	2.44	3.2	0.89	1.0
有色金属	0.17	3.8	0.11	−9.8
轻工、医药产品	1.16	0.7	0.52	11.6
农林牧渔业产品	0.55	10.8	0.24	3.6
其他	28.31	4.4	10.78	2.1

数据来源：2015 年交通运输行业发展统计公报

6. 全国货种吞吐构成

全国港口完成液体散货吞吐量 10.81 亿吨，比上年增长 8.5%；干散货吞吐量 73.61 亿吨，增长 1.6%；件杂货吞吐量 12.42 亿吨，减少 0.8%；集装箱吞吐量(按重量计算)24.55 亿吨，增长 4.5%；滚装汽车吞吐量(按重量计算)6.11 亿吨，增长 0.3%，如图 5-6 所示。

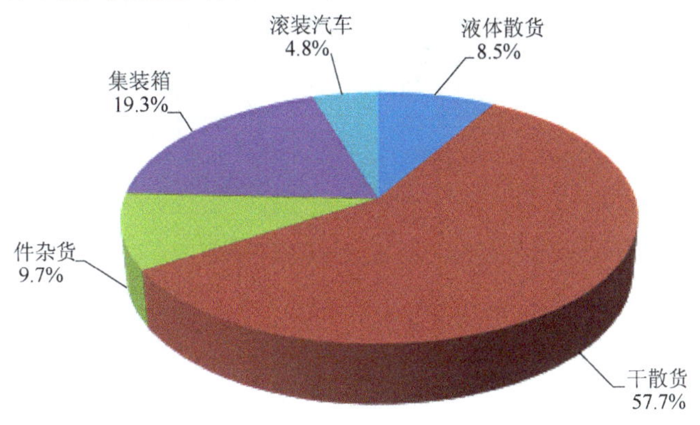

数据来源:2015年交通运输行业发展统计公报

图 5-6 2015 年各形态货种吞吐量构成

(二)水上运输船舶发展

2015 年末全国拥有水上运输船舶 16.59 万艘，比上年末减少 3.5%；净载重量 27 244.29 万吨，增长 5.7%；平均净载重量 1 642.16 吨/艘，增长 9.5%；载客量 101.73 万客位，减少 1.5%；集装箱箱位 260.40 万 TEU，增长 12.3%；船舶功率 7 259.68 万千瓦，增长 2.8%，见表 5-10、图 5-7。

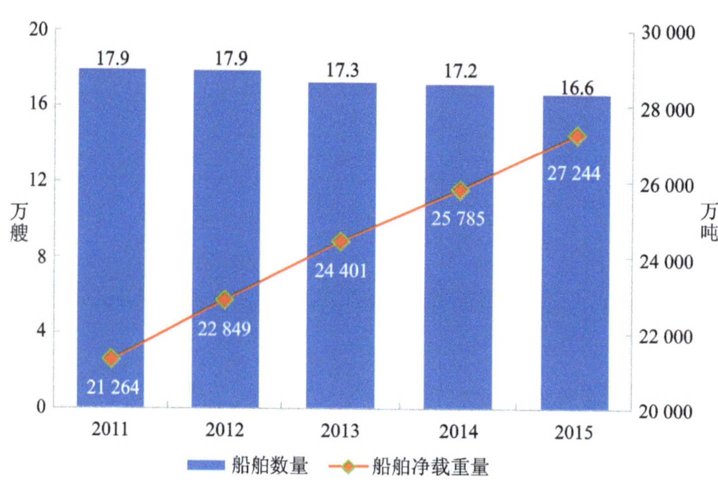

图 5-7　2010—2014 年水上运输船舶发展

表 5-10　2015 年海上运输船舶构成

指标	计量单位	实绩	比上年增长(±%)
内河运输船舶：			
运输船舶数量	万艘	15.25	−3.7
净载重量	万吨	12 494.01	10.8
平均净载重量	吨/艘	819	15.1
载客量	万客位	78.27	−3.1
集装箱箱位	万 TEU	27.05	4.9
船舶功率	万千瓦	3 278.81	4.1
沿海运输船舶：			
运输船舶数量	艘	10 721	−3.0
净载重量	万吨	6 857.99	−0.9
平均净载重量	吨/艘	6 397	2.1
载客量	万客位	20.91	5.2
集装箱箱位	万 TEU	53.33	12.9
船舶功率	万千瓦	1 857.66	−1.9
远洋运输船舶：			
运输船舶数量	艘	2 689	3.3
净载重量	万吨	7 892.29	4.0
平均净载重量	吨/艘	29 350	0.7
载客量	万客位	2.55	−0.9
集装箱箱位	万 TEU	180.01	13.3
船舶功率	万千瓦	2 123.21	5.3

(三)海上航运服务业

海运服务业与国际经济和国际贸易紧密关联，绝大部分的国际贸易都通过海运服务来交互、实现。现在，我国的海运服务业还比较薄弱，配套政策尚不健全，企业运营管理水平不高，国际航运中心建设不完善，综合国际竞争力较弱，这直接导致我国海运业大而不强的现状。

以国际航运中心建设为例，国际航运中心是航运产业链相关环节尤其是中高端航运服务业集聚的一个功能性的综合概念，国际航运中心的发展建设情况也成为航运服务业发展情况的主要标志。

互联网＋与航运服务业：

2015 年 5 月上旬，国务院印发《关于大力发展电子商务加快培育经济新动力的意见》。根据意见，到 2020 年，将基本建成统一开放、竞争有序、诚信守法、安全可靠的电子商务大市场。电子商务与其他产业深度融合，成为促进创业、稳定就业、改善民生服务的重要平台。

今年的政府工作报告中首次提出“互联网＋”行动计划，将互联网纳入国家战略。如今越来越多的企业寄望于互联网对传统行业进行改造，为之带来经济运行模式上的改变。

在传统监管模式下，跨境电商交易商品一般通过商业快递公司、邮政包裹等物流方式由物流公司负责报关出口，由于邮递和快件渠道个人物品清关没有报关单，企业无法结汇和收汇，不能享受出口退免税政策，出口企业利润空间被压缩，而且通关手续也比较繁琐，这极大地阻碍了跨境电商的持续健康发展。如今，通过港口优势，结合平台信息技术支撑，将仓储物流，对外贸易，国际采购、分销和配送、国际中转、检测和售后服务维修，商品展示，研发、加工、制造、港口作业等功能有机地和跨境电商结合一体，将大大加强跨境电商的智能化及完整性，跨境电商交易可以在平台上集约化阳光通关。“港口直销”让商品全球同价。

世界海运市场已由整体繁荣期进入新一轮漫长调整期。全球航运业也正在探索新的发展模式，从传统的单一环节竞争转向链与链(物流链)、网与网(生态网)的竞争。互联网时代下，航运业自身有着强烈的内在创新驱动力。

“互联网＋交通”的设想，将互联网产业与传统交通运输业进行有效渗透与融合，形成具有“线上资源合理分配，线下高效优质运行”的新业态和新模式，加快推进交通运输由传统产业向现代服务业转型升级。

(四)港口与水运基础设施建设

2015 年末全国港口拥有生产用码头泊位 31 259 个，比上年末减少 446 个。其中，沿海港口生产用码头泊位 5 899 个，增加 65 个；内河港口生产用码头泊位 25 360 个，减少 511 个。全国港口拥有万吨级及以上泊位 2 221 个，比上年末增加 111 个。其中，沿海港口万吨级及以上泊位 1 807 个，增加 103 个；内河港口万吨级及以上泊位 414 个，增加 8 个，见表 5-11。

表 5-11　2015 年全国港口万吨及以上泊位　　单位:个

泊位吨位	全国港口	比上年末增加	沿海港口	比上年末增加	内河港口	比上年末增加
合计	2 221	111	1 807	103	414	8
1 万～3 万吨级(不含 3 万)	793	38	619	33	174	5
3 万～5 万吨级(不含 5 万)	369	4	266	5	103	−1
5 万～10 万吨级(不含 10 万)	728	44	600	42	128	2
10 万吨级及以上	331	25	322	23	9	2

全国万吨级及以上泊位中,专业化泊位 1 173 个,通用散货泊位 473 个,通用件杂货泊位 371 个,比上年末分别增加 59 个、32 个和 11 个,见表 5-12。

表 5-12　2015 年全国港口万吨及以上泊位(按主要用途分)　　单位:个

泊位用途	2015 年	2014 年	比上年增加
专业化泊位	1 173	1 114	59
♯集装箱泊位	325	322	3
煤炭泊位	238	219	19
金属矿石泊位	80	64	16
原油泊位	73	72	1
成品油泊位	133	130	3
液体化工泊位	184	172	12
散装粮食泊位	38	36	2
通用散货泊位	473	441	32
通用件杂货泊位	371	360	11

三、航运政策解读

(一)《关于取消有关水运涉企行政事业性收费项目的通知》解读

2015 年 8 月 17 日,财政部和发改委印发了《关于取消水运涉企行政事业性收费项目的通知》(以下简称《取消收费》),为便于有关管理部门、行业组织和企业准确理解、把握相关政策,在此进行解读。

1.《取消收费》的提出背景及意义

在业界看来,自 2008 年全球金融危机以来,航运业已经历了多年寒冬,目前仍未有任何复苏迹象,整个行业亏损严重。

随着 2016 年来临,航运业会如何发展已经成为关注的焦点。显然一些航运公司将依然艰难。航运业的恢复前景不明确,缺乏乐观预期。回顾 2015 年,油价急剧下降至近

11年来低位成为过去一年市场发展的决定性因素，而中东地区的政治局势紧张使得2016年年初布伦特石油的价格达到37.99美元/桶，上升1.9%。尽管如此，大多数分析师并不认为2016年石油价格将出现持续上升。

油价的低迷也使得船东们喜忧参半。低油价意味着较低的运营成本，目前燃油价格仍维持在170～180美元/吨水平，是过去10年里几乎未曾出现过的低价。同时，油船（船型、船厂、买卖）领域也因油价下跌受益良多。在2015年里，油船船东享受了自2008年以来的最好的一年。截至2015年底，VLCC的运价仍然维持在100 000美元/日水平。然而，油船市场能够持续多久的繁荣仍然是一个问题。尽管目前市场仍保持强劲趋势，但随着越来越多的新船订单签订，许多业界人士内心已敲响了警钟，认为这一强劲趋势在2016年第一季度或第二季度之后便不会持续。

尽管油运业已成为当前航运业的金主，但海工领域持续受到低油价的冲击。在过去的一年里，海工船和钻井平台（船型、船厂、买卖）的利润出现大幅下降，许多订单已被撤销，一些公司已濒临破产。未来一年里，由于石油公司贸易额持续低迷，海工船和钻井平台的需求预计将进一步降低，现金流将成为这一领域中许多公司最为关注最亟待解决的问题。

而对于散运业，市场前景也并不光明。随着大众商品市场泡沫破灭，中国需求降低，散运市场的需求也在持续降低。2015年12月BDI指数打破了历史最低纪录，创下了该纪录创立以来的最新低，截至年底也仅持续在478点。展望2016年，市场需求增长的持续疲软，运力供大于求差距持续扩大使得船东难以乐观看待市场。其中，曾在数年前目标成为全球最大的散货船（船型、船厂、买卖）船东的Scorpio Bulkers，更是在去年以1.67亿美元的价格出售5艘好望角型散货船，退出该型船市场。

集运市场在2015年上半年表现优秀，但在下半年仍在风暴中挣扎。由于集运需求量低于预期水平，加上市场上新船运力激增，尤其是大量超大型船进入市场对集运运价日益造成下行压力。规模效益将成为2016年集运业的关键问题，无论是在船舶尺寸上，还是在公司规模上。整合将成为未来一年里集运市场上的重要特点，而达飞收购东方海皇、中远中海合并也将成为2016年集运业整合的关键发展。随着企业发展日益艰难，市场环境持续低迷，未来一年里预计只有资金充足的企业才能看到增长的机会。

根据国务院关于推进收费清理改革工作部署，在航运业寒冬的情况下，为切实减轻航运企业负担，决定取消有关水运涉企行政事业性收费项目。

2.《取消收费》内容解读

(1)自2015年10月1日起，取消船舶港务费、特种船舶和水上水下工程护航费、船舶临时登记费、船舶烟囱标志或公司旗注册费、船舶更名或船籍港变更费、船舶国籍证书费、废钢船登记费等7项中央级设立的行政事业性收费。

(2)各省（区、市）财政、价格部门要对省级设立的水运涉企行政事业性收费项目进行清理。取消属于政府提供普遍公共服务或体现一般性管理职能，以及主要目的是养人、违背市场经济基本原则的不合理收费项目。坚决取缔违规设立的收费项目。

(3)取消有关水运涉企行政事业性收费项目后，相关部门和单位依法履行职能和事业发展所需经费,由同级财政预算予以统筹安排,保障工作正常开展。

(4)有关执收部门和单位要到财政部门办理财政票据缴销手续。有关行政事业性收费的清欠收入,应当按照财政部门规定的渠道全额上缴国库。

(5)各地区和有关部门要严格执行本通知规定,对公布取消的水运涉企行政事业性收费项目,不得以任何理由拖延或者拒绝执行,不得以其他名目或者转为经营服务性收费方式变相继续收费。各级财政、价格部门要加强对落实本通知情况的监督检查,对不按规定取消相关收费项目的,按有关规定给予处罚,并追究责任人员的行政责任。

通知称,根据国务院关于推进收费清理改革工作部署,为切实减轻航运企业负担,决定取消有关水运涉企行政事业性收费项目。

具体为:自 2015 年 10 月 1 日起,取消船舶港务费、特种船舶和水上水下工程护航费、船舶临时登记费、船舶烟囱标志或公司旗注册费、船舶更名或船籍港变更费、船舶国籍证书费、废钢船登记费等 7 项中央级设立的行政事业性收费。

各省(区、市)财政、价格部门要对省级设立的水运涉企行政事业性收费项目进行清理。取消属于政府提供普遍公共服务或体现一般性管理职能,以及主要目的是养人、违背市场经济基本原则的不合理收费项目。坚决取缔违规设立的收费项目。

取消有关水运涉企行政事业性收费项目后,相关部门和单位依法履行职能和事业发展所需经费,由同级财政预算予以统筹安排,保障工作正常开展。

通知还要求,有关执收部门和单位要到财政部门办理财政票据缴销手续。有关行政事业性收费的清欠收入,应当按照财政部门规定的渠道全额上缴国库。

各地区和有关部门要严格执行本通知规定,对公布取消的水运涉企行政事业性收费项目,不得以任何理由拖延或者拒绝执行,不得以其他名目或者转为经营服务性收费方式变相继续收费。各级财政、价格部门要加强对落实本通知情况的监督检查,对不按规定取消相关收费项目的,按有关规定给予处罚,并追究责任人员的行政责任。

《取消收费》是国家稳增长、促改革、调结构、惠民生、防风险的重要举措,其中船舶港务费的取消将切实减轻航运企业的负担,增强企业活力,扩大对外贸易。据估算,取消收费后,仅日照港一港,国家每年可为进出日照港的船舶减免港务费就达 7 000 多万元。

第一,大幅压缩和减少行政事业性收费。据测算,取消船舶港务费,每年将减轻企业负担 54 亿元;取消特种船舶和水上水下工程护航费,每年减负 4 800 万元;规范简化合并船舶登记费,取消船舶登记费中的临时登记费、烟囱标志或公司旗注册费、船籍港变更费、国籍证书费和废钢船登记费等 5 项,每年减负 300 万元。

第二,大力推进港口收费改革。采取各项举措,切实减免港口收费管理。具体举措如下:2014 年 11 月 22 日,交通部会同国家发展改革委联合印发了《关于开放港口竞争性服务收费有关问题的通知》,简化、合并港口收费项目,把内外贸集装箱、散杂货装卸作业费等劳务性收费综合起来,计入港口作业包干费,实行市场调节。2015 年 7 月 23 日,交通部又与国家发展改革委联合印发了《关于调整港口船舶使费和港口设施保安费有关问题的通知》。8 月 21 日,交通部又配合国家发展改革委、财政部联合印发了《关于建立长江沿线涉及航运企业收费目录清单制度等问题的通知》,规范长江沿线各港口收费管理,切实减轻企业负担。

第三，加强水上涉企收费的监督检查。目前，交通运输部正在积极配合有关部门组织开展对水上涉企收费情况的检查，重点规范港口经营服务性收费。对于违反规定、强制收费、未实行收费目录清单等行为，坚决依法查处。

目前，涉及交通运输部职责的中央行政事业性收费只保留了4项。这四项中，长江干线引航费、船舶及船用产品设施检验费、船舶登记费等三项是体现国家主权、按照国际惯例和对等原则收取的行政事业性收费；考试考务费是向特定服务对象收取的费用。

(二)船舶检验管理规定（中华人民共和国交通运输部令2016年第2号）

《船舶检验管理规定》(以下简称《规定》)已于2016年1月14日经第1次部务会议通过，现予公布，自2016年5月1日起施行。

管理规定解读如下：

1. 明晰管理权责所属

1998年改革后，船检局的职能主要由由国家海事管理机构承担。《规定》在1993年国务院发布的《船舶和海上设施检验条例》基础上，进一步明确了交通运输部、地方人民政府交通主管部门在船舶检验管理的职责从属。交通运输部主管全国船舶检验工作，而交通运输部海事局具体统一实施管理，各级海事管理机构依据各自职权开展船舶检验监督工作。

2. 明确并细化了船检业务范围

《规定》明确，船舶检验机构包括国务院交通运输主管部门和省、自治区、直辖市人民政府设置的船舶检验机构和外国船舶检验机构在中华人民共和国境内设立的验船公司。船舶检验机构的设置审批是保留的行政许可项目，考虑到不同船舶检验机构所能从事的检验业务的能力差异，为保证船舶检验机构的业务范围与其检验能力相适应，保证船舶检验质量，《规定》明确了船舶检验机构的业务范围。

3. 强调安全监管

《规定》对安全风险较大的环节，进一步明确了检验要求，通过加强船舶检验，保障船舶航行安全。《规定》还明确了船舶试航应当取得试航检验证书，国内船舶检验机构应当确认船舶试航状态符合船舶配载及稳性状态。

4. 界定法定检验和入级检验

《规定》准确定义明确了这两个概念。法定检验是指船旗国政府或者其认可的船舶检验机构按照法律、行政法规、规章和法定检验技术规范，对船舶、水上设施、船用产品和船运货物集装箱的安全技术状况实施的强制性检验。入级检验是指应船舶、水上设施的所有人和经营人自愿申请，按照拟入级的船舶检验机构的入级检验技术规范，对船舶、水上设施进行的检验，并取得入级船舶检验机构的入级标识。根据《船检条例》第十三条的规定，《规定》明确了中国籍国际航行船舶以及部分中国籍国内航行船舶加入船级，应当向中国船级社申请入级检验。全国性和跨区域的船舶法定检验技术规范由国家海事管理机构制定，由交通运输部发布实施。

5. 明确管理要求

明确要求了对船舶检验机构和检验人员的执业行为,包括检验的受理,检验证书签发、注销、撤销要求以及禁止性行为等。同时,对海事管理机构对船舶检验机构的监督管理要求予以了明确。

6. 探索自贸区入级检验

考虑到国家目前对自贸区在各方面采取了特殊性的政策,船舶登记方面也在探索实施创新制度。《规定》在第六条关于外国验船公司的业务范围中规定了"经交通运输部海事局认可,在逐步开放的范围内对自由贸易区登记的中国籍国际航行船舶实施入级检验",同时在第二十七条中原则性地规定"除本规定第六条第(四)项规定的情形外,中国籍国际航行船舶加入船级的,应当向中国船级社申请入级检验"。

对于船检行业而言,《规定》的出台让船检工作有了更为有力的抓手,而对于整个交通运输行业来说,则折射出交通运输发展正朝着更为法治化、开放化的方向稳步前行。法治思维正逐步贯穿交通运输行业各领域和环节。《规定》是船检体制改革后交通运输部制定的第一个船舶检验管理规章,这个近二十年磨一剑的《规定》,填补了一直横亘在国家《船舶和海上设施检验条例》与部门规章之间的空白,使船检行业的法律法规体系更加完善,各种权责关系更加明确,船舶检验将以更加严格化、标准化的服务为水上安全提供更加有力的保障。随着行业进一步规范和开放,必将引领未来范围更广、程度更深的发展空间,中国的船舶检验已经开始以主动开放的姿态"走出去",与世界前列水平接轨。

(三)加快自贸区与航运业共同发展的政策

从 2013 年 9 月,国务院下发上海自贸区方案至今,中央政府共计出台了 12 份有关自贸区的政策文件,截至目前,国务院通过文件正式确立了 4 个自贸区,分别是:上海自贸区、福建自贸区、天津自贸区和广东自贸区。随着经济发展进入新常态,面对全球经济缓慢复苏和国内深层次结构性矛盾凸显的双重压力,我国必须加快培育经济增长的新动力。党的十八届三中全会提出,"构建开放型经济新体制,促进国际国内要素有序自由流动、资源高效配置、市场深度融合,以开放促改革;加快海关特殊监管区域整合优化;在推进现有试点基础上,选择若干具备条件地方发展自由贸易园(港)区"。当前,在推进自由贸易试验区(简称"自贸区")建设的同时,如何促进自贸区与港航业协同发展、如何探索港航业转型发展的新路径,是一个值得思考的问题。

1. 上海自贸区

目标是建立具有国际水准的投资贸易便利、货币兑换自由、监管高效便捷、法制环境规范的自由贸易试验区、推进改革和提高开放型经济水平的"试验田"。本自贸区的建立对加快政府职能转变、积极探索管理模式创新、促进贸易和投资便利化,为全面深化改革和扩大开放探索新途径、积累新经验,具有重要意义。重要政策措施是深化行政管理体制改革、扩大服务业开放、探索建立负面清单管理模式、构筑对外投资服务促进体系、推动贸易转型升级、提升国际航运服务能级、加快金融制度创新、增强金融服务功能、完善法制保障。

2. 福建自贸区

为了贯彻"一带一路"建设等国家战略，在构建开放型经济新体制、探索闽台经济合作新模式、建设法治化营商环境等方面，率先挖掘改革潜力，破解改革难题，福建自贸区也于2015年正式成立。目标是建立与国际投资贸易规则相适应的新体制、增强闽台经济关联度、投资贸易便利、金融创新功能突出、服务体系健全、监管高效便捷、法制环境规范的自由贸易园区。主要措施重点在于深化行政管理体制改革、改革外商投资管理模式、构建对外投资促进体系、拓展新型贸易方式、提升航运服务功能、推进通关机制创新、探索闽台产业合作新模式、扩大对台服务贸易开放、推动对台货物贸易自由、促进两岸往来更加便利、扩大金融对外开放、拓展金融服务功能、推动两岸金融合作先行先试、推进服务贸易自由化、推动航运自由化、建设国际旅游岛。

3. 天津自贸区

基于先天地理位置优势，天津自贸区的建立是为了贯彻京津冀协同发展等国家战略，在构建开放型经济新体制、探索区域经济合作新模式、建设法治化营商环境等方面，率先挖掘改革潜力，破解改革难题。意图将自贸试验区建设成为贸易自由、投资便利、高端产业集聚、金融服务完善、法制环境规范、监管高效便捷、辐射带动效应明显的国际一流自由贸易园区，在京津冀协同发展和我国经济转型发展中发挥示范引领作用。主要任务是深化行政体制改革、提高行政管理效能、降低投资准入门槛、改革外商投资管理模式、构建对外投资合作服务平台、完善国际贸易服务功能、增强国际航运服务功能、创新通关监管服务模式、推进金融制度创新、增强金融服务功能、提升租赁业发展水平、建立健全金融风险防控体系、增强口岸服务辐射功能、促进区域产业转型升级、推动区域金融市场一体化、构筑服务区域发展的科技创新和人才高地。

4. 广东自贸区

广东自贸区的目标为营造国际化、市场化、法治化营商环境，构建开放型经济新体制，实现粤港澳深度合作，形成国际经济合作竞争新优势，力争建成符合国际高标准的法制环境规范、投资贸易便利、辐射带动功能突出、监管安全高效的自由贸易园区。为了贯彻"一带一路"建设等国家战略，在构建开放型经济新体制、探索粤港澳经济合作新模式、建设法治化营商环境等方面，率先挖掘改革潜力，破解改革难题。主要政策举措为：优化法治环境、创新行政管理体制、建立宽进严管的市场准入和监管制度、进一步扩大对港澳服务业开放、促进服务要素便捷流动、推进贸易发展方式转变、增强国际航运服务功能、推动跨境人民币业务创新发展、推动适应粤港澳服务贸易自由化的金融创新、推动投融资便利化、建立健全自贸试验区金融风险防控体系、引领珠三角地区加工贸易转型升级、打造泛珠三角区域发展综合服务区、建设内地企业和个人"走出去"重要窗口。

在国务院要求全国范围推广上海自贸区经验，仅3个月后，国务院就宣布成立了福建自贸区。2015年1—4月是国务院推动自贸区发展的政策密集期，这4个月里连续下发了8项自贸区相关的文件，尤其是2015年4月8日一天，国务院就下发了6项政策文件。这些文件除了新成立其他自贸区外，分别从自贸区联席会议制度、进一步推动上海自贸区开放、外资安全审查和负面清单等方面对自贸区运转机制进行了完善。同时，我们发现，从第一个上海自贸区成立后,19 个月后,国务院就在同一天成立了福建、天津和广东 3 个自贸区,成立速度惊人。福建、天津和广东 3 个自贸区同时成立半年多以后,2015 年 12 月,国务院下文要求在全国范围内加快实施自由贸易区战略。这可以视为是给 2016 年的自贸区发展释放的一个重要信号。而在今年的两会上,李克强总理在政府工作报告中也再次明确表示要加快自贸区建设,因此,我们可以预判在不久的将来,除沪闽津粤四地以外的其他地区,也会很快出现更多自贸区。这些自贸区将会进一步推动我国的开放经济发展,而对于自贸区所在地而言,他们能够因获得更多优惠政策而成为政策洼地,这些因素将极大催动当地的招商引资大跨步发展。

在现有自贸区发展经验中,我们发现:

1. 培育港区优势产业和新型业态是促进自贸园区与港航业协同发展的重要路径

(1)借鉴全球自贸园区的成功经验,提高投资贸易自由化、便利化程度

全球自贸园区的经验表明,提高投资贸易自由化、便利化程度是促进自由贸易园区与港航业协同发展的有效途径。

(2)加大自贸区的制度创新,是探索贸易、投资、航运和金融服务协同发展的新途径

我国自贸区建设取得了积极进展,2013 年 8 月 22 日国务院正式批准设立中国(上海)自由贸易试验区,标志着我国在整合以往设立条件、优惠政策和管理体制的基础上,提高服务投资领域的开放水平和便利程度,探索贸易、投资、航运和金融服务协同发展的新途径。

(3)培育自贸园区优势产业和新型业态,形成独特的产业特征和可持续发展动力,将成为我国自贸区发展的战略重点

自贸区是撬动我国新一轮改革开放的支点并将发展成为引领我国提高开放型经济水平的增长极,为全面深化改革和扩大开放探索新途径、积累新经验,特别是其在金融业、现代服务业领域积累的经验,将有力地推动我国构建开放型经济体系。

(4)立足自贸区的政策创新优势,加快形成差异化的高端产业集群

当前,亟待探索扩大开放的新途径、以开放促改革、构建新常态下我国开放型经济发展的新路径、新模式。

2. 打造各具特色的国际航运城市是促进自贸区与港航业协同发展的战略举措

(1)自贸区与港航业协同发展的战略重点在于,根据城市的特点和优势,选准切入点,集中力量打造有自身特色的航运中心,形成其他城市或地区难以模仿的核心竞争优势

国际航运中心建设对城市经济转型和长远发展具有重要意义。以构建推动全方位开放的国际航运中心布局为抓手,引领经济中心和贸易中心快速发展,促使国际航运中心、经济中心和贸易中心“三个中心”联动,集聚全球的人流、物流和资金流。从战略的高度重视国际航运中心的建设,借鉴全球自由港区国际航运中心建设的经验,打造各具特色的国际航运城市,构建联动发展的全方位开放新布局。

(2)以建设国际航运中心为抓手,逐步实现沿海港口群的分工合作

适应现代国际港口发展的趋势和区域经济发展的潮流,推进国际航运中心和国际物流中心的建设,积极推进周边港口的联合与协作,尽快形成布局合理、优势互补和体现整体竞争力

的港口群。借鉴国际大港发展的先进经验，探索各港口间的合作途径和有效形式。

(3)形成优势互补的临港产业园区，促进自贸区与港航业协同发展

腹地经济是国际航运中心的一大特征，国际航运中心同腹地经济的发展是密不可分的。发展自贸区需要临港经济区的产业支撑，要加强组合港功能建设，各港之间有机结合，形成网络，港城优势互补、层次分明、功能明确。实现港口间的分工合作，逐步打破传统港航产业的界限，避免重复建设以及防止无序竞争，形成“多赢”的融合发展局面。

3. 推进港区联动发展是促进自贸区与港航业协同发展的有效措施

(1)充分发挥港口功能和自贸区的政策优势

加快港区功能组合并延伸放大，将物流中转、仓储、分拨、配送和运输等功能有效整合，形成具有国际先进水平的港航服务和现代物流综合服务体系。逐步完善港区综合物流功能、国际贸易功能和资源增值功能，争取更加有利的政策，努力建设世界一流水平的自贸区。

(2)大力发展现代航运物流服务业

建设国际航运中心将有利于进一步推进全方位的对内对外开放，有利于国外跨国公司的集聚和本土跨国公司的培育。吸引内陆腹地企业到港口投资建设码头，在岸线使用和税收上给予鼓励政策。增强港口航运企业的境内外融资能力，扩大港口行业上市公司规模，提高效益和融资能力。

(3)加快形成横向化对等结网的网络化结构的港区经济体系

在全球城市竞争格局中，等级体系中的区域化特征日趋明显。在交通便利化和信息化背景下，城市之间要逐渐摆脱传统地域分工的纵向等级化，形成横向化对等结网的网络化结构的港区经济体系，增大城市发展的自由度。未来的城市体系发展将呈现合作型城市群形态，在差异化竞争中谋求合作，形成“共同高端化，高端差异化”的分工格局。

(4)发挥区位优势，建设各具特色的航运城市群

这是基于发展实际的重大战略选择，对于可持续发展具有重大而深远的意义，要以超前的思维、敏锐的眼光，准确把握国家宏观环境的变化，抓住宏观政策带来的机遇，果断决策，务实进取，推动经济的快速发展。在激烈的区域经济竞争中，综合各种因素对各港口进行分工，注重协同发展，形成合力，建设各具特色的国际航运城市群。

4.“一带一路＋自贸区”与“互联网＋航运中心”战略，推动自贸区与港航业协同发展的政策保障

基于以上分析，建议实施“一带一路＋自贸区”和“互联网＋跨境贸易区”融合发展战略，提高企业在全球范围内配置资源的能力，促进自贸区与港航业协同发展，打造我国对外开放的升级版。

(1)发展“一带一路”自贸区网络

全方位推动“一带一路”战略，发挥亚投行与“上合组织”的影响和作用，推广我国具有国际竞争力的高铁、核电、超高压电网和电信网络技术，建立陆上丝绸之路经济带的基础设施网络，形成以大城市为主体的自由贸易网络，构建丝绸之路自由贸易经济带，并逐渐向欧洲延伸。同时，加快与海上丝绸之路沿线国家建立自贸区，发展海上丝路自由贸易经济带。

(2)构建“互联网＋跨境贸易区”网络

结合亚太自贸区的具体实践,发展面向未来的"互联网+跨境自贸区"数字化网络,扩大进出口贸易、吸引外资和服务企业对外投资。加快电子商务立法,特别是健全互联网税收、通关等方面的制度建设,促进电子商务企业发展跨境业务。为互联网跨境贸易企业构建物联网、云计算、大数据、电子认证和产品追溯等公共服务平台,以物联网、云计算、大数据和工业 4.0 为引导,实现从原料供应、仓储、加工、产品销售、融资、结算和服务等业务环节与互联网的融合,创新产业模式和商业模式。

(3)探索实施"一带一路+自贸区"与"互联网+航运中心"融合发展战略。"一带一路"战略是我国构建全方位对外开放新格局的重要基础,着力把自贸区建设与"一带一路"、"互联网+"等国家战略相结合,为我国经济发展注入新的动力。建议顶层设计"一带一路+自贸区"与"互联网+航运中心"融合发展战略,夯实港航物流服务基础,提升现代航运服务水平,促进港航业和自贸区的深度融合,助推国际航运中心建设,带动自贸区与港航业协同发展。加快自贸区的贸易投资自由化便利化进程,积极主动地参与国际新分工、国际新标准设置和国际新规则制定,促进自贸区与港航业协同发展,扩大服务业对外投资,提高企业在全球范围内配置资源的能力,打造我国对外开放的升级版,释放更大的改革开放潜力。

(四)《中华人民共和国港口收费计费办法》解读

2016 年,交通运输部、国家发改委以规范性文件的形式联合下发《中华人民共和国港口收费计费办法》(以下简称《计费办法》),以"减项、并项、降费"为原则,清理和修订了港口收费相关文件,调整和优化了港口收费政策制度,并对港口收费项目、计费方式、收费标准等进行了进一步的完善和规范。《计费办法》自 2016 年 3 月 1 日起实施,有效期为 5 年,与此同时正式废止已实施 10 年以上的《港口收费规则》,此举标志着我国港口收费改革取得重大突破。《计费办法》精简了港口收费项目和条款,通过梳理与港口收费相关的两件部规章和 9 个规范性文件近 200 条规定,将与计费相关的内容统一纳入《计费办法》,并以规范性文件的形式发布,有利于行业动态调整收费标准,提高收费政策的执行效率。

《计费办法》还优化了收费管理模式,港口作业费按环节收费调整为按全过程收费,将 35 个作业或服务环节统一纳入港口作业包干费一并计收,同时,改变了计费方式,将国际客运、旅游船舶的包干费统一由运营企业支付,不再向旅客收取。

交通运输部表示,《计费办法》的发布实施,完善了港口价格形成机制,释放了市场活力,降低了航运企业和进出口企业的负担,预计每年减轻企业负担 10 亿元,改善了进出口服务环境。

《计费办法》还从制度设计上规范了港口收费行为,通过精简港口收费项目和条款,使港口收费更加清晰明了,既方便企业使用,又有利于政府监管和社会监督,为水运事业发展、提升港口服务质量、促进外贸稳增长等进一步创造了有利条件。

交通运输部表示,2014 年,交通运输部会同国家发展改革委共同推进港口收费价格改革,2014 年 11 月共同发布了《关于放开港口竞争性服务收费有关问题的通知》,2015 年 7 月共同发布了《关于调整港口船舶使费和港口设施保安费有关问题的通知》,此次又共同发布《计费办法》,这一系列港口价格改革政策措施的出台,建立了一套市场化、规范化的港口收费体系,标志着我国港口收费市场化管理体系的基本形成。

1. 港口收费改革的主要内容

(1)关于竞争性收费改革

① 放开港口劳务性和船舶供应服务收费标准

集装箱、外贸散杂货装卸作业,国际客运码头作业等劳务性收费,以及船舶垃圾处理、供水等服务收费,由现行分别实行政府指导价、政府定价统一改为市场调节价,由港口经营人、船舶供应服务企业根据市场供求和竞争状况、生产经营成本自主制定收费标准,堆存保管费继续实行市场调节价。

② 规范劳务性收费计费方式

对内外贸集装箱、散杂货装卸作业费(不含堆存保管费)、国际客运码头作业费等各类劳务性收费,由现行按作业环节单独设项收费改为包干收费,综合计收港口作业包干费。国际客运码头作业包干费统一由国际客运和旅游客运运营企业支付,不得再向旅客收取。

③ 简化港口收费项目

将原规定按作业过程分别收取的外贸散杂货装卸费等 28 项收费项目取消,统一归并到港口作业包干费内,简化了具体收费项目。

④ 加强港口收费行为监管

港口经营人、船舶供应服务企业应当建立服务、收费目录清单制度,在其经营场所显著位置公示收费项目、对应服务内容和收费标准,接受社会监督。自主制定、调整收费标准时,要充分考虑用户承受能力,至少于执行前 1 个月对外公布,并采取书面、电话、短信息、电子邮件等多种方式通知用户,确保用户周知。依法查处企业各类违法违规收费行为,切实保护用户合法权益。

⑤ 完善港口收费规则

按照《交通运输部、国家发展改革委关于放开港口竞争性服务收费有关问题的通知》规定内容统一我国港口内贸、外贸收费规定,研究制定《计费办法》,另行公布。本通知自 2015 年 1 月 1 日起执行。《交通部关于修订公布国际客运、旅游船舶和旅客码头收费试行办法的通知》《交通部、国家计委关于发布〈国内水路集装箱港口收费办法〉的通知》同时废止,凡与本通知相抵触的有关规定,以本通知为准。

(2)关于有关船舶使费等改革

① 由政府定价改革为上限管理

对港口船舶使费实行政府指导价、上限管理。根据市场供求和竞争状况自主制定具体收费标准。这是对我国港口船舶使费管理方式的改革。

② 调整航行国际航线船舶引航费收费结构和标准

将引航收费的最低计费吨由 500 净吨调整到 2 000 净吨。考虑到人工费和交通费等成本上涨,500 净吨以下船舶的引航收入低于平均成本支出,加剧了小型引航机构收不抵支的情况。经测算,引航船舶最低计费吨由 500 净吨提高到 2 000 净吨。

③ 拖轮费节假日、夜班附加费收费标准降低 10%

综合港口、航运企业各方对拖轮收费标准的意见,从调整拖轮收费结构角度,将航行国际航线船舶节假日、夜班附加费加收比例分别降低 5 个百分点,即航行国际航线船舶节假日、夜班附加费按基本费率的45%计收，节假日的夜班附加费按基本费率的90%计收。

④ 其他船舶使费调整

为了减少收费项目和收费档次，方便港口收费活动，本次政策调整取消内外贸船舶开关舱费和系解缆费，保留其余3项收费项目，费率标准不变。

⑤ 港口设施保安费收费标准降低50%

本次政策降低了港口设施保安费收费标准，从为主要收费对象外贸企业减负的角度看，这一调整的支持力度最大。本次调整降低了港口设施保安费收费标准，但仍然保留了此收费项目。

2.《计费办法》的实施意义

《计费办法》的发布实施，完善了港口价格形成机制，释放了市场活力。降低了航运企业和进出口企业的负担，预计每年减轻企业负担10亿元，改善了进出口服务环境。《计费办法》还从制度设计上规范了港口收费行为，通过精简港口收费项目和条款，使港口收费更加清晰明了，既方便企业使用，又有利于政府监管和社会监督，为水运事业发展、提升港口服务质量、促进外贸稳增长等进一步创造了有利条件。

(1)《计费办法》主要明确了收费项目、计费方式、收费标准，不涉及收费监管内容。交通运输部会同国家发改委清理和修订了港口收费相关文件，调整优化了港口收费政策制度。

(2)大幅压减了港口收费项目，港口经营服务性收费项目由原来的45项减压到18项，将涉及港口收费的两件规章和9个规范性文件的近200多条规定合并精简到58条。积极推进了港口价格市场化改革，保留了3项市场定价，将6项政府定价调整为政府指导价，放开了市场竞争性服务收费，将港口作业包干费、堆存保管费、库场使用费等明确实行市场调节价。

(3)优化了收费方式，改变了计费过程，港口作业费按环节收费调整为按全过程收费，将35个收费或服务环节统一纳入港口作业包干费一并计收，同时，改变了计费方式，将国际客运、旅游船舶的包干费统一由运营企业支付，不再向旅客支取。

(4)通过精简港口收费项目和条款，使港口收费更加清晰明了，既方便企业使用，又有利于政府监管和社会监督，为水运事业发展、提升港口服务质量、促进外贸稳增长等进一步创造了有利条件。

四、热点专题研究

(一)供给侧改革与兼并重组年

1. 背景介绍

2015年以来，中国经济开始进入了一个新的阶段，主要经济指标之间的联动性出现背离，经济增长持续下行与CPI持续低位运行，居民收入有所增加而企业利润率下降，消费上升而投资下降，等等。对照经典经济学理论，当前我国出现的这种情况既不是传统意义上的滞胀，也不是标准形态的通缩。宏观调控层面货币政策持续加大力度而效果有限，投资拉动放缓，货币流通渠道不畅，旧经济发展疲软，而以“互联网+”为依托的新经济生态却异军突起，简而言之，中国宏观经济进入了结构化调整期间。

2016年1月26日下午主持召开中央财经领导小组第十二次会议上，习近平总书记强调，供给侧结构性改革的根本目的是提高社会生产力水平，落实好以人民为中心的发展思想。要在适度扩大总需求的同时，去产能、去库存、去杠杆、降成本、补短板，从生产领域加强优质供给，减少无效供给，扩大有效供给，提高供给结构适应性和灵活性，提高全要素生产率，使供给体系更好适应需求结构变化。

一时间，“供给侧结构改革”成为各行各业探讨的热点话题。而作为供需严重失衡的航运业，如何在这一轮改革中寻得重生的希望？其实供给侧改革既不是新名词也不是新概念，早在到了20世纪70～80年代，美欧等经济出现高通胀、高失业的滞胀，与凯恩斯主义的观点相违背，美国和英国根据供给侧流派观点分别推行了相应的供给侧改革策略（里根新政和撒切尔主义）解决经济问题。

供给侧改革的理论源自经济学界的供给学派。供给学派认为生产的增长决定于劳动力、资本等生产要素的供给和有效利用，市场会自动调节生产要素的利用，所以应当消除阻碍市场调节的因素。如图5-8所示，以往的财政和货币政策经济增长非常注重：投资、消费、出口这三驾马车，这三项被称为“需求侧”。与此对应的，供给四要素就是所谓的“供给侧”。从需求侧到供给侧，代表了政府管理思路的转变。老百姓以前是消费动力不足，所以要刺激需求；但现在大家口袋里有钱了，消费动力上来了，国内供给如果跟不上，大家会选择海淘等消费方式到国外消费。

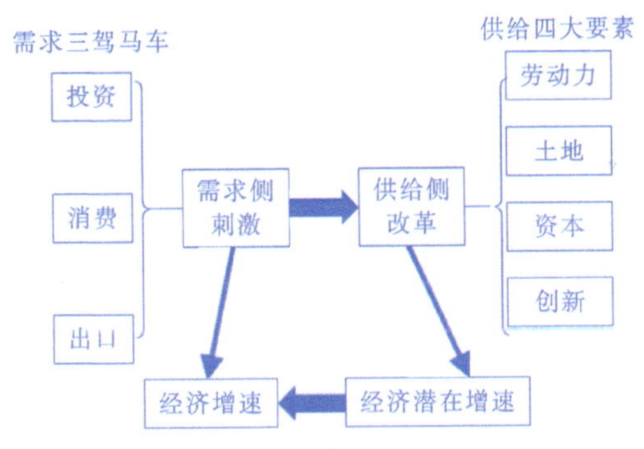

图5-8　供给侧与需求侧

为了解决20世纪80年代的滞胀问题，里根经济学侧重减税，撒切尔主义更侧重国企私有化。尽管中国当前所处时期和面临的形势和当时有所不同，但英美经验仍然有值得借鉴之处。我国目前经济的结构性问题较大，国有企业占用着大量的经济资源，却低效率运行。此外，体制内企业获得银行贷款相对容易，而民营企业很难获得贷款，这些问题单纯依赖凯恩斯主义的需求端管理是很难解决的。

里根经济学和撒切尔主义的另一个可以借鉴之处是减税，降低门槛、放松各种管制，致力于减少政府的过度干预。我国当前也存在政府干预经济过多的问题，诸多领域对民营企业开放程度低，且存在价格管制，此外企业税负过重，都降低了经济运行的效率。应该适当的简政放权，提高市场活力。

当然，中国也面临着与欧美不同的独特问题，不能完全照搬西方供给学派经验，我国存在行业自律机制不健全、地方保护和监管失效等问题，供求矛盾的成因更为复杂。监管力度需要斟酌，既不能回归计划经济老路，也不能完全放给市场，而应在充分发挥市场配置资源决定性作用的同时更好地发挥政府的作用。特别是在当前这样供求结构性失衡的情况下，更加需要发挥政府弥补市场不足和支持市场功能作用。如果政府不作为，任由假冒伪劣商品泛滥，不仅人民生活质量受到影响，国人也将会更大规模地涌向国外市场，这也会导致国内市场萎缩、大量企业破产倒闭、更多职工失业。因此，我国的供给侧结构改革要更加注重兼顾劳动者权益，让其更好地分享经济发展的成果。

当前中国面对的是供需结构失衡问题，主要表现为供给侧调整跟不上需求侧变化，无效供给过多，有效供给不足；低端供给过多，中高端供给不足。“推进供给侧结构性改革，是适应和引领经济发展新常态的重大创新”，中央经济工作会议指出，应当“加大结构性改革力度，矫正要素配置扭曲，扩大有效供给，提高供给结构适应性和灵活性，提高全要素生产率”。

具体到航运业方面，供给端问题更为突显，具体而言分为以下几个方面：

(1)航运业全面亏损

2016年以来，全球干散货海运市场运价始终处于历史低位，反映国际干散货运输市场的波罗的海干散货运价指数(BDI)虽然最近回升近600点，三大主流船型日租金仍然处于盈亏平衡点以下，与历史上的最高值20万美元/日不可同日而语。中国沿海运输市场同样如此，上海航运交易所发布的中国沿海散货运价指数今年也击穿800点，创历史新低，其主流航线——秦沪线煤炭运价最低已触及12元/吨，与历史上的最高值120元/吨相差10倍。自2012年以来，沿海运价基本都在30元/吨以下，特别是近两年，运价更是回落到20元/吨以下。

运价衰退的原因除油价成本大幅下降外，更主要还是运输需求低迷及运力过剩引发的恶性竞争所致。

全球行业处于严重亏损状态。公开资料显示，A股上市企业的所有行业中，航运业位于亏损前列，亏损额从几千万到数十亿元不等，更有某著名大型航运企业两度被称为A股“亏损王”。即使个别企业有微利，其利润主要也是来自财政补贴及财务处理。由于较长时间的低迷累积，一些小型航运企业已“度日如年”，现金流紧张的“僵尸企业”越来越多，破产案件时有发生。据沿海一家船舶交易所统计，一季度破产拍卖的船舶数量已经超过去年全年，预计以后可能会更多。

(2)供需严重失衡

如今的航运危机主要表现在运力供需严重失衡到了前所未有的程度。交通运输部水运局发布的2015年中国沿海散货船(船型船厂买卖)运力分析报告显示，截至去年年底，万吨级以上省际沿海干散货船(不含集装箱船(船型船厂买卖)、重大件船等普通货船，下同)共计运力5 467万DWT，运力规模同比增加47万DWT，增幅为0.87%。运力在增加，而沿海煤炭运量却在下降，全年沿海煤炭运量为61 123万吨，同比减少6.2%。粗略计算，当今万吨以上的沿海运力刨去铁矿石、粮食等约900万DWT的运力需求，剩下约

4 600万 DWT 可用来拉煤炭。按照每月执行 1.5 航次，可支配运力就达 6 900 万 DWT，而煤炭月均需求量仅为 5 100 万吨，多余 1 800 万 DWT 运力，相当于目前运力规模的 1/3（较为保守测算）。如此巨大的多余运力沉淀在市场上，价格战就不可避免，恶性竞争愈演愈烈，但危机仍在继续，何时结束尚难确定。

（3）沿海船队数目翻倍，价格竞争白热化

根据交通运输部数据显示，2008 年年底，中国万吨以上船舶运力为 2 137 万 DWT，2011 年猛增到 4 287 万 DWT，实现船队规模翻番。运力从 2008 年前的短缺到此后的野蛮生长，短短 3 年时间走完了先前需要 30 多年才建立起来的船队规模。2013 年船队规模更是达到顶峰，为 5 517 万 DWT，较 5 年前增加 3 380 万 DWT，整整扩大 1.6 倍。

为了消除全球金融危机对中国的影响，2008 年年底，国家出台强经济刺激政策，短短 4 个月央行 5 次降息，4 次降准，特别是 4 万亿财政投入加 18 万亿信贷投放，令 2009 年中国广义货币 M2 猛增 27.7%，相当于 GDP 增速 3 倍有余。在超发货币下投资狂奔，航运业作为当时最火爆的钢铁、煤炭上下游行业，受到各路资金的热捧。当时银行求航运企业贷款“多多益善”，并一路“绿灯”放行；主管部门对新增运力采取开放态度，没有进行正确引导及合理调控；航运企业本身对“后危机”时代经济发展过于乐观，缺乏应对航运业周期的风险意识，导致投资过于冲动造船订单成倍增长，为今天的危机埋下祸根。而正当新增运力大量出炉时，2012 年起国民经济增速进入下降通道，煤炭需求开始降温，风险集中爆发，全行业开始衰退。

（4）供给老化使航运市场衰退

首先，从时效性来讲，随着时代发展的日新月异，大家对市场时效性的需求不断加强，很难再接受货物运输的“慢动作”。而航运业本身的优势却是成本低、运量大，而非速度快，这就让其在与其他运输方式都在提速的现状背道而驰。其次，航运所服务的客户更关注的是“门到门”的服务，客户只关注货物是否从出发地到达目的地，谁能最快运到、谁能价钱更低，而对中间环节是用船舶、火车、货车运输并不在意。如果航运业仅仅只专注于海上运输，不能主导整个供应链的进程，海运将会成为一个无足轻重的基础环节，不能适应市场的快速变化发展，而逐渐凋零。

不过，随着“一带一路”国家战略的逐渐深入推进，我国航运业走出困境的机会也会越来越大。马泽华表示，十八届五中全会提出了“创新、协调、绿色、开放、共享”五大发展理念，“一带一路”国家战略十分契合“共享”发展理念。“一带一路”的覆盖面广，很多国家和地区的发展与中国的发展有很强的互补性。“一带一路”尤其是“海上丝绸之路”的贸易往来，大部分都是通过海运来实现的，这不仅带来相应的海运物流需求，同时也带来了码头、机场、场站、仓库等投资机遇，我国航运企业也由此在发展延伸服务、全程服务方面有了更大可能和更多新机遇。

要想抓住这个机遇，我国航运企业目前需要切实开展供给侧结构性改革，一方面压缩、淘汰过剩运力，另一方面也要积极调整运力结构，毕竟船舶大型化、节能环保化的需求是十分明显的。同时，我国航运企业也要积极创新商业模式，为客户提供增值服务，满足客户的需求,为客户提供系统性解决方案。码头港口等基础设施的投入大,回报时间长,仅仅停留在现有"港到港"的商业模式上是远远不够的,这也算是供给侧结构性改革的一个方面。

金融危机后,全球航运业仍寄希望于中国需求端的强劲扩张。然而,事实证明,即使航运市场出现大幅反弹,但并未出现根本性的反转,市场仍旧在一定时期内处于下行通道。此番转向供给侧改革,希望市场通过价格、产能整合、淘汰等方式来清理过剩产能,完成市场出清。同时,依靠提高全要素生产率(技术、制度等)实现经济增长。当下,随着市场低迷态势加剧,航运业已经开始进入供给侧改革的加速轨道。无论是成立联盟、建造大船,还是降低航速等,这些措施都是主动的供给侧改革。但这些改革仅仅是为了适应眼下的市场需求,从长远来看,除此之外,还应使航运业呈现新业态。

我国航运企业要想提高自身的竞争力,为客户提供性价比高的产品,必须做好控制成本的工作,以创新的方式抓好企业的基础性管理,这是航运企业渡过当前难关所必须开展的工作,也为实现做大、做强、做优的目标打下坚实的基础。

理论上供给侧改革是通过提高生产能力来促进经济增长。供给侧改革中,减税将降低企业成本,去杠杆将加大港口资本市场风险防控。更重要的是,在供给侧对各行各业改革的大环境下,港口通过价格调整,合并重组,拓展外部市场、产业转型、多元化创新发展等路径,提高港口生产能力。因此,供给侧结构性改革政策下,将给港口发展带来新的趋势,对港口发展产生不同程度的影响。

2. 海运业周期性特征

经济周期(Business cycle):也称商业周期、商业循环、景气循环,它是指经济运行中周期性出现的经济扩张与经济紧缩交替更迭、循环往复的一种现象,是国民总产出、总收入和总就业的波动。

在市场经济条件下,企业家们越来越多地关心经济形势,也就是"经济大气候"的变化。一个企业生产经营状况的好坏,既受其内部条件的影响,又受其外部宏观经济环境和市场环境的影响。一个企业,无力决定它的外部环境,但可以通过内部条件的改善,来积极适应外部环境的变化,充分利用外部环境,并在一定范围内,改变自己的小环境,以增强自身活力,扩大市场占有率。因此,作为企业家对经济周期波动必须了解、把握,并能制订相应的对策来适应周期的波动,否则将在波动中丧失生机。

在GDP"统领"下,航运市场指标波动几何?航运市场是包括船舶运输、船舶制造、港口等在内相关的产业链市场。航运市场是一个贸易派生市场,而贸易发展水平取决于经济需求,因此航运周期是与经济周期紧密相连的。航运市场的波动是由需求和供给两方面相互作用形成的。航运和其他运输方式一样,也是一种派生性需求,它是由各国经济发展而派生,并为国际贸易服务。航运业有明显的周期性特征,它与世界经济发展,国际政治局势有着非常强的正关性。世界经济的影响对海运贸易量的影响有一种放大作用,即世界海运贸易量的增速幅度要大于世界经济的增速的变化。因此从一定意义上说,经济发展状况决定了航运周期的长短。

如果将2001年设为基准单位，那么，2001年经济衰退后到2003年，与衰退前的2001年相比，实际GDP增长10.0%，贸易量增长11.8%，集装箱运量增长18.9%。可见，这次源于美国的局部经济衰退并未伤及全球GDP“元气”，不存在“复元”问题，故3年内即实现了强劲复苏。后4年连续“高增长”，恰好形成2001—2007年的7年一个经济周期。

如果将2007年设为基准单位，那么，从2008年爆发国际金融危机到2010年，与不发生危机的正常情况相比，增长的差距相当大。具体而言，如果2008—2010年各项指标按2001—2007年的年均增幅测算，到2010年形成的增长缺口如下：GDP为−7.3%，贸易量为−18.7%，集装箱运量为−24.0%。换句话说，2010年各项指标当年虽然扭转了“负增长”，开始缓慢缩小差距，但实际上远未达到正常水平。这种状况被称之为“弱复苏”，实为2008年下半年及2009年全球GDP“大伤元气”的后遗症所拖累，面临“差距缺口”的压力。据此推测，本轮经济周期从2008年算起，目前尚处于初期（弱复苏），在不出现反复的情况下，2013—2015年为中期（复元），2016—2018年为末期（强复苏），全程长达10年。考虑到“滞后因素”，航运业或在2015年左右才真正走出“最困难时期”，即在相当程度上弥补了差距缺口，真正实现强复苏，恐怕是2017年以后的事了。

海运业低谷的周期比较长，这与海运的周期性规律和世界经济周期性低谷叠加作用的影响相关联；也说明我国海运业在市场经营中自身存在一些问题。

3. 供给侧改革与港口发展关联

供给侧改革采取从供给、生产端入手，通过解放生产力，提升竞争力，提高全要素生产率，从而促进经济发展。因此要求清理僵尸企业，淘汰落后产能，将发展方向锁定新兴领域、创新领域，创造新的经济增长点。

具体到港口领域，重点推动港口体制改革，加速对低效港口资源整合，打破区域垄断，政府端对部门放松管制、减轻税负、激活体制和重组出清等途径来实现。因此，在供给侧改革推动下，港口业将产生新的特征和发展趋势。

(1)“一带一路”和海上丝绸之路背景下的港口国际化对接

如图5-9所示，在供给侧结构性改革推动下，结合国家“一带一路”倡议的实施，中国将新建、扩建与国外互联互通的基础设施建设，亚投行等金融机构将为国际性大通道建设提供资金的支持，港口将逐步形成对外开放的格局。2015年3月，在国务院授权下，国家发展改革委、外交部和商务部联合发布了《推动共建丝绸之路经济带和21世纪海上丝绸之路的愿景与行动》，明确界定了21世纪海上丝绸之路的重点方向是从中国沿海港口过南海到印度洋，延伸至欧洲；从中国沿海港口过南海到南太平洋。在具体建设上，强调以重点港口为节点，共同建设通畅安全高效的运输大通道，并明确提到重点加强上海、天津、宁波—舟山、广州、深圳、湛江、汕头、青岛、烟台、大连、福州、厦门、泉州、海口、三亚等15个沿海港口建设。

中国沿海港口将成为欧洲经济圈和欧亚地区货物走向亚太地区的重要中转站，也是连接东南亚和日韩黄金航道的交通枢纽。作为海洋经济发展功能区，中国沿海各港口在完善港口设施和综合运输网络基础上，应该大力加强海洋经济发展核心示范区建设，将合

图 5-9 “一带一路”与 21 世纪海上丝绸之路

作交流领域更多地向贸易领域延伸,使港口的贸易环境能更多地与其他国家城市接轨。为了建立一条通畅安全高效的海上运输大通道,引领 21 世纪海上丝绸之路建设的进程。沿海各大港口将长期处于进一步国际化的进程中,从而对接国家一带一路发展战略。

(2)港口产业转型升级

“供给侧改革”的大背景下,港口将会迎来一段产业转型升级期。为形成质量效益高、枢纽作用强、绿色安全、集约发展、高效便捷的现代港口服务体系,适应我国经济社会发展需求。港口信息化带动作用更加突出,标准的基础性作用需要得到充分发挥。港口发展基本实现由主要依靠增加资源投入向主要依靠科技进步、劳动者素质提高和管理创新转变,由主要提供装卸服务向提供装卸服务和现代港口服务并重转变,由主要追求吞吐量增长向着力提升质量和效益转变。港口企业加快向综合物流服务供应商转型。为了给大型化船舶提供稳定的物流和供给能力,同时增强港口自身对货源的掌控力,增强谈判的话语权,由此加快由码头运营商向综合物流服务供应商转型。对于散货港口来说,探索散货交易新模式,筹建“散货超市”等分销中心,港口不仅可以接卸、堆存,并相应配置了包括船代货代、保税仓储、期货交割、混配加工、运输配送在内的综合物流服务功能,加快“门到门”全程综合物流体系建设,如图 5-10 所示。

当前和今后一段时间内,要抓住有利时机,推进交通一体化取得更大进展。一是加快重点建设项目进度,提高交通运输的便利性。二是加快推进运输服务一体化,在毗邻地区客运班线公交化改造、道路客运联网售票、交通一卡通互联互通、客运联程运输等方面取得突破,加快推进交邮深度融合。三是逐步完善政策协调机制,在基础设施规划布局和技

图 5-10　加快港口综合物流一体化建设

术等级、标准等方面实现全面对接,统筹推进跨省市重大基础设施项目立项和审批工作。

(3)港口智能化加速发展

智能化正悄然改变着港口和货主、旅客之间的关系,从之前"跑码头"到现在只要坐在电脑前点鼠标,从集装箱堆积在码头上等待出海,到现在信息化的生产调配,缩短货物堆存时间。在港口转型升级的大潮中,智能化已然成为港口未来的发展方向。从收入角度看,供给侧改革将引发经济蛋糕的重新分配:减税将导致生产税净额占比下降;加速折旧和产能去化将导致固定资产折旧占比短期上升、长期趋降,降低成本和产能去化将导致企业营业盈余占比上升;加速劳动力跨地域、跨部门流转以及提高人力资本,将导致劳动者报酬上升。这将进一步加快港口智能化发展速度。打造技术密集型的"智智慧港口",加快港口物流电商化进程,实现安全、生产、能耗、管理等信息化管理网络全覆盖等,将成为港口发展潮流和行业转型的重要手段。

(4)促进港口经营模式多元化

供给侧改革下调第二产业经济比重,港口传统盈利模式出现瓶颈,因此,港口企业由港口运营商需要转型为全程物流服务商,港口在应对改革大环境下,必须延长港口的物流链条,深度挖掘物流利润增长点;对部门码头功能进行调整,或进行商业地产开发,或进行港航功能升级,更或者是涉足其他领域开展多元化经营模式。比如,涉足资本市场,试水金融业务;跟随"一带一路"战略,与其他领域集团合作,成立海外项目开拓公司;发展临港产业经济,港口企业打造成为大宗物资集散中心、信息交流中心、临港产业中心和能源交易中心。创新发展理念,挖掘经济发展新动力,发展方向转向新兴领域、创新领域,从而支撑港口主业发展。从长远发展角度看,港口经营者不能只限于在本地区发展,一个成功的港口经营者也应该是一个成功的资本运营者,通过资本联合,可以使港口经营者渗透到其他地区的港口市场,拓展其业务范围,实现港口业务全球化。而市场渗透表现出港口的点线面的发展立体化,通过与本地区的其他港口联合,使资源、能力和核心竞争力都能结合在一起共同使用,从而提高该地区港口的市场生存力和整体竞争力,促使港口经营者不断提高其管理水平、服务质量。

(5)实现港口集约发展

推动港口资源整合,实现集约发展,并建议国家层面加强顶层设计,出台港口资源整合的政策措施,指导、推动港口在不同层面、不同地域、不同方式的资源整合,不以行政区划为区分,综合考虑腹地经济社会的需求,有保有压,形成国际航运中心、主枢纽港、区域性港口、中小港口等不同层次、功能互补性强的港口群,这样既可以避免无序竞争和恶性竞争,又可以充分利用海内外资源。近年来,港际间恶性竞争等问题日趋明显,因此,供给侧改革将进一步加快区域港口发展一体化进程,促使各地政府成立港口资产管理平台对区域内资源进行统一布局,减少重复建设,以提升港口群整体效益。此外,未来港口企业将进行国企改革,引入新鲜血液,从供给端激发企业活力,实现带动企业发展的目标。

随着港口加大供给侧结构性改革力度,将对港口发展造成影响。短期来看,去产能造成运输需求下降,短期内会对港口生产产生一定负面影响;但是减税将对港口生产和经营产生一定的正面影响,因此,供给侧改革对短期的港口增长、效率的影响不明显;中长期看,明确有力的改革措施可以化解港口过剩产能,提高港口生产效率,有利于港口资本向有效行业流动,提升港口资本市场风险防控,最终提高港口业的盈利能力。

在中国经济结构转型和供给侧改革的大背景下,大宗散杂货以及出口集装箱量增速逐步下降。港口,尤其是以沿海大宗商品为主要货种的港口,在去产能的供给侧改革中,其港口吞吐量将受到一定程度的负面影响。长期来看,供给侧改革将对港口发展产生深远影响,一方面,供给侧理论上是从调节生产要素的供给和利用角度出发,旨在提高全要素生产率,因此,通过规模化和技术进步来提升码头岸线利用率,进而提升码头实际吞吐能力是下一步面临的挑战,因此,中国港口实际通过能力和服务水平以及综合竞争力将得到大幅度的提升,预计到2020年,中国沿海港口每米岸线吞吐量将达到20万吨,实现效能翻番,达到香港的水平;另一方面,随着中国经济进入新常态,特别是在供给侧改革背景下,中国将加速经济结构转型,致使第一产业和第二产业的传统工业比重下降,中国沿海港口货物吞吐量将出现较大幅度下滑,部分港口可能会呈现出负增长态势,长期影响显著。

4. 航企兼并重组年

过去十年,集装箱航运市场长期低迷,显现出供应过剩、价格竞争激烈、盈利能力低下。规模成为主要的差异化因素,业内巨头不仅依靠规模化优势、更凭借突出的财务业绩与其他企业拉开差距。而近年来,马士基收购了铁行渣华,赫伯罗特和汉堡南美航运分别收购了南美邮船和智利航运,达飞也向美国总统轮船公司提出了收购意向。而今,中远和中海又对旗下航运业务进行重组整合,这一切无不清晰表明,整合正改变着集装箱航运业的格局,实力更雄厚的企业也在变局中应运而生。

中国是全球最大进出口国家，航运是全球贸易最重要的运输方式，这就决定了航运业会同本届政府"一带一路"、"自贸区"、"长江经济带"等战略紧密相连，战略上需要一个强有力的国有航运公司作为支撑。

2008 年之后进入下行周期，过高的经营杠杆使得行业持续巨亏，而未来在巨大的进出口基数以及人工、土地、环境成本不断攀升的大前提下，可预期的外贸、海运增量市场非常有限，结合全球当前海运存量订单来看，航运周期反转难度很大，现代航运是全球范围内的市场竞争，从市场特征以及国企改革的大方向来看，政府和国资委对于航运央企巨亏的容忍度正逐步降低，"重组或许很难，不重组可能更难"的预期日益强烈，之前一直担心的重组后的"摩擦成本"在大方向上可能已被放在次要位置。

2015 年 8 月 7 日，国内航运业的两大骄子——中国远洋集团和中国海运集团所涉及的 8 家上市公司宣布停牌，率先拉开了国内航运业改革与重组的帷幕(图 5-11)。同年 12 月初，中国远洋集团与中国海运集团正式实施重组，随后，在其相关上市公司召开了股东大会。据悉，大会均已高票表决完美通过两方重组方案，并成为国内航运业发展的重要一环。

图 5-11　中远中海强强联合

整合已经成为推动行业发展的趋势；在整体低迷的行业大背景下造就了一批利用自身规模提升成本竞争力，取得积极成效的企业。整体而言，中远和中海的重组整合是一个必要而积极的步骤，它将不仅打造一家体量巨大的企业，随着行业继续发展，还将造就又一个行业的领头羊。鉴于行业面临困境，供应持续过剩，加之中短期内全球增长乏力，带来沉重的价格压力，中远和中海迈出的这一步，对新公司在短期内渡过不利的行业局面以及长期谋求繁荣发展都具有非凡的战略定位意义。

合并后，中国远洋的集装箱航运运力规模和航线覆盖面积将全面增长，而船队、箱队结构也会得到全面优化，码头网络布局、经营效率将得到大幅提升，同时，集运业务和码头业务协同效应将会得到显著加强。

合并后，中国远洋集团将成为专注于集装箱航运服务供应链发展的上市平台，以及全球第四大集装箱航运公司；而以油品运输业务、LNG 运输业务的油气运输业务为主的中国海运集团则将成为专业化的综合航运金融服务上市平台，跻身全球第三大集装箱租赁公司之列。

据悉，合并后的中国远洋海运集团，不仅在员工数量上形成了 11.8 万的规模，更在资产规模、资源重组与整合方面实现了中远集团与中海集团的强强联合、优势互补。兼并后资产规模的扩大一方面会使得国内航运企业的规模逐渐扩大,在世界航运领域崭露头角,另一方面也使得新成立的中国远洋海运集团在全球市场上不断地提高自己的国际竞争力。

(1)交易结构最复杂重组

此次资本重组项目范围最终涉及4家上市公司共7只股票,上市公司总市值超过2 000亿元,包含70多项资产交易,其复杂程度居中国资本市场之首,也是国际资本市场极其罕见的复杂交易。

首先是重组的时机正处于全球航运业景气度较低的时期,集装箱及干散货均处于历史低谷阶段。在这种背景下重组,如何让上市公司有好的前途,给中小股东以信心,需要下大决心和付出大调整。其次,资本市场背景也令重组压力巨大。资本市场处于波动期,指数停牌时比现在高出400多点。如何重组后,能确保中小股东利益,不会造成股价出现大波动,是重组必须考虑的问题。第三个原因是两家集团本身业务量巨大,业务涉及的链条和环节众多,互相交叉,重复多头,互相制约。

中远中海兼并重组路线图如图5-12所示。

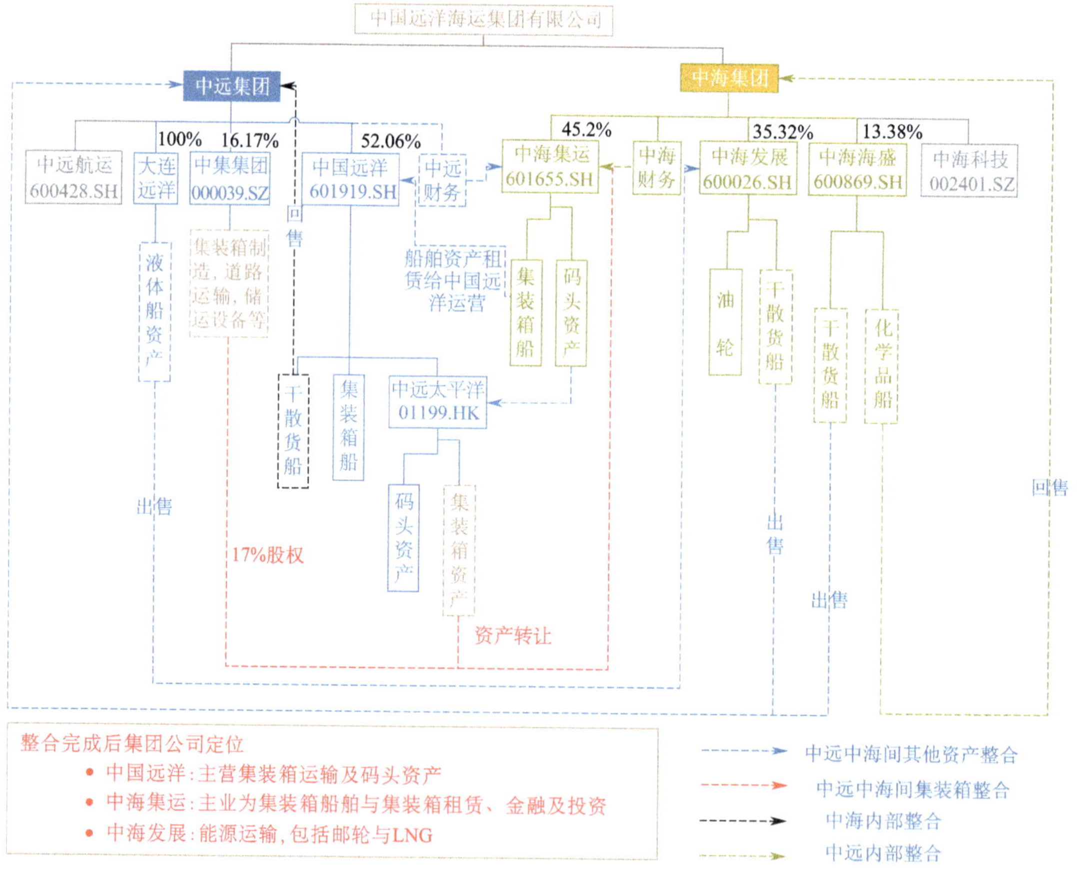

图5-12　中远中海兼并重组路线图

整体重组方案:分别是按照剥离干散货,整合三大产业链的方针进行,包括租赁及投资(船舶/集装箱租赁+财务+投资)、集运(集装箱+码头)、能源运输(油轮+LNG),对应的上市平台分别为中海集运、中国远洋和中海发展,整体上看,重组后的集团承接从上市公司体系剥离出的干散货资产(基本面看大概率持续亏损),上市公司接受从集团置入的财务、投资、融资租赁、码头、油轮等盈利性资产,经营层面有不同程度获益。

① 中国远洋:将成全球第四大集装箱航运公司

根据公告,中国远洋租入并经营中海集运全部集装箱船舶和集装箱,并以 11.4 亿元收购中海集运 33 家网络资产;以 67.7 亿元出售干散货给中远集团。交易完成后,中国远洋将成为专注于集装箱航运服务供应链发展的上市平台。

公司原先是从事集装箱运输的专业公司,重组过程中,置入的租赁资产为:中远、中海集团旗下的租赁资产(集装箱租赁为主、部分船舶),对应的公司主要包括东方国际、佛罗伦、中海租赁和中海绿洲;置入的财务投资类资产包括中远中海旗下财务公司股权、中海投资、海宁保险,另外还有中集集团和渤海银行的股权;置出的资产主要为公司持有的中海港口的股权和 33 个网点公司(可理解为销售网络),公司未来主营范畴变更为集装箱船舶租赁、集装箱租赁、其他投资及租赁三大部分,其中船舶和集装箱租赁板块有相当一部分和中国远洋产生关联交易,如图 5-13 所示。

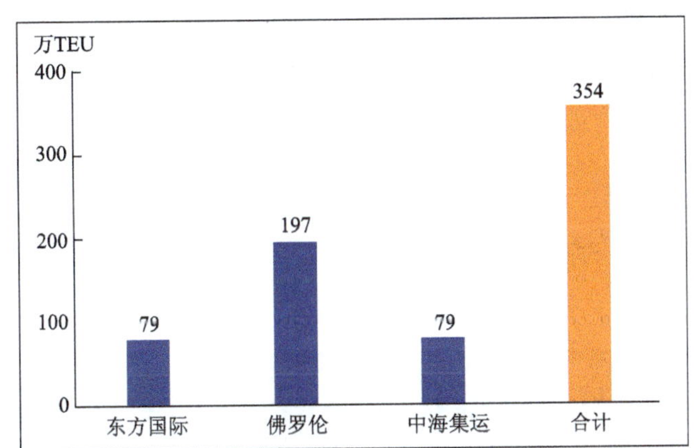

图 5-13　合并后中海集运可租赁集装箱资产

据专业航运咨询机构 Alphaliner 截至 12 月 11 日的最新数据,中远集运共拥有控制运力 161 艘、84.7 万 TEU;订单 22 艘、33.2 万 TEU;占全球市场份额的 4.2%,排名世界第六。中海集运共拥有控制运力 132 艘、70.6 万 TEU;订单 14 艘、23.4 万 TEU;占全球市场份额的 3.5%,排名世界第七。二者整合后,控制运力总规模将达到 293 艘、155.3 万 TEU;订单 36 艘、56.6 万 TEU;占全球运力规模的 7.8%,超越德国赫伯罗特公司位居世界第四位,并大幅缩小与世界前三大班运公司的差距。

值得注意的是,中国远洋目前采取的是“租入”中海集运船舶资产,这是因为如果采取“收购”方式,则将对中国远洋产生较大的现金压力和融资成本。而中海方面选择租出集运船舶和集装箱,也和其重组后的船舶租赁和集装箱租赁业务相吻合。

中海集运船舶资产如图 5-14 所示。

除上述交易外,中国远洋下属子公司拟以经营租赁模式向中海集运承租集装箱船舶及集装箱,并由中海集运及其附属公司向中国远洋提供相应的船舶租赁、集装 箱租赁的配套服务。以上所有交易完成之后,中国远洋将成为新中远——中海体系内的集装箱运输及码头业务运营平台,规模均处于全球前列水平,如图 5-15 所示。

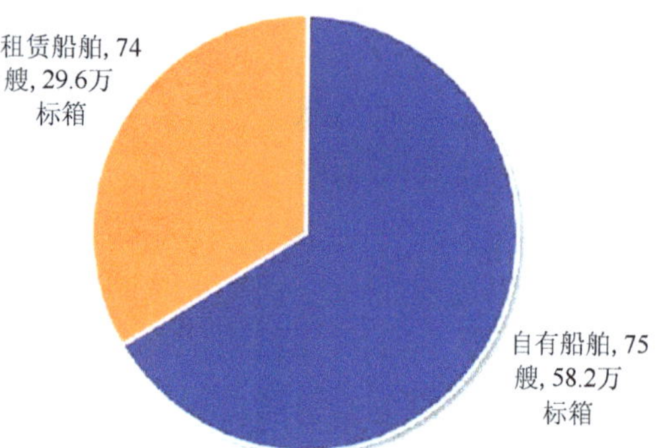

图 5-14　中海集运船舶资产(2015 年 9 月)

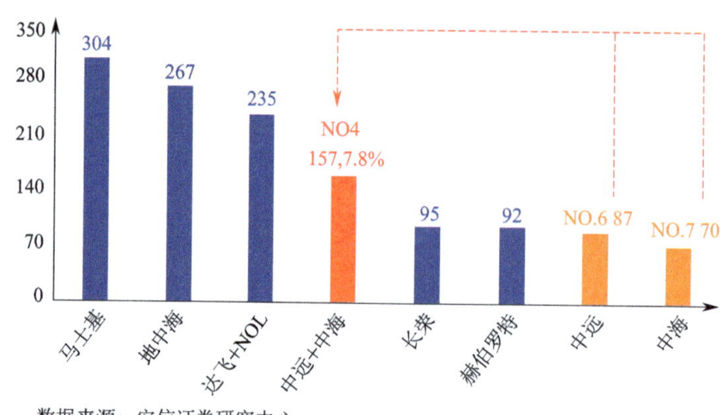

图 5-15　全球运力 Top 7 船公司(2015 年 9 月)

②中远太平洋:将成世界第二大码头运营商

公告显示,中远太平洋通过以 76.3 亿元收购中海集团和中海集运持有的码头资产中海港口发展有限公司;以 77.8 亿元将旗下的佛罗伦资产出售给中海集运。交易完成后,中远太平洋将成为专注于全球码头业务发展的上市平台。

据中远太平洋 2015 年中期报,该公司码头业务总资产为 46.4 亿美元(约合 299.3 亿元人民币);而中海码头在成为中海集团二级全资子公司之前,为中海集运全资子公司。2013 年 10 月,中海集运出售中海码头时的评估价值为 34.2 亿元人民币。该交易完成后,中海码头退出上市。

Drewry 在其《全球集装箱码头运营商 2014 年年报》披露,2013 年中海码头总吞吐量及权益法排名均位居全球集装箱码头运营商第八。而 2014 年中远太平洋吞吐量达 6 770 万TEU,排名世界第四。经过重组,凭借中海码头资产,中远太平洋的码头网络将得到显著扩张,全球集装箱码头数量将达到 39 个,泊位数达 172 个,将覆盖国内全部沿海省份和海外主要枢纽港。

中远旗下码头平台——中远太平洋原先运营约 24 个国内码头和 6 个海外码头,预计

2015 年吞吐量为 6 850 万标箱；本次公告中海并未透露中海港口旗下所有码头细节，但结合中海码头官网及历史公告，我们估算中海方运营 12 个国内码头，6 个海外码头，重组后中国远洋掌握接近 1 亿标箱吞吐量的码头产能。

中远中海旗下集装箱码头资产见表 5-13。

码头资产盈利稳定：码头投资周期长，盈利相对稳定，根据中远太平洋三季报和本轮重组公告里中海港口旗下码头的盈利能力，我们判断公司码头资产在重组后 完整会计年度的净利润约为 17.2 亿元，由于码头资产处于远洋旗下的港股上市公司中远太平洋旗下，参照香港上市的招商局国际估值，结合中远太平洋是船公司背景的码头运营商，我们乐观地判断其香港市值约为 240 亿元，若按照 A 股码头类资产的估值约为 430 亿元，对应中国远洋 45%的权益占比分别为 108 亿元和 194 亿元。专注码头经营和发挥与中远集运的协同效应，加之依托其船队和航线的支持，中远太平洋或将成为全球第二大码头运营商。

表 5-13　中远中海旗下集装箱码头资产(2015 年 9 月)

位置	#	中远旗下码头	股比	#	中远旗下码头	股比	#	中海旗下码头	股比
国内码头	1	青岛前湾	20%	14	扬州远洋码头	39%	1	上海明东	20%
	2	青岛新前湾	16%	15	太仓码头	14%	2	锦州新时代	51%
	3	青岛前湾联合	8%	16	南京龙潭码头	20%	3	连云港新东方国际	55%
	4	青岛前湾新合	6%	17	泉州太平洋码头	82%	4	南沙港务有限公司	40%
	5	董家口矿石码头	25%	18	晋江太平洋码头	80%	5	大连国际	40%
	6	大连港湾	26%	19	厦门远洋码头	70%	6	秦皇岛港新港湾	30%
	7	大连汽车	30%	20	厦门海投通达码头	70%	7	广西钦州国际	40%
	8	天津五洲	14%	21	盐田码头 1,2 期	15%	8	宁波梅山新世纪	20%
	9	天津欧亚	30%	22	盐田码头 3 期	13%	9	营口新世纪	40%
	10	营口码头	30%	23	广州南沙海港码头	39%	10	大连大港	35%
	11	上海浦东码头	20%	24	中远新港码头	33%	11	天津五洲	14%
	12	宁波远东	51%				12	烟台港股份	4%
	13	张家港码头	56%						
国际码头	1	台湾高明码头	10%				1	台湾高明	30%
	2	中远国际码头	50%				2	比利时泽布吕赫码头	24%
	3	亚洲货柜码头	40%				3	香港 ACT	20%
	4	比雷埃斯	10%				4	西港池码头有限公司	40%
	5	苏伊士运河码头	20%				5	埃及达米埃塔码头	20%
	6	安特卫普	30%				6	美国西雅图	33%

数据来源：中远、中海。

③中海集运：变身全球第三大集装箱租赁公司

公告显示，中海集运将大部分集运船舶和全部集装箱租赁给中远集运（中国远洋下属子公司）；并把集运经营网络出售给中国远洋及中海集团，同时收购中远和中海集团租赁类、金融类资产及股权，出售所持 49%中海港口股权的码头资产。交易完成后，中海集运将成为专业化的综合航运金融服务上市平台。

本次重组中变化最大的莫过于中海集运了。该公司变身为一家金融租赁平台公司。根据重组方案,“中海集运”将成为全球第三大集装箱租赁公司。

数据显示,据中海集运 2015 年中期报,截至 2015 年 6 月底,中海集运集装箱船舶资产为 439 亿元人民币,集装箱资产为 42 亿元人民币,合计 481 亿元人民币。据中远太平洋 2015 年中期报,该公司集装箱租赁及相关业务总资产为 22 亿美元(约合 142 亿元人民币)。粗略统计,重组后“中海集运”的集装箱船舶和集装箱总资产共约 623 亿元人民币。

不仅如此,未来的中海集运将不仅仅涉及航运业务,航运相关、能源、医疗、教育等多个行业领域都将是“中海集运”的目标。

集装箱租赁:集装箱资产除了原来保有的箱队外,本次交易中整合了隶属于中海集团的东方国际、中远集团旗下佛罗伦所有箱队,总量达到 418 万 TEU,一举成为全球第三大集装箱租赁公司,公告中披露“中国远洋于 2016、2017、2018 年向中海集运支付的集装箱租赁费用年度额度上限分别为 170 百万美元、188 百万美元、165 百万美元”,我们按佛罗伦及东方国际的财务指标(30%销售净利率),估算重组后总箱队的盈利潜力约为 13.6 亿元左右。

④中海发展:将成全球最大油运公司

公告显示,中海发展向中远集团以 63.7 亿元现金收购大连远洋 100%股权;向中远集团或其子公司以 56.9 亿元现金出售中海散运 100%股权及其他散货资产。交易完成后,中海发展将成为专注于油品运输业务、LNG 运输业务的油气运输上市平台。

资料显示,中远的液货业务经营公司为大连远洋运输有限公司,是目前中远集团唯一没有进行上市交易的二级全资子公司。中海的液货业务经营公司为中海油轮运输有限公司,与中海散运一样归属中海发展上市。中海发展在本轮重组中的交易最为简单,首先是置出干散货资产,再置入中远集团旗下的原油、LPG 和 LNG 等资产(能源运输船队隶属于大连远洋,原先并未上市),未来将拥有并运营中国最大的能源运输船队,尤其是 VLCC 和 LNG 两个细分市场。

能源运输板块:由于中国距离中东、非洲、中南美等主要原油出口国航距较远,所以规模优势最明显的 VLCC 一直是中国原油运输船队的主力船型,目前招商轮船(包括通过 VLCC 控制的中外运长航的 VLCC)和重组后的中海发展船队结构中 VLCC 的运力占比分别为 79%和 70%,而双方后续分别有 9 艘和 13 艘 VLCC 新船交付,VLCC 的占比将进一步提升;同时,中海发展在本轮重组后和招商轮船同时持有 CLNG(中国液化天然气运输有限公司)50%的股权,在存量 LNG 运输项目上有接近的盈利能力。中期来看,双方船队结构和盈利能力趋同。除此之外,中海发展还拥有相当体量的小型运力投入至内贸油品市场,在 2015 年油品运输上行大周期中的盈利能力会强于行业竞争对手。

VLCC 集中度提升,有助于赢得长期 COA 合同:截至 2015 年 12 月,我国央企船东共拥有 VLCC 74 艘,手持订单 22 艘。其中,招商轮船保有 35 艘,手持订单 9 艘;重组后的中海发展 VLCC 船队将达到 39 艘,手持订单 13 艘,VLCC 船队集中度进一步提升,将优于中海发展、招商轮船对于货主的议价能力,签订收益更为稳定的长期 COA 合同。

重组后的 VLCC 占比如图 5-16 所示。

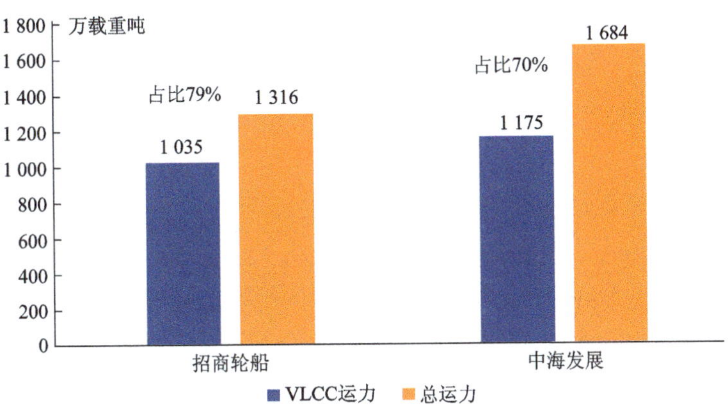

图 5-16 重组后的 VLCC 占比

(2)小结

中海与中远重组是 2015 年央企重组在航运领域的重大事件。此前已经有 10 家央企的重组，分别在铁路装备制造、电力、冶金矿业等领域。中共中央、国务院下发的《关于深化国有企业改革的指导意见》，鼓励国有企业之间以及与其他所有制企业以资本为纽带，强强联合，优势互补，加快培育一批具有世界一流水平的跨国公司。整合重组有助于激发国有企业的活力，提升效率，增强市场竞争力和抗风险能力。此次两家大型航运公司重组，后续还必将在混合所有制改革、股权多元化、完善职业经理人制度等诸多方面有所探索。

中国公司面临非对称竞争格局，差距短期很难弥合：长久以来，主流集运船公司业绩随市场波动的趋势基本一致，但 2011 年之后以马士基、达飞为代表的龙头船公司(运力排名 NO. 1、NO. 3)业绩显著跑赢市场，而国内中远中海虽然近年来在船队规模和航线覆盖积累了一定基础，但总体仍处于“以中国相关航线为主的班轮公司”的发展阶段，涉足第三国航线较少，抵御中国出口下行和欧美线长期萎靡的风险较弱，而第三国市场的开拓注定需要经验、人员、时间上的累积，中国船公司距离行业领头羊的差距短期很难弥合，尤其是在中国出口加工行业部分转移至其他国家的大背景下。

伴随合并后总运力、VLCS 数量的提升，中远中海在全球市场，特别是欧美干线上的市场份额将会进一步提升，欧线份额接近 12%，位列第三，美线份额则排名第一，达到 11%。市场份额的增加将会使得合并后的公司拥有更强的话语权，主要体现在价格的主导权以及同客户谈判的能力。

陷入低谷的全球航运业已经进入大航海时代下的并购高峰期，给予规模优势的成本节约和服务能力提升是核心驱动力。行业里达飞并购海皇、马士基对铁行渣华、美国海陆的并购、哈劳对智利南美轮船有限公司的并购，都正在或已经进行。中远、中海本轮的重组核心在于集运及相关码头资产；其次为油轮和散货，双方的优势互补有利于中长期提升企业的竞争力和盈利水平。

(二)综合交通与多式联运

2015 年 7 月 21 日,交通运输部与国家发改委联合下发《关于开展多式联运示范工程的通知》(以下简称《通知》),开展多式联运示范工程。示范工程确定后,由交通运输企业负责具体实施,推广应用快速转运装备技术,探索创新多式联运组织模式。

随着经济全球化进程的加快,跨国公司规模不断壮大,他们的原料产地、生产车间、装配工厂以及消费市场遍布世界各地。在这种情况下,运输过程成为经济全球化的纽带,成为跨国公司运营的重要环节,整合运输链以服务于跨国公司的同步协调生产就显得尤为重要。整个运输过程不能被看做是几个孤立的运输服务,而应该作为一个整合的运输服务来满足运输需求,这就促成了多式联运的出现。

多式联运是一项系统工程,涉及多种联运组合形式,需要在“软环境”和“硬技术”等多方面逐点突破。《通知》要求,开展多式联运工程将不仅仅注重强化多式联运基础设施衔接,还将探索创新多式联运组织模式,引导各地加快消除市场分割、打破区域壁垒,推动建立多式联运运营组织一体化解决方案,支持“一单制”的全程无缝运输服务。

如图 5-17 所示,由于长途大量运输采用铁路或水路运输这种运输方式将更加经济,而卡车主要为局部的集结和配送提供小批量、多频率的服务,因此,合理组合这几种主要的货物运输方式,能够实现整个运输过程的经济和社会效益最大化。

图 5-17　多式联运

另一方面,开展多式联运工程还需要探索建立健全多式联运服务规则,鼓励制定企业标准,为制定行业标准和国家标准奠定基础;推广应用快速转运装备技术,充分利用物联网等先进信息技术,建立智能转运系统,不断提高多式联运换装转运的自动化作业水平;推进多式联运信息系统建设,促进不同运输方式、不同企业间多式联运信息开放共享和互联互通,推进与国家交通运输物流公共信息平台等信息系统间的有效对接。

作为集约高效的现代化运输组织模式,多式联运产生于 1960 年前后,在 20 世纪 80 年代随着集装箱技术的成熟开始快速发展。提及欧美多式联运发展的经验和启示,交通运输部规划研究院物流研究所所长谭小平表示,多式联运对提高运输效率,减少货损货差、降低物流成本有非常重要的作用。欧美国家经过 20 世纪 80 年代的大力发展,已经在设施装备和运输组织规则等方面形成了比较完善的体系。

发达国家十分重视综合运输体系的建设,尤其是将多式联运作为推进综合运输体系建设的重要内容,集装箱多式联运、铁路驮背运输、水陆滚装运输都得到普遍发展。在德国,政府规划货运中心选址的首要原则就是实现两种以上运输方式的无缝衔接，具有联运功能。德国已形成基于标准化的运载工具体系，出台了一系列行之有效的扶持政策，如：政府给予物流园区中的联运设施财政补贴，对从事多式联运的卡车给予优惠政策，包括放宽总重限值、免缴公路使用税、车辆不受周末禁行限制、对多式联运经营亏损给予适度补贴等。此外，政府还对一些涉及多式联运的技术研发、设备改进、公共基础设施平台建设等项目直接进行投资。这些政策对促进多式联运发展、完善综合运输体系发挥了重要作用。

经过近几年的快速发展，我国公路、铁路、民航等多种运输方式都具备了相当的规模。但各种运输方式分散发展，缺乏有机衔接，运输结构不够合理，综合运输多式联运系统发展缓慢，影响整体物流效率、成本。《通知》中提出，在大物流的发展形势下，货物运输要求速度快、损失少、费用低。因此，要在一些关键运输节点引导产业结构调整，充分发挥公路、铁路、水路等多种运输方式各自的优势，推动多式联运发展，构建综合运输网络，发挥交通运输综合网络的最大效率。

依托国家物流大通道建设，以“一带一路”、长江经济带和京津冀等地区为重点，尤其是“一带一路”的西部、中部和东部的节点城市，长江经济带的水铁联运，如三峡地区的港口与铁路、港口与公路联运模式，依托物流园区能实现两种以上运输方式进行区域分拨配送的节点城市，也有望被纳入示范范围。

两部委明确了工作目标和主要任务，先期开展 16 个多式联运示范工程建设，形成具有典型示范意义和带动作用的多式联运枢纽场站、组织模式、信息系统及多式联运承运人。在此基础上，制定完善多式联运发展顶层设计，促进我国多式联运加快发展。

2016 年 6 月 15 日，两部委确定驮背运输（公铁联运）示范工程、河北省“东部沿海—京津冀—西北”通道集装箱海铁公多式联运示范工程等 16 个项目入选。

示范项目将围绕集疏运体系建设、运输组织创新、作业流程优化、多式联运信息共享、技术装备创新应用、标准规范统一等重点任务，强化改革创新，积极探索新路径、新举措，为我国多式联运发展提供经验借鉴和示范引领。

1. 海铁联运新进展

国外发达国家海铁联运通常比例在 20%～25%。鹿特丹、汉堡等一些成熟的世界港口的海铁联运比例都要占到吞吐总量的 20%左右。美国北柏林顿圣塔菲公司达到 49%、诺福克南方公司达到 41%，法国达到 40%，英国达到 30%。就连发展中国家印度也达到 35%。

在国内，2013 年，全国港口通过多式联运完成的集装箱吞吐量中，海铁联运仅占 2.6%左右，国内港口集装箱集疏运主要以“集卡运输”为主要方式，海铁联运的比例非常低，以上海港为例，这一比例仅占 0.4%。另外，我国经济发展重心逐步从沿海向内陆拓展，预计远距离集装箱运输将快速增长，这使之前绝大部分依靠以集卡（集装箱卡车）为疏港运输工具的运输模式发生重大变化，海铁联运在成本和效率上将凸显（运距超过 800 公里铁路运输成本将小于公路集卡运输）。我国海铁联运这一较低的比重，以及年复一年压港现象的背后，折射出我国铁路集装箱运输及海铁联运与世界水平的差距。同时也说明，我国集装箱海铁联运的发展空间非常之大。

作为提升物流效率、降低物流成本的有效途径,多式联运被提到物流业发展的战略高度。《物流业发展中长期规划》中有 18 处提到大力发展多式联运,而且把多式联运列为 12 大重点工程之首,并鼓励发展海铁联运、铁水联运、公铁联运、陆空联运等多种运输形式,探索构建以半挂车为标准荷载单元的铁路驮背运输和水路滚装运输等。

要发挥铁路经济高效的干线运输和公路机动灵活的支线运输优势,在政策引导和市场机制作用下,将推动公路长途货运转向铁路和水路运输。

在国家加快推进综合交通运输体系建设,重视运输服务、运输枢纽、运输衔接等运输政策的环境下,如何提高运输效率,尤其是海铁联运效率已经成为了提升现代化物流发展的重要问题。海铁联运作为当前一种体现高效能的运输方式,符合绿色运输发展趋势。

海铁联运是指进出口货物由铁路运输经由沿海海港与船舶运输相连、只需“一次申报、一次查验、一次放行”就可以完成整个运输过程的一种运输方式,也是铁水联运的一种特殊形式。海铁联运属于多式联运的一种,相比传统单一运输模式,多式联运通过合理的组织,缩短运输里程和运送时间,降低运输成本,增强货物在国际市场上的竞争力。它把不同的运输方式连贯起来,提供了实现门到门运输的条件。

然而,尽管海铁联运优势突出,但我国之前在海铁联运方向的发展却相对滞后,海铁联合的集装箱运输数量相对较低,有很多原因造成,政府监管方面具体政策和相关法规的建设滞后,未能为实施海铁联运营造良好的外围环境,缺乏对铁路、海关、港口等相关部门强有力的协调以及对相关配套基础设施的投入;铁路的运输方面,铁路部门虽然实行运费优惠,但各铁路局由于属地管辖的关系,存在“运输壁垒”,铁路与其他运输方式的协调不够,未能有效形成多种运输方式有机结合的运输体系。而运输企业要想享受优惠运价,得进行二次议价。

在港口方面,集装箱吞吐能力及后方堆场普遍不足,港口及后方陆域规模及集疏运系统滞后于经济的发展,在铁路货运量所占的比重份额比较低,资源与功能未能有效整合。无论是港口还是铁路部门,在规划上都没有充分考虑为两种运输方式的衔接预留发展空间。也未设立适合于海铁联运的海关监管区,确切地说仍不具备进行大规模运作的条件;在较适合开展海铁联运业务的深圳西部港区内,共有 4 家集装箱码头公司,共同的特点是规模小、各自投资、分散经营、没有形成集约化经营。

现如今,经过多年建设,全国多个港口的通过能力都得到大幅度提升,想要破解以往的制约,突破瓶颈,就要多争取到国家铁路部门在运输计划上给予倾斜与支持。争取开通更多的沿海港口集装箱定点班列,最大限度吸引中西部城市集装箱货源。同时,港口与铁路在运作机制、装卸设备、信息管理等方面做好对接,提高海铁联运的效率。在铁路改革后,铁路与海运衔接的通道建设逐步加快。未来铁路与港口、货代等有望建立战略合作乃至具体运营的合资股份企业,构建利益共同体。当地政府通过不断加强口岸物流建设,加强集疏运体系建设,注重铁路集装箱编组站的管理,推进“港站一体化”,将铁路线进到港区,实现快捷集疏运,铁路货运站与港口码头无缝衔接。

(1)京津冀首开海铁联运集装箱枢纽站

2016 年 6 月 28 日,天津新港北—广州、天津新港北—包头集装箱班列正式开行。至此，京津冀地区第一个“海铁联运”的综合性集装箱铁路枢纽中铁天津集装箱中心站正式开通运营。

天津港是丝绸之路经济带的东部起点和海上丝绸之路的重要启运港，也是我国目前唯一拥有满洲里、二连浩特和阿拉山口（霍尔果斯）三条大陆桥过境通道的港口。自 20 世纪 90 代初，天津港在全国率先开通至蒙古人民共和国集装箱大陆桥运输过境专列以后，历经二十多年持续发展，凭借着服务最优、运距最短、综合成本最经济的优势，已经成为我国“中蒙俄经济走廊”铁路过境班列运量最大的港口，2011 年二连浩特班列更是被国家交通部（现国家交通运输部）和铁道部（现中国铁路总公司）列为首批铁水联运示范项目。2016 年 1—4 月，天津港已累计到发二连浩特专列 118 次，集装箱运量超过 1.1 万标准箱。

二连浩特专列如图 5-18 所示。

图 5-18　二连浩特专列

中铁天津集装箱中心站开通运营，通过铁路网连接二连浩特、阿拉山口、霍尔果斯、满洲里四个过境口岸，进而联通亚、欧，实现天津港集装箱海铁联运功能布局的全面升级，形成新的国际集装箱运输快速通道，提升国内集装箱发运和接卸能力。

2016 年 6 月底，该中心站初期项目的两条铁路装卸线路及其相关配套设施建设完工。该中心站全部建设完成后，将有 10 条铁路装卸线投入使用，年运输能力达到 200 万标准箱。28 日首发的新港北—广州集装箱班列，每周开行 6 列，周二至周日开行，40 辆满编运输，运行时间 40 小时。“新港北—包头”集装箱班列打通了天津港至西北地区的快速物流通道，后续还将陆续开行新港北发往呼和浩特、阿克苏、库尔勒、公乌素、金昌等地的班列。

从天津新港北—广州，以往陆运或海运大约需要 13 天至 15 天，现在周二至周日开行 6 列，运行时间仅 40 小时。以一个集装箱标准箱计算，仅短驳、转站、报关等大约可节省 800 元。

天津铁路集装箱中心站地处北方国际航运核心区，位于东疆港区出入“咽喉”，紧依北疆港区，辐射区内集装箱码头云集，呈“N”形吸纳态势。配套设施“进港三线”的建设，打开了天津港的快速物流通道，解决了长期以来铁路集疏港的能力“瓶颈”。

该中心站和全国已运营的成都、昆明、重庆等8个中心站相互呼应,促进了我国铁路集装箱网络结构的完善和优化。中心站将全面加强与集装箱码头、船公司、物流公司的深度合作,充分整合天津港区的集装箱物流资源,实现铁路、公路、水运、航空在内的业务整合,降低社会综合物流成本,打造天津港区的集装箱枢纽,促进京津冀一体化发展。

(2)南部海铁联运桥头堡:宁波港

在海铁联运发展初期,宁波就瞄准了突破基础设施瓶颈这一主攻方向。目前,宁波已建成功能健全、无缝对接港口与内陆的铁路网络和场站设施。北仑港区、镇海港区均可铁路直通,穿山港铁路支线与北仑支线去年开始进行电气化改造。

2009年3月,宁波—义乌集装箱班列开通,这是宁波港口首次开通集装箱班列,标志着宁波港口海铁联运实现了历史性突破。随后,台州、金华、绍兴、衢州及省外的南昌、上饶、鹰潭、景德镇、萍乡、新余、西安、襄阳等地班列开通,宁波至华东地区集装箱海铁联运通道被确定为全国首批示范项目之一,海铁联运逐渐成为宁波港集装箱运输的亮点。

2014年,宁波更是开通了直达中亚五国集装箱专列。当年8月28日,首趟开往中亚五国的集装箱专列驶出,集装箱里装载的有宁波及周边地区出口中亚五国的商品,已经办理过了出国通关手续,路途时间比海运省去3/4。中亚五国包括了哈萨克斯坦的亚洲部分、乌兹别克斯坦、吉尔吉斯斯坦、土库曼斯坦、塔吉克斯坦,距离宁波万里之外。

宁波港海铁联运线路发展图如图5-19所示。

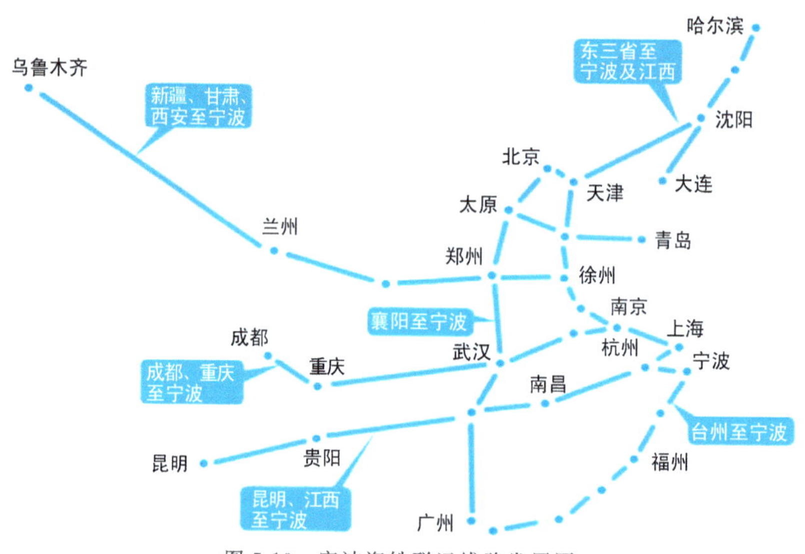

图5-19　宁波海铁联运线路发展图

一头是位于亚洲内陆的中亚,一头是古代"海上丝绸之路"始发港之一的宁波。上海铁路局副局长刘建堂说,宁波始发到中亚五国的线路开通,意味着丝绸之路连接点的启动。重建海上丝绸之路,宁波可作为始发港和支点。这条通过欧亚大陆桥的列车,让宁波与丝绸之路的联系更加紧密。宁波及周边地区的货物,可以通过海运前往中亚,也可以通过这条通道前往。甚至宁波港的到港货物走这条大通道进入中亚腹地,中亚的货物在这里通过宁波港运往世界各地。

宁波(镇海)大宗货物海铁联运物流枢纽港,是宁波市与原铁道部加快宁波地区铁路建设、推进海铁联运的重点项目之一,列入宁波市十大功能区块。2007 年 11 月正式成立,项目选址镇海老城区北侧的后海塘区域,总面积 9.5 平方公里,其中港区约 2.5 平方公里。规划范围东起甬江,南至后海塘,西至威海路,北邻东海。南面依托镇海老城区,北部紧邻镇海炼化和宁波化工区等临港工业区,物流枢纽港东部的镇海港区是中国第二大港宁波—舟山港的重要组成部分,是国内少有的深水良港,是开展近海大宗物资中转的理想基地。目前共有大小泊位 23 个,其中万吨级码头 16 个,拥有全国最大的 5 万吨级液体化工码头 3 座和 184 座液化品储运罐,形成了液化、煤炭、内贸集装箱、散杂货等四大物流亮点。

2015 年,海铁联运箱量完成 17.05 万标准箱,同比增长 26.2%(数据来源:宁波港 2015 年年报),新开通合肥、兰溪等班列,并获得国际集装箱过境运输资质。宁波远洋完成箱运量 184.3 万 TEU,同比增长 8.5%,集运公司完成总运输操作量 2 052.14 万 TEU,同比增长 3.7%;冷链、保税物流业务量同比分别增长 137.6%和 68.9%;尝试国际全程物流,为客户开展了海外运输代理业务。同时,港口整体服务水平明显提升。铁路疏运、理货、船货代理、引航、拖轮助泊等保障有力,"雾航"管理、"二次引航"、抗季风等成效显著,内支线、内贸线船舶平均等泊时间同比分别减少 8.3%和 6.2%,出口查验箱准班出运率提升 9.26%,重点内支线准班率提升 10%。

2016 年 6 月,国家发改委、国土资源部、住建部发布了《关于开展示范物流园区工作的通知》(以下简称《通知》)。根据《通知》,中国物流与采购联合会组织专家对各省(区)市报送的首批示范物流园区进行了评审,并对评审合格的 29 个示范物流园区(基地、陆港、公路港、物流港、物流产业园)名单进行公示。其中,宁波(镇海)大宗货物海铁联运物流枢纽港榜上有名。

通过与内陆海关加强合作,宁波海关为多条海铁联运班列的开通提供帮助。为解决货物装船"最后一公里"问题,宁波海关推出"一点装卸,多码头装船出运"、"批量中转"等配套通关便利措施,目前,台州、绍兴、上饶、金华等地至宁波的 4 条海铁联运线路已实现"天天班"。与此同时,宁波海关还积极推进华东"三省一市"规模最大的铁路货运站—宁波北站的海关监管点建设,打造出口转关专列,出口专列国内段运输时间由原先的 7 天至 8 天缩短至 5 天左右。

过去,东南亚及日韩等去往中亚的货物,一般通过海运直接运输到欧洲港口中转(图 5-20),或者通过俄罗斯西伯利亚铁路运输。随着宁波口岸海铁联运业务迅速发展,货物从宁波口岸入境,从新疆出境到达中亚的海铁联运过境运输线路已具备实践条件,相比传统线路距离更短,时间更快。以这批货物为例,通过海铁联运渠道,物流用时在 30～35 天,比传统海运节省 15～20 天。

(3)大连港海铁联运量全国首列

2015 年,大连港海铁联运业务以全年 34.9 万 TEU 的作业量排在全国沿海港口首位。抢抓国家战略机遇,积极融入"一带一路",大连港集团在港航经济持续低迷的情况下,实现了集装箱海铁联运业务逆势增长。

作为"21 世纪海上丝绸之路"的新起点,大连港集团在 2015 年加快布局"东北新丝

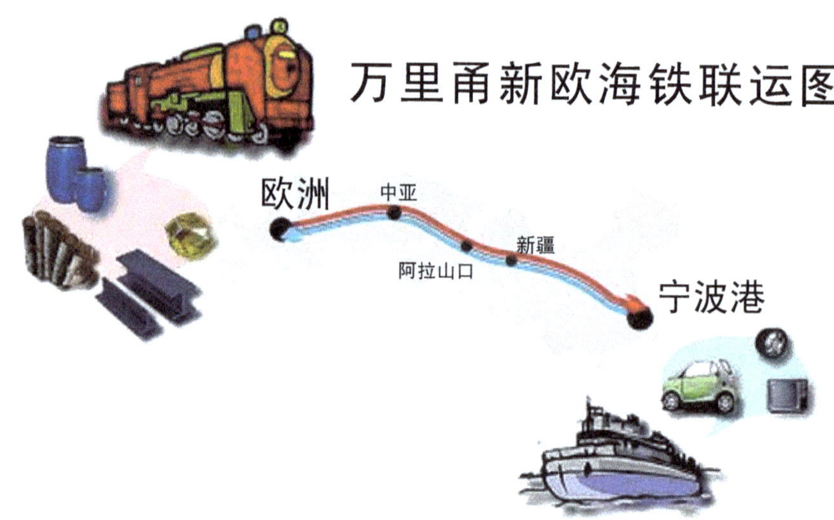

图 5-20　中欧班列海铁联运示意图

路”。全年共新增东南亚航线 6 条、日本航线 1 条、美洲航线 1 条，与多地政府、国内外企业达成战略合作协议，全力构建的“辽满欧”等国际物流通道迅速升温。

目前，大连港集团拥有 113 条集装箱班轮航线。其中日本航线 15 条，韩国航线 18 条，东南亚航线 15 条，日、韩、东盟航区航班密度超过 200 班/月，主要货种包括服装、家具、机电产品、汽车配件及日用品等。丰富的航线资源为海铁联运提供了“货源保障”。2015 年，虽然满洲里口岸总体出货量下降，大连港过境班列业务却同比增长 46%。

此外，大连港集团拥有中国北方最大的环渤海内支线中转服务网络，与全球 36 家主要集装箱班轮公司强强联手，共投入 15 条专业集装箱船，航线覆盖了环黄、渤两海地区的 15 个港口，每周运营 70 班次。

随着京津冀协同发展战略的推进，环渤海支线中转的潜力开始释放。2015 年，大连港环渤海外贸中转同比增长 20%，有效弥补了腹地外贸市场的下滑。为更好更快地融入“一带一路”，大连港集团正实施“一环一带一路”战略，“一环”即环渤海，环渤海货源为正在构建的“辽新欧”国际海铁联运通道也夯实了基础。

大连港是全国最早发展铁水联运的港口，早在 1996 年即在铁路部门的支持下开通了冠名“东北一号”的哈尔滨班列，并在后续的发展中开创了多种班列运营及经营模式，为东北乃至国内铁水联运起到了示范作用。

目前，大连港是交通运输部、铁路总公司确定的全国铁水联运 6 个示范港口之一，其多式联运协同服务系统被列为国家物联网示范工程。大连口岸每周集装箱班列运行 50 余班，已形成“四大中心、12 个场站、31 个站点”的内陆网络布局，建立起辐射东北三省及内蒙古东部地区的内陆集疏运网络。

2. 江河海联运一体化

受诸多因素影响，传统水运被分为内河与海洋两个相对独立的闭合循环，货物进出内陆通常采用一二三程运输方式，即货物要通过不厌其烦地转运，或者在大的直航海船与小的江船之间转卸搬运，或者经陆路将集装箱运往码头装船，运输的环节多、周期长、货损大、成本相对高。江海联运则实现了内河运输和海上运输之间的连续运输，体现出许多的优越性：

(1)减少运输环节、转船次数和操作手续，缩短运输周期，从而适应货主对快速化和物流化的服务要求。如由于运输速度提高，从重庆发出的船只10天就能到达上海，再过1天就能到达温州，到北方所有港口只需要14天，到南方最远的海口也仅需18天。

(2)节省重复无意义的卸货、载货人力物力，降低了运费。据测算，与传统的中转方式比较，江海直达能使每吨矿石运输费节约10%～20%，从重庆至温州、宁波、福州等地的货物运输江海联运价格最为便宜，一个集装箱从重庆经江海直达到东北，价格比铁路直达要便宜1/3。

(3)降低货物的途中损耗1%以上，既减少了货损货差，又降低了环境污染。

(4)为运输企业拓展市场、地方政府发展经济创造了条件。长江航运集团通过江海联运将滚装船运输业务从长江线延伸至东南亚、中东和南非，扩展了企业的运输业务。黑龙江省通过江海联运，将满载大米的千吨货轮从乌苏里江东安港和松花江同江港运抵浙江温州(经抚远、俄阿穆尔河、鞑靼海峡、日本海、朝鲜海峡、东海)，开辟了商品粮的新市场。

(5)为内河航运发展提供了基础，为国家综合运输体系新格局的形成提供了支持。通过集装箱江海联运，重庆港从重庆延伸到了涪陵、万州，港口腹地扩张到了四川、贵州，内河航运得到振兴；由于江海联运的发展，长江三角洲、珠江三角洲、黑龙江流域的运力结构更趋合理，一定程度上缓解了铁路运力紧张的局面；提高了上海国际航运中心的地位。

2016年6月，国家发改委正式印发《舟山江海联运服务中心总体方案》(以下简称《总体方案》)。明确服务中心的定位是：国际一流的江海联运综合枢纽港、国际一流的江海联运航运服务基地、国家重要的大宗商品储运加工交易基地和我国港口一体化改革发展示范区。并明确发展目标：到2020年，基本建成通江达海、功能健全、服务高效的现代化江海联运服务体系。江海联运运量达到3.5亿吨，到2030年，现代化的江海联运服务中心全面建成，成为我国乃至世界重要的大宗商品资源、交易和定价中心。

《总体方案》实施范围包括舟山群岛新区全域和宁波市北仑、镇海、江东、江北等区域。根据区位条件、资源禀赋和发展基础，江海联运服务中心划分为3个功能片区，即大宗散货联运片区、集装箱联运片区和现代航运服务集聚区。

《总体方案》的批复，标志着舟山江海联运服务中心迈入全面建设阶段。记者了解到，目前，省相关部门正在会同舟山、宁波制定舟山江海联运服务中心建设三年行动方案，舟山、宁波正在加快推进舟山江海联运服务中心相关建设任务。舟山与沿江主要港口共同发布了《江海联运港口联盟舟山宣言》，宁波正在积极推进港口经济圈规划建设。两市"十三五"期间初步规划建设江海联运重大项目近170个，总投资6 000多亿元。

2015年，舟山保税燃油直供量完成94万吨，同比增加42%，供应量位居全国口岸第三。以保税燃油供应为重点的国际海事服务能力进一步提升。

建设国际一流的江海联运航运服务基地是舟山江海联运服务中心的功能定位之一。加快发展国际海事服务、建设国际海事服务基地是航运服务基地的重要内容。舟山海事局充分利用自身职能优势，正确定位，精准发力，积极推动国际海事服务基地建设。

3. 小结

我国多式联运尚处于初级阶段,发展形式总体单一、覆盖面小,专业化、组织化水平低,一体化运行不畅,同时面临政策、法规、标准、技术等障碍。通过开展多式联运示范工程,完善联运基础设施,推动多式联运政策、关键技术和服务创新,优化运输组织,逐步破解多式联运发展的制约瓶颈,全面推动我国多式联运发展,切实提升综合运输服务质量和水平。

2016 年 6 月 21 日,国务院办公厅转发了国家发展改革委《营造良好市场环境推动交通物流融合发展实施方案》,部署推动交通物流融合发展,提升交通物流综合效率效益,有效降低社会物流总体成本。

方案明确提出了我国交通物流行业的整体发展目标:到 2018 年,交通与物流融合发展取得明显成效,"一单制"便捷运输制度基本建立,开放共享的交通物流体系初步形成,多式联运比率稳步提升,标准化、集装化水平不断提高,互联网、大数据、云计算等应用更加广泛,公路港和智能配送模式有序推广,运输效率持续提升,物流成本显著下降。到 2020 年,初步实现以供应链和价值链为核心的产业集聚发展,形成一批有较强竞争力的交通物流企业,建成设施一体衔接、信息互联互通、市场公平有序、运行安全高效的交通物流发展新体系。

当前,全球多式联运重心向中国转移,我国多式联运发展正逢其时、蓄势待发。自国家发布了《物流业发展中长期规划》以来,各地都高度重视多式联运的发展,加速推进物流大通道建设、完善综合交通运输体系已成为我国多式联运发展的首要任务。中国多式联运的发展,将加速带动周边市场的繁荣,促进国际贸易活动,助力国家"一带一路"战略。

(三)开发北冰洋航线

1. 背景简介

北极航道(北冰洋航线)是指穿过北冰洋,连接大西洋和太平洋的海上航道。北极目前主要有两条航道,分别是大部分航段位于俄罗斯北部沿海的"东北航道",以及大部分航段位于加拿大北极群岛水域的"西北航道"。

东北航道(北方海航道),大部分航段位于俄罗斯北部沿海的北冰洋离岸海域。从北欧出发,向东穿过北冰洋巴伦支海、喀拉海、拉普捷夫海、新西伯利亚海和楚科奇海五大海域,直到白令海峡。在东北航道上,连接五大海域的海峡多达 58 个,其中最主要的有 10 个。

西北航道大部分航段位于加拿大北极群岛水域,以白令海峡为起点,向东沿美国阿拉斯加北部离岸海域,穿过加拿大北极群岛,直到戴维斯海峡。这条航线在波弗特海进入加拿大北极群岛时,分成 2 条主要支线,一条穿过阿蒙森湾、多芬联合海峡、维多利亚海峡到兰开斯特海峡;一条穿过麦克卢尔海峡、梅尔维尔子爵海峡、巴罗海峡到兰开斯特海峡。

此外,北极航道理论上还有一条穿越北极点航线(见图 5-21 红色线)。这条航线从白令海峡出发,不走俄罗斯或北美沿岸,直接穿过北冰洋中心区域到达格陵兰海或挪威海。由于北冰洋中心区域为多年累积的海冰所覆盖,海冰最为密集和厚实,这条航线将是最后开通的和被利用的。

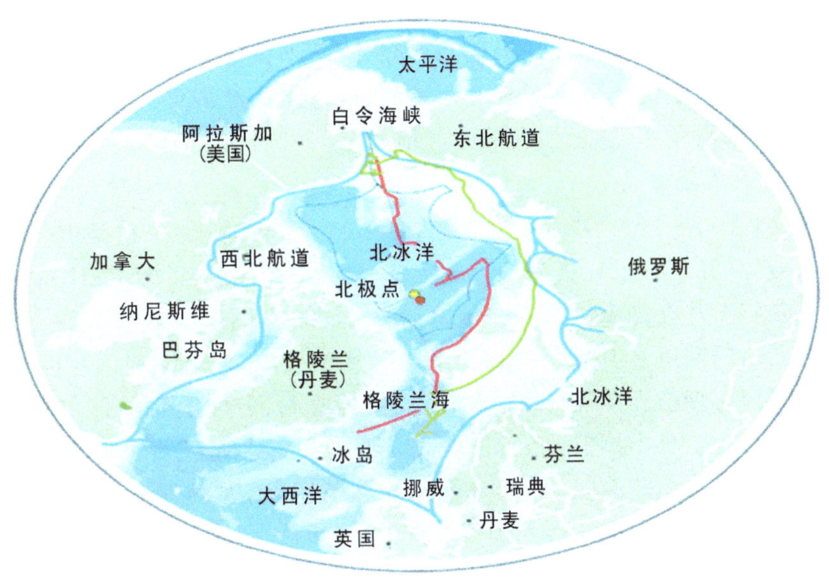

图 5-21 北冰洋主要航线

由于北极航线长年由浮冰覆盖,气候极端,环境恶劣。致使北极航线一直无法正常通航。但随着全球气候变暖导致北极冰层消退,北冰洋航线有望全年通航。北极航线的开发已经引起多个国家的高度关注,一时间,北极再次成为国际社会关注的焦点。这一新的国际战略通道的形成,将带来世界贸易和战略格局的重要调整。

北极航线之所以逐渐成为各国关注的新热点,原因如下:

一是丰富的资源和科研价值。据俄罗斯和挪威等国家统计,北极地区的原油储量大概相当于目前被确认的世界原油储量的 1/4,天然气储量估计相当于全世界天然气储量的 45%,煤炭资源总储量约 10 000 亿吨或者更多,北极地区蕴藏着 5 800 多亿桶石油,相当于沙特石油储量的 2 倍。俄《独立报》认为,按照俄罗斯目前的能源消耗量,俄北极大陆架蕴含的油气资源足够其消耗 1 000 年,足够全世界消耗 25 年。同时该地区永久冻土底层和北冰洋的大陆架中蕴藏有丰富的可燃冰资源。除化石燃料外,该地区还有富饶的渔业和森林资源和稀有元素等矿产资源。北极地区是全球大气海洋物质能量交换的重要地区之一,在大气气候系统形成和变化过程中起着相当重要的作用。

二是巨大的通航潜力。随着北极地区每年可通航的时间增长,东北和西北航线两条将成为可以常年通航、连接大西洋和太平洋的海上新航线,同时也是联系东北亚和西欧,联系北美洲东西海岸的最短航线,将使亚、欧和美洲之间的航线缩短 6 000~8 000 公里,可以节约大约 40%的海上运输成本。

三是潜在的地缘经济作用,北极航道将会与苏伊士运河和巴拿马运河展开激烈的竞争,整个国际航运格局会发生很大变化,而且北极航线的开通将把北美、俄罗斯、西欧、东亚联系在一起,形成环北极经济圈,这必然深刻影响世界贸易、经济和地缘政治格局。

四是重要战略价值。当今世界主要大国都集中在北半球,而北极是距离各大国最短的战略制高点。谁控制了北冰洋就意味着控制了未来世界军事战略走廊,从而能够谋求更大的主导权。

对我国而言,北冰洋航线的开通机遇与挑战并存,不仅可以缓解中国海上运输通道面临的安全困境,更有助于优化中国对外经贸格局、促进国民经济可持续发展。中国作为一个近北极国家,应未雨绸缪,积极参与北冰洋航线的开发与建设。

2. 中国加入北极理事会

北极理事会(Arctic Council),又称为北极委员会、北极协会。它是由美国、加拿大、俄罗斯和北欧五国(芬兰、瑞典、挪威、丹麦、冰岛)八个领土处于北极圈的国家组成的政府间论坛,于 1996 年 9 月在加拿大渥太华成立,是一个高层次国际论坛,关注邻近北极的政府和本地人所面对的问题。其宗旨是保护北极地区的环境,促进该地区在经济、社会和福利方面的持续发展。理事会主席一职由八个成员国家每两年轮流担任。2013 年 5 月 15 日,意大利、中国、印度、日本、韩国和新加坡成为理事会正式观察员国。

北极理事会设有永久观察员,包括六个非北极国家:法国、德国、荷兰、波兰、西班牙、英国。永久观察员会自动获邀出席所有会议(虽然他们未必会全部参与),特殊观察员出席每一次会议都需要批准(虽然批准已属例行形式)。此外,北极理事会还有一些正式认可的观察员,譬如六个非北极国家—法国、德国、荷兰、波兰、西班牙和大不列颠及北爱尔兰联合王国;几个国际组织如:北极议会人、世界自然保育联盟(IUCN)、国际红十字会、北欧理事会、北方论丛、联合国环境规划署、联合国开发计划署和一些非政府组织如:世界驯鹿人协会、北极大学和世界自然基金会北极规划小组等。

作为冷战结束后的一项积极成果,1996 年成立的北极理事会在一定意义上实现了包括美、俄在内的环北极 8 国在该地区进行实质性合作。北极以往只对科学家和研究人员有吸引力。但自从 2007 年 8 月 2 日"北极—2007"探险队员在北极点海底插上俄罗斯国旗并放置装有写给后代的信的密封舱时起,北极的新一轮地缘政治争夺又被炒热,各方在北极地区举行的单边或多边军事演习此起彼伏。北极周边国家在各自北冰洋沿岸的军事部署也不断强化,且纷纷发誓要确保本国在北极地区的多种权利。已有不少分析、评论认为关于北极一系列问题的解决,需要更大范围的国际社会的共同努力。北极地区、北冰洋不可能只属于几个国家,而是要由全人类共享、共建、共治。对这样一个国际区域的开发,各国应形成一种合作机制,联合国要在其中发挥更大作用。因此,一个开放的北极理事会可为北极问题的解决带来新的契机。

2013 年 5 月 14 日,北极理事会第八次部长级会议召开前夕,北极八个理事国在这个问题上展开激烈的争论。尽管充满了波折与矛盾,但受"中国因素"的影响,最终他们还是接纳中国成为其正式观察员国。这意味着中国可以更方便地参与北极事务,一方面,中国可以有效参与北极的环境保护、科学考察、航道和资源开发,维护自身利益。另一方面,这也是中国融入国际体系,维护国际秩序的良好机会。

2013 年 5 月 15 日中国、印度、意大利、日本、韩国和新加坡成为理事会正式观察员。正式观察员国虽没有在理事会的表决权,但自动享有参与理事会的权利,同时拥有发言权以及项目提议权。同年夏天,北方航道迎来了首艘中国货轮——从中国大连港至荷兰鹿特丹。

3. 各国北极航线开发动向

(1)中国雪龙号多次北极科考

“雪龙”号考察船是中国最大的极地考察船，也是中国唯一能在极地破冰前行的船只。能以0.5节航速，连续冲破1.2米厚的冰层。船装有可调式螺旋桨，航行时操作灵活，有利于破冰。船体用E级钢板制作，即使在零下40摄氏度的严寒气候条件下，也不会变性。全船共6层，可乘载人员130人。有中央空调，有24小时供应热水的卫生间，冰箱、衣柜、写字台等一应俱全，房间里还有端口可供上网发邮件。

中国第六次北极科学考察队于2014年7月11日从上海启程。总航行约22 000公里，最北到达北纬81度11分50秒，西经156度30分52秒。本次科考的考察海域主要位于我国历次北极科考的传统考察海域—北冰洋太平洋扇区，包括白令海盆、白令海陆架、楚科奇海、楚科奇海台和加拿大海盆等海域。

据考察队首席科学家潘增弟介绍，考察期间，共完成12条断面累计90个站位作业和1个为期10天的长期冰站和7个短期冰站观测，超额完成各项任务，获得多项重要科学成果。

考察队首次在北纬55度以北太平洋海域布放一套海气界面锚碇浮标；首次在极地海域开展了近海底磁力测量，获得了2条测线592公里的高精度、高分辨率的地磁探测数据；通过中美国际合作，首次在北纬80度左右及以北的加拿大海盆波弗特环流区布放了3套深水冰基拖曳浮标；完成国内首次海冰浮标阵列布放，共布放4组，目前均正常工作。在极端条件下作业不会一帆风顺。在此次科考现场作业过程中，考察队遭遇了种种困难，如冰情较常年严重、长期冰站大冰开裂、北极熊近距离到访、温带气旋和强台风影响等等，但都在考察队全体队员的集体努力下，顺利完成了考察任务。

考察队领队曲探宙表示，此次科考是基于南北极专项总体实施方案的“规定性考察活动”，各项考察均有明确的考察内容和目标。相信通过此次考察，对进一步加强中国对北极环境变化的了解，提升中国在北极事务中的国际地位具有重要战略意义。

雪龙号北极科考在完成科学考察任务的同时，也探索了北极航线的可能路径，原来去北极地区要走马六甲、苏伊士运河，而这次“雪龙号”将走东北航道，也就是从太平洋进入北冰洋，再尝试沿着东北航道进入大西洋，这也是我国考察船之前没有走过的航线，总航程约是17 000多海里，也就是3万多公里，预计在9月29号返回上海港。

据了解，这次北极科考将会造成五个首次，将首次从俄罗斯的北方海穿越高纬度航线，如果条件允许将有可能到达北极点(探索北极第三条航道的可行性)。将首次执行国家极地专项北极航次，将首次挺进北大西洋访问冰岛。值得纪念的是，这是“雪龙”号首次穿越北极航道，往返大西洋和太平洋，开创了我国船舶从高纬度穿越北冰洋航行的先河。该船最北到达北纬87度40分。

(2)俄罗斯日益重视北极

近些年来，俄罗斯日益重视北极地区。除了组建专门的北极部队，成立军事指挥部并经常在当地举行各种演习外，俄罗斯还修复了苏联解体后遗弃在北极地区的许多基础设施，其他一些设施正在建设之中，许多军事基地陆续被投入使用。这些军事设施能牢牢控制北极航道。

俄罗斯在北极争夺战中一直走在前列。自从2014年首次将北极石油运往欧洲之后，俄罗斯一直没有停止对北极地区的油气开发准备。2015年4月，俄罗斯总统普京指出，北极一直并仍然处于俄罗斯特殊利益层面，强调北极集中了俄罗斯国家安全的所有方面——军事、政治、经济、技术、环境和资源，将北极提升至国家核心利益层面。同时，俄罗斯继续在北极地区圈地，2015年8月，俄罗斯再次向联合国提交扩大北极大陆架边界的申请。

2016年年初以来，美、俄、加等国竞相动用军事手段维护自身利益使北极争夺战愈演愈烈。先是2月美军在北极地区进行为期5周的潜艇演习，同时还和北约盟国投入1.6万兵力在挪威开展军演；随后是俄罗斯宣布在北极地区进行25年来最大规模的潜射核导弹试验，强硬地展示其军事实力。与此同时，加拿大总理特鲁多以“普京决定不了谁拥有北极”的公开表态对俄罗斯进行回应，并坚持举行年度军演，以显示本国对北极的重视。北极地区俨然已成为俄罗斯同西方争夺与对抗的另一个“战场”。

从2015年开始，俄罗斯政府高层包括外长、总理直至总统接连邀请中国及亚投行参与北极航道开发；北极航道开发利用已经写入中俄总理第十二次定期会晤的联合公报；俄罗斯副总理罗戈津还表示将邀请中国官员在北极地区举行会晤。俄罗斯认为，仅靠一国实力无法开发北极，而且只有中国才能保证北极航道的货物运输量，因此希望与中国在此方面进行合作。因此，当前中国参与北极航道开发的时机是否成熟及如何参与开发，成为摆在面前的紧迫议题。

对于中国来说，北极航道是连接主要贸易伙伴欧洲与北美国家的便捷通道，相对于传统航道可以节省约1/3以上的航程与时间，有效降低运输成本，避免潜在的安全与战略风险，并拓展能源进口来源渠道，随着时间推移将有更多中国商船和货物使用北极航道特别是东北航道。据预测，到2020年，将有5%至15%的中国出口商品通过北极航线运输，届时10%的中国商品出口额相当于5 260亿欧元。

新时期，中国开发利用北极航道的需求正在快速上升，尽早进行规划与筹备具有重大的经济与战略意义。当前，俄罗斯在遭遇西方国家持续制裁和打压、自身经济实力不足的情况下，更为迫切地希望借助中国的资金、技术与贸易优势加快东北航道的开发。俄罗斯政府的力邀无疑为中国正式参与北极航道开发提供了难得的机遇。

(3)美国北极事务进展

2009年北极理事会发布《北极海洋运输评估报告》，2014年国际海事组织(IMO)通过了《极地规则》，美国海岸警卫队提议在白令海峡建立美俄船舶交通系统，这些事件都标志着北极国家追求促进建立北极航运机制的建立。

2004年在马来西亚注册的货船Selendang Ayu号在阿留申群岛海域失事，事故主要原因是美国海岸警卫队对通过白令海峡和阿留申群岛的船只标准要求过低，事实上，对一些申请穿越海峡的国际大型船队需要更有效的安全标准。受此事件的影响，阿拉斯加近几年一直在呼吁改进过往船只漏油应对规则。

2009年，乔治·布什(George w. Bush)总统签署国家安全指令，试图促进北冰洋航线的安全性和可靠性。但是真正的问题是“美国是否会建立港口和破冰船来实现这一目标”。2015 年春天，奥巴马总统在美国海岸警卫队学院毕业典礼演讲声称，白宫正努力解决这个问题。

在国家战略中，关于北极地区强调了三个目标：促进美国的安全利益；寻求负责任的管理北极；加强国际合作。

北极地区将是一个和平、稳定、没有冲突的世界。美国和它的北极地区盟友以及合作伙伴力求在国内和国外维持信任、合作与协作的精神。五角大楼的北极战略中确定了美国可以在北极地区实现的 8 个目标，它们分别是：

①美国必须做好阻止、战胜威胁和在阿拉斯加及其周围地区行使美国主权的准备。

②与私营和公共部门的合作伙伴协作，以增进对于北极环境的了解和认识。

③美国将帮助维护北极海上航线的自由，确保能够“像世界其他海洋”一样安全地航行。

④发展北极的基础设施和能力，包括改编美国海军舰队。

⑤在遵守现有协议的同时，寻求新的合作途径。

⑥准备与国际合作伙伴一起在该地区应对人为和自然灾害。

⑦保护北极地区环境的完整性。

⑧支持北极理事会以及其他促进区域合作国际机构的发展。

2015 年 8 月底，美国总统奥巴马造访阿拉斯加州，成为首位到访阿拉斯加北极地区的时任总统。同时，为缩小与俄罗斯在破冰船数量上的差距，美国宣布打算更新和采购更多破冰船，并允许企业对阿拉斯加周边海域进行开发，如壳牌集团已获准在楚科奇海钻油。

2016 年年初以来，美、俄、加等国竞相动用军事手段维护自身利益使北极争夺战愈演愈烈。先是 2 月美军在北极地区进行为期 5 周的潜艇演习，同时还和北约盟国投入 1.6 万兵力在挪威开展军演；随后是俄罗斯宣布在北极地区进行 25 年来最大规模的潜射核导弹试验，强硬地展示其军事实力。与此同时，加拿大总理特鲁多以“普京决定不了谁拥有北极”的公开表态对俄罗斯进行回应，并坚持举行年度军演，以显示本国对北极的重视。北极地区俨然已成为俄罗斯同西方争夺与对抗的另一个“战场”。

(4)小结

权益和资源始终是国际竞争的焦点。美国、俄罗斯等国家已经采取各种方式，在北极地区圈占势力范围，进行资源开发和国际战略通道权利争夺的准备。不管哪个国家，如果缺乏对北极航线问题的研究，届时必然会被排斥在北极决策事务之外，处于被动的地位。

冰雪覆盖的北冰洋原本被视为国际海域，但随着北冰洋经济价值和战略价值的提高，早先荒无人烟的小岛将会成为国际竞争的新焦点，由于新的交通要道的浮现，北冰洋上诸如汉斯岛等岛屿的战略重要性也大大提高。面对北冰洋丰富的自然资源，除了俄罗斯，北冰洋沿岸的加拿大、美国、挪威与丹麦都想分一杯羹。无论从哪一方面介入对北极地区的争夺，都是由于北极航线的广阔开发前景。为此，我国在国家层面上，应该依靠实力在北极国际法的制定上、科学考察上、资源和航线的归属权上要增强自己的话语权。

4. 机遇与挑战并存

虽然海冰融化使北极航道通航条件大为改善，但现阶段实现北极航道商业化运营仍面临着一些风险和挑战。

一是冰情难以准确预测。北极海冰加速融化已是公认的趋势，但具体海冰范围和变化情况尚难准确预测。不确定的冰情是安全航行的最大威胁。

二是环保航行要求极高。北极生态环境脆弱，一旦遭到破坏，恢复难度极大。因此，北极沿岸国家均对船舶安全环保航行提出了高标准的要求。

三是基础设施滞后。北极航道的安全环保航行依赖可靠的基础设施作为保障，包括气象和水文数据、破冰船护航、通讯以及事故救援等，但目前这些基础设施远不能满足船舶安全环保航行的需要。

四是运输效率较低。由于北极航行存在诸多不确定因素，船期难以保证，不利于对船期要求严格的集装箱船通行。同时，受国际贸易结构制约，货船在返程时配货困难，只能空船返回。这些因素对运输效率和运营收益影响较大。

与传统的苏伊士—马六甲航线相比，北极航线到底有多少利可图，各国专家难有统一答案。因为尽管北方航线有诱人的商业前景，但是基础设施的缺乏加上恶劣的自然环境让北极航线至少在短期内不具备商业上的可行性。此外，北极航道的某些地段水位过低尤其是白令海峡，这制约了大型商船的通行。

另一方面，货船同时还要面对俄罗斯的许可及管制条例。北极圈各国，从俄罗斯到加拿大，都将北极航道视为国内交通线，而其他国家则一直坚持国际通行权利。俄罗斯还通过法律，要求过往船只事先取得许可，强制使用俄罗斯破冰和导航服务，收取高额费用，引起其他国家的不满。不能达到令各方都满意的协议，北极航线要与传统航线一争高下显然短期内并不切实际。

最后，国际海事组织制定的《极地准则》涵盖了与极地水域操作相关的船舶设计、建造、装备、操作、船员培训、搜救及环境保护等事项，比如要求船舶事前申请、并经过评估取得标明船舶级别的极地船舶证书，要求船上配有极地水域操作手册。准则对船舶结构、稳定性与分舱、船机设备、通信、船员配备和专业培训、防止油污污染等方面都提出了较高的要求。我国虽然也参加了技术工作组及法律工作组的工作，但参与度并不高，多数情况下难以提出建设性的意见和方案。《极地准则》生效后，我国无论是船舶建造技术、船舶设施配备还是船员技术培训，都面临巨大的挑战，否则难以适应北极航行的技术要求。

2014 年 9 月，我国交通运输部海事局组织专家编撰《北极东北航道航行指南》，专门根据东北航道的客观环境和沿岸国的管理制度，筹划为中国籍船舶提供海图、航线、海冰、气象等全方位的航海保障服务。

另一方面，我国北极航线的开发也面临着巨大的机遇。

首先，从长远考虑，北极航线作为潜在发展中的一条新国际航线，会对国际贸易产业格局产生重要的影响，必将影响我国参与“一带一路”的建设，打造亚欧大陆经济发展与合作新格局。北极航线在连接北美、亚洲和欧洲上具有天然的距离优势。我国在“一带一路”战略规划中重点部署同包括周边国家在内的泛亚和亚欧区域的合作与发展，兼具经济和外交双重战略意义。我国作为第二大新兴经济体，调整贸易投资布局、打造沿线各国命运共同体不影响我国的同步发展以及对欧美等发达经济体的经贸合作。

其次，中国虽然不是北极国家，但是近北极国家和全球贸易、航运大国，在北极地区的气候环境、航道、能源、公海及科考等方面拥有重要利益，特别是未来大规模开发利用北极航道对于严重依赖海外贸易的中国来说至关重要，因此逐步加大参与北极事务是必然趋势。

鉴于由沿岸八国组成的北极理事会在北极地区治理中的中心地位，在提出申请 7 年之后，2013 年中国正式成为北极理事会观察员国。2013 年中国中远集团“永盛”轮首次穿越东北航道，东北航道上的中国商船逐步增多；2014 年加拿大“努那维克”轮首次穿越西北航道抵达中国营口；今年则很可能有中国商船首次穿越西北航道。因此，中国已成为北极航道的最大潜在客户。2014 年 9 月中国就发行了《北极航行指南(东北航道)2014》，2016 年 4 月发布《北极航行指南(西北航道)2015》，相继发行的两份指南构成中国版的北极航线使用说明书，说明中国正为利用北极航道开展技术与政策准备，对北极航道的重视度正不断上升。

最后，从 2015 年开始，俄罗斯政府高层包括外长、总理直至总统接连邀请中国及亚投行参与北极航道开发；北极航道开发利用已经写入中俄总理第十二次定期会晤的联合公报；俄罗斯副总理罗戈津还表示将邀请中国官员在北极地区举行会晤。俄罗斯认为，仅靠本国实力无法开发北极，而且只有中国才能保证北极航道的货物运输量，因此希望与中国在此方面进行合作。因此，当前中国参与北极航道开发的时机是否成熟及如何参与开发，成为摆在面前的紧迫议题。俄罗斯在遭遇西方国家持续制裁和打压、自身经济实力不足的情况下，更为迫切地希望借助中国的资金、技术与贸易优势加快东北航道的开发。俄罗斯政府的力邀无疑为中国正式参与北极航道开发提供了难得的机遇。

当然，目前北极航道的开发利用还存在诸多制约因素。因此，当前中国大规模参与北极航道开发的基础并不坚实。中国可积极回应俄罗斯合作开发的邀请，但在具体行动上应保持慎重，不应在未明确双方利益及合作方式的情况下急于行动。可试点先行循序渐进，为大规模开发利用北极航道及其资源做好各方面准备。

航空交通发展篇

一、航空发展年度回顾

(一)航空运输发展

2015 年,在世界经济复苏缓慢,国内经济下行压力较大的情况下,民航主要运输指标继续保持平稳较快增长。

1. 运输总周转量

2015 年,全行业完成运输总周转量 851.65 亿吨公里,比上年增长 13.8%,其中旅客周转量 7 282.55 亿人公里,比上年增长 15.0%;完成货邮周转量 208.07 亿吨公里,比上年增长 10.8%,如图 6-1 所示。

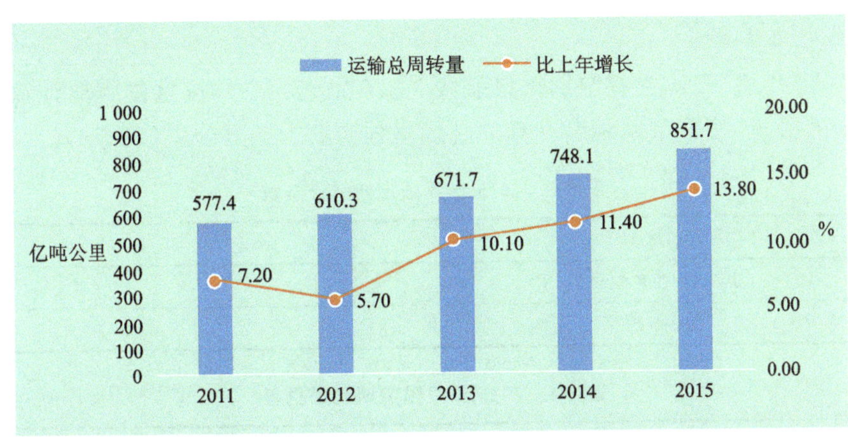

图 6-1　2011—2015 年民航运输总周转量

2015 年,国内航线完成运输周转量 559.04 亿吨公里,比上年增长 10.0%,其中港澳台航线完成 16.22 亿吨公里,比上年增长 0.3%;国际航线完成运输周转量 292.61 亿吨公里,比上年增长 21.9%。

2. 旅客运输量

2015 年,全行业完成旅客运输量 43 618 万人次,比上年增长 11.3%。国内航线完成旅客运输量 39 411 万人次,比上年增长 9.4%,其中港澳台航线完成 1 020 万人次,比上年增长 1.4%;国际航线完成旅客运输量 4 027 万人次,比上年增长 33.3%,见表 6-1。

表 6-1　2015 年我国民航旅客运输量情况

项　　目		旅客运输量(万人次)	比上年增长百分比(±%)
国内航线	国内	39 411	9.4
	其中内地至港澳台	1 020	1.4
国际航线		4 207	33.3
总计		43 618	11.3

3. 航空货邮周转量

2015 年,全行业完成货邮运输量 629.3 万吨,比上年增长 5.9%。国内航线完成货邮运输量 442.4 万吨,比上年增长 3.9%,其中港澳台航线完成 22.1 万吨,比上年减少 1.0%;国际航线完成货邮运输量 186.8 万吨,比上年增长 10.9%,见表 6-2。

表 6-2　2015 年我国航空货运周转量情况

项　　目		周转量(万吨)	比上年增长百分比(±%)
国内航线	国内	442.4	3.9
	其中内地至港澳台	22.1	−0.1
国际航线		186.8	10.9
总计		629.3	5.9

4. 航线航班资源量

截至 2015 年底,我国共有定期航班航线 3 326 条(表 6-3),按重复距离计算的航线里程为 786.6 万公里,按不重复距离计算的航线里程为 531.7 万公里(表 6-4)。

表 6-3　2015 年我国定期航班条数　　单位:条

国内航线	2 666
其中:港澳台航线	109
国际航线	660

表 6-4　2015 年我国定期航班里程　　单位:万公里

按重复距离计算的航线里程	国内航线	496.4
	其中:港澳台航线	17.8
	国际航线	290.2
按不重复距离计算的航线里程	国内航线	292.3
	其中:港澳台航线	17.2
	国际航线	239.4

截至 2015 年底,定期航班国内通航城市 204 个(不含香港、澳门、台湾)。我国航空公司国际定期航班通航 55 个国家的 137 个城市,国内航空公司定期航班从 38 个内地城市通航香港,从 12 个内地城市通航澳门,大陆航空公司从 43 个大陆城市通航台湾地区。

(二)机场发展

1. 通航城市和机场

2015 年,我国境内民用航空(颁证)机场共有 210 个(不含香港、澳门和台湾地区,下同),比上年增加 8 个,见表 6-5。其中定期航班通航机场 206 个,定期航班通航城市 204 个。

表 6-5　2015 年各地区颁证运输机场数量

地区	颁证运输机场数量(个)	占全国比例(%)
全国	210	100
东北地区	23	11.0
东部地区	50	23.8
西部地区	106	50.5
中部地区	31	14.8

2015 年,机场系统完成固定资产投资总额 656.1 亿元,比上年增长 17.0%。重点建设项目 15 个,其中:郑州新郑机场扩建工程竣工;北京新机场工程、长沙黄花机场扩建工程、浦东机场飞行区扩建工程、广州白云机场扩建工程、重庆江北机场扩建工程、武汉天河机场扩建工程、哈尔滨机场扩建工程等续建项目进展顺利;青岛机场迁建工程、桂林两江机场扩建工程、长春龙嘉机场二期扩建工程、海口美兰机场扩建工程、成都新机场、大连机场迁建等项目开工建设,厦门机场迁建工程已开展前期工作。

年内定期航班新通航的机场有山东日照三字河机场、广东惠州平潭机场、云南宁蒗泸沽湖机场、青海海西花土沟机场、新疆富蕴可可托海机场、新疆石河子花园机场、辽宁营口蓝旗机场、山西忻州五台山机场。其中新疆石河子花园机场、辽宁营口兰旗机场颁证但年内没有定期航班。陕西安康机场、新疆且末机场停航。

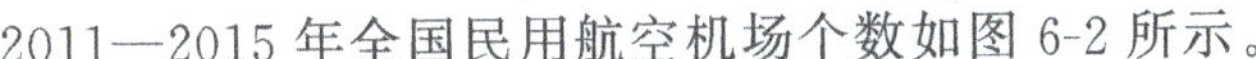
2011—2015 年全国民用航空机场个数如图 6-2 所示。

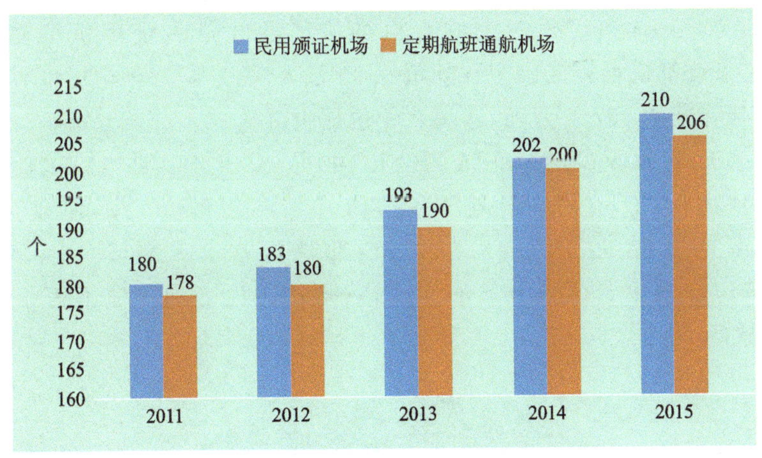

图 6-2　2011—2015 年全国民用航空机场个数

2. 旅客吞吐量分布

2015 年我国机场主要生产指标保持平稳增长,其中旅客吞吐量 91 477.3 万人次,比上年增长 10.0%。其中,国内航线完成 82 895.5 万人次,比上年增长 9.0%(其中内地至香港、澳门和台湾地区航线为 2 803.6 万人次,比上年增长 2.4%);国际航线完成 8 581.8 万人次,比上年增长 21.1%,如图 6-3 所示。

所有通航机场中,年旅客吞吐量 100 万人次以上的有 70 个,比上年增加 6 个,完成旅

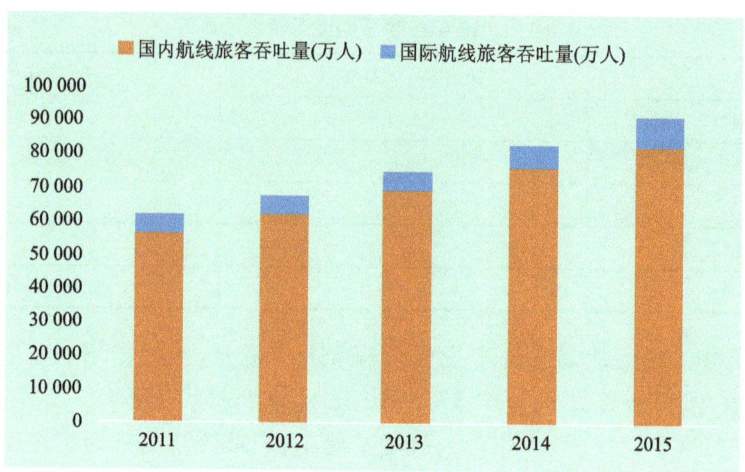

图 6-3　2011—2015 年全国机场分航线旅客吞吐量

客吞吐量占全部机场旅客吞吐量的 95.5%；年旅客吞吐量 1 000 万人次以上的为 26 个，较上年增加 2 个，完成旅客吞吐量占全部机场旅客吞吐量的 77.9%，见表 6-6。

表 6-6　2015 年旅客吞吐量 100 万人次以上的机场数量

年旅客吞吐量	机场数量	比上年增加	吞吐量占全国比例
1 000 万人次以上	26	2	77.9%
100～1 000 万人次	44	4	17.6%

2015 年，北京、上海和广州三大城市机场旅客吞吐量占全部机场旅客吞吐量的 27.3%，其中北京首都机场完成旅客吞吐量 0.90 亿人次，连续六年位居世界第二；上海浦东机场完成货邮吞吐量 327.5 万吨，连续八年位居世界第三。

全国各地区旅客吞吐量的分布情况(图 6-4)是：华北地区占 15.8%(16.2%)，东北地区占 6.0%(6.1%)，华东地区占 29.1%(28.9%)，中南地区占 23.7%(24.3%)，西南地区占 16.8%(16.2%)，西北地区占 5.9%(5.7%)，新疆地区占 2.8%(2.6%)。(注：由于四舍五入的原因，各地区占比之和可能不等于 100%，括号内为 2014 年数字，下同)

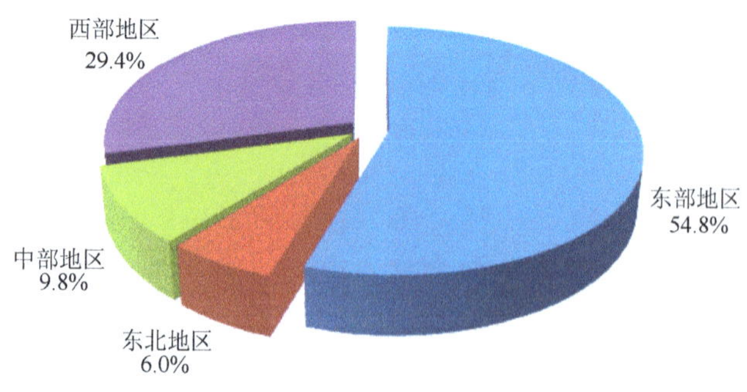

图 6-4　2015 年民航运输机场旅客吞吐量按地区分布

3. 机场货邮吞吐量分布

2015 年完成货邮吞吐量 1 409.4 万吨，比上年增长 3.9%。其中，国内航线完成 918.0 万吨，比上年增长 3.7%（其中内地至香港、澳门和台湾地区航线为 89.8 万吨，比上年下降 0.7%）；国际航线完成 491.4 万吨，比上年增长 4.4%，如图 6-5 所示。

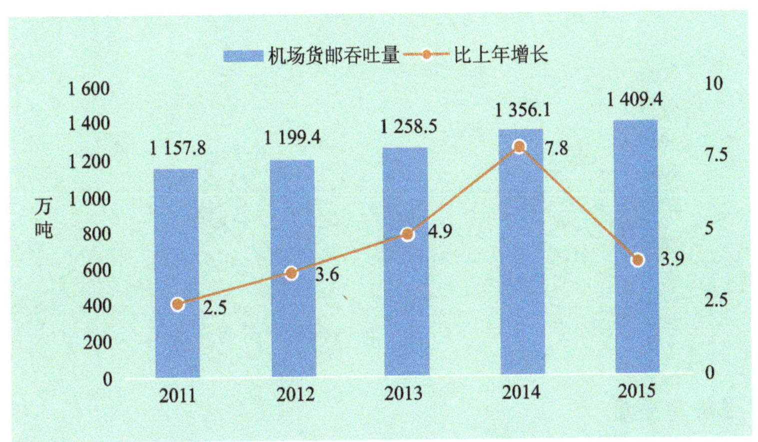

图 6-5 2011—2015 年民航运输机场货邮吞吐量

各机场中，年货邮吞吐量 10 000 吨以上的有 51 个，比去年增加 1 个，完成货邮吞吐量占全部机场货邮吞吐量的 98.4%；北京、上海和广州三大城市机场货邮吞吐量占全部机场货邮吞吐量的 50.9%。

其中：2015 年东部地区完成货邮吞吐量 1 062.88 万吨，东北地区完成货邮吞吐量 48.87 万吨，中部地区完成货邮吞吐量 85.89 万吨，西部地区完成货邮吞吐量 211.76 万吨，如图 6-6 所示。

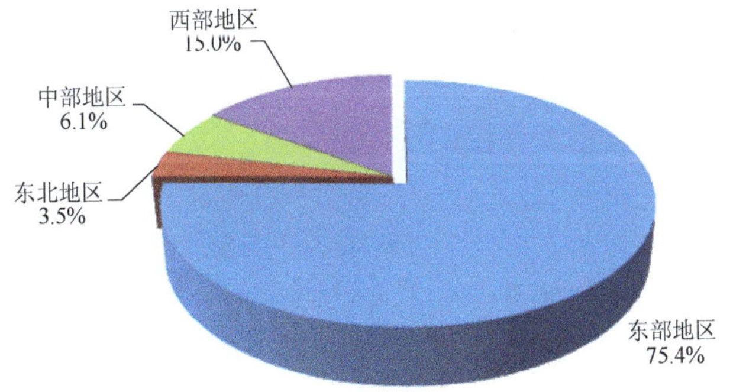

图 6-6 2015 年民航运输机场货邮吞吐量按地区分布

4. 国内机场飞机起降架次

飞机起降 856.6 万架次，比上年增长 8.0%，如图 6-7 所示。其中：运输架次为 729.4 万架次，比上年增长 6.9%。起降架次中：国内航线 787.3 万架次，比上年增长 7.1%（其中内地至香港、澳门和台湾地区航线为 20.9 万架次，比上年增长 1.6%）；国际航线 69.3 万架次，比上年增长 18.9%。

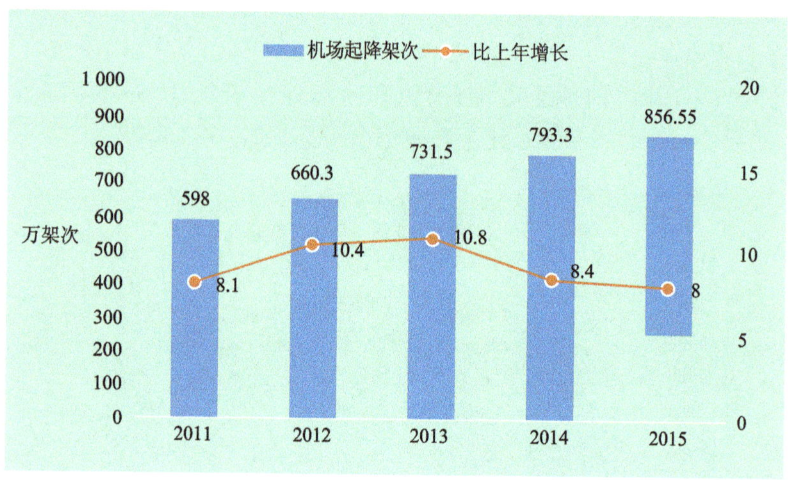

图 6-7　2011— 2015 年国内机场飞机起降架次

(三)航空服务与质量

1. 航空安全

2015 年,民航安全形势平稳。全行业未发生运输航空事故,运输航空百万小时重大事故率 10 年滚动值为 0.018(世界平均水平为 0.24)。发生通用航空事故 9 起,死亡 12 人。

自 2010 年 8 月 25 日至 2015 年底,运输航空连续安全飞行 64 个月,累计安全飞行 3 672万小时。

2015 年,全年共发生事故征候 394 起,同比增加 14.9%。其中运输航空严重事故征候 8 起,同比减少 3 起,运输严重事故征候万时率为 0.01,同比下降 34.6%。

2015 年,54 家运输航空公司中,44 家运输航空公司未发生责任事故征候。

由上述数据可知,我国的航空安全状况好于世界平均水平,航空事故率也在下降。航空安全情况良好。

2. 航班正常率

2015 年,全国客运航空公司共执行航班 337.3 万班次,其中正常航班 230.5 万班次,不正常航班 99.9 万班次,平均航班正常率为 68.33%。

2015 年,主要航空公司[1]共执行航班 270.7 万班次,其中正常航班 186.5 万班次,不正常航班 79.6 万班次,平均航班正常率为 68.90%。不正常原因统计见表 6-7。

3. 旅客投诉与货物行李运输差错率

2015 年,民航局、各地区管理局、民航局消费者事务中心和中国航空运输协会共受理航空消费者投诉 3 418 件。2015 年全年受理投诉总量较 2014 年增加 1 498 件,增长 78.02%。

1　主要航空公司是指南航、国航、东航、海南、深圳、四川、厦门、山东、上海、天津十家航空公司。

表 6-7　2015 年航班不正常原因分类统计

	指标	占全部比例(%)	比上年增减(±%)
全部航空公司不正常原因	航空公司原因	19.1	−7.31
	空管原因	30.68	5.35
	天气原因	29.53	5.19
	其他	20.63	−3.23
主要航空公司不正常原因	航空公司原因	18.05	−7.82
	空管原因	30.09	6.07
	天气原因	30.16	5.37
	其他	21.7	−3.62

(四)空管发展

1. 通用航空法规体系

近年来,我国出台了一系列通用航空市场准入、运行标准以及外商投资通用航空业等方面的法规、规章、初步建立了较为完善的通用航空法规体系。我国现行的通用航空法规体系包括法律、法规、规章、标准等。

(1)法律

我国通用航空活动政策和管理的法律依据是民航法,1996 年 3 月 1 日正式实施。民航法设定了通用航空的定义以及从事通用航空活动的条件,明确提出保障飞行安全,保护用户、地面第三人以及从事通用航空活动的单位和个人的合法权益。

(2)行政法规

《国务院关于通用航空管理的暂行规定》(国发〔1986〕2 号)于 1986 年 1 月 8 日由国务院发布。该规定首次将"专业航空"更名为"通用航空",明确了通用航空行业管理机构、从事通用航空活动需履行的报批手续、从事通用航空经营活动的审批管理程序、要求等等。在民航法出台前,该规定为通用航空行业管理提供了法规依据。到目前为止,该规定仍作为实施通用航空企业赴境外开展经营活动的行政许可的法律依据。

《通用航空飞行管制条例》(国务院、中央军委第 371 号令),2003 年 1 月 10 日由国务院、中央军委发布,2003 年 5 月 1 日起施行。该条例是管理我国通用航空飞行活动的基本依据,规范了从事通用航空飞行活动的单位或个人向当地飞行管制部门提出飞行计划申请的程序、时限要求;明确了在我国范围内进行的一些特殊飞行活动,所需履行的报批手续和文件要求;并对升放和系留气球做出了具体要求。

(3)民航规章

目前涉及通用航空的民航规章共 30 多部,其中主要包括经济管理和安全运行管理的内容。其中经济管理的规章包括:《通用航空经营许可管理规定》(民航总局令第 176 号)。该规章规范了行业管理部门的通用航空经营许可行为,规定了设立通用航空企业的条件、经营项目、申报文件要求、审批程序、时限等。该项行政许可由民航地区管理局负责实施。

《外商投资民用航空业规定》(民航总局令第110号)以及《外商投资民用航空业规定的补充规定》(民航总局令第139号)、《外商投资民用航空业规定的补充规定(二)》(民航总局令第174号)等民航规章,规定了境外资本投资民用航空包括通用航空的具体条件、要求及审批程序等。

(4)安全运行规章

通用航空运行审定类:《一般运行和飞行规则》(CCAR—91)、《小型航空器商业运输运营人运行合格审定规则》(CCAR—135)。

上述规章对通用航空所涉及的一般运行、小型航空器商业运行的合格审定标准进行了规范。

2. 通用航空的行业管理机构状况

经2003年民航行政管理体制改革后,目前民航行政管理体系包括:

民航总局、民航地区管理局(华北、东北、西北、华东、中南、西南和新疆地区管理局)、33个省(区、市)航空安全监督管理办公室。管理机构分为民航总局和民航地区管理局两级,航空安全监督管理办公室为民航地区管理局的派出机构。民航总局的主要职责定位于民用航空的安全管理、市场管理、宏观调控、空中交通管理和对外关系五个方面,而每个职能中都包含通用航空的管理内容。

(五)通用航空发展

通用航空(General Aviation),是指使用民用航空器从事公共航空运输以外的民用航空活动,包括从事工业、农业、林业、渔业和建筑业的作业飞行以及医疗卫生、抢险救灾、气象探测、海洋监测、科学实验、教育训练、文化体育等方面的飞行活动。

1. 飞行小时

2015年,全行业完成通用航空生产飞行77.93万小时,比上年增长15.5%。其中:工业航空作业完成8.55万小时,比上年增长1.4%;农林业航空作业完成4.21万小时,比上年增长10.1%;其他通用航空飞行65.18万小时,比上年增长18.0%。

2. 通用航空企业

截至2015年底,获得通用航空经营许可证的通用航空企业281家,其中,华北地区72家,中南地区55家,华东地区56家,东北地区30家,西南地区37家,西北地区25家,新疆地区6家。

3. 机队规模

2015年底,通用航空企业在册航空器总数达到1 904架,其中教学训练用飞机508架。

二、航空产业新出台政策和重点新闻

(一)民航相关政策法规新闻

1. 中国民用航空局关于推进民航运输价格和收费机制改革的实施意见

2015年12月22日,民航局发布了《关于推进民航运输价格和收费机制改革的实施意见》,为贯彻落实《中共中央国务院关于推进价格机制改革的若干意见》(中发〔2015〕28号),进一步深化民航运输价格和收费机制改革,结合民航运输行业实际,经商国家发展改革委,提出了一系列意见。

2. 关于国内航空旅客运输销售代理手续费有关问题的通知

2016年2月4日,中国民用航空局发布了《关于国内航空旅客运输销售代理手续费有关问题的通知》,为适应国内航空运输销售市场出现的新情况,规范航空运输企业和销售代理企业的销售行为,确保航空运输市场和销售代理市场健康发展,经商国家发展改革委,现就国内航空旅客运输销售代理手续费(以下简称客运手续费)进行了相关规定。

3. 民航局首次规定从业人员应受安全背景调查

在国内外空防安全日益严峻的情况下,反恐成为人们关注的焦点。民航局近日就修订的《民用航空安全保卫条例(征求意见稿)》(以下简称征求意见稿)向社会公开征求意见。征求意见稿增加了民用航空器、通用航空安保以及安保应急处置等与反恐相关的内容。

(1)提高反恐情报信息工作能力

征求意见稿明确,民用机场管理机构、公共航空运输企业、空中交通管理部门等单位应当遵守民用航空安全保卫的法律、法规与规章,发生非法干扰事件后应当按照相关规定采取措施,并向民用航空主管部门报告。

国务院民用航空主管部门和公安机关应当加强民用航空安全保卫情报信息工作,提高反恐情报信息工作能力。民用机场管理机构、公共航空运输企业和服务保障公司等单位,应当加强民用航空安全保卫情报信息工作,服从、配合国务院民用航空主管部门和公安机关开展情报信息工作,按照有关规定及时提供在民航安全防范工作中获取的信息。

征求意见稿首次规定民航从业人员应当接受包括违法犯罪情况在内的安全背景调查。

(2)禁止用伪造身份证购票登机

征求意见稿增加了在机场内严禁拦截航空器,堵塞、强占、冲击值机柜台、安检通道及登机口(通道)的规定。

在机场的安保中,除了涉及人外,货物、邮件及行李也有安保要求。承运人对承运的已经过安全检查或采取其他安全保卫措施的托运行李、航空货物和邮件、航空配餐和机上供应品,在地面存储和运输期间应采取必要措施,防止未经授权的人员接触。

通航我国的外国航空运输企业应当遵守双边通航协议中的航空安全保卫条款,制定符合我国法律、法规和规章的航空安全保卫方案,并通过地区民用航空管理机构的审查。

征求意见稿增加了禁止使用伪造、变造的居民身份证或冒用他人居民身份证购票、登机;禁止非法侵入民航信息系统的规定。

(3)禁对机组人员实施人身攻击

征求意见稿规定,航空器上发生的扰乱秩序、危害飞行安全的行为处置结束后,机组人员应将行为人及有关证据交由最初降落地机场公安机关调查处理;航空器未起飞的,交由起飞地机场公安机关调查处理。降落在我国的外国航空器上发生的扰乱秩序、危害飞行安全的行为，由降落地机场公安机关调查处理。

为了加强航空器的安保，航空器内禁止冲闯航空器驾驶舱、对机组人员实施人身攻击或威胁实施此类攻击、强行打开应急舱门、使用可能影响导航系统正常功能的电子设备、吸烟(含电子香烟)以及使用火种等。

4. 民航空管运行单位安全管理规则正式施行

[摘要]第十条民航空管运行单位贯彻落实民航空管安全管理的政策、法规、规章和标准，落实安全工作规划、安全管理目标，建立健全安全管理体系，实施对本单位运行状况的经常性检查，定期评价安全状况，组织落实安全管理措施，收集、统计、分析本单位的安全信息，对民航空管不安全事件制定并落实整改措施，制定本单位安全培训计划，组织开展安全生产教育、培训工作，记录培训考核情况；组织实施民航空管安全评估；按规定上报本单位的安全状况和信息。

《民用航空空中交通管理运行单位安全管理规则》(中华人民共和国交通运输部令2016年第17号)已于2016年3月11日经第5次部务会议通过，现予公布，自2016年4月17日起施行。

5.《民用航空飞行签派员执照管理规则》公布

《民用航空飞行签派员执照管理规则》(中华人民共和国交通运输部令2016年第11号)已于2016年3月11日经第5次部务会议通过，现予公布，自2016年4月17日起施行，2004年12月16日公布的《中国民用航空飞行签派员执照管理规则》(民航总局令第136号)同时废止。

6.《民航旅客不文明行为记录管理办法》开始实施

根据民航资源网2016年2月4日消息：近日，中航协发布《民航旅客不文明行为记录管理办法(试行)》，从2月1日起开始实施。对于堵塞、强占、冲击值机柜台、安检通道及登机口(通道)的；对民航工作人员实施人身攻击或威胁的；强行冲击驾驶舱、擅自打开应急舱门的等不文明行为将被记录在案，信息保存一年至两年。同时，国内五大航空公司联合发布《关于共同营造文明乘机大环境的联合声明》，将合力对不文明旅客采取限制措施。

(二)民航业内重点新闻

1. 全国首例通过绿色通道转运的人体器官顺利登机

2015-05-09　来源：中国之声　作者：刘飞

据中国之声《央广新闻》报道，5月6日，国家卫计委联合六部委发文，建立人体捐献器官转运绿色通道。昨天(5月8日)，浙江大学医学院附属第一医院的一位病人无偿捐献了自己的心脏，该心脏经国家器官分配与共享系统匹配给武汉的一位心脏病患者。昨晚，心脏器官已抵达武汉。

昨天，浙江大学医学院附属第一医院的一位患者无偿捐献了他的心脏，该心脏经由国家器官分配与共享系统匹配给了武汉的一位患者。在经过了半个小时的手术之后，捐献者心脏被取出，由医院救护车送往机场，一路上救护车绿色通行，到达机场后优先托运，快速通关安检，由武汉协和医院的医生携带该心脏完成登机飞往武汉。

据悉，运送的心脏器官已于昨晚8点36分左右抵达武汉。武汉市公安交管局派出警车全程开道护送，在救护车行进过程中，交警部门启动信号灯智能控制系统，为救护车开启信号灯绿波带，确保一路畅通。心脏器官最终在昨晚9点钟左右抵达医院，开始进行手术。

2. 西南航空热继续升温大西南，未来航企主战场？

2015-05-09　来源：航企那些事儿　作者：郑枫

今天云南机场方面放出的消息是，南航将于5月派出调研组前往昆明，就设立南航昆明基地进行调研，让持续了一段时间的西南航空热继续升温。今年以来，至少有4家航空公司表达了对西南市场的兴趣。

西南由于地理位置的关系，航空业一向很发达，成都和昆明长期是第二梯队的中上游，重庆现在发展势头也很猛，贵阳前两年也突破了1 000万人次。而说到基地航空公司，西南更是非常热闹。

继承老西南航遗脉，国航在成都、重庆和贵阳都设有基地，即国航西南分公司、国航重庆分公司、国航贵州分公司，而国航系在西南地区的存在感还通过深航控股的昆明航空以及山航前几年成立的重庆分公司、贵阳飞行基地实现着。

三大航中的另外两家也没闲着，东航云南公司是整个西南区域实力唯一可以和国航西南分公司相当的，东航前几年还进军四川，似乎是以武汉公司和西北分公司为主抽调人员组建了四川分公司。南航方面则选择了重庆和贵州两个点，和地方合作了重庆航空和贵州航空。

海航系则在西南市场布局了西部航空和祥鹏航空（在成都有分公司），天津航空则在贵阳设立了基地……除此之外，西南本地的川航及其参股的成都航空，成立不久的瑞丽航空、多彩贵州航空和将要成立的云南红土航空，让这个市场的竞争越发的激烈。

尽管从基地公司的数量来看，西南市场已经可以和北京上海相媲美了，但是也依然有人在谋划加码或者进入。比如南航，近年来频频传出南航要进军昆明和成都的消息，云南机场的南航调研组算是最新的一个。南航旗下的厦门航空在“十三五”的规划除了做足华东，做强华北，也包括站稳西南——2014年时，厦航就表示把近四分之一的运力投放在西南市场，厦航在西南的基地之前选择的是重庆，不晓得其未来会否增加在这一区域的基地选择。

已经在上海、石家庄、沈阳和深圳设立基地的春秋航空，新近发出的消息是，计划于今年内开展西南区域的基地设立工作，并将昆明、重庆、成都作为主要重点考察目标。在争取航空公司进驻方面，云南机场集团算是很主动地，早前该公司董事长带队去上海和东航、春秋航和吉祥航三家进行了拜会，并和吉祥航空签订了战略合作协议。虽然云南机场和吉祥航空方面都没有透露战略合作协议的内容，但通常来说，有了战略合作，设立基地只是时间早晚问题——吉祥航空今年将引进不超过10架飞机，且新在南京设立了基地，或许在昆明的布局会略微推迟些。

西南之所以能够吸引这么多航企的眼球，不只是当地航空业发达一个原因，还有当地经济发展，出行需求增长；航企发展扩大网络需要有多个基点支撑；以及西南旅游资源丰富等多重考量。只是,西南支线机场众多,地形复杂,高高原和高原机场不少,安全工作务必要做好。

3. 密集开辟远程国际航线　二线城市成航企新战场

2015-05-08　来源:一财网　作者:陈姗姗

开通国际航线原本是北上广等一线城市的“福利”,然而最近几年,中西部地区等二三线市场,越来越成为航企看重的“香饽饽”,尤其是国外的航空公司。

近日,阿联酋航空一架波音777飞机就降落在银川河东国际机场,这也是阿联酋航空开通的首条直飞我国中西部地区的航线,此前,其开飞的到中国的航线主要集中在京沪广。

下周,美联航也将开通西安到美国旧金山的直飞航班,这将是西安的首条跨太平洋航线。随着北上广核心机场的时刻、空域等资源的高度饱和,国内二、三线城市日益成为航企争夺的“新战场”。

4. 去哪儿网发布2015年出境机票大数据报告

2015-02-16　来源:民航资源网　作者:任芬

近年来,随着国民收入的提升和签证政策的开放,中国公民出境游呈现井喷之势。国家旅游局发布的最新数据显示,2015年中国公民出境旅游人数达到1.2亿人次,旅游花费1 045亿美元,同比分别增长12%和16.7%。

2015年,中国领先的在线旅游网站去哪儿网共为用户提供了1.76亿次出境机票的搜索。去哪儿网结合2015年全球用户的搜索预订行为数据和覆盖全球的28万条航线海量数据进行统计分析,特此发布中国出境机票价格变化及预订趋势的报告。

(1)2015年出境机票均价下降11.9%

去哪儿网统计显示,2015年中国内地出境机票的平均价格是1 919元,相对于2014年2 179元的均价,下降了11.9%。这意味着,2015年,选择出境自由行的游客在机票这项开支上将较2014年平均节省260元。

分月看,2015年2月,内地出境机票的均价上涨4.72%,成为2015年全年中唯一一个上涨的月份;2015年8月为出境机票下降幅度全年中最大的月份,降幅高达21%。

(2)十大热门目的地票价跌多涨少

去哪儿网的机票搜索预订数据显示,2015年出境自由行十大热门目的地(国家或地区)按排名先后排序依次是:中国香港、韩国、泰国、日本、中国台湾、美国、马来西亚、中国澳门、新加坡、澳大利亚。

2015年,中国内地出发前往十大热门目的地的机票价格涨跌不一。其中,内地飞马来西亚的跌幅最大,高达24.49%;飞日本和美国的机票价格也出现较高的跌幅。而澳大利亚则成为十大目的地中唯一上涨的目的地,2015年全年平均机票价格上涨4.77%。

(3)2015年用户出境游人均频次达1.26人次

去哪儿网统计显示,去哪儿网用户2015年人均出境游人次达1.26人次,每次出境游的平均天数为5.34天。其中,98.1%的用户2015年出境游次数为1～3次。值得一提的是,有0.1%的用户2015年的出境游次数在10次以上。

从用户的预订习惯来看，2015 年出境游用户平均提前购票天数为 31.7 天，较 2014 年的 28.8 天提前了 2.9 天；APP 端的下单比例则由 2014 年的 26.50％大幅提升至 49.35％，这意味着 2015 年已经有将近半数的消费者通过 APP 端作出出境机票购买的决定。

从出境用户的所在城市分布看，有接近半数的游客是来自北上广。其余位列前十的城市分别是厦门、成都、昆明、杭州、深圳、青岛、重庆。

5. 受益票价下跌全球航空客运量现五年最大增长

2015-02-05　来源：民航资源网　作者：叶磊

据彭博社报道，由于机票价格跟随油价一起下跌，刺激了人们的旅行需求，2015 年全球航空客运量增长了 6.5％，现自 2010 年以来的最大增幅。

国际航空运输协会(IATA)于 2 月 4 日表示，由于航空公司的运力与 2014 年相比只增长了 5.6％，因此，航空公司的客座率在 2015 年出现上升，全行业客座率增长了 0.6％至创纪录的 80.3％。由于美元升值，机票价格平均下降了 5％。

亚太地区的需求增长更快，其在总的增长中占到三分之一。IATA 表示，2015 年，亚洲航企国际航线上的客运量增长了 8.2％，而中国国内市场的客运量增长了 11％，与 2014 年增幅相同，原因是中国消费者的消费与整体经济情况相比显得更加强劲。

2015 年，美国航企的国内客运量增长了 4.9％，是自 2004 年以来的最大增幅，也超过了北美航企国际需求 3.2％的增幅。受汉莎航空罢工以及俄罗斯全禄航空破产的影响，欧洲航企的国际客运量只增长了 5％。

2015 年，由阿联酋航空领衔的中东航企国际客运量整体增幅最大，其市场份额达到 14.2％，超过了北美航企。

拉美航企的国际客运量增长了 9.3％，而非洲航企仅增长了 3％，再次落后于全球其他地区。

6. 数读民航 2015：26 个机场迈入千万级俱乐部

2015-12-24　来源：民航资源网

为期两天的 2016 年全国民航工作会议暨航空安全会议 12 月 24 日在北京开幕，会议回顾了 2015 年民航主要工作。下面让我们来看看 2015 年民航业引人注目的数字：

2015 年，预计实现运输飞行 846 万小时、362 万架次，同比分别增长 10.8％和 7.4％。严重事故征候万时率和人为责任原因事故征候万时率同比分别下降 59％和 17.6％。2010 年 8 月 25 日至今，运输航空连续安全飞行 64 个月、3 645 万小时。

2015 年，中国民航预计完成运输总周转量 850 亿吨公里，同比增长 13.6％；旅客运输量 4.4 亿人次，同比增长 11.4％；货邮运输量 630 万吨，同比增长 6％。

2015 年，全行业飞机达 4 511 架。其中，运输飞机 2 645 架，通用飞机 1 866 架。

截至 2015 年 11 月，全国颁证运输机场 206 个。2015 年新增机场 7 个。其中，旅客吞吐量三千万级机场 8 个，千万级机场 26 个。

三千万级机场为：北京首都、广州白云、上海浦东、上海虹桥、成都双流、深圳宝安、昆明长水、西安咸阳(重庆江北 12 月 1 日突破三千万人次)。

其他千万级机场为:杭州萧山、厦门高崎、长沙黄花、武汉天河、青岛流亭、乌鲁木齐地窝堡、南京禄口、郑州新郑、三亚凤凰、海口美兰、大连周水子、沈阳桃仙、贵阳龙洞堡、哈尔滨太平、天津滨海、福州长乐(南宁吴圩机场12月18日突破1 000万人次)。

截至2015年11月,航空运输企业达54家。其中,国有控股公司40家,民营和民营控股公司14家;全货运航空公司7家;中外合资航空公司12家;上市航空公司7家。

截至2015年11月,通航企业278家,2015年净增39家。

截至2015年11月,全行业持有现行有效的驾驶执照飞行员45 013人,其中运输航空公司机长12 408人。目前,我国飞行员培训机构74个,其中,国内有13家院校、37个培训点,境外培训机构24家。

截至2015年11月,民航共有1部法律、30部行政法规、122部规章以及46项国家标准、406项行业标准,形成了比较完备的法规标准体系。

2015年,中国民航正班客座率为82.5%。

2015年1—11月,全国机场旅客吞吐量较上年增长10.1%。其中:西部增长13.5%;中部增长8.5%;东北增长8.2%;东部增长8.8%。

高于全国平均水平的19个省(市、自治区)中,中西部地区有12个:甘肃(21.7%)、云南(18.3%)、新疆(17.3%)、宁夏(16.0%)、西藏(13.9%)、内蒙古(13.7%)、陕西(12.7%)、四川(12.1%)、安徽(11.9%)、重庆(11.6%)、河南(10.2%)、贵州(10.2%)。

2015年1—11月,全国机场货邮吞吐量较上年增长3.8%。其中:中部增长5.6%;西部增长5.0%;东北增长4.8%;东部增长3.4%。

全年增速超过10%的6个省(市、自治区)中,中西部地区占5个:西藏(14.6%)、陕西(13.7%)、云南(12.7%)、安徽(11.0%)、江西(10.2%)。

2015年,全国航空公司共执行航班336.4万班,航班正常率为68.41%。

2015年10、11月航班正常率经过46个月后重回80%以上。

2015年,我国航线总数为3 091条。国内航线2 428条。其中,香港地区航线56条,澳门地区航线23条,台湾地区航线114条。国际航线663条。

2015年,国内21家航空公司通航56个国家138个城市。每周安排国际定期航班4 405班。已有57个国家123家航空公司自121个城市通航我国51个城市。每周安排飞我国的定期航班2 944班。

从2013年下半年起,国际运输增长速度已全面快于国内运输。2015年以来,从运输总周转量、旅客运输量、货邮运输量三大指标来看,民航国际运输增长幅度分别是国内的2.1倍,3.6倍和2.6倍。

截至2015年11月,我国与118个国家签署或草签双边航空运输协定。

2015年,民航局继续大力推进绿色、低碳民航建设。拨付5.2亿元人民币支持全行业8大类222项节能减排项目实施。

2015年预计有35.1万架次航班使用临时航线,缩短飞行距离约1 162万公里,节省燃油消耗约6.27万吨,减少二氧化碳排放约19.8万吨。

2016年行业预期指标:

运输总周转量953亿吨公里、旅客运输量4.85亿人次、货邮运输量680万吨，分别比上年增长11.5%、10.7%和8.3%。

计划新开工重点项目11个，续建项目52个，全行业预计固定资产投资770亿元。

7. 内地3家公司冲入亚太航企到港准点率Top20

2015-01-08　来源：民航资源网

分析系统CADAS(Civil Aviation Data Analysis)发布2015年12月《全球航空公司到港准点率报告》。

《全球航空公司到港准点率报告》是民航数据分析系统CADAS根据飞常准庞大和及时的全球航班动态数据整理的2015年12月全球航空公司到港准点情况。

2015年12月《全球航空公司到港准点率报告》要点如下：

报告将全球上百家航空公司按照地域进行了划分，并依据正点率分别进行了排名。12月美国的夏威夷航空成功卫冕全球最准点航企。与此同时，日本航企表现却令人大跌眼镜：Japan ransocean Air跌至排行榜第8位，而全日空仅仅屈居第十。全球最准点航企Top10中，半数为欧洲航企。

在航企到港准点率上，北美、亚太和非洲的结果均低于世界平均水平。其中，亚太地区航企以111分钟垫底平均晚点时间。

作为第二个进入亚太地区Top20的内地航空公司和第一个冲入亚太地区Top20的内地民营航空公司，12月吉祥航空继续发力，由亚太地区18位上升至16位。与此同时，厦门航空和成都航空也分别成为第三和第四个进入亚太地区Top20的内地航企。

8. 我国首次试点拍卖“航班时刻”第一标的以三千余万拍出

2015-12-30　来源：央广网

广州12月30日消息(记者何伟奇)　据中国之声《央广新闻》报道，国内首次航班时刻拍卖在广州白云机场落幕，34家国内航空公司参与竞拍，9个时段最终拍出的价格超过5.5亿元，乌鲁木齐航空出价9 099万元成为“标王”。

据拍卖信息显示，此次拍卖的时刻组有两组为“降落时刻为上午10点段，起飞时刻为上午11点时段”；有两组为“降落时刻为晚上八点时段，起飞时刻为晚上九点时段”；其余时段在中午12点到晚上7点之间，都是乘客比较喜欢选择的时段。

另外，这次拍卖采用第二价格密封拍卖方式，也就是说，参加竞拍的竞买人提交密封式报价，报价最高者为买受人，但只需支付第二高的价格获取该时刻对组合使用权。

拍卖来的航班时刻只能用于国内干支线客运飞行。新增时刻资源自2016年1月31日开始使用，使用权为三年，在符合航班时刻使用规则的前提下不需换季时刻协调。拍卖收益按民航局确定的程序缴纳国库。

三、航空交通热点研究

(一)航班时刻资源配置创新

2015年12月30日，国内首次航班时刻拍卖在广州白云机场落幕，34家国内航空公司参与竞拍,9 个时段最终拍出的价格超过 5.5 亿元,我国的航班时刻资源配置问题再次引起关注。

航班延误成了制约民航发展的瓶颈,导致航班延误的因素很多,但其中一个根本原因就是由于航班时刻的稀缺性和不合理分配所导致的,所以如何合理分配航班时刻成为一个亟待解决的问题。航班时刻又称为航班起降时刻,是指飞机在某一特定机场起飞或降落的预定时间。航班时刻的配置经过初始配置和二次配置两个阶段,其中初始配置尤为重要。

1. 航班时刻的特性

(1)航班时刻具有非排他性租金

世界上普遍采用的繁忙机场的起降收费都受到政府价格规制,属于政府与机场之间合约的一种收入条款,收费按飞机的重量来确定,而不是按航空公司的支付意愿,因此,规制以后的价格常常低于市场出清水平,这些差额租金或收入,只存在航班时刻资源价格规制的情况下,这些租金或收入并没有被明确地界定给谁,因此具有非排他性。从而导致航班时刻资源产生非排他性租金。

(2)航班时刻具有消费的竞争性

约瑟夫·斯蒂格利茨认为消费竞争性就是增加一个消费的边际成本大于零,即当 A 消费一个月饼,如果 B 也想消费一个月饼,那么此时只能再购进原料重新生产一个月饼。与之相对应的,为了安全,给定某一个时间,一条机场跑道只能被一个飞机所占用,所以在一天之中,可供使用的航班时刻资源数量是有限的,如果 A 航空公司使用了一定数量的航班时刻资源,势必会造成 B 航空公司可用航班时刻资源数量的减少。所以,航班时刻具有消费的竞争性。

(3)航班时刻的可拥挤性

哈尔·瓦里安认为资源的可拥挤性就是一些资源能被多人使用,就可能面临由于使用的增加而导致使用质量的降低。机场跑道是一种共用性设施,虽然不能同一时间被多个飞机所占用,但是在不同时间可以为多个飞机所占用。因此航班时刻可能出现"新增一个用户所带来边际成本大于零"的问题。例如,当每小时内起降航班数量超过某个数值时,一旦出现意外情况,就会导致所有飞机从意外事故中恢复过来的等待时间增加,这就会导致航班延误(delay)。

(4)航班时刻的时间异质性

航班时刻资源具有时间异质性。从需求角度来说,航班时刻资源的需求受消费者对航空运输服务在时间上的偏好差异所决定,不同时间的航班时刻资源对需求方具有不同的价值,这些航班起降时刻资源之间只具有有限的替代性。根据民航协会在 2012 年旅客选择航班时考虑因素的调查,旅客乘机时考虑航空公司品牌占 22%,考虑航空公司提供的服务项目和机型占 29.5%,考虑航班起降时刻占 41.1%。

(5)航班时刻的不可储存性

航班时刻的消费与生产是同步的,因此具有不可储存性。航班时刻资源的不可储存性,加上时刻资源需求在时间上的异质性,导致时刻资源在高峰期出现超额需求,而在低谷期又出现超额供给。对于一种不可储存产品，航班时刻不能通过增加存货方式来应对需求高峰。因为如果通过增加生产能力来满足高峰需求，那么就会遭受非高峰需求时生产能力的大量闲置；如果不增加生产能力来满足高峰需求，那么就会遭受高峰需求时无法满足情况。

2. 航班时刻初始配置的方式比较

基于航班时刻特殊的性质，我们首先必须得对高密度机场航班时刻的数量进行限制。航班时刻的数量限额被确定以后，就得将这些被确定了的限额经过初始配置和二次配置两个阶段，分配给航空公司或一些非航空性企业。初始配置是将时刻资源从生产者或提供者分配给时刻资源的需求者，时刻资源的需求者是航空公司，有时也可以是一些非航空运输企业如金融机构、地方政府、甚至是个人。二次配置，是指将时刻资源从 A 航空公司转移到 B 航空公司，一些情况下也可以涉及非航空公司。

(1)分配效率的比较

拍卖方式是以航空公司对航班起降时刻资源的竞价作为决定胜负的标准，并且竞价最高者获得时刻资源。祖父权利是以航空公司的身份作为决定胜负的标准，并且在位航空公司获得时刻资源。因此，在不考虑航空公司在时刻市场上的反竞争行为的话，那么出价最高者通常是最具有网络经济的航空公司，因为其利用时刻资源所产生的收益更多，它才会出更高的竞价，所以拍卖方式的分配效率最高。祖父权利次之，因为在位者通常累积了大量航班起降时刻资源，通常也是具有大网络的航空公司。抽签方式最低，因为它不考虑航空公司对时刻资源的利用效率。

(2)分配成本的比较

拍卖方式在每期需要重新分配的时刻资源数量多，并且由于时刻资源存在互补性(同一机场起降时刻资源间的互补，以及不同机场起降时刻资源间的互补)而变得较为复杂。祖父权利所面临的时刻调整数量最小，因为祖父权利下对于航空公司正在使用的时刻航班起降时刻资源，只需进行必须的确认和检查利用率情况即可，而且祖父权利时刻资源占据机场时刻资源总量的大部分。抽签虽然面临的调整数量也较多，但是抽签过程较为简单。因此，拍卖方式在分配时刻资源过程中的分配成本最高、祖父权利规则的分配成本最低、而抽签方式则居中。

(3)机会与结果公平的比较

①机会公平方面的比较。拍卖方式为每个航空公司竞争时刻资源提供了相同的竞价机会，无论是在位航空公司还是新航空公司，无论是大航空公司还是小航空公司。祖父权利规则给予了在位航空公司优先获得时刻资源的机会，而不管这个航空公司是否最有效率使用这个时刻。因此，拍卖带来机会公平居中，祖父权利的机会公平最低，而抽签的机会公平最高。

②结果公平方面的比较。拍卖方式为每个航空公司竞争时刻资源提供了相同的竞价机会，但是，也为大航空公司提供了通过提出更高的竞价来获取更多时刻资源、囤积时刻资源，甚至买光时刻资源的机会；从而导致配置的结果为小航空公司因买不起时刻资源而无法展开竞争。祖父权利规则，导致新航空公司因不具有在位者身份而无法分配到时刻

资源。抽签方式则使得各类航空公司平均地获得时刻资源。由于时刻资源是航空公司展开生产运营的一种必需投入，因此如果从鼓励新航空公司和小航空公司参与竞争的角度考虑，那么拍卖方式的结果公平居中、祖父权利规则的结果公平最低，而抽签方式的结果公平最高。综合上述分析，可以得到航班起降时刻资源三种基本初始配置方式，在效率与公平方面的比较结果，见表 6-8。

表 6-8　航班时刻资源各配置方式特点分析

	效率		公平	
	分配效率	分配成本	过程公平	结果公平
拍卖	高	高	中	中
祖父权利	中	低	低	低
抽签	低	中	高	高

通过上面分析可以看出，在航班起降时刻资源的初始配置方式选择上，主要取决于效率和公平目标的权衡。初始配置方式主要有三种：祖父权利、拍卖和抽签，它们各具优点和缺点。祖父权利的优点在于促进产权稳定、保护航空公司的专用性投资，以及直接分配成本比较低，缺点是不能确保将时刻资源分配给对其评价最高者；与其相反，拍卖的优点体现在能够将时刻资源分配给对其评价最高者，但具有无法促进产权稳定、保护专用性投资的缺点；与之相比，抽签的优点是绝对公平和分配成本低，但是没有经济效率。因此，在航班起降时刻资源的初始配置方式选择上，主要取决于效率和公平目标的权衡。从效率目标考虑，可以选择拍卖或祖父权利；从公平目标考虑，可以选择抽签。并且，如果与时刻资源相关的专用性投资比较大，那么应考虑选择祖父权利，而不是拍卖。

3. 完善我国航班时刻初始配置的建议

通过比较祖父权利、拍卖和抽签三种初始配置方式，让我们对其优缺点有了一定的了解，我们可以扬长避短，对其不足之处进行改进，以提高我国航班时刻初始配置效率。

(1)完善政府对时刻分配与管理的功能

以往的研究指出，机场和航空公司都不适宜作为航班时刻的拥有者，而政府机构的介入可以在某种程度上确保航班时刻有效和公平的使用。政府在时刻管理方面的主要职责包括确定和改变高密度机场时刻数量限制；负责国内定期航班时刻的分配；监督航空公司时刻的使用；根据相关规定撤销或收回在用时刻等。应该加强和完善政府机构的管理职能，维护航空运输市场的有效竞争、保证普通服务，提高航班时刻使用效率。

(2)完善祖父权利机制

现在世界上在航班时刻的初始配置阶段普遍采纳的还是祖父权利制，虽然通过上面的分析，我们知道，祖父权利制的两大缺点是：反竞争和分配低效率，但它的普遍应用说明它本身有其不可替代的优点。所以不应该盲目的对其进行取缔。反观拍卖形式，虽然在理论上具有许多优点，能促进效率，但是在实践中却存在许多困难和缺点。这些缺点包括：拍卖的复杂性；航空公司时刻表的中断；另一个机场发现互补时刻；一些航空公司可能选择不参与拍卖；在主要机场的支配性枢纽承运人会被更好地吸收这种风险；航空公司可能战略性竞价并创造进入壁垒。所以操作起来难度很大。我们可以借鉴国外先进经验，完善现有的祖父权利机制。祖父权利制所产生的时刻的永久性阻碍了航空公司在这些机场的竞争，基于这个不足，我们可以引入时刻阶段性失效的机制，即规定以10年为一周期，其中每年有10%的时刻由政府部门重新分配，每个时刻在航空公司获得时已规定其失效时间，这种时效性有利于鼓励航空公司将自己不能有效利用的时刻通过二级市场转让出去，从而从总体上增加机场有限时刻的使用效率。

(3)采用加权的抽签机制

对新增或可用时刻，经常采用抽签分配的形式。为了确保小航空公司和限定性在位航空公司的竞争力，可以进行加权抽签，即以航空公司在机场拥有时刻的数量与机场时刻总量比值的倒数确定选择顺序，拥有时刻越少的航空公司越优先进行选择。

(4)加强时刻管理中信息的完整、公开和透明

航班时刻管理中可以通过制定平台，公开所有设计航班时刻管理的信息，使得与航班时刻相关的机场、航空公司对航班时刻的使用情况一目了然。这些信息包括：已分配和未分配的航班时刻情况；航班时刻申请、分配信息；航班时刻使用率、监督信息等。

(二)通用航空再成两会热词有望实现破局发展

“通用航空发展”再次成为今年两会热议的话题。今年的“两会”，提出通航相关提案、积极为通航发展鼓与呼的代表、委员除了航空业界人士外，还有来自IT业的李彦宏、两江新区汤宗伟、浙商女杰陈爱莲这样的“友军”。“两会”期间举行的“爱飞客‘两会’代表议通航活动”更吸引了众多地方政府领导及社会各界人士。这说明我国通用航空的发展越来越多地得到了社会认同与广泛关注。

1. 当前我国通用航空发展瓶颈

通用航空是朝阳产业，具有广阔的发展前景。但是，我国目前通航产业规模较小，发展速度落后于GDP增长速度。究其原因，与通航产业面临的一些突出困难不无关系。

(1)通用航空产业投资成本高回报周期长

通用航空产业对相关基础设施的依赖性较强。基础设施实际上包括机场，航空器械制造，大型通讯指挥设备、驾驶员培训机构等等，这些投资都是数量巨大的类型。一家航空公司的运转，动辄就要上百万、上千万元的投资，而如果没有形成一定的规模，短期内难以盈利。从现实市场价格看，目前购买一架普通通用航空飞机至少需要支付200万元，而培养一名飞行员的投资也得60万元，一家通用企业也不可能只有1名飞行员，显然这些投资不是一个小数目。另外，通用航空投资中的固定资本比例所占极高，短期收回成本并盈利的可能性较小，因此短期内民营企业难以、也不愿意涉足。即便涉足通用航空领域，但由于该行业基础设施不健全，已进入的投资难免成为泡沫投资。作为国内通用航空机场发展样本的浙江千岛湖通用机场，运营10年，但2015年却仍亏损50万元。不仅如此，以千岛湖机场为依托的某家通用航空公司成立一年多后只飞了2个小时，飞行、机务人才流失严重，企业陷入困境。

目前，国内通用航空基础设施总体上还很薄弱，各省市也不例外。机场等基础设施在

高投资额上的专业性要求使得众多企业有兴趣参与通用航空市场,但却忽略了现实经营的困难,尤其是基础设施对经营的制约作用。事实上,机场数量有限使得各通航基地之间的跨区飞行难度增大,通用航空公司的运输也难以形成有效的网络,进而难以形成可持续的商业能力,企业经营困难重重。所以,面对我国通用航空经济尚处于起步阶段的现实,加速开发基础设施对产业全局发展具有重要意义。

(2)通用航空产业存在技术和人才壁垒

技术和人才壁垒与通常所讲的政策性壁垒完全不同。政策性壁垒可以通过规则和政策的改变迅速得以破解,技术壁垒则不然。通用航空产业专业性非常强,不同的通用航空活动或作业项目都有不同的技术标准和要求,专业性的知识和技能不是短时能够获得的。从产业链的各个环节看,通用航空飞机制造和总装业、零部件制造业、通信设施及通信服务业、通用维修行业等等这些环节都存在技术上的难题。企业即便有资金进入通用市场,但经营过程中会因为不熟悉通用技术或没有这方面优势而为此付出巨大的成本,甚至亏损。民营企业进入通用航空产业尤其在技术研发方面不具优势,这方面的失败案例不胜枚举。据报道,2014 年,重庆市 5 家民营企业联合起来先期投资 5 亿多元建了一个工厂,并从国内外高薪聘请了 20 多名高级工程师和 100 多名专业技术人员研发发动机,但至今技术攻关不下。前期投入的资金早已殆尽 3 家公司觉得前途渺茫,提出撤资;工厂 200 多名技术工人,到现在只剩 30 人留守。对于企业而言,通用航空产业的专业性、技术性强是一个不可轻视的因素。另一方面,通用航空活动通常使用小型飞机或直升机,大多进行低空、超低空飞行,很多时候的作业是在非常恶劣的环境中进行的。如果没有一定数量经验丰富、接受过专项培训、技术精湛的通用航空专业人员,很难保障运行安全和服务质量;一旦出现事故,企业经营的所有环节都可能受到致命打击。据不完全统计,2013 年,我国共发生通航事故(含运动航空器)24 起,其中死亡事故 13 起,死亡人数 15 人。导致飞行事故的大多数原因不是飞机本身的技术硬伤,而恰恰源自飞行员的专业水准和素养以及相关飞行安全体系健全与否。因此,通用航空技术壁垒的存在是通用航空业步履维艰的一个重要原因。

(3)收入低引致通用航空消费不足

我国通用航空产业尚处于起步阶段,与发达国家相比,通用航空消费疲软性固然是产业发展滞后的结果,但也不失为产业滞后的原因。通航市场只有充足的供给却没有旺盛的消费,不能形成实质上的市场繁荣。近几年来,随着我国低空领域逐渐放开,政府优惠政策的不断出台,通用航空投资越来越热,但媒体却鲜有投资利好的报道。据报道,人均 GDP 突破 4 000 美元是公务飞行和私人飞行需求进入快速发展的临界点,人均 GDP 达到 8 000 美元时商务和个人飞行将占通用航空业务量的 60%以上。目前我国人均 GDP 过 4 000美元,但面临的强烈现实却是通航消费市场的低迷。究其原因,消费者收入较低不容忽视。数据显示,2009—2014 年的中国基尼系数依次分别 0.490、0.481、0.47、0.474、0.470 和 0.469。北京大学中国社会科学调查中心发布的《中国民生发展报告 2014》指出,中国家庭财产不平等程度在迅速提高,顶端 1%家庭占有全国 3 成以上的财产,底端 25%家庭拥有的财产总量仅为 1.2%。大多数居民和家庭收入不多,可支配性收入则更少,面对通用航空市场,其消费能力有限是不难理解的。

2. 促进我国通用航空产业发展的三点建议

通航市场由什么决定?由运输产业结构决定。运输产业构成包括航空、铁路、公路、水路,其结构比例有规律可循。目前,中国的高铁已让大众广泛受益,未来发展势不可挡,使得支线航空已很难发展,通用航空要像美国那样形成大市场并不乐观。但通用航空作为交通工具,具有小、低、快、灵等特点,长处无法取代,客观上存在一个差异化市场,或者叫专业大市场。随着低空空域逐步开放,通航产业发展的主要矛盾将会逐渐转移到市场开发上来。

(1)加快立法,明确空域资源的管理和使用

2014 年,国务院、中央军委《关于深化中国低空空域管理改革的意见》颁布已逾四年,空域改革进展缓慢,社会各界所期望的改革结果并未出现。低空空域仍存在报告空域、监视空域划设较少,跨空域管制飞行审批难等问题。因此,在空域改革政策基本定调以后,应该将政策尽快转化为法律,以便为通航发展提供更加透明和稳定的支持。首先要尽快制定国家层面的空域管理法,整合《中华人民共和国民用航空法》、《飞行基本规则》等有关空域管理内容,兼顾军民两用,厘清各方权责,健全体制机制,统筹资源利用。其次要尽快修订《通用航空飞行管制条例》,使其适应空域管理改革的需要,成为通航飞行活动的基本法。

(2)加大扶持,促进通航机场的审批与建设

世界通用航空大国的经验表明,要解决通航飞机"飞不起来"的问题,关键是国家机场网络的建设与发展。造成通航机场短缺的原因,主要是机场建设上的审批制。因此,一是要分类指导,简化通航机场建设审批程序。通用航空机场主要起降小型飞机,对机场要求不同于运输航空机场,标准相对较低,不能采取相同的审批程序。要按照通航短途运输、公务机、直升机、水上飞机等划分机场类别,分类制定审批程序,简政放权。二是要加大政府补贴力度。2011 年民航总局出台了《民航基础设施项目投资补助管理暂行办法》,规定"通航机场建设项目补助标准另行研究";2012 年民航总局又出台《通用航空专项资金管理暂行办法》,但只对公益性通航项目、通航培训、安全设施、飞机购置等予以政府补贴,没有包括通航机场建设。因此,需要民航总局和地方政府加快协调步伐,尽快出台通航机场建设相关扶持政策。

(3)以市场化手段解决专业技术人员短缺问题

专业技术人员尤其是飞行员短缺是通航企业面临的普遍难题。由于从业人员专业性强,培训费用高、时间长,现在还没有解决问题的有效途径。总结行业经验,借鉴国外做法,提出两点建议:一是要建立市场化人才培养体制。就是由市场决定人才培养和企业招聘,尽量减少政府管制。要以市场需求为导向,扩大通航专业技术人员培养途径,鼓励社会、境外资本举办通航专业技术人员培训机构。二是要遵循飞行员培养规律。按照国际惯例,飞行员培养应该是私照、商照、航线运输执照三个层次,依次构成金字塔结构,飞行员先通过通航飞行积累经验,而后才能进入运输航空进行商业飞行。因此,飞行员培养要循序渐进,不能违背规律,拔苗助长。

3.“十三五”通用航空发展目标

民航局局长冯正霖莅临“爱飞客‘两会’代表议通航活动”并发表了讲话，再次强调了局方将通用航空作为民航两翼之一重点推进发展的战略方向，介绍了民航局下一步促进通用航空发展的重要举措，如加大人力财力支持力度，修订通用航空发展专项资金管理办法，建立完善的运行标准体系，扩大通用航空短途运输试点范围，支持通用航空企业拓展航空医疗救护和公共应急救援业务等，并给出了“十三五”通用航空发展指标的预计值：全国通用机场将建成500座以上，通用航空器将达到5 000架以上，年飞行量将达到200万小时。通用机场、通用航空器数量、年飞行小时，也正是衡量通用航空发展的3个重要指标。

“十三五”规划建议将“通用航空”与民航、铁路、公路并列，提出要加快完善通用航空基础设施网络，国务院也明确了将通用机场建设核准权限下放到省级政府，预计“十三五”会出现一个通用机场建设的高潮。但通用机场的建设切忌一哄而起、盲目建设，在建设中要注重通用机场的功能体现，不同功能的机场在机场选址、跑道构型与机场空间布局上有所不同。此外，要创新通用机场的建设机制，在国家层面和地方政府给予资金支持的同时，引入社会资本，建成后还应体现通用机场的公共产品属性。今年“两会”上来自航空业界的罗胜联、樊会涛、彭建武等代表、委员就提交了“以PPP模式推动全国通用机场建设”的提案。

(三)航空大数据提高自营率

“大数据”被视为云计算之后的又一科技热点。《华尔街日报》将大数据时代、智能化生产和无线网络革命称为引领未来繁荣的三大技术变革。随着信息技术尤其是互联网的发展，人们生产数据的能力越来越强。大数据广泛地存在于各行各业，一个大规模生产、分享和应用数据的时代正在开启。

航空公司同样也面临着在大数据的时代，合理和高效地利用海量的旅客信息，可以帮助公司正确决策，为客户提供个性化的服务和独特的旅行体验，提高航空公司竞争力和自营率。

1. 航空大数据概念和特点

大数据不仅仅是处理海量的数据，还可以针对宽泛的多个数据源——结构化和非结构化的数据源——同时进行数据分析，分析速度大大地超过一些传统的数据库工具。航空公司不仅可与常旅客进行个性化的交流，还可以同时与每一名普通旅客进行个性化的互动。此举将极大地促进和拉动附加费收入。此外，航空公司也不必被动地等待旅客临门。假如浏览公司网站的访问者能够获得个性化的体验，他们就有可能从潜在客户成为真正的客户。

对于大多数航空公司来说，第一个拦路虎就是“如何把各类孤立的乘客信息整合到一起——比如交易系统中的订票信息、网络和移动行为(包括搜索、访问、退订)、电子邮件数据、客服信息等等——以建立一个统一的顾客视角。”

有了这些信息和根据这些信息得出的见解，各大航空公司就可以采取相应的行动，帮助他们将更多消费者转化成自己的顾客，获得更多收益，提高一切渠道上的顾客忠诚度。

2. 航空大数据的运用

(1)为旅客提供更精细更完善的服务

航空公司可使用大数据分析，为旅客提供更为精细和完善的信息服务。例如，当一位旅客开始查询前往海滨目的地的航班时就会看到有关海滨度假酒店的折扣优惠信息。这种个性化的服务与在消费者在实体店内的体验十分类似。在实体店，消费者会告诉店员他们对什么商品感兴趣，然后店员向他们推荐符合其所需的商品。

航空公司不仅可以销售分类定价的航班服务，还可以提供动态创建的度假套餐服务。航班票价和数量的搜索通常只是一个新契机的开始而已。

在旅客的整个度假安排中，航空公司的作用非常特殊。因此，航空公司可以利用他们在旅客出行中的关键位置，找准时机为旅客提供一站式服务。这一服务还兼具许多其他的优点。首先，动态旅行套餐降低了航班票价的透明度。此举对于迅速销售即将起飞的航班空位尤为有效，避免了旅客冀望到最后一刻买廉价机票的情形发生。其次，由于增加了公司网站对旅客的黏度，航空公司可向旅客进行延伸销售(upsell)和交叉销售。第三，尽管航班座位被作为商品销售，但如果将其植入到度假套餐里，则能够让航空公司为旅客营造一次独特的体验，进而增加旅客的忠诚度。第四，丰富的度假套餐让航空公司可与诸如 Expedia、Priceline 和 Orbitz 的在线机票预订代理商进行公平竞争。

航空公司不仅可根据旅客所处的位置为其提供定制的个性化体验，还帮助航空公司拓展网站基于情境化的个性化服务，旅客的地理定位信息囊括其中，比如旅客的当前位置、起飞前的等待时间以及是否为独自旅行等等。

同时，航空大数据可以使旅客注意到一些他们之前从未考虑过的事情，包括与其所乘航班和目的地相关的产品，以及由合作伙伴提供的独家产品，例如机场附近的餐厅以及候机楼内的其他零售网点。又或者为旅客提供一种特别服务，例如为候机时间较长的旅客提供 WiFi 上网服务或允许在休息室打发时光、通过地理定位，在旅客移动设备上显示的服务和信息可以随着他们所处环境的变化而发生改变。

(2)营销和运营模式的转变

航空公司过去广撒网式的广告投放、市场占领的工作将逐步被另一些工作所取代成为航空公司营销的核心，这些工作包含利用大数据平台采集信息，对庞大而无结构的数据进行分析，从中发现有利空间并有选择地进行客户关系维护等。在客户数据分析结果的基础上，有针对性的营销，紧抓目标客户，重视客户群特点，进行趋近于一对一的运营客户关系。通过对数据的运营，也可以从中时时检测市场动态，了解潮流趋势、销售情况、客户流失情况等，预测风险的来临，并第一时间做好准备或抢先抓住市场契机。

随着一系列广泛的数据源投入使用，航空公司将可以使用大数据分析进行更加精细的开发并完善旅客信息。例如，廉价航空公司的航班可能降落在远离目的地城市的机场，旅客因而必须额外负担后续昂贵的火车或出租车费。若旅客在搜索机票价格时就能看到这些信息，那么他们就能根据航班费用的真实竞争力做出更好的选择，提高了旅客的忠诚度。

以上的预想都是建立在大数据平台能够完整搭建，且数据有用的前提下。大数据较之于小数据，其区别在于它不是抽样而是普查、全面记录，而面对这样庞大的且无结构的数据，我们要对脏数据和偏差数据进行洗淘，并拥有同量级的分析技术和分析能力。所以要做到由营销型向运营型成功转变，航空公司需要创建完善的自我数据收集机制，打通数据、行业之间的壁垒，以得到一个信息可共享的平台，同时培养处理和分析数据的人才。

3. 航空大数据应用实例

(1)美国航空公司大数据应用

旅客搭乘美国联合航空公司(United Airlines，简称“美联航”)的班机时，通常还会涉及一连串潜在的附加服务，比如升舱、是否有权进入贵宾室等等。按照公司过去采用的“收集与分析”数据法，美联航会把旅客选择这些服务的信息汇总到一起，来看“什么才是最成功的产品，然后据此进行营销。”

现在，这种方法已经发生了变化。美联航已经把“收集、探测、行动”定为新的数据收集三步曲，同时还在革新服务旅客的方式。美联航为了实时评估一名旅客的可能动向，会加入 150 多个影响旅客消费的变量，以及旅客之前的旅行目的地进行计算，而不再只是把大量旅客数据汇总到一起。计算结果大概在 200 毫秒后就会得出，可以说它是根据一名旅客的实际情况量身打造并动态生成的服务建议。另外，它的服务条款、页面布局、拷贝和其他因素也会根据旅客的具体信息而有所不同。采用新的收据分析法后，联合航空的副业收入年增率超过了 15%。

美联航的威尔森指出：“航空业一直在收集数据上做得很好，但他们在利用数据上却并不是一直都很擅长。”现在尽管各大航空公司收集的数据越来越多，但存储和处理数据的成本却已经显著下降，因此也降低了航空公司运用数据的难度。联合航空公司的系统中无论任何时候都在处理着 1 兆兆字节左右的数据。威尔森说：“我们不会保存所有数据，我们必须有选择性地攫取有用的数据。”对于被选中的数据来说，会有一个实时决策引擎负责相关的处理工作，将它们变成有用的信息。

美国西南航空公司(Southwest Airlines)利用大数据技术来决定应该部署哪些新的旅客服务。西南航空发言人丹·兰德森说：“西南航空利用汇总的匿名用户数据，通过多个渠道、多个设备以及包括公司官网 Southwest. com 在内的多个网站，向顾客推广产品、服务以及各种个性化服务。通过观察和研究旅客在互联网上的行为和活动，我们能更好地向旅客提供最优惠的机票和最好的旅行体验。同时我们也利用这些数据来进一步改善我们与旅客的关系。”比如兰德森说：“通过研究旅客在网上搜索的直飞城市，可以帮助我们决定在某一特定航线上应该推出哪种服务。我们的旅客人数和忠诚度都在逐年增加。我们认为，这种智能化的、基于数据的定位方法对公司的增长起了很大的促进作用。”

(2)东方航空建立大数据云平台

东方航空公司在数据利用上有着十多年的经验，早在 2000 年东航开始做数据报表的开发。2002 年东航信息中心开发了基于 ASP(动态服务器页面)的数据报告系统，经过不断改进，到 2007 年整合成为东航商务数据中心。2009 年，东航开发了 HABO(东航航线经营分析管理系统)，并于 2012 年整合商务数据中心和 Teradata 数据仓库，成为东航新一代营销数据洞察系统，打造了中国民航最先进的营销数据分析系统。东航数据仓库积累了大量的旅客数据，这些数据涵盖了旅客在国航进行的订座、购票、成行、投诉、服务等各个环节，利用这些数据，数据仓库构建了大量的分析应用，初步建立了数据服务体系，为客户服务提供良好的支撑。2013 年，东航信息部成立了统一的数据产品部，启动了东航大数据的全面建设，并制定了东航大数据的三大战略：数据、技术和思维。2014 年建设高性能实时数据处理平台处理订座，2015 年建立大数据云平台。

东航大数据云定位于对外是客户产品数据中心，对内是生产运行数据中心，对外围的应用系统提供支持。大数据云平台数据来源主要有两个。一是内部数据，包括内部应用系统数据（结算数据库 Habo 系统、销售管理系统及统一客户数据库 ECIF 等）和航信实时数据(PSS)。二是外部数据，包括行业内数据（如交通、旅游等）、行业外（如金融、电信等）、物联网数据（如社交媒体、电商、门户等）。通过搭建数据仓库 hadoop 平台、SOA 平台等措施，建立起操作性数据中心，可进行实时数据处理。已实现洞察全局、变动成本实时计算、智能仓位控制决策支持、基于个体旅客的精准营销和企业管理频道等应用。

“十三五”期间在深化营销服务同时整合孤岛数据建立数据仓库统一平台，实现多视角业务分析；引入外部其他行业数据、多种格式数据（非结构化数据，语音、视频等等）、手机分析数据，通过计算模型锁定合适客户，分析推销时机，进行产品设计，实现实时精准营销和个性化服务。同时，将从内部生产运营角度转变到单个个体数据挖掘和分析，对每个旅客进行标签解析和价值挖掘，建立客户画像。将更多业务接入应用实时数据，实现应用更精细化，支持决策。

东航正积极拥抱大数据，深入推进大数据平台建设，以提高自身生产效率，为客户提供最优服务，实现节约成本、高效运营。未来，随着数据积累不断丰富，数据量增大，数据分析技术不断加强，大数据云平台将更强劲的驱动东航发展。

（四）临空经济区

临空经济区是依托航空业发展，逐步于机场周边形成的航空产业集群，它提升了机场及配套基础设施的综合使用效率、提高了机场周边土地价值并带动机场周边产业聚集和产业结构升级。当今的机场所扮演的角色已远不仅仅是航空业的基础设施了，在许多发达国家，重要机场的周边区域内已经成为由符合交通体系、综合性的产业集群所构成的区域，并极大地带动了机场所在区域的经济发展。临空经济正日趋成为一种重要的新型区域经济体系，我国临空经济区规划与开发逐渐成为热点。它的功能定位首先应符合临空经济功能组成的普遍规律，并与空港腹地发展水平相协调。

1. 我国临空经济区特点

(1)已构建不同等级临空经济区体系

20 世纪 90 年代我国临空经济区开始萌芽，2004 年机场属地化改革之后，全国各地开始了临空经济区的规划浪潮，临空经济区进入快速发展期。截至 2014 年底，全国有 62 个城市依托 54 个机场规划或建设了 63 个临空经济区，初步形成了以北京（天津）、上海、广州等以枢纽机场为依托的临空经济区为中心，以成都、昆明、重庆、西安、深圳、杭州、武汉、沈阳、天津等省会或重点城市的特色临空经济区为骨干,其他城市相继顺势规划发展临空经济区的基本格局。

(2)五大产业正在向机场周边聚集

随着经济发展模式的变化和航空运输业的发展,企业由运费指向、供给指向、市场指向而逐渐发展成为以时间价值为指向,以节约研发时间、新产品以最短的时间进入目标市场的柔性化生产方式为特征,时间价值成为影响企业的成本与收益的重要区位因素。企业的区位决策目标指向机场这扇现代快速交通运输的大门,使得企业的区位偏好发生了改变。这决定了中国临空经济区发展呈现以航空产业、航空物流业、高轻产品制造业、国际商务会展业、康体娱乐休闲业为主的五大产业向机场周边聚集的态势。

(3)区内现有的产业结构与布局规划不尽合理

临空经济核心区产业关联性不强,多数企业尤其是一些大型跨国企业在临空经济核心区以及临空经济辐射区内没有原材料、零部件的配套企业,对临空经济核心区内其他企业缺乏应有的带动作用。从整体上看,合理的产业群落和产业链尚未形成,产业链的构建水平还有待进一步提高。

而国外非常重视临空经济区的规划建设。例如,泰国曼谷在其第二国际空港发展中,设计了在机场周边地区空间上呈现同心圆式的圈层布局结构,道路也呈同心圆式;荷兰阿姆斯特丹机场也有相关的规划。目前,我国大多数机场周边地区大多处于自发发展过程中,对于机场的发展预留用地、引进的产业,以及区内的交通规划等需要进行科学的规划,尚未实现资源在空间的优化配置,公共服务项目和重大商务项目缺失,造成临空经济区产业"孤岛"现象突出,与主城区的发展脱节,产城融合理念体现不足。

(4)区内产业临空指向性不明确

世界上第一个临空经济区——爱尔兰香农自由贸易区——的发展经历了农业经济、工业经济、知识经济3个阶段。为了保证临空经济区的可持续发展,在每一个阶段政府都严格确定了入区企业的门槛,政府也出台了相应的产业结构调整政策予以配合,使得自由贸易区始终以临空指向型产业为主。目前,我国大部分的临空经济区都在自发形成过程中,区内企业临空型产业与传统产业并存,临空指向性不强;国家还没有出台相应的发展政策以保证临空经济区的可持续发展。

(5)环境建设水平不高

临空经济区作为高端产业集聚区,科研人群占了很大比重,而科研人员往往对环境要求较高。例如,日本的中部机场城所在的爱知县,由于受到太平洋气候影响,其气候终年温和、自然风光优美,有犬山城、丰田博物馆等旅游景点,优美的自然环境成为其吸引企业的一个重要方面。国内的地方政府多注重产业带来的直接影响,包括给地区带来的税收和就业等,对临空经济区的环境建设重视不够,影响了临空经济区的可持续发展。

2. 我国临空经济区发展建议

(1)临空经济与区域经济协调发展

将空港地区临空产业的发展与全区区域经济的发展统一规划,实现区域的协调发展。临空产业在发展的过程中,如果不重视临空产业所依托区域的协调发展,就很容易变成一个孤岛型的产业区。为解决这个问题，韩国有一个经验，就是在规划中，把每个航空港规划成带动 3 000～5 000 平方公里的区域，把它叫做广义集群。整个广义集群通过航空港共同参与国际竞争，通过空港的纽带使它与国际紧密接轨。

(2)加快空港园区建设

由于产业结构的调整，高新技术产业有了很大的发展，国内外贸易文化不断交流，客货流量加大，机场产生巨大的磁力，应将临空经济区建成一个集工业、农业、服务业全方位立体的经济区域。由于临空经济区在地域上呈现不同的分布组合方式，功能分区逐步在临空经济区内形成，主要建设的形式可以有以下几种：临空工业区(包括临空配套工业区、高新技术产业区)、临空农业区、临空服务区、临空旅游休闲区及临空居住区。

(3)实行点轴式发展模式

根据增长极理论，航空城的发展机制应是以航空运输业为主导产业，有侧重的发展临空型的推动产业，并最终集聚成有规模效应的生产综合体，其产生的规模效应和扩散效应将使以机场为中心的经济空间和地域空间得以强化和扩张，从而推动临空经济区的发展。

(4)大力发展航空物流

临空经济区的产业发展，现代物流无疑是重中之重。在国内外临空经济区的形成和发展过程中，航空物流的发展起着引擎作用。机场最主要的资源包括两个方面：提供快速安全的交通方式，遍布全球的航线网络。空运是高科技物流的主要手段，那些科技含量高、附加价值高、体积小、重量轻、市场敏感度高、交货期短的产品将越来越多选择空运，而航空物流的发展势必吸引高科技产业在机场周边地区聚集。因此，发展航空物流有着巨大的市场需求。大力发展航空物流，除了加快机场的基础设施、综合交通网络等建设外，还应加快空港物流园区和物流加工区的规划建设；吸引国内外航空公司和物流巨头进驻新机场；大力发展邮政航空物流以及设立空港保税物流区。

(五)民航客货发展不均衡

截至 2015 年，全行业完成旅客周转量 7 282.55 万人公里，完成旅客运输量 43 618 万人次；完成货邮周转量 208.07 亿吨公里，货邮运输量 629.3 万吨。我国航空货运发展落后于航空客运，航空货运还有很大的发展空间。

我国长期以来的“重客轻货”观念，使机场在货运基础设施、货物运营效率等方面都远远达不到航空公司和货主的要求，同时海关对于物流运输上的程序和制度也使货物的处理速度受到限制。

究其原因，我国航空货运发展存在以下问题。

1. 航空货运的单向性与季节性

从中国航空运输的航线来看，东西部地区的航线差距较大。以沪宁杭为中心的长江三角洲和以广深为中心的珠江三角洲地区线路活跃。相比之下，西部省区运输市场发展就显得严重不足。航空货运网络主要连接了东部沿海大中城市和中西部地区的省会、自治区首府和直辖市，许多地区还存在网络空白，且运量分布不均衡，存在很强的单向性。

2. 服务产品单一性以及服务范围局限性的问题

国内各航空公司在向各自的顾客所能提供的服务方面，差异并不大，而同行间的竞争手段也大多是简单的价格战，这就造成货主选择航空公司的标准自然是哪家便宜，货就往哪家送。国内航空企业则为了扩大市场占有率，在市场上相互杀价，打价格战。货运代理恰恰就是利用航空公司之间的恶性竞争，向两边压价，利用手中掌握的货源，不断要求航空公司给予更多的折扣和促销费，控制航空公司的货运价格。这就形成了航空公司的货运收益水平不断下滑，整天给代理商打工，辛苦而不赚钱。反而，货运代理的日子却越来越红火，在某些城市还形成了非常兴旺的货运代理一条街。虽然，许多航空公司为了摆脱货运代理对货源的控制，也想出了直销应对方法，但终因种种条件限制，而使直销所占的比例一直不大，始终无法摆脱对代理人的依赖性。由此可见，各个航空公司服务产品的单一性以及服务范围的局限性，令航空公司在竞争中未能显示出自己的特色和优势，并由此造成货运代理可以在各个航空公司之间任意选择和压价。

3. 航空货运市场不规范

我国航空物流发展相对西方发达国家而言起步较晚，虽然在近几年的航空货运量统计数据来看，中国航空货运行业的市场占有量在不断扩大，但由于缺少现代专业货运及专业加工型机场，在货运市场的管理手段和方法与世界发达国家相比还存在着很大的差距，以及缺乏良好的发展航空物流的运营环境，这些因素导致了当前我国航空货运市场的不规范。

4. 与外国民航企业的激烈角逐

随着全球经济的逐渐复苏和亚太经济增长的影响，金融危机对经济的冲击正在日益减弱，国际航空货运市场随之回暖。中国作为亚太地区最为活跃的经济体之一，其航空货运具有广阔的发展前景。据国际航协预测，未来中国航空货运的增长速度将高于客运的增长，且上升势头迅猛。因此，在全球航空货运市场逐渐饱和的情况下，以及我国对外开放进一步扩大的前提下，国际航空公司纷纷在中国加大投资来争夺市场。目前，美国西北航空、FedEx、UPS、美利坚航空、全日空、法航、意航、英行、荷兰航空、新航、大韩航空等世界航空巨头和航空货运公司都已登录中国，不少航空公司还开通了至中国境内的全货运航班，并不断增加航班密度，加大运力投入，以抢占航空货运市场份额。

5. 我国航空货运业与其他运输模式的激烈竞争

中国航空货运业的发展还必须面对其他运输方式就货源争夺的竞争局面。航空运输相对于其他运输方式的主要优势在于快速和安全，而劣势在于运价高及运量小。随着科技的进步，在较短距离运输中，高速公路与民航支线运输的竞争还将进一步激化。

(六)民航货运发展战略

随着人们对时间需求的提高和航空单位成本的降低或相对其他运输方式成本的降低，越来越多的货品将采用航空运输方式。但从总体上看我国民航货运业仍处于成长发育期，规模小、水平低。普遍存在重客轻货、货随客走的现象，尚未形成适应货运特点的管理政策和经营策略；货运市场竞争无序，货运代理良莠不齐，运价水平偏低；地面配套与延伸服务存在诸多不足，严重影响航空货运的时效性和可靠性；从业人员队伍建设重视不够，整体素质有待提高。

而我国航空货运具有极大发展潜力。持续增长的进出口贸易量和庞大的国内市场，为民航货运的发展提供了广阔的空间。只要政策得当，民航货运发展必将进入新阶段，再上新台阶。因此我们需要调整民航货运业战略，制定相应的政策措施。

1. 放宽民航货运市场准入

鼓励发展全货运航空公司。对暂停审批设立新的航空公司的现行政策进行调整，准予受理申请设立专门从事国内航空货运的航空公司。对全货运航空公司和客运航空公司实行分类管理，在符合安全规章的前提下，调整全货运航空公司审批设立的经济条件。鼓励建设货运枢纽。选择天津、上海、广州、深圳、武汉、昆明机场在货运枢纽建设方面先行一步，鼓励航空公司在上述机场设立国内货运基地。改革对国内货运航线和航班审批管理办法，发挥航空运输企业市场主体作用，为企业创造宽松的经营环境。航空公司在经营许可证规定的范围内经营国内定期和不定期货运航线和航班，实施报民航总局或地区管理局备案机制。调整购租飞机审批管理办法，对货运飞机进口放宽审批条件、简化审批程序。

2. 提高民航货运效率和服务质量

时效性和可靠性是航空货运的重要因素。要打破一切妨碍航空货运"提速"和提高服务质量的地面制约，充分发挥航空货运在多种运输方式中的比较优势，确实提高竞争能力，抢占高价值产品运输和快递运输等高端市场，改变当前普货多、运价低、收益差的状况。

对航空货物邮件的保安控制试点推行航空货运管制代理人制度。首先在全货机运输方面，选择规模较大、诚实信用的航空货物运输销售代理人进行试点，由航空运输企业与他们签订合同，由试点代理人自行采取保安控制措施，承诺保证其货物符合安全标准，如出问题应当承担相关责任。试点代理人必须具有符合民航总局规定的标准和条件的安全检查设施设备和人员、场地，由民航总局或地区管理局对其进行核准。

同时要建立非盈利性质航空货物运输公共信息系统。开发具有订舱、结算、收发、进出港、跟踪查询等货物"门到门"运输全过程所需各项功能，包含吨位控制、运价及其适用条件、货物实时动态等信息，可供航空承运人、机场、货运代理人、收发货人使用的信息系统。系统开发要采用开房的体系结构，整合航空承运人、机场和代理人现有的各类货运系统，实现互联互通；要采用先进、成熟和标准化的信息技术，以信息化推动货运企业提高经营管理水平。要由政府搭台、以企业为主体、用市场手段进行系统开发与建设。民航总局制定航空货运信息系统的标准和规范、网络和数据接口标准，支持资质较好的、有国际国内航空货运经验的中立企业牵头，鼓励各航空企业自愿投资参加组建股份公司，进行系统开发建设。

3. 建立航空货运市场监管机制

反对垄断，维护公平竞争。由民航总局制定规定，制止机场、空管、航空货运承运人和代理人利用自然垄断地位、市场支配地位、以排挤、损害竞争对手和其他利益方为目的的限制竞争行为，以及串通、回扣、倾销等不正当竞争行为。

建立货运市场日常调控机制和紧急保障措施机制。在判定航空公司的运力安排和定价将对某一市场造成倾销、实质损害竞争对手,或者牟取暴利、价格歧视的情况下,民航总局可以否决航空公司备案的班期时刻表和运价。监督航空公司严格遵照执行公布的班期时刻表和运价,对不执行的航空公司给予行政处罚或采取行政强制措施。

建立强制磋商、行业自律、申诉和上诉等争端解决机制。发挥航空公司、机场等协会的作用,开展行业自律。理顺航空公司、机场及其他民航生产链上不同社会分工的各类经济主体的生产运营关系、经济关系和业务流程,处理好航空运输企业与货主的关系,除了依靠行政法规、规章等法律规定外,还应当依靠制定机场及其使用者共同遵守的机场运行管理规范,依靠各经济主体之间签订经济合同等市场手段予以调整。行业协会应当在制定机场运行管理规范的范本、经济合同的范本和航空货运服务质量标准方面发挥重要作用。

4. 整合供应链

民航货运需要以信息技术为基础,以客户需求为中心,结合生产企业的供应链管理,配合生产厂商设计出的以“一站式”、“门到门”服务为特征的一体化物流解决方案,为企业客户提供从原料到产品的供应、生产、运输、仓储、销售等环节结合成有机整体的高质量的综合物流服务。中国民航货运要得到发展,则航空公司应当积极寻找有实例的合作伙伴,整合货运生态链,组成跨行业合作联盟,组件航空物流公司,做到优势互补,共同提供一体化物流服务。民航货运供应链成员包括原材料供应商、生产商、货运代理人、分销商、需求商和消费者等。对供应生态链进行整合,可以提高供应链的整体效率,从而提高供应链的市场竞争力。

四、航空重点企业分析

航空运输相关指标及释义见表 6-9。

表 6-9　相关指标及释义

指标	释　　义
运输总周转量	每一航段的旅客、行李、邮件、货物的重量乘以该航段距离(每位成年旅客的重量按 90 千克计算)
吨公里	飞行公里乘以运载(乘客及货物)的载运吨位数量
客公里	飞行公里乘以旅客数量
客座率	以收入客公里除以可用座位公里所得的百分比
载运率	以收入吨公里除以可用吨公里所得的百分比
客公里收益	旅客经营收入除以收入客公里
货运吨公里收益	货物经营收入除以收入货运吨公里

(一)中国国际航空股份有限公司

中国国际航空股份有限公司 1988 年在北京正式成立,是中国航空集团公司控股的航空运输航空运输主业公司,星空联盟成员。国航与中国东方航空股份有限公司和中国南方航空股份有限公司合称中国三大航空公司。2006 年 8 月 18 日中国国际航空股份有限公司成为中国第一家在香港、伦敦、中国内地三地上市的航空公司。

公司长期以来坚持“国内国际均衡发展,以国内支撑国际”的市场布局原则,在多年的经营过程中形成了以北京为核心复合枢纽,以成都为区域枢纽,以上海为重要国际门户,以深圳为珠三角核心的四角菱形结构和广泛均衡的国内、国际航线网络。截至 2015 年 12 月 31 日,本公司经营的客运航线条数达到 360 条,其中国际航线 100 条,地区航线 15 条,国内航线 245 条,通航国家及地区 40 个。此外,公司还积极开展国际化合作,通过与星盟成员合作,将服务进一步拓展到全球 193 个国家的 1 330 个目的地;与 31 家伙伴合作,在 690 条航线上实现代码共享。

2015 年,公司实现营业收入 1 089.29 亿元,同比增长 3.85%。其中,主营业务收入为 1 063.93 亿元,同比增长 3.79%,主要是客运收入的增加;其他业务收入为 25.37 亿元,同比增长 6.50%,主要是本年内新增子公司 AMECO 所致。公司经营活动产生的现金流入净额为 317.53 亿元,较 2014 年的 169.02 亿元增加 87.87%,主要是本年内营业收入的增加以及由于航油成本下降带来的支出降低的综合影响。

1. 旅客运输

在客运方面,2015 年,国航共投入 2 148.29 亿可用座位公里,同比增加 10.95%;实现客运总周转量 1 717.14 亿收入客公里,同比增长 11.01%;客座利用率为 79.93%,同比上升 0.04 个百分点;客公里收益为 0.565 元,同比下降 6.47%。

在客运方面,2014 年,国航共投入可用座公里 1 936.31 亿,同比增加 10.22%;实现客运总周转量 1 546.84 亿收入客公里,同比增长 8.96%;运送旅客 8 300.96 万人次,同比增长 6.87%。客座率达到 79.89%,同比下降 0.93 个百分点;集团 2015 年客运业务的运力投入、客座率及单位收益水平见表 6-10、表 6-11。

表 6-10 运力投入、客座率及单位收益水平

指标	2015 年	2014 年	变幅
可用座位公里(百万)	214 828.73	193 631.46	10.95%
客座率(%)	79.93	79.89	0.04%
每收入客公里收益(人民币元)	0.565 0	0.604 0	−6.47%

表 6-11 分地区客运收入 单位:千元,币种:人民币

地区	2015 年		2014 年		变幅
	金额	占比	金额	占比	
中国内地	64 056 239	65.99%	62 343 396	66.70%	2.75%
中国香港、澳门及台湾	5 376 649	5.54%	5 832 627	6.24%	−7.82%
欧洲	8 096 144	8.34%	7 701 120	8.24%	5.13%
北美	7 730 012	7.96%	7 549 473	8.08%	2.39%
日本及韩国	5 587 879	5.76%	4 910 800	5.25%	27.02%
亚太地区及其他	6 220 877	6.41%	5 133 155	5.49%	8.53%
合计	97 067 800	100%	93 470 571	100.00%	3.85%

2. 货物运输

在货运方面,国航共投入 119.82 亿可用货运吨公里,同比增加 18.08%;实现货运总周转量 65.58 亿收入货运吨公里,同比增长 15.24%。

2015 年货邮载运率为 54.73%,同比下降 1.35 个百分点。2015 年货邮运收入为 84.47 亿元,同比减少 3.38 亿元。其中,因运力投入增加而增加收入 15.88 亿元,因载运率降低而减少收入 2.49 亿元,因收益水平降低而减少收入 16.77 亿元。2015 年货邮运业务的运力投入、载运率及单位收益水平与分地区货运收入见表 6-12、表 6-13。

表 6-12 货邮运业务的运力投入、载运率及单位收益水平

指 标	2015 年	2014 年	变幅
可用货物吨公里(百万)	11 982.31	10 147.93	18.08%
载运率(%)	54.73	56.08	−1.35%
每收入货运吨公里收益(人民币元)	1.29	1.54	−16.57%

表 6-13 分地区货运收入 单位:千元 币种:人民币

地区	2015 年		2014 年		变幅
	金额	占比	金额	占比	
中国内地	1 980 773	23.44%	2 032 015	23.13%	−2.52%
中国香港、澳门及台湾	290 240	3.44%	353 618	4.02%	−17.92%
欧洲	2 785 922	32.98%	3 602 942	41.01%	−22.68%
北美	2 466 913	29.20%	1 789 924	20.37%	37.82%
日本及韩国	460 065	5.45%	541 965	6.17%	−15.11%
亚太地区及其他	463 572	5.49%	465 418	5.30%	−0.40%
合计	8 447 485	100.00%	8 785 882	100.00%	−3.85%

3. 机队发展

2015 年,国航共引进飞机 66 架,包括 A319、A320、A321、B737-800、A330、B747-8、B777F 机型。退出 B737-700、737-800、B757、A340 等飞机 16 架。截至 2015 年 12 月 31 日,国航共有飞机 590 架,平均机龄 6.2 年(不含湿租飞机)。

(二)中国东方航空集团公司

中国东方航空集团公司(以下简称东航集团)总部位于上海,是我国三大国有骨干航空运输集团之一。2002 年,以原东航集团公司为主体,在兼并原中国西北航空公司、联合原云南航空公司的基础上组建而成中国东方航空集团公司。

作为东航集团核心主业的中国东方航空股份有限公司(以下简称东航股份),1997 年在纽约、香港、上海三地作为首家中国航空企业挂牌上市。东航股份每年为全球 7 000 万人次的旅客提供服务,旅客运输量位列全球第五。作为天合联盟成员,东航股份通过与联盟的衔接,构建了以上海为核心枢纽,通达世界 187 个国家、1 000 个目的地的航空运输网络。

2015 年，世界经济复苏乏力，增速进一步放缓；发达经济体经济温和复苏，新兴经济体经济下行压力加大。中国经济运行保持在合理区间，居民可支配收入增速快于国民经济增速。受益于经济结构转型升级、居民消费能力提升等因素，航空客运市场持续增长，居民出境旅游消费需求旺盛；但因进出口贸易下降和市场竞争加剧等因素，航空货运市场增速放缓。2015 年，航空业经营受益于国际原油价格低位运行，同时也受到汇率波动的负面冲击。面对复杂的经营环境，在确保持续安全的前提下，公司积极增加运力投入，合理优化生产组织，完善客货运营销，提升服务品质，加强对外合作，稳步推进转型发展各项工作，引进达美航空作为公司战略投资者和合作伙伴，取得了良好的经营业绩。2015 年，东航实现营业收入人民币 938.44 亿元，同比上升 4.57%；利润总额为人民币 56.71 亿元，同比上升 37.65%；归属于上市公司股东的净利润为人民币 45.41 亿元，同比上升 32.89%。

安全方面，东航 2015 年共飞行 180.49 万小时，同比增长 11.06%。民航局于 2015 年 9 月授予公司业内飞行安全最高奖——“飞行安全钻石奖”。

1. 旅客运输

2015 年，公司完成旅客周转量 1 463.42 亿客公里，同比增长 14.55%；客座率达 80.50%，同比提升 0.95 个百分点；实现客运收入人民币 783.97 亿元，同比增加 4.90%，占公司航空运输收入的 90.81%。

2015 年东航客运业务的运力投入、客座率及单位收益水平与分地区客运量见表 6-14、表 6-15。

表 6-14　运力投入、客座率及单位收益水平

指　　标	2015 年	2014 年	变幅
可用座位公里(百万)	181 792.90	160 585.07	13.21%
客座率(%)	80.50	79.55	0.95
每收入客公里收益(人民币元)	0.56	0.60	−7.95%

表 6-15　分地区客运人次

单位：千

地区	2015 年	2014 年	变幅
国内航线	78 422.38	71 004.87	10.45%
国际航线	12 265.16	9 649.06	27.11%
港澳台航线	3 092.41	3 157.55	−2.06%
合计	93 779.95	83 811.48	11.89%

2. 货物运输

2015 年，公司旗下东航物流加强成本控制，优化生产组织，拓宽营销渠道，努力稳定运价水平，实现营业收入人民币 63.56 亿元，实现净利润人民币 2.13 亿元，同比减亏增盈 2.88 亿元。在传统货运经营方面，中货航精简机队规模，退租 3 架老旧货机，降低运营成本;围绕上海枢纽,优化航线网络,减少经停站点,提升运行效率,全年货机日利用率同比提升超过8%;根据市场需求调整运力布局,稳定欧美核心市场运力投入;积极拓宽货源渠道,加强联运合作,中转货量同比提升约10%。在货运物流业务方面,东航物流聚焦医药、航材等核心物流平台建设,搭建中转营销网络,完善第三方物流解决方案;拓展“东航产地直达”分销渠道,打造东航快速供应链;积极拓展跨境电商合作伙伴,成功运营国内首架直购进口模式跨境电商包机,全年跨境物流收入同比增长约32%。

2015年,东航货邮运输收入为人民币64.66亿元,同比减少11.45%,占本公司航空运输收入的7.49%。货邮载运周转量为48.65亿吨公里,同比增长1.31%。

2015年东航货邮运业务的运力投入、载运率及单位收益水平与分地区货邮运载量见表6-16、表6-17、表6-18。

表6-16　货邮运业务的运力投入、载运率及单位收益水平

指　标	2015年	2014年	变幅
可用货物吨公里(百万)	8 841.67	8 085.84	9.35%
载运率(%)	55.02	59.39	−4.37%
每收入货运吨公里收益(人民币元)	1.33	1.54	−13.7%

表6-17　分地区货邮载运量　　单位:千吨

地区	2015年	2014年	变幅
	载运量	载运量	
国内航线	693.49	660.63	4.97%
国际航线	604.29	599.82	0.75%
港澳台航线	101.64	102.92	−1.24%
合计	1 399.42	1 363.37	2.64%

表6-18　分地区货邮载运吨公里(RFTK)　　单位:吨公里(百万)

地区	2015年	2014年	变幅
	载运吨公里	载运吨公里	
国内航线	947.99	898.69	5.49%
国际航线	3 791.06	3 776.09	0.40%
港澳台航线	126.07	127.66	−1.25%
合计	4 865.12	4 802.43	1.31%

3. 机队发展

2015年,东航围绕主力机型共引进飞机合计80架,退出A340-600、B757系列和EMB-145LR等多种机型飞机合计42架。随着A340-600机型和B757系列飞机的全部退出,本公司机队的机型种类进一步精简,机龄结构更趋年轻化。截至2015年12月31日,东航共运营551架飞机,其中客机526架、货机9架;托管公务机16架。

(三)中国南方航空股份有限公司

中国南方航空股份有限公司(简称南航),是国内运输航班最多、航线网络最密集、年客运量亚洲最大的航空公司。南航先后联合重组、控股参股多家国内航空公司,是首家加入国际航空联盟的中国内地航空公司。

2015年,中国民航全行业安全形势平稳,保持较快发展速度,全年完成运输总周转量850亿吨公里,旅客运输量4.4亿人次,货邮运输量625万吨,同比分别增长13.7%、11.1%和5.2%。全年飞行总2 237.73千小时,合计1 408.50百万公里。

1. 旅客运输

2015年,南航实现旅客运输量10 942.20万人次,同比增长8.43%;平均客座率8.50%,同比增长1.39个百分点。

2015年客运方面相关数据见表6-19、表6-20。

表6-19 运力投入、客座率及单位收益水平

指　　标	2015年	2014年	变幅
可用座位公里(百万)	235 616.26	209 807.46	12.30%
客座率(%)	80.50	79.40	1.39%
每收入客公里收益(人民币元)	0.53	0.58	−8.62%

表6-20 分地区客运人次

单位:千人

地区	2015年	2014年	变幅
	人次	人次	
国内航线	95 121.91	89 363.18	6.44%
国际航线	2 571.15	9 170.47	7.79%
港澳台航线	11 728.96	2 385.37	27.90%
合计	109 422.02	100 919.02	8.43%

2. 货物运输

2015南航货邮运输周转量为56.62亿吨公里,同比上升11.99%;每吨公里收入为人民币1.21元,同比下降14.79%。

2015南航货邮运业务的运力投入、载运率及单位收益水平与分地区货运收入见表6-21、表6-22、表6-23。

表6-21 货邮运业务的运力投入、载运率及单位收益水平

指　　标	2015年	2014年	变幅
可用货物吨公里(百万)	5 661.95	5 055.55	11.99%
载运率(%)	69.50	69.50	—
每收入货运吨公里收益(人民币元)	1.21	1.42	−14.79%

表 6-22　分地区货邮载运吨公里　　单位:吨公里(百万)

地区	2015 年	2014 年	变幅
	载运量	载运量	
国内航线	1 662.78	1 628.89	2.08%
国际航线	3 977.58	3 408.66	16.69%
港澳台航线	21.59	18.00	19.94%
合计	5 661.95	5 055.55	11.99%

表 6-23　分地区货邮载运量　　单位:千吨

地区	2015 年	2014 年	变幅
	载运量	载运量	
国内航线	1 030.10	1 014.90	1.50%
国际航线	462.27	401.95	15.01%
港澳台航线	19.18	16.40	16.95%
合计	1 511.55	1 433.25	5.46%

3. 机队发展

2015 年,南航成为中国运输飞机最多,航线网络最发达的航空公司。截至 2014 年 12 月31 日,南航经营包括波音 787,777,737 系列,空客 380,330,320 系列等型号的客货运输飞机 667 架,机队规模亚洲第一。

客货机数量系列见表 6-24。

表 6-24　南航机队组成

	系列	数量(架)
客机	波音	337
	空客	290
	其他	26
货机	波音	14
总计		667

(四)海南航空股份有限公司

海南航空是中国内地唯一一家 SKYTRAX 五星航空公司。海南航空及旗下控股子公司共拥有国内外通航航线 700 余条,国内航线涉及海南、华北、东北、西北、中南、西南、华东以及台湾等 31 省区(直辖市);国际航线主要以亚洲、欧洲、美洲为主,目前国际市场已开通 40 余条航线,涉及境外 19 个城市以及台北和澳门 2 个城市。

2015 年,世界经济疲弱态势依旧,仍处于阶段性筑底、蓄势上升的整固阶段。国内经济遭遇到不少预期内和预期外的冲击与挑战,经济下行压力持续加大。受国内外经济形势影响,民航市场呈现差异化表现,国内市场稳步发展;国际市场持续火热,量价两极分化严重。

2015 年，公司实现主营业务收入 330.77 亿元，同比增长 2.04%。其中航空客运收入 320.67 亿元，占主营业务收入 96.95%；货邮及逾重行李收入 9.71 亿元，占主营业务收入 2.93%，其他收入 0.39 亿元，占主营业务收入 0.12%。全年实现归属上市公司股东净利润 30.03 亿元。

1. 旅客运输

2015 年，海航客运收入 320.67 亿元，占主营业务收入 96.95%；实现旅客运输量 3 860万人，同比增长 8.43%；公司平均客座率 88.19%，同比增长 1.39 个百分点。

2015 年，海航客运方面主要经营数据见表 6-25。

表 6-25 海航客运经营数据摘要

指　标	2015 年	2014 年	增减(%)
可用座公里(万座公里)	7 511 215	6 826 028	10.04
客运总周转量(万吨公里)	584 152	523 529	11.58
旅客运输量(万人)	3 860	3 560	8.43
平均客座率	88.19	86.8	1.39

2. 货物运输

2015 年，海航货邮及逾重行李收入 9.71 亿元，占主营业务收入 2.93%。2015 年海航主要货运经营数据见表 6-26。

表 6-26 海航货运经营数据摘要

指　标	2015 年	2014 年	增减(%)
货邮总周转量(万吨公里)	97 832	87 415	11.92
货邮运输量(万吨)	38.47	36.07	6.65
平均载运率	87.54	83.6	3.94

3. 机队发展

2015 年，公司共引进运力 39 架，退出 6 架。截至 2015 年 12 月 31 日，公司运营飞机共 202 架，机队分布情况见表 6-27。

表 6-27 海航货运经营数据摘要

机型	架数	机型	架数
B737-700	16	A320	4
B737-800	144	A319	3
B767-300	3	A330-200	9
B787	10	A330-300	13

管道交通发展篇

一、发展综述

1. 管道运输概述

管道运输是用管道作为运输工具的一种长距离输送液体和气体物资的运输方式，通过地下管道将原油、天然气、成品油、矿浆、煤浆等介质送到目的地。管道运输作为国际货物运输方式之一，是随着石油生产的发展而产生的一种特殊运输方式。随着石油、天然气生产和消费速度的增长，管道运输发展步伐不断加快。管道运输业作为中国的新兴运输行业，是继铁路、公路、水运、航空运输之后的第五大运输业，作为统一运输网中干线运输的特殊组成部分，它在国民经济和社会发展中起着十分重要的作用。随着我国工业化进程的加快和能源结构优化的推进，我国油气管道建设正迎来一个大的发展机遇期。

管道运输具有运量大、不受气候和地面其他因素限制、可连续作业、成本低、安全、环保、节能和无污染等优势特点。管道运输石油产品比水运费用高，但比铁路运输便宜，目前已成为陆上油、气的主要运输方式。同时，管道运输受到以下特点的制约：

(1)灵活性差。管道运输不如其他运输方式(如汽车运输)灵活，除承运的货物比较单一外，它也不容随便扩展管线。实现“门到门”的运输服务，对一般用户来说，管道运输常常要与铁路运输或汽车运输、水路运输配合才能完成全程输送。

(2)专用型强。运输对象受到限制，承运的货物比较单一，只适合运输诸如石油、天然气、化学品、碎煤浆等气体和液体货物。

(3)专营性强。管道运输属于专用运输，其生产与运销混为一体，不提供给其他发货人使用。

(4)固定投资大。为了进行连续输送，还需要在各中间站建立储存库和加压站，以促进管道运输的畅通。

2. 中国管道运输的发展现状

我国建成最早的原油管道是克拉玛依—独山子原油管道，简称克—独原油管道。该管道长 147.2 公里，管径 159 毫米，输送能力为 53 万吨/年，于 1959 年 1 月建成投产，随着克拉玛依油田产量的增加，分别于 1962 年、1991 年并行建设第二条和第三条克—独原油管道。1970 年，东北“八三工程”开启，大庆至抚顺输油管道开工，掀起中国第一次油气管道建设高潮。至 1975 年 9 月，“八三工程”共铺设原油管道 2 471 公里，率先在东北地区建成输油管网。1976 年，胜利油田、辽河油田、华北油田、中原油田相继进入快速开发期，中国掀起第二次管道建设高潮。到 1986 年，先后建成 12 条油气管道，总长度 3 400 公里，形成中国东部油气管网。1987 年，塔里木盆地、陕甘宁盆地、四川盆地、柴达木盆地和沿海石油勘探获重大突破，中国石油工业按照“稳定东部、发展西部”的方针，掀起第三次管道建设高潮。至 2006 年，共建成油气管道 4.8 万公里，形成中国西部和南部油气管网。2007 年 8 月，以兰郑长成品油管道开工建设为标志，我国迎来第四次油气管道建设高潮。经过 8 年多建设，中国建成油气管道总里程已超过 12 万公里，建成初具规模的跨国、跨区域油气管网，中国管道工业的发展速度和技术水平跨入世界先进行列。

尤其进入 21 世纪，中国成为全球第二大经济体和第二大能源消费国，原油和天然气对外依存度分别达到 60%和 35%。为保障国家能源安全,从东北、西北、西南、海上规划建设四大油气能源战略通道,全面加快我国能源战略通道和油气骨干管网建设。近年来,我国油气管道事业实现了飞速发展,承担中国 70%的原油和 99%的天然气运输,覆盖我国 31 个省区市,近 10 亿人口从中受益,带动了沿线地区的社会经济发展。至此,管道作为第五种运输方式,在我国首次超过航空运输排名五大运输业第四位,成为国民经济发展的能源动脉。

2015 年,中国油气管道建设放缓,但油气管网仍在持续完善。截至 2015 年底,中国在役油气管道总里程累计约为 12 万公里,同比增长约 1.4 万公里,其中天然气管道 7.2 万公里,原油管道 2.5 万公里(已扣减封存退役管道),成品油管道 2.3 万公里;储气库工作气量 52 亿方、液化天然气(LNG)接收能力 1 300 万吨每年。2015 年我国管道货运量达到 7.1 万吨,同比增长 1.7%,占全年货物运输总量的 1.7%,成为推动中国经济发展和造福民生的能源动脉。中国现有油气管道中,中央企业所属总里程达到 10.4 万公里,约占总里程的 86%。2015 年,管道货物运输周转量 4 138.8 亿吨公里,比上年增长 6.6%,比全年货物运输周转量增速高 8.5%,占全年货物运输周转量的 2.3%。

目前,我国天然气管网基本覆盖全国除西藏以外的 30 个省、市、自治区。中国已建成西北(新疆)、华北(鄂尔多斯)、西南(川渝滇黔桂)、东北和海上向中东部地区输气的五大跨区域天然气主干管道系统;初步形成以西一线、西二线、陕京线系统、川气东送、中缅天然气、中贵线及忠武线等为骨干管道,兰银复线、淮武线、冀宁线为联络线的全国性基干管网;实现四大气区与环渤海、长三角、东南沿海三大主力市场的链接,形成"西气东输、川气东送、海气登陆、就近供应"的供应格局,使我国基本实现天然气管网化和气源地多元化,开启我国天然气管网时代,覆盖人口超过 5 亿人,成为世界上覆盖人口最多、辐射地域面积最广的天然气管网。从天然气下游市场需求看,目前我国城市燃气、工业燃料用气占比达 70%,与美国占比 66%基本相当。化工用气占比高达 15%,远高于美国 2.5%、全球 4%的水平。天然气发电消费占比仅 15%,仍存一定发展空间。

四大油气战略通道如图 7-1 所示,中国主要天然气管道如图 7-2 所示。

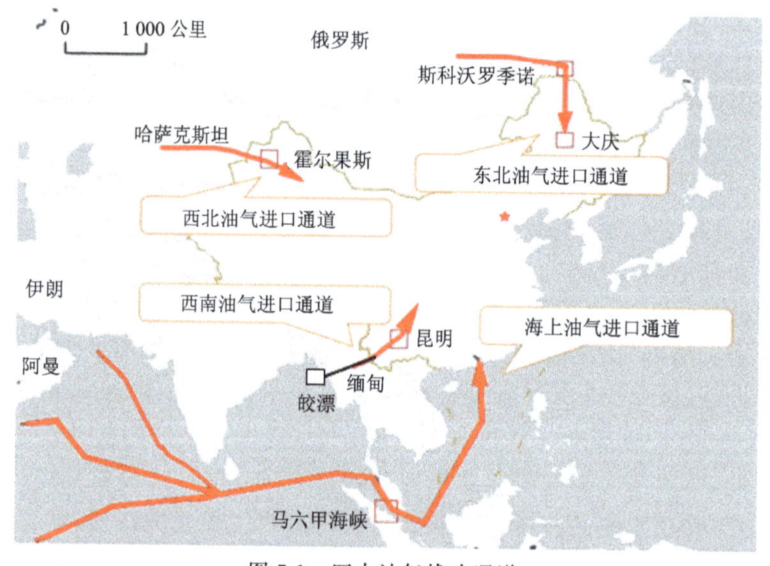

图 7-1 四大油气战略通道

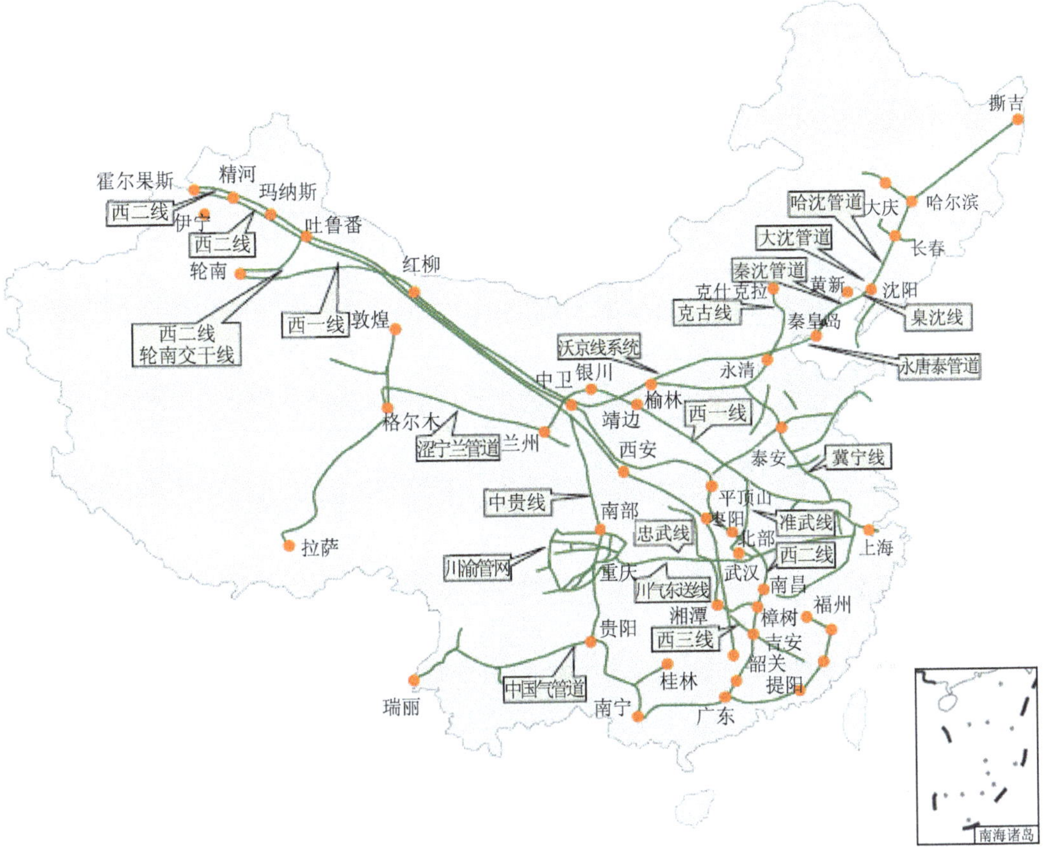

图 7-2 中国主要天然气管道

2006—2015 年我国油气管道总里程及同比增长率如图 7-3 所示，2006—2015 年我国管道货运量及同比增长率如图 7-4 所示，2006—2015 年我国管道货运周转量及同比增长率如图 7-5 所示。表 7-1 是 2015 年各种运输方式完成货物运输量及其增长速度。

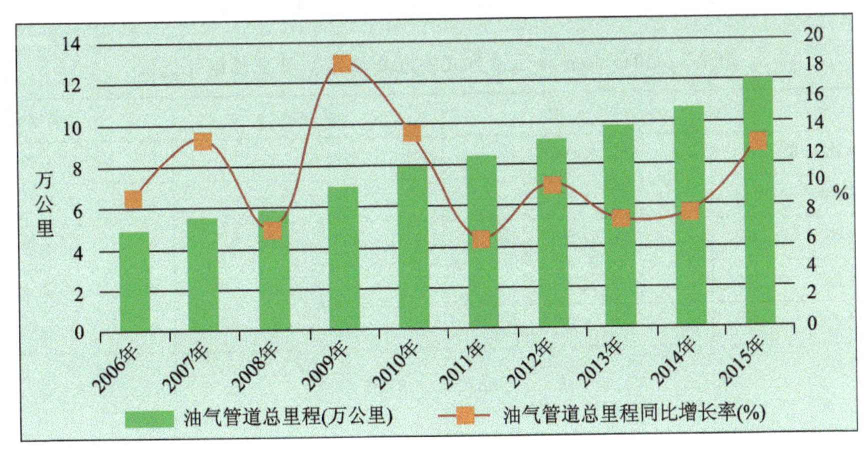

数据来源：国家统计局

图 7-3 2006—2015 年我国油气管道总里程及同比增长率

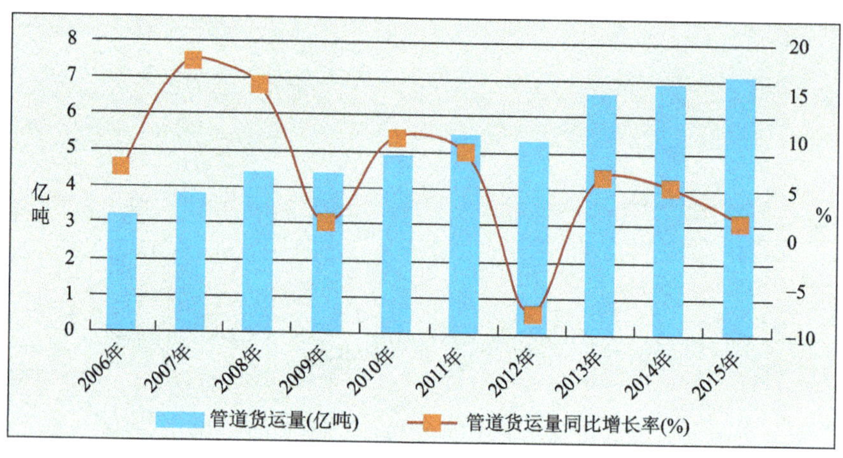

数据来源:国家统计局

图 7-4　2006—2015 年我国管道货运量及同比增长率

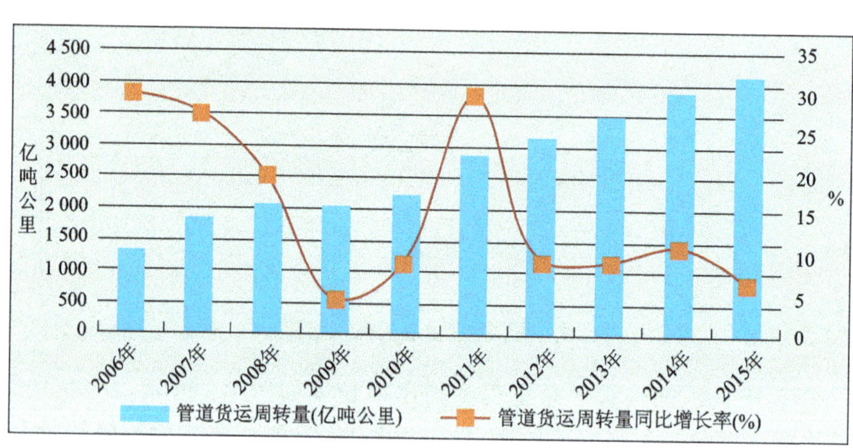

数据来源:国家统计局

图 7-5　2006—2015 年我国管道货运周转量及同比增长率

表 7-1　2015 年各种运输方式完成货物运输量及其增长速度

指　标	单　位	绝对数	比上年增长(%)
货物运输总量	亿吨	417.1	0.2
铁路	亿吨	33.6	−11.9
公路	亿吨	315.0	1.2
水运	亿吨	61.4	2.5
民航	万吨	625.3	5.2
管道	亿吨	7.1	1.7
货物运输周转量	亿吨公里	177 400.7	−1.9
铁路	亿吨公里	23 754.3	−13.7
公路	亿吨公里	57 955.7	2.0

续上表

指　标	单　位	绝对数	比上年增长(%)
水运	亿吨公里	91 344.6	-1.2
民航	亿吨公里	207.3	10.4
管道	亿吨公里	4 138.8	6.6

数据来源:国家统计局

中哈、中俄、中缅、兰成、长呼等原油管道,在我国东北、西北、华北、华东、中部和西南地区形成区域性原油输油管网,促进了我国以长江三角洲、珠江三角洲、环渤海、沿长江、东北、西北及西南地区为主的原油和化工加工基地战略布局的构建与实现,以兰成渝、兰郑长、呼包鄂等为代表的成品油管道,在我国西北、西南和珠三角地区建成了骨干输油管道,初步形成"西油东送、北油南下"格局,对保障我国能源安全、提升民生质量发挥重要作用。中国已基本形成了西北、东北、西南、海上四大油气战略通道,以四大气区(新疆、青海、陕甘宁、川渝)外输管线和进口天然气管线为主干线、连接海气登陆管线和进口 LNG 等气源的全国性天然气管网,形成连通海外、覆盖全国、横跨东西、纵贯南北、区域管网紧密跟进的油气骨干管网布局。

中国油气骨干管网格局的形成,缓解了我国能源之渴,把中亚、俄罗斯、缅甸和我国西部资源优势转化为经济优势,为相关国家带来丰厚的经济效益,激活了沿线钢铁、水泥、建筑和机械电子等企业发展潜能,在古丝绸之路上形成一条新的经济增长带和能源丝路文化,成为"一带一路"能源通道和标志性工程之一,对提高沿线各国民众生活品质、城市品牌和竞争力正在发挥积极的推进作用。

二、2015 年管道交通运输热点回顾

进入 2015 年以来,国际油价持续暴跌、国内经济增速放缓,我国的天然气需求增速随之大幅下滑,呈现出"供需宽松"的发展态势。2015 年,中亚天然气管道、中哈原油管道、中俄原油管道、中缅天然气管道(缅甸段)等长输管道保持安全平稳运营。中缅原油管道工程(缅甸段)试投产,马德岛港正式开港投运;中哈天然气管道二期工程(哈南线)完成二阶段 306 公里线路建设并顺利投产;中俄东线天然气管道中国境内段开工。海外管道建设项目进展顺利,国内管道建设项目有序推进。

(一)中俄东线天然气管道中国境内开工建设

2015 年 6 月 29 日,中俄东线天然气管道(图 7-6)中国境内段在黑龙江省黑河施工现场正式开工建设。中俄东线天然气管道起自东西伯利亚伊尔库茨克州科维克金气田和萨哈共和国恰扬金气田,经中国黑龙江省黑河市中俄边境进入中国,分别途经黑龙江、吉林、内蒙古等 8 个省、市和自治区,最终止于上海市。其中俄罗斯境内段全长 2 680 公里,已于 2014 年 9 月 1 日开工建设。中国境内段拟新建管道 3 170 公里,并行利用已建管道 1 800公里,并配套建设地下储气库,计划于 2018 年建成投产。根据《中俄东线管道供气

购销合同》,项目投产后,俄罗斯将开始通过该管道向中国供气,输气量逐年增长,最终将达到每年 380 亿立方米,累计供气 30 年。

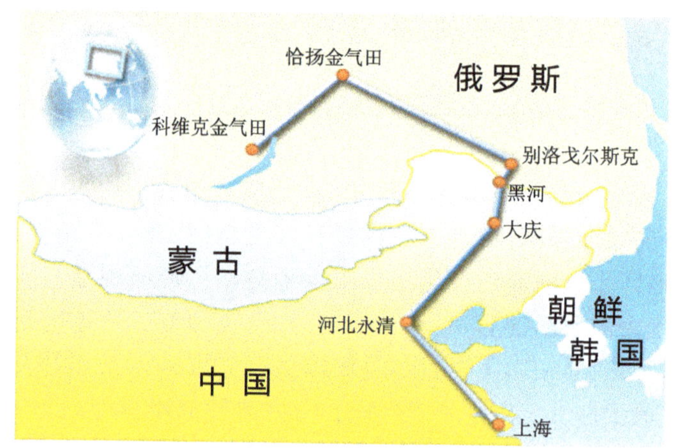

图 7-6 中俄东线天然气管道示意图

中俄东线天然气管道是我国第一条 1 422 毫米口径长距离天然气输送管道。中俄原油管道漠大线是我国四大能源战略通道中的东北通道,为我国首条穿越极寒之地、永冻土和大兴安岭森林地区原油管道。中国境内段施工地质条件复杂,管道沿线多为冻土层,还要穿越河流、森林及自然保护区,这些都对管道施工建设和运行提出了极大挑战。

中俄东线天然气管道是我国深入实施"一带一路"战略的重要项目支撑。该项目的建设和运行,将带动管道沿线地区基础设施建设和配套产业发展,为当地提供就业机会,促进管道沿线地区经济增长。

(二)中缅石油管道全线贯通

中缅油气管道是继中亚油气管道、中俄原油管道、海上通道之后的第四大能源进口通道。它包括原油管道和天然气管道,可以使原油运输不经过马六甲海峡,从西南地区输送到中国。中缅原油管道的起点位于缅甸西海岸的马德岛,天然气管道起点在皎漂港。2013 年 9 月 30 日,中缅天然气管道全线贯通,10 月 20 日,中缅天然气管道投产,通过中贵线把中缅天然气管道和西气东输管网系统联连在一起,首次实现我国天然气骨干管网互联互通,将西一线、西二线、中缅天然气和塔里木气区、长庆气区、川渝气区甚至陕京系统连成一体,把我国在建和已建 20 条管道连成一张超过 4 万公里的天然气管网。

2015 年 1 月 30 日,中缅石油管道全线贯通,经过近 5 年建设的中缅原油管道工程,在缅甸皎漂马德岛举行试运行仪式,马德岛港同时正式开港。两项工程总投资约为 24.5 亿美元,由中石油集团、缅甸国家油气公司共同出资建设,所占股份分别为 50.9% 和 49.1%,项目运营期 30 年,设计年输量为 2 200 万吨。

中缅油气管道(国内段)途经滇黔桂 3 省区,穿越云贵高原和横断山脉,地处印度洋板块和亚欧板块接合处,81%为山区丘陵,沿线断裂带密布,地壳活动剧烈,地形地貌极其复杂,地震活动频繁,雨季崩塌、滑坡等地质灾害频发。管道穿越瑞丽江、怒江、澜沧江 3 条国际河流及 20 多条大中型江河，共有 64 座山体隧道，在我国管道建设中首次采取三管并行、桥隧同跨等技术手段，这些特点使中缅油气管道(国内段)成为世界管道史上建设难度最大的管道工程之一。

2015 年，中缅天然气管道(国内段)防城港支线建成投产，中缅原油管道(国内段)焊接、试压等工作全部完成，已具备投产条件，云南成品油管道工程线路主体完工。与中缅油气管道相配套，建设区域干支线及安宁储气库，昆明炼厂成品油外输管道等。

瑞丽作为中国面向西南开放的重要前沿，既是中缅公路、水路、铁路、民航、管道五大国际通道的重要枢纽和中国连接印度洋通道的国内终端，也是“一带一路”、孟中印缅经济走廊的重要节点。建设孟中印缅通道、中老泰通道和中越通道，将加快基础设施互联互通。推进昆明至缅甸铁路、公路和油气管道建设，对于形成至南亚的国际运输通道至关重要。

中缅油气管道示意图如图 7-7 所示。

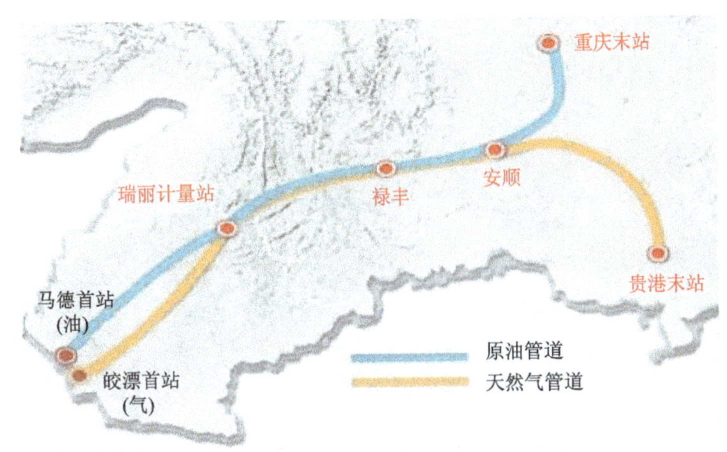

图 7-7　中缅油气管道示意图

(三)中国—中亚天然气管道 D 线工程稳步推进

中国—中亚天然气管道西起土库曼斯坦和乌兹别克斯坦边境，穿越乌兹别克斯坦中部和哈萨克斯坦南部地区，经新疆霍尔果斯口岸入境，目前已稳定安全地运行六年，实现 A、B、C 三线并行，入境后与国内西气东输二、三线管道相连，可保证沿线 4 亿人口的生活燃料供应。霍尔果斯是位于中国新疆伊犁哈萨克自治州霍尔果斯市一个陆路口岸，与哈萨克斯坦隔霍尔果斯河相望。经伊霍铁路、连霍高速公路、312 国道和中国—中亚天然气管道在这里结束。“一带一路”霍尔果斯口岸随着中哈铁路开通运营，中亚天然气管道实现通气，伊宁机场口岸正加快建设，届时将成为拥有公路、铁路、航空、管道“四位一体”的国际综合交通大枢纽。

截至 2014 年 11 月，中国—中亚天然气管道累计输送来自中亚地区的天然气已突破 1 000 亿立方米。中国 2015 年通过中亚天然气管道输入天然气 305.7 亿标方，同比增长 5%，日均输气量达 8 400 万标方；其中 A、B 两线共输气 235.4 亿标方，C 线输气 70.3 亿标方。到 2015 年末，中亚天然气管道已经累计向中国输气 1 303.9 亿标方。

2014 年 9 月 13 日，中国—中亚天然气管道 D 线塔吉克斯坦段开工仪式在杜尚别举行。D 线是世界管道建设史上难度最高的工程之一，在线路上首次途经塔吉克斯坦和吉尔吉斯斯坦两个国家，与已建成的连接土库曼斯坦、乌兹别克斯坦、哈萨克斯坦的 A、B、C 线一道，形成中国—中亚天然气管道网，将为丝绸之路经济带建设注入强大动力。D 线走向与 A、B、C 三线不同，气源为土库曼斯坦复兴气田，途经乌兹别克斯坦、塔吉克斯坦、吉尔吉斯斯坦进入我国新疆南部，与规划中的西气东输五线相连接。D 线全长 1 000 公里，其中境外段 840 公里，设计年输量 300 亿立方米。这对于保障我国能源安全、发展南疆经济具有重要意义。D 线预计将于 2020 年底全线完工。D 线输送的天然气将主供国内华北地区的天然气市场，因此，D 线的建设对于改善京津冀地区大气污染意义重大。D 线将缓解我国日益紧张的供气矛盾，有利于中亚进口通道多元化，保障我国西部能源通道的安全稳定。至"十三五"末，中亚天然气管道 A/B/C/D 线及国内配套工程全部建成后，中亚地区每年输向中国的天然气将达 800 亿立方米，占当期国内天然气进口量的 40%以上。

中国—中亚天然气管道及西气东输二、三线示意图如图 7-8 所示。

图 7-8 中国—中亚天然气管道及西气东输二、三线示意图

(四)西气东输三线东段工程有序推进

2015 年，国内油气管道建设取得新进展，西气东输三线(西三线)东段工程有序推进。统筹油气运输通道和储备系统建设，推进西三线、新疆煤制气管线等油气管道建设，将逐步完善区域性油气管网建设。

西气东输工程自 2003 年投产以来，累计供应天然气 2 841 亿立方米，供气范围覆盖我国 14 个省份和香港特别行政区，近 4 亿人口从中受益。到“十三五”末，西气东输运营管道里程将达到 14 100 公里，计划供应天然气 622 亿立方米，年输气能力将达到 1 270 亿立方米。西气东输二线（西二线）西起新疆霍尔果斯，东至香港，干线、支干线全长 8 704 公里，沿线 25 个省市区 300 多座城市，是目前世界上线路最长、供应覆盖面积最大、受益人口最多的一条天然气管道。这也是我国首条引进境外天然气资源、压力最高、输量最大的天然气管道，1 422 亿元投资成为我国单体投资最大油气管道工程。西二线香港支线是我国首条跨区域、高压力、大口径海底管道，这一超级工程，开创了国际国内管道建设众多纪录，堪称世界油气管道建设史上的一座丰碑。

西三线全长 7 378 公里，包括 1 条干线和 8 条支线，西起新疆霍尔果斯，东至福建福州。干线全长 5 220 公里，管径 1 016～1 219 毫米，设计压力 10～12 兆帕，设计输气能力 300 亿立方米/年，工程采取分段建设、分段投产方式进行。西三线西段从霍尔果斯至宁夏中卫，全长 2 445 公里，2012 年 10 月开工建设，2014 年 8 月 25 日全线贯通。东段从江西吉安至福建福州，全长 827 公里，管径 1 016～1 219 毫米，设计压力 10 兆帕，设计输气能力 150 亿立方米/年，2013 年 5 月开工建设，截至 2015 年底，已累计完成焊接 815 公里，计划 2016 年投产。

随着西二线和西三线（西段）的建成投产，与西一线一起构成西气东输天然气管网系统，联网里程 4 万公里，预计总投资超过 4 100 亿元，基本覆盖我国 27 个省市区，能源“主动脉”的骨干联网作用凸现，成为中国最大的油气输送管网工程，并与中哈原油、中亚天然气管道一道，全面构筑了我国西北油气能源进口通道。

（五）管道运输与其他运输方式一起，初步构建中国“五纵五横”综合运输大通道

“十二五”时期，中国完成交通固定资产投资超过 12.5 万亿元，是“十一五”时期的 1.6 倍。“五纵五横”综合运输大通道基本贯通，综合交通网络初步形成，综合枢纽建设明显加快，各种运输方式衔接效率显著提升。截至 2015 年底，管道运输与其他运输方式一起，构建中国“五纵五横”综合运输大通道，对我国综合交通体系的扩充与提升起到重要作用。

1.“五纵”综合运输大通道

（1）南北沿海运输大通道。北起黑河，经哈尔滨、长春、沈阳、大连、烟台、青岛、连云港、上海、宁波、温州、福州、厦门、汕头、广州、深圳、湛江、海口，南至三亚。此外，还包括北京至沈阳进出关通道。该通道由贯穿全线的铁路、公路、民航航路，部分陆上油气管线和沿海主要港口间航线组成，形成沟通我国南北沿海的综合运输走廊。该通道通过黑河口岸与俄罗斯铁路和公路网连接，通过大连、青岛、上海、宁波、厦门、广州、深圳、湛江等沿海港口与国际海上运输网络连接，并以上海、广州枢纽机场为节点，与国际航线网络相衔接。

（2）京沪运输大通道。北起北京，经天津、济南、徐州、蚌埠、南京，南至上海，由贯穿全线的铁路、公路、民航航路、部分水运和油气管线组成，形成沟通华北与华东，北京与上海两大国际都市直接相连的综合运输走廊。该通道以北京、上海航空枢纽为节点衔接国际

航线网络,上海国际航运中心承担国际海上运输中转功能。

(3)满洲里至港澳台运输大通道。北起满洲里,经齐齐哈尔、白城、通辽、北京、石家庄、郑州到武汉,从武汉分支,一支经长沙、广州,南至香港(澳门),另一支经南昌、福州至台北。此外,还包括齐齐哈尔至哈尔滨连接线。该通道由贯穿全线的铁路、公路、民航航路和部分油气管线组成,形成贯通东北、中部和华南,并与香港、台湾和澳门运输网络衔接的综合运输走廊,北端通过满洲里口岸与俄罗斯交通网连接,南端以香港国际航运中心和国际机场为国际海上、航空运输网络的枢纽。

(4)包头至广州运输大通道。北起包头,经西安、重庆、贵阳到柳州,从柳州分支,一支至广州,另一支至湛江,由贯穿全线的铁路、公路、民航航路、部分水运和油气管线组成,形成西部内陆出海运输走廊,通过广州港、湛江港,以及广州枢纽机场,与国际海上运输和航空运输网络连接。

(5)临河至防城港运输大通道。北起临河,经银川、兰州、成都、昆明、南宁,南至防城港,由贯穿全线的铁路、公路、民航航路和部分油气管线组成,形成西部内陆第二条南北综合运输走廊。该通道以昆明机场为面向东南亚的国际航空运输门户,以防城港为主要口岸连接国际海上运输网络。

2.“五横”综合运输大通道

(1)西北北部出海运输大通道。东起天津和唐山,经北京、大同、呼和浩特、包头、临河、哈密、吐鲁番、喀什,西至新疆吐尔尕特口岸,由贯穿全线的铁路、公路、民航航路和部分油气管线组成,形成西北连通东部的出海运输走廊。该通道以天津港和唐山港为枢纽连接国际海上运输网络,以吐尔尕特口岸与中亚交通网络衔接。

(2)青岛至拉萨运输大通道。东起青岛,经济南、德州、石家庄、太原、银川、兰州、西宁、格尔木,西至拉萨,由贯穿全线的铁路、公路、民航航路和部分油气管线组成。该通道以青岛港为枢纽沟通国际海上运输网络。

(3)陆桥运输大通道。东起连云港,经徐州、郑州、西安、兰州、乌鲁木齐,西至阿拉山口。该通道是亚欧大陆桥的组成部分,由贯穿全线的铁路、公路、民航航路和部分油气管线构成运输走廊。

(4)沿江运输大通道。东起上海,沿长江经南京、芜湖、九江、岳阳、武汉、重庆,西至成都。该通道由长江航道和铁路、公路、民航航路和油气管线组成,形成以长江航运干线为主、沟通东中西地区的运输走廊。该通道以上海港和南京港为枢纽,与国际海上运输网络连接。

(5)上海至瑞丽运输大通道。东起上海和宁波,经杭州、南昌、长沙、贵阳、昆明,西至瑞丽口岸,由贯穿全线的铁路、公路、民航航路和部分油气管线组成运输走廊,以上海港和宁波港为枢纽与国际海上运输网络衔接,以瑞丽口岸与东南亚路网连接。

(六)国内外其他管道建设项目进展

1. 坦桑尼亚天然气处理厂及输送管线项目竣工

坦桑尼亚天然气处理厂及输送管线项目由中国石油技术开发公司与坦桑尼亚石油开

发公司签署 EPC 总承包合同，是中国进出口银行当时在非洲最大的一笔优惠买方贷款建设项目，贷款总额为 12.25 亿美元。这个项目是国家“一带一路”战略在非洲的具体实践，寄托着坦桑尼亚人民对美好生活的向往，承载着中坦两国人民的伟大友谊，也是中国石油装备制造和重大工程项目首度进入坦桑尼亚市场，对进一步开拓东非及非洲其他地区市场起到良好的示范作用。2015 年 10 月 10 日，坦桑尼亚天然气处理厂及输送管线项目竣工。坦桑尼亚天然气管道全线长约 535 公里，由 1 条陆上管道干线、1 条陆上管道支线和 1 条海底管道构成，全线共设置站场 5 座、阀室 16 座。坦桑尼亚天然气处理厂及输送管线项目将为下游天然气发电厂提供充足的燃料能源，一举解决长期以来坦桑尼亚电力短缺问题和严重依赖柴油发电的高价运行难题，使坦桑尼亚发电能力由每天 720 兆瓦增加到 3 000 兆瓦，每年可为坦桑尼亚节省 10 亿美元外汇。项目达产后对改善坦桑尼亚的能源结构，形成完整的石油化工上下游体系，加快坦桑尼亚工业化进程，推动经济和社会发展具有重大的战略和现实意义，因此，管道被坦桑尼亚政府誉为“南北能源大动脉”，“第二条坦赞铁路”。

2. 泰国那空沙旺天然气管道项目顺利投产

2015 年 12 月 7 日，中石油管道局泰国那空沙旺天然气管道项目顺利投产，确保了沿线电厂及其他燃气用户提前得以使用。泰国那空沙旺天然气管道工程管线长 192.8 公里，管径 711 毫米，包括 SCADA 和通信系统的设备安装。管线起自泰国中部的旺诺依计量站，途经大城和那空沙旺等 6 个府(省)。沿线设有 2 座场站、12 座阀室，需要进行 266 处沼泽河流沟渠、建筑物和大型公路铁路穿越，700 多处大开挖。现场社会依托差、地形复杂、气候炎热多雨、蚊虫叮咬、淤泥段及石方段管沟开挖成形困难，这些都给工程推进带来了挑战。那空沙旺项目的按期完工投产不仅为泰国经济发展、能源产业调整等方面做出了突出贡献，也就此获得了泰国国家石油公司及泰国市场的认可。

3. 锦郑成品油管道等工程建设稳步推进

锦郑成品油管道工程是我国实施“北油南调”的一项战略工程，对东北炼化企业加快发展、助推老工业基地振兴具有重要意义。锦郑成品油管道北起辽宁锦州，南至河南郑州，由 1 条干线、2 条输入支线和 7 条分输支线组成，管道全长 1 636 公里，管径 219～660 毫米，设计压力 8～10 兆帕，设计输油能力 1 300 万吨/年。管道建成后，将有助于进一步形成完整的成品油供应网络，促进东北和中东部地区成品油资源的优化配置。工程于 2012 年 8 月 18 日开工建设，截至 2015 年底已完成线路焊接 1 290 公里、回填 1 118 公里，完成铁路、公路、河流穿越 152 处，整体进度达 57%。在工程建设中，采用 5 次连续水平定向穿越黄河，穿越段管线长度 11.67 公里，为我国管道工程单次穿越黄河最长油气管道，该唯一控制性工程施工于 2015 年圆满完成。锦郑成品油管道建成后，将与兰郑长成品油管道连通，在我国中原腹地形成更加完整的成品油供应网络，有效缓解东北地区成品油产量过剩和华北、华东、华中地区资源紧缺局面。

4. 漠大线原油管道增输工程顺利完成

漠大原油管道增输工程于 2013 年 9 月开工，主要对漠河首站、塔河清管站、加格达奇泵站及讷河清管站进行扩建改造。工程包括将漠河首站 1 台倒罐泵改造成给油泵、加格达奇泵站扩建两台输油主泵机组、塔河与讷河清管站场扩建为泵站，以及供电、站控、通信、供热系统和包括两座500立方米泄压罐在内的辅助工程。2015年11月20日，漠河、塔河完成动火连头施工。11月28日，加格达奇、讷河站外管线动火连头完成。12月2日，讷河站内动火连头全部完成。至此，漠大线增输扩容改造工程告捷。增输工程投产后，漠大原油管道运行适应性和灵活性将进一步增强，漠河首站存储能力得到扩大，利用已建成的中俄原油管道，可从俄罗斯远东地区进口更多的原油，使原油输送能力在漠大线适应性改造工程的基础上达到年2 000万吨，最高设计年输量可达2 200万吨。

5. 哈尔滨—沈阳输气管道全线贯通

2013年3月，国家发改委对哈尔滨—沈阳输气管道工程(以下简称哈沈输气管道)做出项目核准批复，工程建设随之全面展开。哈沈输气管道北起长春分输清管站，南至沈阳联络站，线路全长364.7公里。全线共设12座线路阀室、8座工艺站场。2015年8月，哈沈输气管道全线贯通，具备投产条件。哈沈输气管道对缓解东北三省天然气供应压力，进一步促进和带动这一地区经济社会发展具有重要意义。

6. 山东天然气管网干线全线建成投产

山东天然气管网工程是中国石油和山东省政府共同出资建设的一项重点工程，起自山东省泰安市，途经莱芜、淄博、潍坊、青岛、烟台、日照等24个县(市、区)，止于威海市，由2条干线、3条支线组成，总长约860公里，设计压力6.3兆帕至10兆帕，管道直径273毫米至1 016毫米，设计年输气能力86亿立方米。其中，泰安—青岛段干线全长342公里，2009年9月开工建设，2011年5月建成投产，至今始终保持安全平稳运行态势。青岛—威海段干线全长约220公里，2010年5月开工，2015年7月20日顺利完工，2015年9月，中国石油山东天然气管网青岛—威海段干线工程一次投产成功。至此，山东天然气管网干线全线建成投产。山东天然气管网工程的建设，可满足山东省经济发展和环境建设对天然气资源的需求，还可作为今后威海LNG外输管道，为山东沿线各地市天然气的安全平稳供气提供保障，助力“蓝色半岛”对接“一带一路”，为地方经济的可持续发展和节能减排目标的实现提供更为强劲的清洁能源动力，提升胶东半岛百姓生活幸福指数。

7. 天津港—华北石化原油管道具备全线通油能力

天津港至华北石化原油管道工程首站起自天津港汇鑫油库，止于河北省任丘市任丘末站，管道全长189公里，2014年9月开工，2015年8月基本具备全线通油能力。天津港—华北石化原油管道是关系到中国石油华北地区原油战略调整的重点管道。

8. 惠州海管项目铺管作业提前完成

惠州海管项目是中石油管道局在国内自主设计、自主采办，使用自有铺管船施工的第一个海管EPC项目。惠州海管项目位于广东省惠州市大亚湾，管道路由沿线水深0～24.6米，总长37.55公里，设计压力1.6兆帕，路由沿线设各种浮标16座，末端设总长135米扩散器1座。2015年12月22日惠州海管项目铺管作业完工。

9. 兰成原油管道年输量首次突破700万吨

兰成原油管道起于甘肃省兰州市，止于四川省成都市，是我国连接西北与西南地区的

第一条原油管道，为我国首条穿越蜀道天险的大口径原油管道工程，于2013年全线贯通。管道设计最高压力13.4兆帕，最大落差达2 207米，是目前国内设计压力最高、落差最大的长输油品管道。兰成原油管道是我国西北能源战略通道的重要组成部分，投产以来共向四川输送油品超过1 300万吨，缓解了兰成渝管道输送压力，并与其形成西南地区油品通道双向发展格局，使这一地区能源供应链更加稳固。来自哈萨克斯坦的进口原油和国内部分油品，经过兰成原油管道送至成都地区，经四川石化加工后，其成品油可以基本满足四川经济发展需要。2015年，兰成原油管道年输量首次突破700万吨。

此外，伊拉克巴德拉原油集输管道工程、马季努恩FCP天然气管道项目、印度沙普项目、泰国GULF项目等按计划稳步推进。

三、管道运输政策与安全

2015年3月，交通运输部、国家能源局、国家安全监管总局出台关于规范公路桥梁与石油天然气管道交叉工程管理的通知，有利于加快公路和油气管道建设，维护公路和油气管道设施安全完好，保护人民群众生命财产安全。

2015年3月28日，国家发展改革委、外交部、商务部发布《推动共建丝绸之路经济带和21世纪海上丝绸之路的愿景与行动》。文件中提出“加强能源基础设施互联互通合作，共同维护输油、输气管道等运输通道安全，推进跨境电力与输电通道建设，积极开展区域电网升级改造合作”。

2015年8月4日，国务院安全生产委员会发布《2015年油气输送管道隐患整治攻坚战工作要点》，要求年内完成形成密闭空间隐患的整治，重大隐患整改率达到60%以上，包括6个方面共20项工作，要求相关企业加大力度，集中督办占压和形成密闭空间等重大隐患，明确整改目标、责任、资金、时限和措施，加快整改进度。要完成对使用20年以上(含20年)油气管道的检测和风险评估，力争2015年实现检测周期内的油气管道检测评估覆盖率达60%以上。

为保障和改善民生、促进社会和谐稳定需要，2015年提请全国人大常委会审议的法律草案、法律修订草案和需要制定、修订的行政法规，包括石油天然气管道保护法(修订)(发展改革委、能源局起草)，海洋石油天然气管道保护条例(海洋局、能源局起草)等。

2015年被视为“全面深化改革元年”，无论从政策推动层面看，还是从天然气市场化贸易的实践看，国家推进天然气市场化改革的决心已十分明晰。2015年7月，在国家发改委、上海市政府的大力支持下，上海石油天然气交易中心开始试运行。交易中心在筹备之初就确定了“由国家发改委协调、新华社主导、上下游企业深度参与”的思路，并在此基础上形成了“三桶油”等10家企业联合出资组建的架构。这也意味着部分管道天然气可以实现以现货的方式进行交易，此举将推进天然气气化价格机制改革，加快向更加市场化的方向发展。与此同时，当前大热的“互联网＋”也为建设天然气市场化交易体系创造了前所未有的机遇。

国家发改委2015年年内两度发文下调天然气价，同时力推气价市场化改革，释放天然气下游市场的发展活力。2015 年 4 月 1 日，非居民用存量气和增量气门站价格实现并轨，同时试点放开直供用户用气价格。2015 年 11 月 20 日，非居民用气由最高门站价格管理改为基准门站价格管理，供需双方可以基准门站价格为基础，在一定范围内自主协商确定具体门站价格。天然气价格形成机制进一步完善，实现了非居民用天然气存量气和增量气价格并轨，进一步影响油气管道运输的供需格局。

四、发展趋势

就中国而言，油气管道里程仅为 12 万公里，占世界总量不足 3%，天然气占一次能源消费比重仅为 6%，远低于世界平均水平 24% 的目标。随着全面建设小康社会步伐的加快，对油气能源特别是天然气、LNG 等清洁能源的需求保持旺盛态势，油气储运设施建设仍有较大发展空间。与此同时，中国政府正在全面实施“一带一路”战略，推进亚洲互联互通，通过亚投行、丝路基金、中非基金等投融资平台，大力支持通信、电力、交通、能源等基础设施领域的项目建设，市场空间依然广阔。

预计到“十三五”末，中国长输油气管道总里程将超过 16 万公里，储气库工作气量将达到 105 亿立方米，LNG 接收能力将达到 1 900 万吨每年，国内主干管网趋于完善，形成调度灵活，运行稳定，供应可靠的全国性油气储运网络。当前和今后一个时期，我国管道事业仍处于大有可为的发展机遇期。

在国际油价下跌时，中国作为最大进口国在商业合作中话语权有所增加，可以借此机会拓展与俄罗斯、中亚与东南亚国家以及加拿大等石油出口国的谈判与合作，在逐步降低对中东国家油源过度依赖的同时，加快推进中哈、中俄、中土和中缅等油气运输管道的建设，开辟多元化的石油进口通道。此外，页岩气、致密油等非常规油气资源的勘探开发，正改变世界油气工业格局，同时也为管道建设创造重要机遇。除了传统油气管道以外，长距离矿浆管道特别是煤浆管道的应用前景十分广阔。

信息化、互联网与油气储运行业正在深度融合，必将催生新的业务形态和商业模式，为我们带来新的机遇。智能化是我国管道可持续发展的必由之路，建设智慧管道是发展趋势之一。所谓智慧管道，是以管道本体及周边环境的全生命周期数据为基础，将物联网技术、云计算技术、大数据分析技术、自动化与智能控制技术等与管道本体高度集成，形成的管道管控一体化系统。智慧管道是数字管道发展的更高阶段。智慧管道的几个重要特征：一是可观测，能够监测管道所有设备的状态。二是可控制，能够控制管道所有设备的状态。三是可自适应，也就是完全自动化。四是系统综合优化平衡，实现上游、管输和用户间的优化平衡。如同装备“会思考的大脑”，智慧管道的整体运行更高效、安全和可靠。

城市交通发展篇

一、年度概览

2015 年,我国城市交通基础设施规模进一步扩大,坚持稳中求进的工作总基调,交通固定资产投资继续保持稳定增长态势,综合交通网络更趋完善;运输服务水平进一步提升,客货运输量平稳增长,运输服务模式不断创新;并且推动城乡区域协调发展作用进一步增强,各项改革和规划工作进一步深化。

"十二五"全国城轨交通运营情况总体情况良好,我国城轨交通运营线路总长度为 1 599公里,平均每年增加 404 公里,通车线路长度呈现迅速增长趋势;我国城轨交通完成投资 12 289 亿元,平均每年完成投资 2 458 亿元,平均每年增长 514 亿元;我国城轨交通由以地铁为主逐步转变为地铁、轻轨、单轨、现代有轨电车、市域快轨、磁浮交通和 APM 等多制式协调发展的新局面;我国城轨交通客运量累计完成 528 亿人次,平均年客运量 106 亿人次/年,期末比期初年客运量翻番,总体呈现快速发展趋势;运营线路超过 100 公里的城市 11 个,其中上海达到 683 公里,北京为 631 公里,拥有两条以上城轨交通线路的城市 20 个,全国运营线路车站总数 2 236 座中换乘站 384 座,占比 17.2%;在建线路车站总数 2 075 座中换乘站 609 座,占比将增至 29.3%。随着线路规模的增大,换乘占比的大幅度提高,表明城轨交通网络化结构正在逐步形成。

2015 年末,全国有 26 个城市已建成轨道交通,共计 116 条线路,运营线路总长度达 3 618公里,其中,地铁 2 658 公里,占 73.47%;轻轨 233 公里,占 6.44%;单轨 87 公里,占 2.40%;现代有轨电车 175 公里,占 4.84%;磁浮交通 49 公里,占 1.35%;市域快轨 412 公里,占 11.39%,APM4 公里,占比 0.11%。拥有公共汽电车 56.18 万辆、63.29 万标台,比上年末分别增长 6.2%和 5.9%,其中 BRT 车辆 6 163 辆,增长 15.4%。按车辆燃料类型分,其中柴油车、天然气车、汽油车分别占 45.1%,32.5%和 1.7%。全国有 25 个城市开通了轨道交通,2015 年新开通 3 个。拥有轨道交通车站 2 092 个,增加 263 个,其中换乘站 180 个,增加 29 个;运营车辆 19 941 辆、48 165 标台,分别增长 15.3%和 15.3%,其中,地铁车辆 18 098 辆,轻轨车辆 1 434 辆,分别增长 15.3%和 4.5%。出租汽车运营车辆 139.25 万辆,增长 1.6%。城市客运轮渡 310 艘,减少 5.8%。全国民用汽车保有量达到 17 228 万辆(包括三轮汽车和低速货车 955 万辆),比上年末增长 11.5%,其中私人汽车保有量 14 399 万辆,增长 14.4%。民用轿车保有量 9 508 万辆,增长 14.6%,其中私人轿车 8 793 万辆,增长 15.8%。

2015 年 6 月 30 日,国家发改委就充实重大工程包有关情况举行发布会,秘书长会上表示,已有 68 个 2015—2017 年拟新开工建设的重大项目。预计 2020 年,符合国家建设地铁标准的城市也将从已经批准的 39 个增加到 50 个左右,北京、上海、广州、深圳等城市将建成较为完善的轨道交通网络,南京、重庆、武汉、成都等城市建成轨道交通基本网络,南通、石家庄、兰州等城市建成轨道交通骨干线,其他城市轨道交通建设也将加快。

随着我国城镇化的加快发展,未来城镇规模也不断扩大,轨道交通将是解决交通拥堵问题的必然选择。这不仅仅是指一线城市,很多二、三线城市也出现了交通拥堵的现象。

截止到 6 月底，经国务院批准修建地铁的城市有 39 个，总的规划里程超过 7 300 公里。

近年来，我国对城市交通枢纽的建设也愈加重视，已经在我国一些大城市建立具有多种功能的复合型交通枢纽，如，北京、上海、广州等。同时，各有关部门也在加大信息技术在城市交通中的推广和应用，主要包括高速公路联网不停车收费，城市交通综合信息平台，车载导航，打车软件，公交实时信息软件等。这些措施都在一定程度上缓解了城市交通压力，提高了居民出行的便利性，引导更多居民使用公共交通出行。

但是，随着城市规模的不断扩大，人口在大城市中大量集聚，以及机动车数量快速增长，使得城市交通需求激增，城市交通矛盾也越发凸显。

1. 城市交通拥堵严重

在我国快速城市化的进程中，大城市机动车的急剧增长带来了严重的交通拥堵问题，严重影响了居民的日常生活，已经成为制约城市发展的瓶颈。主要表现为："路上车挤车、车上人挤人"的状况严重，平均出行时间较长，出行效率下降；交通量过于集中在干线道路而引起主要节点出现拥堵；道路网应变能力差，遇事故极易引起大范围交通瘫痪等。

2. 城市交通带来的环境问题日益严重

交通运输业是继工业和建筑业之后的第三大排放源，城市交通的碳排放在城市整体的碳排放结构中占据较高的比例。随着城市机动化水平的提高以及交通运输业对油品的消耗较大的用能特点，城市大气环境污染严重，环境质量每况愈下，所带来的环境问题也越来越严重。

另外，交通噪声对居民的影响越来越严重。近年来，在我国环境投诉案件中，噪声投诉的比重正逐年提高，在特大城市已经高达 40%以上，交通噪声的影响已经从单纯的环境问题逐渐发展为社会问题。

3. 机动车出行比例明显提高

随着经济的发展，机动化也进入高速发展期。据统计，2000 年到 2010 年，全国民用汽车年均增长率为 35%，私人汽车年增长率为 77%，2010 年民用汽车和私人汽车保有量分别达到 7 801.83 万辆和 5 938.71 万辆，私人汽车占民用汽车比例由 2000 年的 38.87%增至 2010 年的 76.12%。

4. 停车难问题突出

随着城市机动化水平的迅猛发展，尤其是私家车的急剧增长，城市"停车难、乱停车"等问题日益突出。乱停车不仅挤占道路资源，还直接影响城市交通安全，严重影响城市的可持续发展。

另外，城市道路基础设施相对不足，道路网密度与其他国家比相对较低。由于我国城市交通的法律法规建设严重滞后，以及对公共交通投入不足，公交优先战略落实不到位，城市公共交通行业改革滞后，市场运作不规范等，因此，我国城市公共交通发展缓慢。不足的地方表现在：公交分担率低、服务水平低、服务质量差、基础设施缺乏统一规划、公共交通网络规划不合理等。在我国大中城市中，瓶颈路、断头路、畸形路口较多，且路网结构不尽合理，容易造成交通微循环不畅，造成交通拥堵。交通组织不合理、缺乏交通需求管理等也会产生交通问题。

二、运行分析

(一)城市交通投融资情况

城市交通投资主要用于城市道路桥梁、公共交通的建设与维护，资金主要来源于城市建设固定资产投资和城市维护建设资金支出。

1. 投资水平

(1)投资总额

2015 年，城市交通投资总额共 11 121 亿元，比上年增加 256 亿元。其中轨道交通投资 3 707 亿元，占 33.3%，与上年相比增加 3.7 个百分点；道路桥梁投资 7 414 亿元，占 66.7%，与上年相比，有所下降。可以看出，城市交通投资随着国民经济发展呈现稳步增长的趋势，见表 8-1、图 8-1。

表 8-1　2006—2015 年城市交通投资　单位：亿元

年份	2006	2007	2008	2009	2010	2011	2012	2013	2014	2015
城市交通投资	3 603.9	3 841.4	4 621.3	6 688.2	8 508.3	9 016.2	9 467.0	10 790.7	10 865.1	11 121.0
轨道交通	604.0	852.4	1 037.2	1 737.6	1 812.6	1 937.1	2 064.5	2 455.1	3 221.2	3 707.0
道路桥梁	2 999.9	2 989.0	3 584.1	4 950.6	6 695.7	7 079.1	7 402.5	8 355.6	7 643.9	7 414.0

数据来源：中华人民共和国住房和城乡建设部 2015

注：2010 年后的公共交通投资只包括轨道交通的投资额。

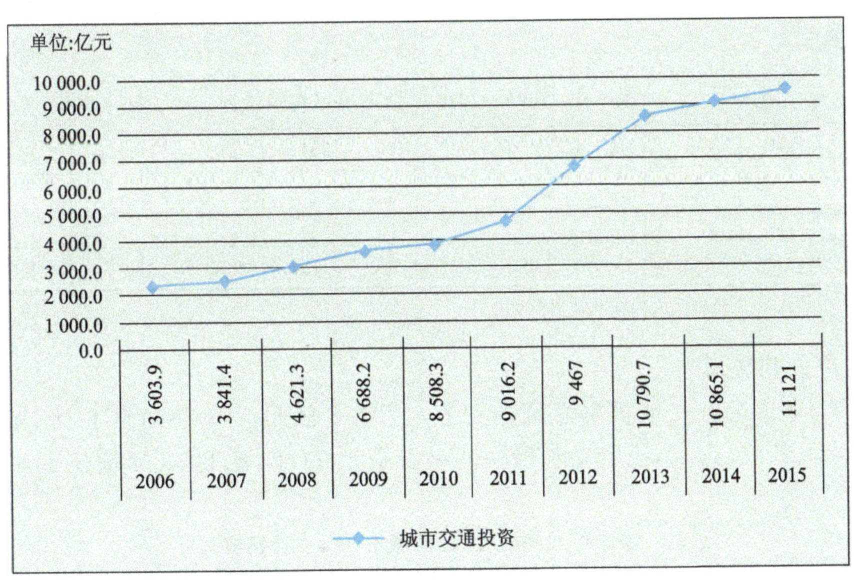

数据来源：中华人民共和国住房和城乡建设部 2015

图 8-1　2006—2015 年城市交通投资

(2)人均投资

2004—2015 年中国城镇人口数量见表 8-2。

表 8-2 2004—2015 年中国城镇人口数量统计表 单位:万人

年份	2004	2005	2006	2007	2008	2009	2010	2011	2012	2013	2014	2015
城镇人口	54 283	56 212	58 288	60 633	62 403	64 512	66 978	69 079	71 182	73 111	74 916	77 116

数据来源:2015 年国民经济和社会发展统计公报

2015 年,按照城镇人口计算,人均城市交通投资额为 1 442.1 元,是 2003 年 443.6 元的 3.25 倍。按照统计数据直接计算,从 2006 年到 2015 年人均城市交通投资的年均增长率为 10.91%,见表 8-3。

表 8-3 2006—2015 年人均城市交通投资

年份	2006	2007	2008	2009	2010	2011	2012	2013	2014	2015
人均投资额(元/人)	618.3	633.5	740.6	1 036.7	1 270.3	1 305.2	1 330.0	1 475.9	1 450.2	1 442.1
比上年增长	15.1%	2.5%	16.9%	40.0%	22.5%	2.7%	1.9%	11.0%	−1.7%	−0.6%

数据来源:中华人民共和国住房和城乡建设部 2015

注:2010 年后的公共交通投资只包括轨道交通的投资额。

2. 投资方向

(1)城市道路桥梁

2015 年,城市道路桥梁投资总额达到了 7 414.0 亿元。与上年下降减少 230 亿元,降幅为 3.0%,见表 8-4。较 2003 年增加 5 372.6 亿元,增幅 263.2%,平均每年增长率为 12.19%。城市道路桥梁投资年均增长 13.57%,投资增长最快的是 2009 年,比 2008 年增长了 38.13%。

表 8-4 2006—2015 年城市道路桥梁投资

年份	2006	2007	2008	2009	2010	2011	2012	2013	2014	2015
投资额(亿元)	2 999.9	2 989.0	3 584.1	4 950.6	6 695.7	7 079.1	7 402.5	8 355.6	7 643.9	7 414.0
比上年增长	17.96%	−0.36%	19.91%	38.13%	35.25%	5.73%	4.57%	12.88%	−8.5%	−3.0%

数据来源:中华人民共和国住房和城乡建设部 2015

(2)城市公共交通

2015 年,城市公共交通投资总额达到了 3 707.0 亿元。与 2003 年相比,城市公共交通投资年均增长 25.14%,投资增长最快的年份是 2009 年,比 2008 年增长了 67.53%,见表 8-5。

表 8-5 2006—2015 年城市公共交通投资

年份	2006	2007	2008	2009	2010	2011	2012	2013	2014	2015
投资额(亿元)	604.0	852.4	1 037.2	1 737.6	1 812.6	1 937.1	2 064.5	2 455.1	3 221.2	3 707.0
比上年增长	26.70%	41.13%	21.68%	67.53%	4.32%	6.87%	6.58%	18.92%	31.2%	15.1%

数据来源:中华人民共和国住房和城乡建设部 2015

(3)城市轨道交通

“十二五”期间,我国城轨交通完成投资 12 289 亿元。其中:2011 年 1 628 亿元、2012 年 1 914 亿元、2013 年 2 165 亿元、2014 年 2 899 亿元、2015 年 3 683 亿元。平均每年完成投资 2 458 亿元,平均每年增长 514 亿元。预计“十三五”期间,我国城轨交通投资规模将达到 1.7 万～2 万亿元,巨大的投资规模和社会效益,将进一步吸引社会资本参与城轨交通建设和运营。

(二)城市交通基础设施情况

1. 城市道路建设

目前,中国正经历着迅猛的城市化进程,2015 年末,城镇常住人口占总人口比重高达 56.10%。城市交通需求正在持续增长,而经济增长和收入增加将对未来的城市交通需求起到一种推波助澜的刺激作用,从而导致环境污染恶化和土地消耗增加以及城市交通阻塞。因此,我国的道路建设十分重要,不但要尽量满足现有的交通需求,还要追赶日益增长的机动车数量。

(1)城市道路长度

①总长度

2015 年,城市道路总长度为 36.50 万公里,与 2006 年相比,增加了 12.36 万公里,年均增长 4.02%,见表 8-6。从 2006 年到 2015 年,东部地区年均增长 4.2%,中部地区年均增长 5.1%,西部地区年均增长 6.9%。由此可见,我国近几年来更加注重西部地区的开发与建设,西部和中部地区的道路建设增长率明显高于东部地区,如图 8-2 所示。

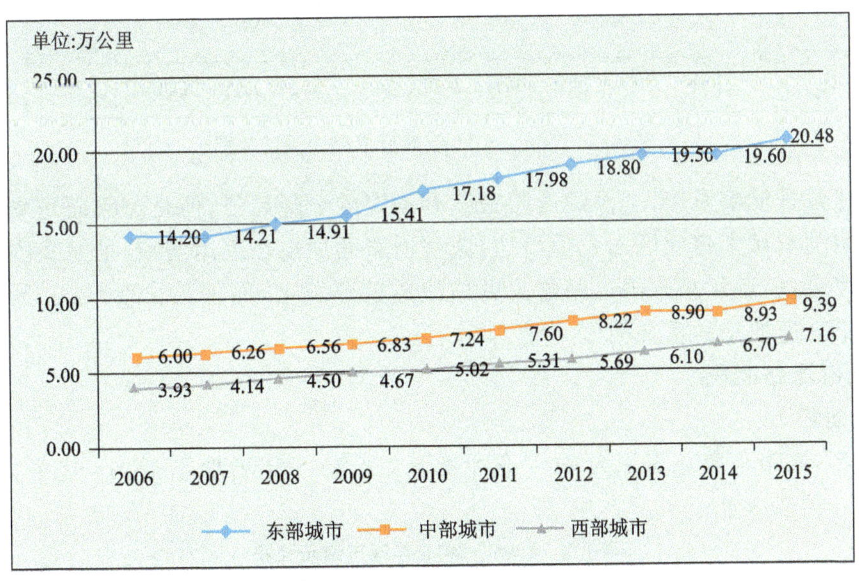

图 8-2 2006—2015 年按区位分类城市道路长度增长曲线

表 8-6　2006—2015 年城市道路长度

年份	2006	2007	2008	2009	2010	2011	2012	2013	2014	2015
城市道路长度(万公里)	24.14	24.62	25.97	26.91	29.44	30.89	32.71	34.42	35.23	36.50
比上年增长	−2.3%	2.0%	5.5%	3.6%	9.4%	4.9%	5.9%	5.22%	2.35%	3.60%

数据来源:中华人民共和国住房和城乡建设部 2015

②道路密度

我国城市普遍存在道路密度(道路总长度/城区建成总面积)偏低的问题,这是我国城市尤其是大城市拥挤的一个重要原因。目前,我国城市道路密度只有 7.01 公里/平方公里,而在 20 世纪 80 年代,世界发达国家就已达到 20 公里/平方公里,见表 8-7、图 8-3。

表 8-7　2006—2015 年城市道路网密度　　单位:公里/平方公里

年份	2006	2007	2008	2009	2010	2011	2012	2013	2014	2015
道路密度	7.17	6.94	7.16	7.06	7.35	7.08	7.18	7.19	7.08	7.01

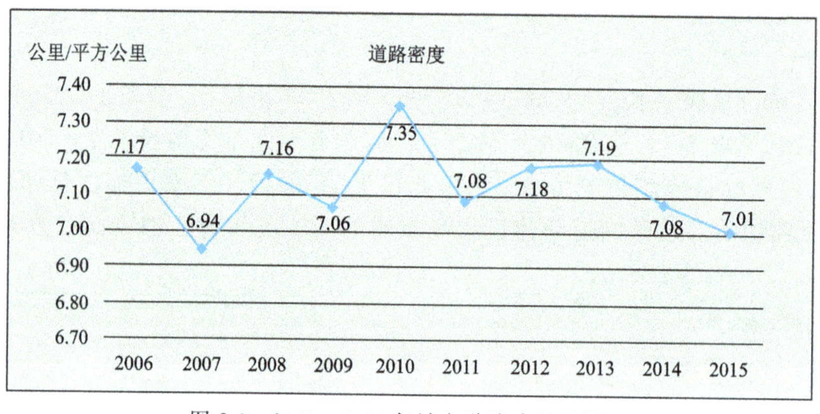

图 8-3　2006—2015 年城市道路建设趋势图

从上述数据能够看出,全国的道路密度有一定的下降趋势,但是道路面积率在逐年上升。这说明随着城市建成区面积的增加,城市道路面积也在逐渐增加,虽然我国的城市道路网还不完善,但近年来我国道路建设更加注重道路宽度,而不是长度,这也是缓解我国大中型城市交通拥堵的重要措施。

(2)城市道路面积

① 总面积

2015 年,城市道路总面积为 71.7 亿平方米,比 2003 年增加了 40.14 亿平方米,年均增长 7.1%,见表 8-8。

表 8-8　2006—2015 年城市道路面积

年　份	2006	2007	2008	2009	2010	2011	2012	2013	2014	2015
城市道路面积(亿平方米)	41.14	42.37	45.24	48.19	52.13	56.25	60.74	64.42	68.30	71.7
比上年增长(%)	4.9	3.0	6.8	6.5	8.2	7.9	8.0	6.1	6	5

由表 8-9 可知，东部城市道路建设相比中部和西部城市较为发达，但西部城市道路建设的平均年增长率为 8.9%，中部城市 7.5%，东部城市 5.2%，因此，西部城市和中部城市的城市道路建设在近几年比东部城市稍快。

表 8-9 2006—2015 年按区位分类城市道路面积 单位：亿平方米

年　份	2006	2007	2008	2009	2010	2011	2012	2013	2014	2015
东部城市道路面积	24.53	24.43	25.94	27.51	29.44	31.56	33.93	35.52	37.05	38.70
比上年增长		−0.4%	6.2%	6.0%	7.0%	7.2%	7.5%	4.7%	4.3%	4.5%
中部城市道路面积	9.73	10.37	11.11	11.96	13.07	14.30	15.43	16.43	17.36	18.20
比上年增长		6.6%	7.2%	7.7%	9.3%	9.4%	7.9%	6.5%	5.7%	4.8%
西部城市道路面积	6.89	7.57	8.19	8.73	9.62	10.40	11.38	12.46	13.89	14.80
比上年增长		9.9%	8.3%	6.5%	10.2%	8.1%	9.5%	9.5%	11.5%	6.6%

数据来源：中华人民共和国住房和城乡建设部 2015

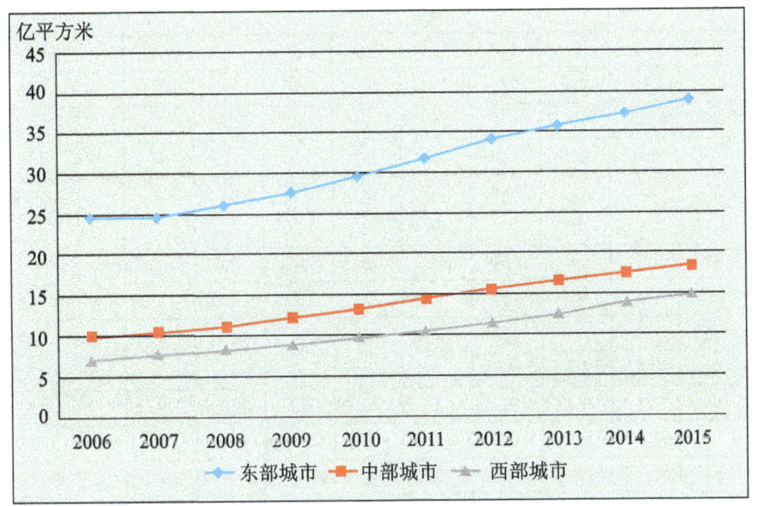

图 8-4 2006—2015 年按区位分类城市道路面积增长曲线

② 道路面积率

2015 年，城市道路面积率为 13.8%，与 2003 年相比，增长了 2.6 个百分点，见表 8-10。我国城市普遍存在道路面积率（道路面积/城区总面积）偏低的问题。目前，我国城市的道路面积率是 13.8%，而在 20 世纪 90 年代中期，东京为 13.8%，伦敦为 16.6%，巴黎为 25%，纽约为 35%。近年来，国家虽不断加大城市道路建设力度，但仍赶不上车辆的增长速度，且与世界其他国家相比，差距仍很大。

表 8-10 2006—2015 年城市道路面积率

年　份	2006	2007	2008	2009	2010	2011	2012	2013	2014	2015
道路面积率	12.2%	11.9%	12.5%	12.6%	13.0%	12.9%	13.3%	13.5%	13.7%	13.8%

2. 轨道交通建设

(1)城市数量及运营里程

2015 年末,全国城轨交通运营城市 26 个,比上年增加 4 个(南昌、兰州、青岛、淮安)城市;线路共计 116 条,运营线路总长度达 3 618 公里,其中地下线 2 093 公里,占 57.8%;地面线 406 公里,占 11.2%;高架线 1 119 公里,占 31.0%。运营车站 2 236 座,其中换乘站 384 座,占比 17.2%;车辆场段 125 座。20 个城市拥有两条以上城轨交通线路,逐步形成网络化运营格局。当年新增运营线路长度 445 公里,其中地铁 297 公里,占 67%,其他制式 148 公里,占 33%。2015 年末累计运营线路长度 3 618 公里,其中:地铁 2 658 公里,占 73.4%;其他制式 960 公里,占 26.6%。地铁占比又有所下降,制式结构趋于优化。

2015 年全国城市轨道交通运营线路规模统计见表 8-11。

表 8-11　2015 年全国城市轨道交通运营线路规模统计汇总表

序号	城市	运营线路长度(公里)	线路与场站						制式						
			地下(公里)	地面(公里)	高架(公里)	车站(座)	其中换乘站(座)	车辆场段(座)	地铁	轻轨	单轨	市域快轨	现代有轨电车	磁浮交通	APM
1	北京	631	388	50	193	348	109	25	554	/	/	77	/	/	/
2	上海	683	370	81	232	375	118	23	588	/	/	56	9	30	/
3	天津	147	70	17	60	87	4	8	87	52	/	/	8	/	/
4	重庆	202	101	1	100	119	16	9	115	/	87	/	/	/	/
5	广州	247	206	39	2	162	36	/	235	/	/	/	8	/	4
6	深圳	179	134	5	40	131	26	8	179	/	/	/	/	/	/
7	武汉	123	87	/	36	101	12	2	90	33	/	/	/	/	/
8	南京	232	136	14	82	121	15	9	143	/	/	81	8	/	/
9	沈阳	121	54	67	/	113	3	2	54	/	/	/	67	/	/
10	长春	60	4	29	27	65	2	3	/	47	/	/	13	/	/
11	大连	167	43	54	70	95	3	7	42	101	/	/	24	/	/
12	成都	180	78	9	93	91	6	5	86	/	/	94	/	/	/
13	西安	51	51	/	/	40	2	4	51	/	/	/	/	/	/
14	哈尔滨	17	17	/	/	18	/	/	17	/	/	/	/	/	/
15	苏州	70	45	17	8	70	2	2	52	/	/	/	18	/	/
16	郑州	69	26	/	43	25	/	/	26	/	/	43	/	/	/
17	昆明	59	37	2	20	35	/	3	59	/	/	/	/	/	/
18	杭州	81	74	1	6	57	8	4	81	/	/	/	/	/	/
19	佛山	27	27	/	/	17	2	1	27	/	/	/	/	19	/
20	长沙	46	27	/	19	23	/	1	27	/	/	/	/	/	/
21	宁波	49	36	/	13	41	11	4	49	/	/	/	/	/	/
22	无锡	56	42	0.1	14	45	2	4	56	/	/	/	/	/	/
23	南昌	29	29	/	/	24	5	/	29	/	/	/	/	/	/
24	兰州	61	0	/	61	0	/	/	/	/	/	61	/	/	/
25	青岛	11	11	/	/	10	2	1	11	/	/	/	/	/	/
26	淮安	20	/	20	/	23	/	/	/	/	/	/	20	/	/
合计		3 618	2 093	406	1 119	2 236	384	125	2 658	233	87	412	175	49	4

数据来源:中国城市轨道交通协会信息

26 个运营城市中，大体形成了五种不同类型的制式结构：一是长春、大连、兰州、淮安四个城市，首先发展轻轨、有轨电车和市域快轨。长春 60 公里运营线路中，轻轨 47 公里，占 78.33%；有轨电车 13 公里，占 21.67%。大连 167 公里运营线路中，地铁 42 公里，占比 25.15%，轻轨 101 公里，占 60.48%；有轨电车 24 公里，占 14.37%。兰州 61 公里运营线路，全部为市域快轨。淮安 20 公里运营线路全部是有轨电车。二是重庆、武汉两市，先建单轨或轻轨，后建地铁。重庆 202 公里运营线路中，单轨 87 公里，占 43.07%；地铁 115 公里，占 56.93%。武汉 123 公里运营线路中，轻轨 33 公里，占 26.83%；地铁 90 公里，占 73.17%。三是上海、天津、南京三市，已同时拥有三、四种制式，上海 683 公里运营线路中，地铁 588 公里，占 86.09%；市域快轨 56 公里，占 8.2%；磁浮交通 30 公里，占 4.39%；有轨电车 9 公里，占 1.32%。天津 147 公里运营线路中，地铁 87 公里，占 59.2%；轻轨 52 公里，占 35.4%；有轨电车 8 公里，占 5.4%。南京 232 公里运营线路中，地铁 143 公里，占 61.64%；市域快轨 81 公里，占 34.91%；有轨电车 8 公里，占 3.45%。四是北京、广州、沈阳、成都、苏州、郑州、佛山七市，在重点发展地铁同时，也发展了其他制式，北京和成都除地铁外还有市域快轨，广州、沈阳和苏州除地铁外还有有轨电车。五是其他十市，仅有地铁一种制式。

(2)轨道交通客运量

据不完全统计(缺少 5 条市域快轨 331 公里和 6 条有轨电车 69 公里共 400 公里运营线路客运情况)，2015 年中国城市轨道交通全年客运总量近 138 亿人次，比上年 126 亿人次增加 12 亿人次，增长 9.5%，见表 8-12。

表 8-12　2015 年全国城市轨道交通客运情况统计汇总表

序号	城市	客运量（万人次）	进站量（万人次）	客运周转量（万人公里）	日均客运量（万人次/日）	最高日客运量（万人次）	每公里日均客流强度（万人次/公里日）
1	北京	341 610	176 243	2 802 586	936	187	1.69
2	上海	306 798	178 859	2 700 005	841	187	1.36
3	天津	28 715	21 596	345 906	79	38	0.57
4	重庆	63 247	46 066	602 453	173	98	0.86
5	广州	235 151	139 910	1 633 943	644	211	2.61
6	深圳	93 066	67 581	855 463	255	139	1.61
7	武汉	43 920	/	316 099	120	87	0.98
8	南京	71 666	49 228	597 128	196	104	0.88
9	沈阳	28 291	22 313	218 417	78	56	0.71
10	长春	7 208	/	65 207	20	19	0.42
11	大连	11 286	11 143	118 693	31	24	0.23
12	成都	33 933	27 163	303 976	93	73	1.26
13	西安	34 209	27 012	111 296	94	76	1.84
14	哈尔滨	6 564	6 564	42 541	18	27	1.04
15	苏州	13 633	10 801	95 497	37	45	0.71

续上表

序号	城市	客运量（万人次）	进站量（万人次）	客运周转量（万人公里）	日均客运量（万人次/日）	最高日客运量（万人次）	每公里日均客流强度（万人次/公里日）
16	郑州	8 810	8 810	78 158	24	36	0.92
17	昆明	8 367	8 367	87 698	23	30	0.39
18	杭州	22 346	19 188	201 523	61	94	0.77
19	佛山	5 833	4 013	60 953	16	27	0.60
20	长沙	8 407	8 385	33 690	23	40	0.87
21	宁波	3 776	3 436	20 546	10	32	0.35
22	无锡	7 225	6 202	50 448	20	23	0.36
23	南昌	140	139	1 006	23	32	0.81
24	兰州	/	/	/	/	/	/
25	青岛	54	54	258	4	7	0.33
26	淮安	/	/	/	/	/	/
合计		1 364 255	543 073	113 337 490	3 819	/	1.21

数据来源:中国城市轨道交通协会信息

26 个运营城市中,全年客运量超过 20 亿人次的有 3 市:北京 34.16 亿人次,占总比 24.68%;上海 30.68 亿人次,占总比 22.16%;广州 23.51 亿人次,占总比 16.99%,3 市客运量占全国客运总量的 63.83%,继续位居世界前列。深圳全年客运量 9.3 亿人次,较上年减少 1.1 亿人次。

据 2006 年至 2015 年的轨道交通相关数据,图 8-5 绘制了全国轨道交通运营线路总长度增长趋势图。

图 8-5　2006—2015 年全国轨道交通运营线路总长度增长趋势图

由图 8-5 可以观察到轨道交通建设一直保持较快的增长。据国务院印发的《"十二五"综合交通运输体系规划》(国发〔2012〕18 号),城市轨道交通运营里程要从 2010 年的 1 400公里,计划 2015 年达到 3 000 公里,而在 2014 年就已经达到了这一标准,2015 年总运营长度超出规划 618 公里。

然而,相对急速膨胀的城市交通需求,城市轨道交通发展仍然滞后,刚开始进入快速发展阶段。图 8-6 是客运总量增长率、线路总长度增长率和运营车辆增长率的对比图。

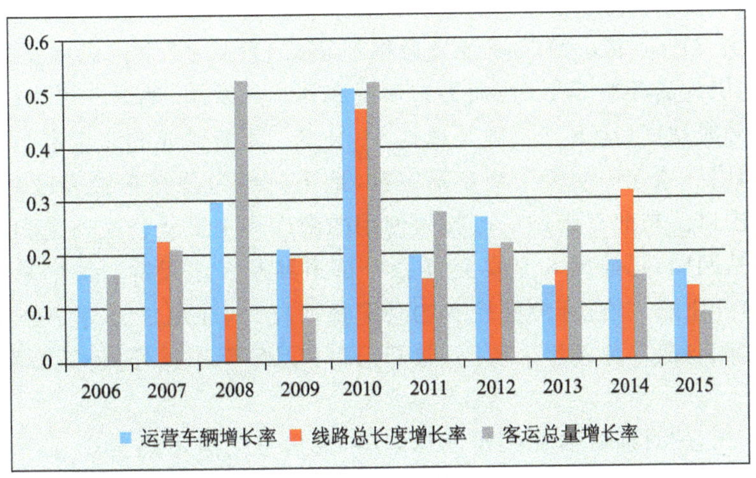

图 8-6　2006—2015 年全国轨道交通情况增长趋势图

3. 交通枢纽建设

近年来,随着我国城际高速铁路规划建设的迅猛发展,涌现出一大批以高铁客站为代表的综合交通枢纽。他们共同的特点就是将铁路客运站与长途汽车站、公共交通(轨道交通站、公交始末站、出租停靠站)、社会车辆停车场、自行车停车场等交通设施高效衔接、融为一体,形成大型的综合交通枢纽(图 8-7)。它承载了城市交通与区域经济服务的功能,成为城市内外交通衔接的综合性枢纽。综合交通枢纽应具备:换乘功能;连接功能;导向功能。

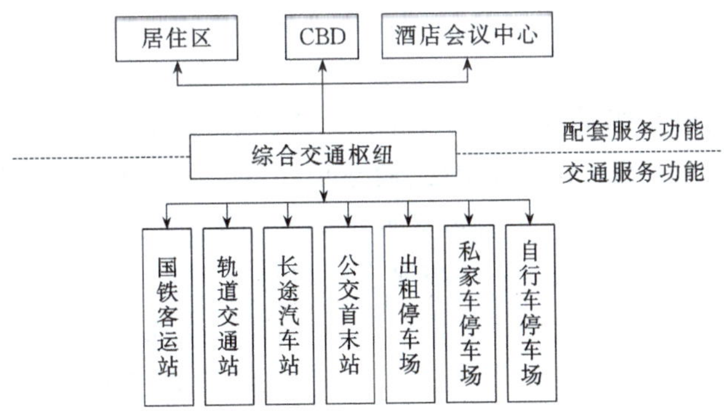

图 8-7　综合交通枢纽图

促进综合交通枢纽发展是提高交通运输整体效率和服务水平、降低物流成本的有效途径,是优化运输结构、实现交通运输战略转型的迫切需要,是集约利用资源、节能环保的客观要求,对解决现阶段我国综合交通枢纽规划设计不统一、建设时序不同步、运营管理不协调、方式衔接不顺畅等问题,构建便捷、安全、高效的综合交通运输体系,支撑国民经济和社会发展，方便广大人民群众出行，提升国家竞争力具有战略意义。

目前，国内已经建成并投入运营且具有代表性的大型交通枢纽有北京南站交通枢纽、上海虹桥交通枢纽、广州南站交通枢纽、天津站交通枢纽等。

(1)北京南站交通枢纽

2009年9月24日，北京南站综合交通枢纽正式启用。北京南站包括地上两层及地下三层，地上二层为高架候车层；地面为站台层和列车到发层；地下一层为换乘大厅；地下二层是地铁4号线站厅；地下三层则是地铁14号线。而新建成的北京南站北广场包括地上一层，地下两层。地上一层为公交车落客区，地下一层为公交车接客区，地下二层则是北京南站的北出口。与北京南站一起投入使用的南广场主要是公交通道和站台。

在北京南站四周，延伸出6座立交、7条外部道路及3座天桥。其中东侧和马家堡东路连接；西侧与开阳路相连；南侧除原有的马家堡西路外，还增加万芳亭公园东侧路等与南三环相连；北侧与南二环相连的道路，除开阳路和马家堡东路外，还新增南站幸福路、永外车站路。

北京市“十三五”时期交通发展建设规划中，提出推进城市综合交通枢纽建设。围绕城市功能区和铁路客运枢纽布局，加快建设苹果园、望京西、丰台火车站等8个城市综合交通枢纽建设，推动丽泽、亦庄火车站等15个城市综合交通枢纽前期研究工作。

加强公路客运枢纽建设。加快建设与城市功能紧密结合、多种运输方式相衔接的公路客运枢纽。“十三五”期间建设阎村、南兆、土桥、北苑北4个公交客运枢纽，有序优化疏解中心城公路客运枢纽功能。加大公交场站建设力度，支撑公交线网优化调整。建设未来科技城等4个中心站，霍营、弘善家园等20个公交首末站，石龙等3处公交保养厂及郭公庄立体停车场。完成马官营等5处现状公交场站改造。推进北七家等10个中心站、西直门北等9个公交首末站前期研究工作。

结合轨道交通和交通枢纽建设，进一步完善驻车换乘停车场规划，并同步推进建设。“十三五”期间，重点推动北苑北、苹果园等驻地换乘停车场建设。

(2)上海虹桥交通枢纽

上海虹桥综合交通枢纽是我国首个集航空、铁路、公路长途客运、地铁、城市公交、磁悬浮等多种运输方式为一体，集交通功能、商务功能等为一身的大型、综合化、立体式的综合客运枢纽。该枢纽位于上海市中心城区西部，距市中心人民广场约12公里，其立足上海市，辐射长三角，面向全世界，对引导和促进区域性资源要素的有序流动与高效聚集具有重要作用。虹桥枢纽区域总占地面积26.3平方公里，交通建筑体及配套设施占地面积约1.3平方公里。建筑总面积630万平方米，其中枢纽交通建筑面积约160万平方米，商务办公、商业服务以及其他建筑面积约470万平方米。交通建筑面积中，机场航站楼面积36万平方米，高铁站房面积42万平方米，其他公共交通站房面积82万平方米。

虹桥综合交通枢纽是城市交通建设上的一大创新，它包括将航空、高速铁路、磁浮、地铁等多种交通方式结合在一起，不管是汇集的交通方式的数量还是规模，在国际上都是前所未有的。它的重要性不仅体现在交通本身，更体现在服务功能上：上海城市发展的需要；服务长三角区域经济的需要；可持续发展的需要；适应现代化交通发展的战略需要；为世博服务的需要；发展现代物流产业的需要。

据预测到2020年，虹桥枢纽每天将处理近110万人次旅客吞吐量。其特性体现为不同交通方式之间大量的客流换乘，如：机场—铁路，机场—公路、公路—铁路。有专家表示，如果包括磁浮在内，所有交通方式之间共有56种换乘模式。浙江市这座“超级车站”给人带来的便利之处。

构建世界级国际大都市发展框架，上海需要在市域甚至更大的范围内思考未来大都市区功能布局，在空间战略上形成“多心多核”的发展格局。本着服务全国、服务长江流域、服务长三角的原则，上海将在对外交通设施、资源、功能服务等诸方面起到核心城市的辐射作用。

(3)广州南站交通枢纽

广州南站自2011年经过三次规划，地区定位再次升级，新规划定位为“泛珠CBD—泛珠合作平台＋华南枢纽门户＋综合商贸新区”，南站大楼周围增加20多块宅地。广州南站地区位于番禺区西北部，纳入规划研究中的整体规划范围北至滨河路和东新高速公路交接处，南至沙湾象骏中学，西起陈村水道，东至新105国道，总面积约36.2平方公里。规划涉及石壁街、钟村街、沙湾镇、大石街、沙头街、洛浦街6个镇街。

规划核心区规划范围北至谢石公路，南至新桂路和幸福涌交界处，西至南站幸福涌沿线，东至东新高速公路的区域，总面积约4.5平方公里。

新规划不仅再次重新定位南站地区，从华南、珠三角、岭南的层面扩大到泛珠层面，住宅地块分布也进行了较大调整，包括将原先位于靠近市桥的钟屏北路超过10宗住宅地修改为一类工业地，而靠近南站大楼的区域增加了超20宗住宅地。

新规划中，“一心”指以广州按南站交通枢纽为核心，形成高度聚集和高效的商务商贸服务核心；“两轴”指以广州南站为核心，依托汉溪大道和兴业大道打造城市向外的辐射主轴线；“三环”指山水生态休闲环、岭南文化活力环、公共服务环；“六片区”指枢纽核心商贸区、泛珠预留发展区、东部康体服务区、石壁商贸物流区、产业升级示范区、沙湾综合发展区六大功能区。

(4)天津站交通枢纽

随着天津轨道交通1、2、3、9号线的联网运营，目前，津城已形成多个大型综合交通枢纽。其中，集铁路、地铁、公交、长途汽车及出租车等多种通行方式于一体的天津站交通枢纽，更是成为京津冀地区的重要交通枢纽。成立于2008年的枢纽运营管理有限公司，在天津轨道交通集团的定位中，承担着交通枢纽的运营和物业管理职能，不只是天津站交通枢纽，未来投用的文化中心交通枢纽，也将由枢纽运营公司负责“后勤保障”。通过统筹监管集团内物业项目，实施专业化和精细化管理，公司将发展成为集轨道交通枢纽运营管理和物业管理为一体的一流管理公司。

天津站综合交通枢纽占地面积约95万平方米，总建筑面积约75万平方米。按其功能划分为铁路客站、城际广场、海河广场、站前公交中心(副广场)、站后公交中心五大功能区。这里不仅仅是地铁2、3号线和津滨轻轨9号线的交通会合点，也是普速铁路、京津城际铁路、津秦客运专线及天津东站至西站的地下直径线交通交会点，对于提高天津站的交通疏导能力,提升城市载体功能,构建天津市立体交通网络具有重要意义,是天津乃至京津冀地区对外形象展示的重要窗口。目前天津站交通枢纽平日日均客流量35万人次,高峰日客流量达到50万人次。

枢纽运营公司承担着天津站综合交通枢纽的投融资和运营管理的双重职能。其主要职责是在常规状态下进行供电、消防、综合监控、通信、动力照明等十大类设备系统的维修管理,以及天津站交通枢纽30余万平方米的物业保洁和保安工作,同时还负责枢纽区域内的旅客疏导组织,在南四和北二出站口设置客服中心,为乘客提供问询服务,制定大客流应急响应预案,对客流进行实时监测和疏导,确保乘客安全换乘。

4. 停车设施建设

(1)全国停车场供给状况

1999年,中国36个大中城市停车位的满足率不足20%,即每5辆机动车辆只有1个停车位;大量机动车占道停放,南京市占道停放达67%,上海市中心占道停放达64%,广州市占道停放达40%,严重妨碍了动态交通。

2006年,中国15个主要城市中心区的停车泊位调查,除厦门外,没有一个城市的停车位满足率达到80%,武汉、南京等二线城市不足25%。

2012年,中国停车位不足3 000万个。

另外,中国商业建筑面积跟停车场面积之比是1∶0.1,即1万平方米对应1 000个停车位,有时甚至只有500个,而国外是1∶1,即1万平方米的面积对应1万个停车位。

(2)地方停车场供给状况

2006年,成都城区是39.6万辆机动车,分摊28.9万个停车位;2010年,92.5万辆车争夺34.3万个停车位,短短不足4年,车位满足率从73%下降到37%,停车缺口增加了一倍。

2009年1月到2010年2月,西部二线城市四川宜宾,小汽车保有量增长了72%,停车泊位需求比1∶25.5,即26辆车抢1个车位。

2010年,青岛市市区,每8辆车争夺1个停车位。

2010年,郑州市区,每11辆车争1个车位。

2011年,西安停车位满足率不足15%。

2013年,南昌城区,约有18万个停车位(含公共停车场、专用停车场和临时占道停车泊位),机动车保有量突破60万辆,静态停车比超过3∶1。

2015年,北京,停车位满足率大约为34%。

下面,以北京为例,说明停车场供给情况,见表8-13、图8-8。

表8-13　2006—2015年北京停车满足率情况

年　份	2006	2009	2010	2011	2012	2013	2014	2015
机动车保有量(万辆)	280	402	481	498	520	544	559	562
停车位(万个)	95	128	139	147	161	157	175	191
需求满足率(%)	33.93	31.84	28.90	29.52	30.96	28.86	31.31	33.99

数据来源:北京统计年鉴

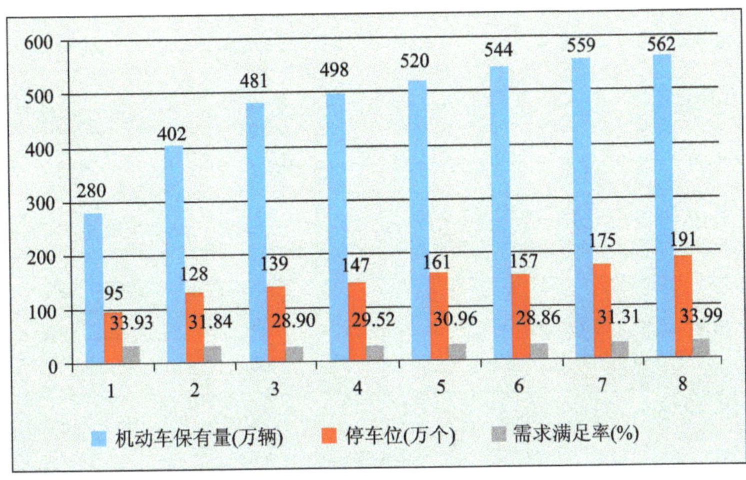

图 8-8　北京停车满足率情况

(三)城市交通运营现状

1. 公共汽(电)车

随着我国城市道路交通供需矛盾的日益突出,城市交通用地日益紧张、拆迁代价日益高昂,从决策者到公众,越来越认同大城市客运应该以公共交通为主要方式。为了保证公共交通的服务水平,增加公共交通的吸引力,通常需要采取公共交通优先措施。近几年来,随着城市公共交通线网调整和场站设施的建设,推进了公共汽(电)车的建设运营。

2006—2015 年全国公共汽(电)车运营指标见表 8-14,运营数量如图 8-9 所示,运营线路长度如图 8-10 所示。

表 8-14　2006—2015 年全国公共汽(电)车运营指标

年　份	营运数量(万辆)	营运线路总长度(万公里)	客运总量(万人次)
2006	31.28	12.52	447.76
2007	34.45	14.00	532.59
2008	36.73	14.65	669.26
2009	36.52	20.83	640.18
2010	37.49	48.88	631.07
2011	40.26	51.96	672.58
2012	41.94	54.97	701.50
2013	50.96	58.91	771.17
2014	52.89	65.79	781.88
2015	56.18	89.43	765.40

数据来源:2006—2015 年交通运输行业发展统计公报

由图 8-10 可以看出,2009 年到 2010 年,我国公共汽(电)车运营线路长度有大幅增加,这说明国家从 2010 年起大力发展城市公共交通,重视城市公共汽车的线路规划和建

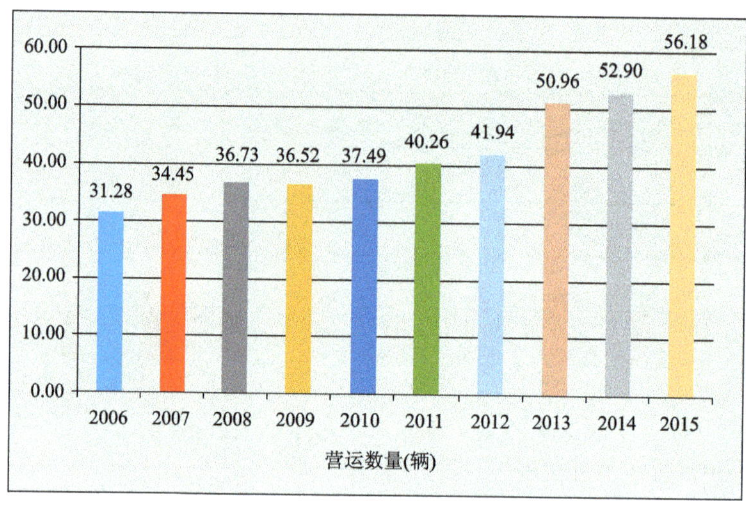

图 8-9　2006—2015 年我国公共汽(电)车运营数量

图 8-10　2006—2015 年我国公共汽(电)车运营线路长度

设。2015 年,公共汽(电)车营运线路总里程为 89.43 万公里,较上年增加 23.64 公里,增加 35.93%,增幅较大。从图 8-11 可以看出,2008 年是公共汽(电)车客运总量激增的一年,由于奥运会的缘故,城市实施了小汽车限号政策,大大提高了公共汽(电)车的利用率。2015 年,公共汽(电)车客运总量为 765.40 万人次,较上年小幅下降,减少 2.11%。

2. 轨道交通

我国大城市的人口因素、资源条件决定了没有条件选择需要充足土地等资源支持的低密度扩张模式,市区人口和城市功能高密度聚集,道路和停车设施规模有限,也决定了不可能以小汽车私人交通为主导的交通模式;而轨道交通发展严重不足、私人交通快速增长、地面公交吸引力下降、整体交通状况不断恶化的我国大城市现状交通模式是不可持续的、亟待改变的发展模式。

据 2006 年至 2015 年的轨道交通相关数据,绘制了全国轨道交通车辆运营数增长趋

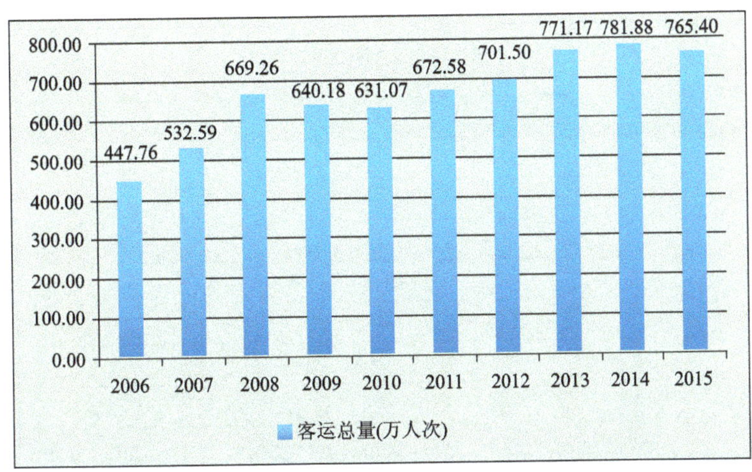

图 8-11 2006—2015 年我国公共汽(电)车客运总量

势图和客运总量增长趋势图，如图 8-12、图 8-13、图 8-14 所示。由图 8-12 可以看出，2010 年以后，每年轨道交通车辆运营数量逐级激增，说明近几年我国大力发展城市轨道交通，以缓解城市道路拥堵情况。截止到 2015 年底，全国轨道交通运营车辆总数为 19 941 辆，较 2006 年增加 17 178 辆，客运总量 138 亿人次，较 2006 年增加 119.84 亿人次。

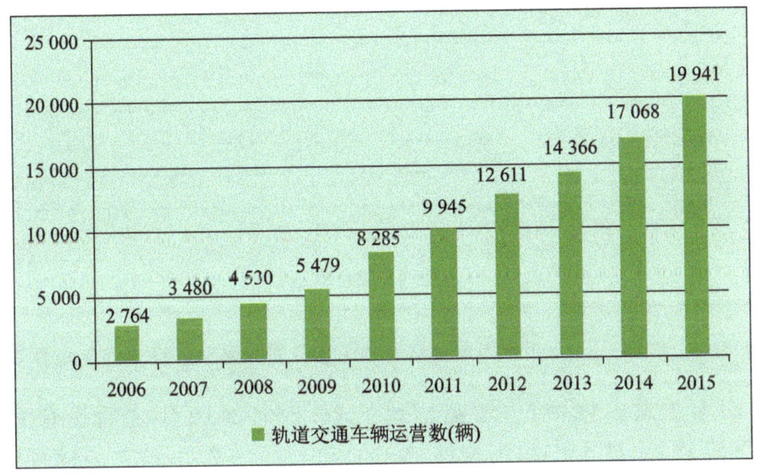

图 8-12 2006—2015 年全国轨道交通运营车辆增长趋势图

在继续加大轨道交通基础设施建设的同时，需要政府和社会积极引导，倡导绿色出行，采取网络化、适度竞争的运营模式，增强服务和成本控制动力，加强与地面公交的资源整合，提高资源效率和服务链水平，加强轨道站点的停车换乘设施布局建设，提高轨道交通分担率。

3. 出租车

2015 年，城市出租车总量达到 139 万辆，比 1998 年增加了 63.83 万辆，年均增长 3.82%，见表 8-15。由数据可以看出，到 2009 年我国城市出租车数量增长幅度不大，但

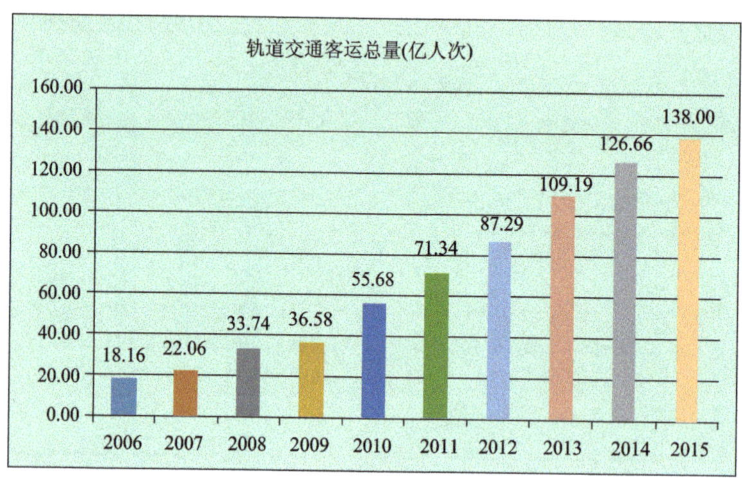

图 8-13　2006—2015 年全国轨道交通客运总量增长趋势图

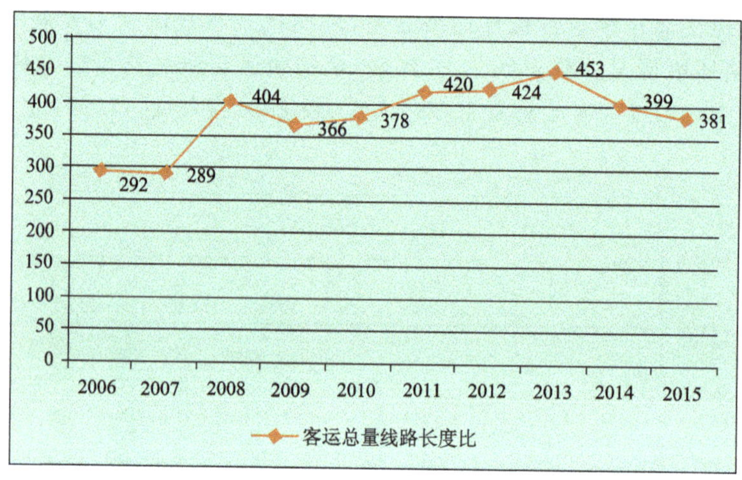

图 8-14　2006—2015 年全国轨道交通客运总量与线路总长度比变化趋势图

2010 年我国出租车数量大幅增长，增幅达到了 26.2%，2010 年之后没有大幅增长，每年的增长率呈现下降趋势，城市出租车规模趋于饱和。2015 年出租车的增长率为 1.6%，较上年下降 0.6 个百分点。

表 8-15　1998—2015 年城市出租车数量

年　　份	城市出租汽车数(辆)	比上年增长
1998 年	754 247	
1999 年	791 411	4.9%
2000 年	826 000	4.4%
2001 年	870 023	5.3%
2002 年	884 195	1.6%

续上表

年 份	城市出租汽车数(辆)	比上年增长
2003 年	903 381	2.2%
2004 年	904 000	0.1%
2005 年	937 000	3.7%
2006 年	929 000	−0.9%
2007 年	960 000	3.3%
2008 年	969 000	0.9%
2009 年	971 579	0.3%
2010 年	1 225 740	26.2%
2011 年	1 263 779	3.1%
2012 年	1 300 000	2.9%
2013 年	1 340 000	3.1%
2014 年	1 370 100	2.2%
2015 年	1 392 500	1.6%

数据来源:2015 年交通运输行业发展统计公报

1998—2015 年城市出租车数量及变化趋势如图 8-15 所示。

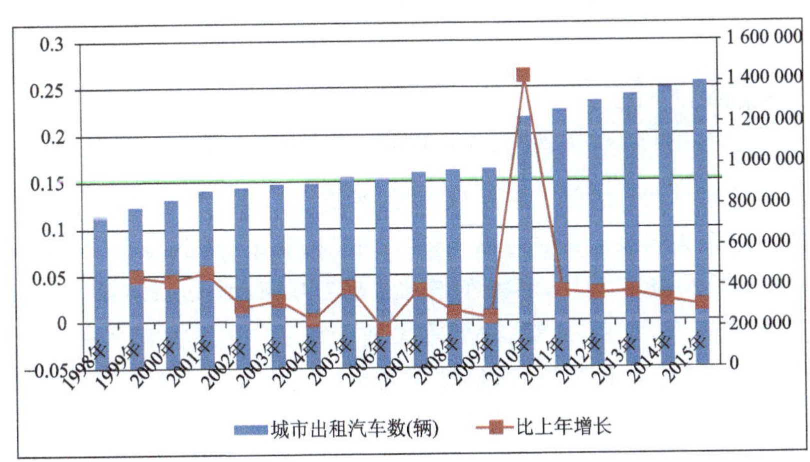

图 8-15 1998—2015 年城市出租车数量及变化趋势

4. 乘用车

2007—2013 年,中国汽车保有量呈逐年递增的趋势,且增长速度保持在 13%以上。2014 全年已达 1.4 亿辆,增长 13.32%。近五年汽车年均增加 6 621 多万辆,截止到 2015 年底,全国机动车保有量达 2.79 亿辆,其中汽车 1.72 亿辆,机动车驾驶人员 3.27 亿人,其中汽车驾驶人超过 2.8 亿人。2015 年新注册登记的汽车达 2 385 万辆,保有量净增 1 781万辆,均为历史最高水平,见表 8-16。

表 8-16　2011—2015 年全国汽车保有量变化情况表　　单位:万辆

年　　份	2011	2012	2013	2014	2015
机动车	22 478.86	24 000	24 851.75	25 500.91	27 900
其中:汽车	10 578.77	12 088.77	13 700	14 000	17 200
私人汽车	5 814	7 222	8 807	10 559	12 435

数据来源:人民日报 2016-01-26(2015 年全国私家车保有量超过 1.24 亿辆创新高)

汽车占机动车的比率迅速提高,近五年汽车占机动车占比从 47.06% 提高到 61.82%。全国有 40 个城市的汽车保有量超过百万辆,北京、成都、深圳、上海、重庆、天津、苏州、郑州、杭州、广州、西安 11 个城市汽车保有量超过 200 万辆,如图 8-16 所示。新能源汽车保有量达 58.32 万辆,与 2014 年相比增长 169.48%。其中,纯电动汽车保有量 33.2 万辆,占新能源汽车总量的 56.93%,与 2014 年相比增长 317.06%。

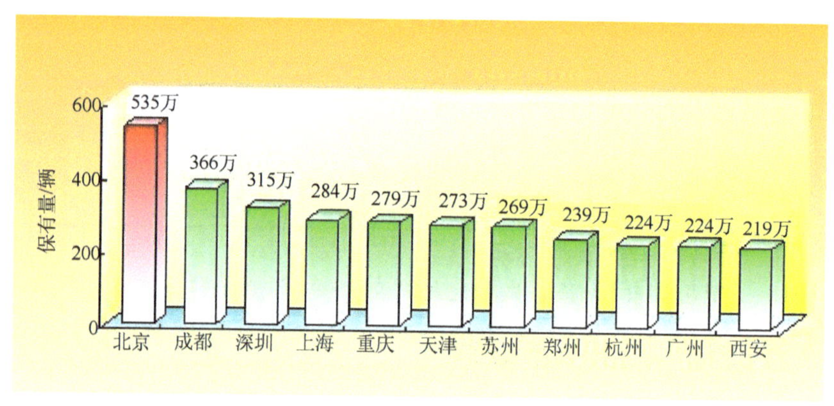

数据来源:人民日报 2016-01-26(2015 年全国私家车保有量超过 1.24 亿辆创新高)

图 8-16　全国汽车保有量超过 200 万的城市情况图

私家车总量超过 1.24 亿辆,每百户家庭拥有 31 辆。2015 年,小型载客汽车达 1.36 亿辆,其中,以个人名义登记的小型载客汽车(私家车)达到 1.24 亿辆,占小型载客汽车的 91.53%。与 2014 年相比,私家车增加 1 877 万辆,增长 17.77%。全国平均每百户家庭拥有 31 辆私家车,北京、成都、深圳等大城市每百户家庭拥有私家车超过 60 辆。

与机动车保有量快速增长相适应,机动车驾驶人数量也呈现大幅增长趋势,近五年年均增量达 2 299 万人。2015 年,全国机动车驾驶人数量超 3.2 亿人,汽车驾驶人 2.8 亿人,占驾驶人总量的 85.63%,全年新增汽车驾驶人 3 375 万人,如图 8-17 所示。

5. 网约车

2016 年 7 月 28 日,交通部等七部委公布了《网络预约出租汽车经营服务管理暂行办法》(以下简称《暂行办法》),从国家法规层面首次明确了网约车的合法地位,对我国交通出行行业稳定健康发展具有里程碑意义。《暂行办法》作为世界范围内颁布的第一个国家级的网约车法规,表明在如何监管网约车的探索上,中国走在了世界前列,也充分体现了国家推动城市交通供给侧结构性改革,支持“互联网+”和发展分享经济的思路和决心。

《暂行办法》有四个重点:(1)出租车经营权实行期限制,逐步取消有偿使用费;(2)专

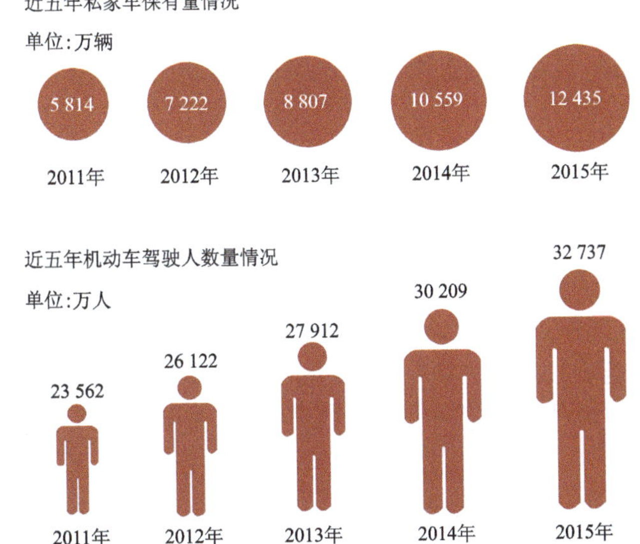

数据来源:人民日报 2016-01-26(2015 年全国私家车保有量超过 1.24 亿辆创新高)

图 8-17　2011—2015 年全国私家车和机动车驾驶人数情况图

车等新业态纳入出租汽车管理范畴;(3)网约车经营者、车辆和驾驶员实行许可管理;(4)网约车使用性质登记为出租客运,具体车辆标准、车辆标识、营运年限由地方交通运输主管部门确定。

在对网约车平台、驾驶员和车辆实行许可管理的基础上,取消了 8 年报废的规定,改以行驶里程达到 60 万公里时报废,更符合兼职为主的网约车分享经济新业态。《暂行办法》还删除了原先的数量限制条款,规定原则上实行市场调节价,给了市场、平台及司机更大的自主权,并肯定了顺风出、拼车等新的出行方式。

在过去的 4 年里,创新业态的"互联网+"分享经济深刻改变了我国出行行业,极大地方便了群众生活,基本解决了长期困扰我国城市的打车难等问题,也为城市交通变革做出了贡献。尽管如此,网约车目前只承载了中国每天城镇人口出行需求的 1%左右,未来还有巨大发展空间。按照《暂行办法》要求,规范经营,积极申请网约车平台公司相关经营许可,亦将积极与相关政府部门、出行行业相关企业一同探索,加大技术创新,提高交通资源利用和城市交通效率,改善出行体验,为社会创造更多灵活的就业机会,更好地为亿万群众提供安全、便捷、舒适的出行服务。

同日,公布了《关于深化改革推进出租汽车行业健康发展的指导意见》(以下简称《指导意见》),对出租车行业深化改革进行了顶层设计和制度性安排,坚持转型发展,统筹兼顾乘客、驾驶员、出租汽车企业和互联网平台等多方利益,鼓励促进互联网与出租汽车的融合发展。滴滴平台上不仅有上千万专快车司机,还有上百万出租车司机,滴滴平台将采取切实措施,初期投入 1 亿元发展基金,与相关政府部门、出租车企业、出租车司机等多方携手,共同推进出租车与网约车融合发展,加快推动出租车行业转型升级,提升运营效率和司机收入,共同为人民群众出行服务。

《暂行办法》要求网约车平台根据经营区域向相应的出租车汽车行政主管部门提出申请，地方政府对网约车的具体管理标准和营运要求有一定的裁量权。《暂行办法》和《指导意见》只是开始，相关配套的政策法规将会在实践中不断完善，进一步推进传统出租汽车行业提升服务和转型升级，以满足数亿群众改善出行的需求，让城市交通更美好。

(四)交通信息化与智能交通系统建设情况

“智能交通”是智慧城市建设的重要组成部分，通过改进地面公交调度和信息服务、出租车综合信息服务、轨道交通换乘信息服务和交通枢纽综合信息服务等，

能够帮助出行者选择更好的出行方式，由“盲目”出行转变成“有序”和“可靠”出行。近年来，各地都在不遗余力地推进智能交通的建设，并将它作为发展的重要目标。

交通运输部《城市公共交通“十三五”发展纲要》中提出要建设与移动互联网深度融合的智能公交系统。

(五)建设城市公交智能化应用系统

深化城市公交智能化应用示范工程。加快推进城市公交信息资源的深度开发和综合利用，为管理部门和运营企业科学决策提供支撑。到 2020 年，城区常住人口 100 万以上的城市全面建成城市公共交通运营调度管理系统、安全监控系统、应急处置系统。建设全面、可感知的城市公交数据采集体系，完善信息统计上报制度，加快建立部、省、市联动的城市公交数据资源交换体系与机制，建设部级城市公交数据库和城市公交发展水平绩效评价系统，实现对全国重点城市公交发展水平的定期评价。鼓励以中心城市为节点集中建设省级或区域级公交智能调度与服务云平台系统。

(六)推进“互联网＋城市公交”发展

充分利用社会资源和企业力量，搭理推进大数据、云计算、移动互联网技术在城市公交出行信息服务领域的广泛应用，推动具有城市公交便捷出行引导的智慧型综合出行信息服务系统建设，向公众提供全链条、全方式、跨区域的综合交通“一站式”信息服务。大力推广城市公交一卡通、移动支付、电子客票等技术在城市公交领域的应用，更好地实现统一便捷支付。鼓励和规范移动互联网技术在个性化公交服务中的推广应用，推进多元化公交服务网络建设。研究制定城市交通运行状况评价规范，充分利用移动互联网技术加强对城市交通运行状况监测、分析和预判，定期发布重点城市交通运行指数。

1. 北京市智慧交通实现新突破

北京市智慧交通实现新突破，精细化管理水平不断提升。提高智能化监测设备覆盖率，城市公交车辆实现卫星定位全覆盖，机场高速等 7 条高速公路实现视频监控及断面交通流监测全覆盖，智能化交通运行管理系统基本建成。在全国率先建成集综合交通动态运行监测分析、视频资源管理应用、公众信息统一发布于一体的市级综合交通运行监测业务平台。推动智能交通产业发展，推出“北京实时公交”手机软件，583 条公交线路实现实时查询，出租汽车日均叫车订单数达到 36 万次，高速公路电子不停车收费(ETC)用户量

达到 203 万，通行比例约 35%。在全国首次使用“千吨级驮运架一体机”工法，三元桥大修仅断行 43 小时完成桥梁上部结构整体置换，创造了新的“中国速度”。

一卡通公司 2015 年启动了“一卡通服务自助化工程”，借助移动互联网技术，市民不仅能从指定的地铁、公交充值点充值，部分银行的 ATM 机、社区卡拉卡上也能轻松充值。目前，各种途径的充值点达到上万个。

在北京市“十三五”时期交通发展建设规划中提出，提升公交智能化水平。建设公交调度指挥协同平台，以公交骨干网为主体，整合接入视频监控、决策支持、运维监控等系统，打造集成、统一、共享和协同的调度指挥体系。研究高精度客流检测与分析、公交车辆动态配置与调度、车辆运行与系统安全保障等技术。加快公众信息服务系统和道路运输信息采集系统建设，建立共享机制，提供“一站式”公众信息服务。推动京津冀交通、气象部门数据交换融合，提高联动效率。推动建立京津冀区域一体化综合交通运行协调指挥平台，实现区域综合交通运输的统筹、协调和联动，提高区域交通事件快速反应及应急处置能力。推动京津冀城市群协同出行决策与仿真评估平台建设，实现区域联控降低机动车使用强度，支撑区域公交都市群发展和现代化综合交通运输体系建设。推动京津冀地区高速公路电子不停车收费系统（ETC）共享服务平台建设，研究标准厢式货车使用 ETC，开展汽车电子标识试点工作。建立京津冀交通一卡通清分结算管理体系，区域内全面实现交通一卡通互联互通，鼓励市场化运营。加强停车信息化建设。推动建设“北京市停车资源管理与综合服务应用平台”，着力打造停车行业的“一个中心、三大系统”，即全市停车资源数据中心、管理业务应用系统、行业运行分析系统、停车信息服务系统。推动“停车＋互联网”技术应用，为公众提供车位查询、停车引导、车位预定、费用支付以及错时停车等服务。

2. 上海首次引入无桩智能共享自行车倡导“绿色”出行

上海在杨浦区率先引入无桩智能共享自行车，可用手机 APP 扫码开锁骑行，以此倡导“绿色”出行。

上海杨浦区与摩拜单车公司签署战略合作协议，利用双方优势资源，一起探索这个公共交通创新模式。已有超过 1 万辆这种“在线”自行车投入到上海的运营中。

杨浦区是国家创新型试点城区和全国“双创”示范基地，在大学校区、科技园区、公共社区“三区联动”的基础上，着力推进产城融合、学城融合、创城融合的“三城融合”。引入“在线共享”自行车系统，可以解决居民的短途出行和地铁线与居住小区之间“最后一公里”等问题，用人人支付得起的价格，让单车回归城市，构建绿色出行的示范城区。

当地政府部门将在车辆运营、交通协管、城市骑行、停车规划等方面提供帮助和服务，同时协助企业与复旦、同济等高校以及杨浦各创业园区进行合作。

3. 广州智能交通信息网

广州预投入 135 万的公交新型支付应用等项目，广州未来搭公交车，将会出现以下变化。

(1)搭公交可以刷银行 IC 卡。广州市交通部门将采购 300 套新型公交刷卡设备，这套设备将以试点形式安装在广州 300 台公交车辆上。新的卡机能够实现应用支付、数据显示、功能操作、参数下载、记录存储与上传，支持羊城通、金融 IC 卡支付等功能，支持离线采集盒数据采集以及在线数据采集方式，支持不同票务优惠方式下的远程升级等功能，实现运营管理。

(2)用羊城通搭车依然抵。根据采购公示，现有的羊城通卡机也将升级，日后羊城通将有条件推出更抵的支付方式。广州现有的羊城通支付系统将进行软硬件升级，新的羊城通系统将能兼容羊城通 CPU 卡，将有 12 000 台公交车使用升级版羊城通卡机。系统日处理能力达到 1 200 万条交易数据，并能在 2 小时内完成 1 200 万条交易数据的处理。

(3)APP 预购票。广州市交通部门将试点开发用户端应用子系统，包括手机端 APP(Android 版及 IOS 版)、微信、网站等，收集市民出行需求，为市民提供路线订购、订单及车票管理、个人信息维护、消息推送及公告等服务，同时加强与线路车辆信息的交互，获取公交车辆基础信息，实现车辆的实时定位。

4. 深圳发布智能交通标准，为国家标准探路

2016 年 6 月，深圳正式推出了“交通在手”4.0 版本手机客户端及微信公众号，为市民提供全市 700 多条公交线路实时到站信息的查询服务，市民乘坐公交不用再盲目“人等车”，而是可以有计划地安排出时间，实现“车等人”。

“交通在手”是目前国内覆盖线路最广的手机电子公交站牌软件，覆盖了全市三家公交特许经营企业运用的绝大多数公交线路。这是互联网技术应用到传统的公家运输行业后发生的新变化，既提升了公交监管和运营效率，也有助于改善公交服务水平。

深圳市发布国内首个智能公交系列标准。2010 年 11 月 11 日，交通运输部与深圳市政府签署了全国首个部市共建“国家公交都市示范城市”合作框架协议，借助智能公交调度系统优化资源配置、提高公交服务水平提上议程。2011 年 3 月 9 日，制定《公交智能调度系统平台规范》及《公交智能调度系统通信协议》。此两项标准与 2010 年 8 月 5 日发布的《公交智能调度系统车载调度终端》形成了国内首个公交智能调度系统系列标准。深圳市成立国内首个地方专业委员会编制只能交通标准体系。深圳优先启动了包括公交、驾培、出租、长客、包车、重货、危品等重点监控车辆车载终端系列、出租汽车服务管理信息系统试点工程配套技术类，交通运输行业卫星定位应用服务平台、道路编码规则等综合类，综合交通枢纽智能化设施、公交智能化配套设施等专题类标准的研制与实施工作。目前，已完成并发布标准 26 个，待评审标准 3 个，编制中标准 12 个，标准化成果涉及公共交通、智能设施、智能物流等多个智能交通领域。

5. 呼和浩特市拟建 200 个智能公交站牌

从 2016 年开始，呼和浩特市每年将拿出 1.5 亿元公交专项补贴列入市级财政预算，公交总公司将推出一系列惠民工程。计划 2016 年购置电动公交车 327 台，运营公交车将达到 2 211 台，万人拥有公交车 13 标台。全面完成公交候车厅改造，同时开展智能公交站牌试点工作。年内拟新建 200 个电子公交智能站牌，年内完成剩余 500 个候车厅的改造。

6. 公交电子站牌入驻拉萨

2016 年，拉萨将重点推进实施公交优先发展工作，打造智慧交通，全面推进“互联网＋

交通运输，提升服务品质”。5 月，公交电子站牌在拉萨市投入运营。该项目总投资达 900 万元，试点线路的每一个公交站台，可以通过电子显示屏看到途径本站公交车的到站距离和预计到站时间。

公共交通智能信息化建设工作十分重要，是提升经营管理水平，提高运营服务质量的重要抓手。首先，为解决市民出行难、等车难的问题，“车来了”智能 APP 平台已投入运行。这个 APP 也是一个全国性的平台。其次，投资 340 万元，对 486 辆公交车智能信息化系统进行了全面改造升级，实现了智能调度、3G 实时监控、GPS 藏汉语音自动报站、调度数据统计、违章捕捉等一体功能。第三，银联西藏分公司建设银行、中国银行等驻市商业银行、中国电信、中国移动等单位通力合作，投资 1 200 万元，在公交车和出租车业务板块实施金融 IC 卡和手机闪付项目，这个项目是全国省会(首府)城市第一个在城市公共交通领域实施的全覆盖、全开放平台。该平台将具备车辆调度、信息发布、服务咨询、安全监管等功能，并与交警、旅游等智能卡口实现无缝对接，有效利用现有的交通设施、减轻交通负荷，保障交通安全，提高运输效率。最后，与移动公司合作，投资 900 万元，先期在 8 路公交线路示范建设公交电子站牌，各项前期工作已准备到位，在 5 月底投入示范运营。同时，我们还将在所有公交车上安装免费 WiFi，3 月底完成测试工作。

7. 公交无线充电在郑州投入使用

公交无线充电是指通过非接触式的电磁感应方式对电动公交车进行电能传输。车辆在充电停车位停泊后，司机只要在车载 PAD 点击充电按钮，即可通过 WiFi 自动接入通信网络，建立起地面系统和车载系统的通路连接，真正实现“停车即充电”。

目前，郑州环线 BRT 运营的 B6 路部分电动公交车即是采用无线充电，每次充电时间 3.5 小时，可以行驶 200 公里。2015 年 3 月，中兴通讯与宇通客车合作研发 12 米无线充电纯电动大巴，并在郑州电厂路五龙口公交车站建设共计 5 个无线充电位的一期建设，该站点设计的 60 千瓦充电功率也是目前全球最大功率的无线充电站点。

相比使用换电充电电池，无线充电技术相对安全、便捷，可以相应提高公交运营效率。完善郑州快速公交站场新能源大功率无线充电站功能，启动实施互联网＋新能源汽车示范运营。

三、政策解读

(一)国家主要政策解读

1.《城市公共交通“十三五”发展纲要》解读

为深入贯彻落实城市公共交通优先发展战略，充分发挥城市公共交通对改善城市交通状况、促进经济社会协调和可持续发展的作用，交通运输部于 2016 年 7 月 26 日印发了《城市公共交通“十三五”发展纲要》(以下简称《纲要》)。《纲要》全面总结了“十二五”时期我国城市公共交通发展取得的成绩和存在的主要问题，深入分析了“十三五”时期城市公共交通发展面临的新形势和新要求，明确了城市公共交通发展的总体思路、发展目标和重点任务,是“十三五”时期推进城市公共交通优先发展的指导性文件。

《纲要》指出,“十二五”时期我国城市公共交通发展成绩显著,特别是国务院发布《关于城市优先发展公共交通的指导意见》(国发〔2012〕64 号)以来,我国城市公交发展政策体系建设取得新突破,城市公共服务保障能力再上新台阶,城市公交服务质量取得新提升,城市公交行业改革取得新进展,“公交都市”建设活动得到广泛认可。但同时,与我国经济社会发展和人民群众的出行需求相比,城市公共交通发展总体滞后的局面仍然没有彻底改变,还存在一些亟待解决的问题。“十三五”时期,应紧紧围绕全面建成小康社会的奋斗目标,牢固树立“创新、协调、绿色、开放、共享”的发展理念,深入贯彻落实公交优先发展战略,以公交都市建设为抓手,以改革创新为动力,全力推进城市公交体制机制改革和供给侧结构性改革,加快提升城市公交引导城市发展能力、服务保障能力、可持续发展能力和综合治理能力,努力打造高效便捷、安全舒适、经济可靠、绿色低碳的城市公交系统,不断满足人民群众基本出行需要,实现好、维护好、发展好人民群众的基本出行权益。

《纲要》强调,要立足于“十三五”时期公共交通发展面临的新形势和新要求,着力做好公共交通发展的顶层设计。要适应人民群众基本出行需要,加强城市公交供给侧结构性改革。要适应新型城镇化建设需要,发挥好城市公交导向作用。要适应城市交通科学发展需要,发挥好城市公交主体作用。要适应城市公共服务均等化建设需要,发挥好城市公交带动作用。

同时,《纲要》提出了“十三五”时期我国城市公共交通发展的五大任务:一是全面推进公交都市建设;二是深化城市公交行业体制机制改革;三是全面提升城市公交服务品质;四是建设与移动互联网深度融合的智能公交系统;五是缓解城市交通拥堵。《纲要》强调,要加快城市公交法规标准建设,制定和落实城市公交财税扶持政策,优化城市公交从业人员政策环境,为“十三五”时期城市公共交通优先发展提供支撑保障。

《纲要》的总体目标为我们描绘了“十三五”时期我国城市公共交通发展的美好愿景,即全面建成适应经济社会发展和公众出行需要,与我国城市功能和城市形象相匹配的现代化城市公共交通体系。主要体现在群众出行满意、行业发展可持续两个方面。到 2020 年,要初步建成适应全面建成小康社会需求的现代化城市公共交通体系。在具体目标上,《纲要》根据不同人口规模对城市进行分类,按照“数据可采集、同类可比较、群众可感知”原则,分别提出了“十三五”期各类城市的公交发展指标。

2.《交通运输信息化“十三五”发展规划》解读

2016 年 4 月 25 日,交通运输部正式印发《交通运输信息化“十三五”发展规划》(以下简称《规划》),《规划》提出,围绕加快“四个交通”建设和“十三五”时期交通运输发展的主要任务,大力推进智慧交通建设,以行业信息化重点工程和示范试点工程为依托,着力落实国家信息化战略任务,对接国家电子政务工程建设,支撑三大战略实施,努力实现交通运输信息化的上下贯通、左右连通和内外融通,促进现代综合交通运输体系发展。

《规划》明确,到 2020 年,部省两级信息共享和数据开放水平大幅提升,行业主要业务领域运用大数据能力显著提高,“互联网+”促进行业转型升级取得新突破,交通运输信息服务政企合作模式基本形成,行业网络信息安全保障能力显著增强,信息化发展环境进一步优化,信息化在引领综合交通运输发展、保障国家战略实施、促进行业治理体系和治理能力现代化方面发挥重要作用。

《规划》强调,信息化是实现智慧交通的重要载体和手段,智慧交通是交通运输信息化发展的方向和目标。要以国家信息化战略为引领,强化信息化顶层设计,实现行业重要信息系统的互联互通;结合行业转型升级发展要求,推进信息技术与行业管理和服务的深度融合;大力促进大数据发展应用,深化政府与企业间合作,共同打造交通信息服务产业新生态;加强新技术应用,强化网络与信息安全保障体系建设。

《规划》全面部署了交通运输信息化今后五年发展的总体思路、主要任务和保障措施,涵盖了公路、水路、城市客运及综合运输信息化等方面内容,体现了交通运输信息化发展的时代特征,是指导"十三五"时期交通运输信息化发展的重要纲领性文件。

3.《交通运输科技"十三五"发展规划》解读

"十三五"时期是贯彻落实中央"四个全面"战略布局,加快"四个交通"发展,推进交通运输现代化的重要时期。科技规划是交通运输部开展行业科技管理、指导行业科技发展的重要手段。2016 年 5 月,交通运输部印发了《交通运输科技"十三五"发展规划》(以下简称《规划》)。

按照国家有关部署,结合交通运输行业实际需求和特点,《规划》提出了 5 个方面的具体任务。一是科技咨询服务,发挥企业创新主体地位作用,支持各类科技研发、咨询机构和有关社会组织面向国家战略和行业需求,依托重大工程和重大项目,提供专业化的科技咨询服务;二是科技成果转移转化服务,畅通成果转化转移与技术普及应用通道,依法保障成果转移转化权益,推进科技成果及时转化为标准,促进产学研深度融合,加快科技成果转移转化;三是知识产权服务,支持交通运输科技服务机构成立知识产权服务联盟,建立科技成果与知识产权信息服务平台;四是科技信息服务,加强交通运输科技信息资源的市场化开发利用,支持科技信息服务机构发展竞争情报分析、科技查新、文献检索等服务,提升科技信息资源共享平台服务能力;五是科学普及服务,推动交通运输科研机构、高校向社会开放科研设施设备,支持宣传重大工程建设技术和交通运输安全等基本知识,促进交通运输科技传播。

此外,《规划》还强调,"十三五"时期,交通运输科技发展必须牢固树立和贯彻落实创新、协调、绿色、开放、共享的发展理念,科学判断世界科技发展趋势,准确把握交通运输发展需求,促进科技创新与行业发展的深度融合,围绕产业链部署创新链,着力解决科技创新中的突出问题,更加有效地服务于交通运输发展提质增效升级。

今后五年,交通运输部将统筹管理重大科技研发,包括重大研发任务和重点研发方向两个方面。重大研发任务将紧密结合国家三大战略对交通先行发展要求,立足行业主导,统筹行业内外优势科研力量,着力在特殊重大工程建设、交通通道能力提升、综合运输智能管控、交通大气污染防控等方面,积极争取国家科技资源支持,突破一批制约交通运输安全、高效、绿色发展的重大技术难题。重点研发方向聚焦"四个交通"发展,将围绕基础设施、运输服务、信息化、安全应急、节能环保等重点领域,形成行业研发方向指引,利用市场机制,引导全社会科技资源开展大众创业万众创新。

4.《关于深化改革推进出租汽车行业健康发展的指导意见》解读

2016 年 7 月 26 日,为贯彻落实中央关于全面深化改革的决策部署,积极稳妥地推进出租汽车行业改革,鼓励创新,促进转型,更好地满足人民群众出行需求,国务院办公厅印发了《关于深化改革推进出租汽车行业健康发展的指导意见》(以下简称《指导意见》)。

《指导意见》提出,抓住实施“互联网+”行动的有利时机,按照“坚持乘客为本、坚持改革创新、坚持统筹兼顾、坚持依法规范、坚持属地管理”原则,推进出租汽车行业结构改革,努力构建多样化、差异性出行服务体系,切实提升服务水平和监管能力,促进出租汽车行业持续健康发展,更好地满足人民群众的个性化出行需求。

《指导意见》明确,坚持优先发展公共交通、适度发展出租汽车,统筹发展巡游车和网约车,促进两种业态逐步融合发展;由城市人民政府合理把握出租汽车运力规模及在城市综合交通运输体系中的分担比例,建立动态监测和调整机制,逐步实现市场调节。针对巡游车存在的问题,《指导意见》提出了具体解决办法;对于规范网约车发展,《指导意见》明确了网约车的合法地位,以及平台公司应承担的承运人责任、具备的营运条件和规范经营行为的要求,支持平台公司创新规范发展。

同时,《指导意见》还提出了深化出租汽车改革的主要任务:一是科学定位出租汽车服务。科学确定出租汽车在城市综合交通运输体系中的定位,坚持优先发展公共交通、适度发展出租汽车,统筹发展巡游车和网约车,促进两种业态逐步融合发展。二是深化巡游车改革。新增出租汽车经营权一律实行期限制和无偿使用,现有未明确具体经营期限或已实行经营权有偿使用的,由城市人民政府制定方案,逐步过渡。构建企业和驾驶员运营风险共担、利益合理分配的经营模式,合理确定并动态调整出租汽车承包费标准或定额任务,降低过高的承包费和抵押金。三是规范发展网约车和私人小客车合乘。给予网约车合法地位,支持网约车平台公司不断创新规范发展。明确平台公司应承担的承运人责任、具备的营运条件和需规范的经营行为。四是营造良好市场环境。完善服务设施,加快完善出租汽车管理和经营服务的法规规章和标准规范,制定出租汽车经营者和从业人员信用管理制度。创新监管方式,进一步提高行业监管透明度,强化全过程监管。落实地方人民政府主体责任,建立改革领导机制,推动落实各项任务。充分发挥自主权和创造性,探索符合本地出租汽车行业发展实际的管理模式。

改革政策是否能有效落地,关键在于地方的贯彻和执行的力度。《指导意见》要求城市人民政府切实落实属地管理责任,强化部门协同,明确各自职责,定期研究解决突出问题,推动落实各项任务;充分发挥自主权和创造性,探索符合本地出租汽车行业发展实际的管理模式。

5.《网络预约出租汽车经营服务管理暂行办法》解读

网络预约出租汽车(俗称“专车”),是指以互联网技术为依托构建服务平台,接入符合条件的车辆和驾驶员,通过整合供需信息,提供非巡游的预约出租汽车服务。2016 年7 月27 日,经国务院同意,交通运输部等国务院七部门联合颁布了《网络预约出租汽车经营服务管理暂行办法》(以下简称《暂行办法》),《暂行办法》将于 2016 年 11 月 1 日起正式实施,《暂行办法》是全球第一个国家层面的网约车监管法规。

《暂行办法》从以下方面对网约车做出规定:(1)平台公司许可条件及程序方面。(2)车辆性质和报废管理方面。(3)劳动合同管理方面。(4)价格机制方面。(5)车辆和驾驶员许可申请方面。

与此同时,网约车新规为了规范运营、防范风险、加强监管,也对网约车平台、车辆、驾驶员等提出了相应的准入与约束条件。如在网约车平台性质上,认定网约车平台公司不仅提供信息撮合匹配服务,还直接组织车辆运营、分配工作任务、确定服务价格、制定服务标准、决定收益分配、实施驾驶员管理和服务评价等,是客运服务承运人,需要承担承运人责任;在驾驶员准入上,针对网约车灵活性高、管控难度大等特点,设定了比较严格的准入条件,以最大限度维护公共安全;在车辆准入上,明确网约车车辆应为 7 座及以下乘用车,安装具有行驶记录功能的车辆卫星定位装置、应急报警装置,且车辆技术性能符合运营安全相关标准要求;在信息安全保护上,也提出多项规定。

《暂行办法》的颁布对于网约车的发展来说意义重大:一是明确了网约车的发展定位,按照高品质服务、差异化经营的原则,有序发展网约车。二是明确对于平台企业,还有车辆、驾驶员,按照即有的法律规定,实行许可管理。明确了平台公司应该承担乘运人责任,要求具备线上线下的服务能力,对于从事网约车经营的车辆,提供服务的驾驶员,也要符合相应的资质条件。三是具体明确了网约车平台需要规范经营行为。四是建立多部门的联合监管机制,网约车是一个跨领域、跨部门的新兴业态,也需要相关的部门一起来共同做好规范化发展网约车的工作。此前从事"网约车"服务的大部分车辆是没有取得运营证的私家车辆,一直游走在法律的边缘。《网络预约出租汽车经营服务管理暂行办法》的出台,使得"网约车"合法化,更大限度的维护了市场秩序及消费者合法权益。

2016 年 8 月,交通运输部就贯彻落实《国务院办公厅关于深化改革推进出租汽车行业健康发展的指导意见》和《网络预约出租汽车经营服务管理暂行办法》(简称两个文件)发出通知,要求各地交通运输主管部门充分认识深化出租汽车行业改革的重要性和紧迫性,深刻领会两个文件的核心内涵,准确把握改革精神,抓住改革机遇,积极稳妥推进改革,更好地满足人民群众的多样化出行需求。

6.《国家城市轨道交通运营突发事件应急预案》解读

2015 年 4 月 30 日,国务院办公厅正式印发了新修订的《国家城市轨道交通运营突发事件应急预案》(以下简称新《预案》),对建立健全城市轨道交通运营突发事件处置工作机制,科学有序高效应对运营突发事件进行了部署,紧密衔接城市综合应急管理体系,切实提升城市轨道交通系统应急处置能力。

近年来,我国城市轨道交通行业发生了巨大变化,运营规模迅速扩大,客运量迅速增加,网络化效应愈发明显。据统计,2015 年,我国轨道交通运营线路 105 条,运营线路总长度 3 195.4 公里,增加 13 条、379.3 公里,其中地铁、轻轨线路分别为 85 条、2 722.7 公里和 10 条、341.2 公里。同时,国家应急管理法规体系也在不断完善。新《预案》依据近年来新修订的相关法律法规,重点在适用对象、适用范围、组织指挥体系、监测预警、突发事件分级标准和分级响应机制等方面进行了调整和规范。

与 2005 年实施的《国家处置城市地铁事故灾难应急预案》相比,新《预案》针对近年我国应急管理法规不断完善和城市轨道交通发展形势，主要从以下六个方面进行了调整：一是扩大并重新界定了预案的适用范围。将适用对象扩大至“城市轨道交通”，包括地铁、轻轨、单轨、有轨电车、磁浮、自动导向轨道交通和市域快速轨道等。二是健全了组织指挥体系。按照统一领导、属地负责的应急原则，明确了国家、地方的组织指挥机构及其相应职责，并要求地方根据需要设立现场指挥部，运营单位是运营突发事件应对工作的责任主体，专家组对运营突发事件处置工作提供技术支持。三是完善了监测预警机制。要求加大对设施设备和环境状态以及客流情况等的监测力度，对各类风险信息进行分析研判；细化了预警信息发布和预警行动措施，从预警信息发布、预警行动和预警解除三方面进行了系统规定，并对日常监测、风险分析和信息报告等提出了明确要求。四是界定了事件分级标准和分级响应机制。将突发事件划分为特别重大、重大、较大、一般 4 个级别，并明确了划分标准。五是提高了处置评估要求。要求运营突发事件响应终止后，由人民政府及时组织对事件处置过程进行评估，总结经验教训，分析查找问题，提出整改措施，形成应急处置评估报告。六是完善了应急保障措施。明确了通信、队伍、装备物资、技术、交通运输和资金六方面的保障措施，对相关部门和单位保障工作提出明确要求。

除此之外，新《预案》还要求，交通运输部要会同有关部门组织做好预案宣传、培训和演练工作，城市轨道交通所在地城市及以上地方人民政府要结合当地实际制定或修订本级运营突发事件应急预案。

新《预案》依据近年来新制修订的相关法律法规，重点在适用对象、适用范围、组织指挥体系、监测预警、突发事件分级标准和分级响应机制等方面进行了调整和规范，与原《预案》相比，内容更加完整，与其他相关应急预案衔接更加紧密，适用对象和范围更加合理，组织指挥架构更加科学，职责分工更加明确，科学性、针对性和可操作性更强。

7.《交通运输部关于促进交通一卡通健康发展加快实现互联互通的指导意见》解读

2015 年 5 月 4 日，交通运输部印发《关于促进交通一卡通健康发展加快实现互联互通的指导意见》(以下简称《意见》)，明确提出将遵循市场为主、政策引导的基本原则，以城市群为重点区域有序推进，到 2020 年基本实现各大城市群跨市域、跨省域的交通一卡通互联互通。

近年来，随着我国重点地区城市群及城乡一体化快速发展，经济往来密切、距离较近的城市，对交通一卡通跨地域互通的需求量在不断提升。交通运输部推进的交通一卡通互联互通立足于综合交通运输体系，不仅是公交、地铁、出租汽车等方式，还考虑了与轮渡、城际铁路、停车场等的互通，充分满足社会对多种交通方式互联互通服务的迫切需求。

《意见》指出，按照国务院关于优先发展公共交通和建设综合交通运输体系的部署，坚持以人为本的理念，促进交通一卡通健康发展。在交通一卡通互联互通进程中，将发挥市场配置资源的决定性作用，充分尊重企业的市场主体地位和自主决策。同时，政府将在法规政策、标准规范、体制机制等方面加强引导。

《意见》提出了交通一卡通的近期和远期发展目标：近期到 2020 年基本实现各大城市群跨市域、跨省域的交通一卡通互联互通。远期将推动全国各交通运输方式一卡通用，并积极开展与其他行业的互惠互利合作，最大限度方便群众出行和满足人民生产生活需要。

由于交通一卡通市场化程度高，且具有很强的公益性、区域性等，未来交通一卡通互联互通推进工作要发挥市场的主体作用，政府进行合理引导，协同推进；率先选择区域经济水平较为发达，能够起到示范带头作用的地区先行启动，如京津冀、长三角、珠三角、长江经济带中游城市群等，在区域互通的基础上，实现全国互联互通；进一步推进多种交通方式之间的互通，保障行业健康发展。针对京津冀交通一卡通互联互通问题，目前已组织三地有关部门开展了京津冀交通一卡通互联互通工作。按照"统一领导、有序实施、重点突破、合作共赢"的推进思路，制定涵盖发展规划、运营管理、业务规则等方面内容的区域互联互通政策管理体系。在政府引导下，探索建立市场化、社会化运营合作新模式，充分发挥市场主体的作用，实现三地互利共赢。

与此同时，随着手机移动支付、二维码支付、图像识别支付、可穿戴智能设备支付等新的技术手段不断出现，第三方支付产品的应用领域不断扩大，交通运输部运输服务司也应积极开展对移动支付的相关研究，开展交通一卡通移动支付的平台研发和技术标准制定工作。未来，交通一卡通互联互通产品会更加多样化，以满足人民群众多样化的出行需求。

(二)国内各大主要城市交通政策解读

1. 北京市交通政策解读

2016 年 6 月，北京市交通委员会和北京市发展和改革委员会联合发布了《北京市"十三五"时期交通发展建设规划》(以下简称《规划》)，《规划》是"十三五"期间北京市专项规划之一，按照"五位一体"总体布局和"四个全面"战略布局，树立"创新、协调、绿色、开放、共享"的发展理念，把握首都城市战略定位，深入实施京津冀协同发展战略。此次规划以《中华人民共和国国民经济和社会发展第十三个五年规划纲要》、《京津冀协同发展规划纲要》、《北京市国民经济和社会发展第十三个五年规划纲要》等上位规划为依据，并与《北京城市总体规划》相结合，保证了规划编制的科学性和权威性。

《规划》提出，"十三五"时期北京市出行结构将得到进一步优化，中心城全日绿色出行比例达到 75%；交通拥堵加剧态势得到控制，交通指数控制在 6.0；交通运行安全有序，年万车交通事故死亡率控制在 1.6 人以下；构建与出行距离相匹配的交通发展模式，形成"一刻钟生活出行圈"、"1 小时城市交通圈"、"1 小时京津冀区域交通圈"。2020 年初步形成安全、便捷、高效、绿色、经济的现代化综合交通运输体系。《规划》明确，十三五期间，北京市交通发展目标主要有：出行方式可有更多选择；京津冀协同发展交通率先突破；推动"公交都市"建；全面提升公路通达深度；提高城市道路承载力；加强枢纽与城市的融合；深入推进停车综合治理；交通需求管理"精细化"；聚焦城市副中心；深化城乡统筹、公共交通均等化服务；推进交通行业节能减排；智慧交通提高交通服务能力。

总体来看，未来五年北京交通形势依然严峻，预计到"十三五"末，六环内日均出行总量可达 5 700 万人次以上，比"十二五"末增长 21%，治理交通拥堵仍是一项长期艰巨的任务。

一直以来，北京市在坚实绿色交通发展方面走在前列。2016 年 2 月印发实施的《"十三五”时期京津冀国民经济和社会发展规划》是全国第一个跨省市的区域“十三五”规划，据此北京成立了京津冀地区首个交通节能减排实验室，推动三地统一监测标准、共享数据，研究区域交通污染规律并制定协同治理政策。北京市把交通节能减排作为推进“四个交通”全面发展、缓解交通拥堵、推进京津冀区域生态环境质量改善的重要抓手，从顶层设计、绿色交通运输体系建设、技术体系建设等多方面统筹考虑、系统部署、持续推进。为引导公众绿色出行，北京交通在绿色交通运输体系建设上做好加减法：增加绿色交通方式供给能力、优化出行结构、优化车辆结构，严格调控机动车总量，加快更新淘汰老旧机动车。

截至 2015 年年底，北京市轨道交通运营里程达 554 公里，较 2010 年年底新增 218 公里。同时，北京市积极在公交车、出租汽车、租赁用车等领域开展新能源与清洁能源车辆推广应用。到 2017 年，公交车中新能源与清洁能源车的比例将达到 65%。北京市交通委积极推动行业车辆更新，自 2015 年 5 月 1 日起，更新或新增汽油出租汽车执行六年强制报废标准。鼓励在用老旧出租汽车提前报废，使用年限不高于七年的出租汽车提前报废可以获得一万元的补贴。

2016 年 2 月 3 号，北京市政府办公厅印发了《2016 年北京市缓解交通拥堵行动计划暨缓解北京市区交通拥堵第十三阶段工作方案》，确定了 2016 年缓解交通拥堵行动计划 6 个方面 46 项工作任务。北京市将按照“改革创新、落实责任，建管结合、综合施策”的原则，突出重点区域，抓住关键问题，凝心聚力建设一批重点工程项目、出台一批需求管理政策、实施一批重拳执法措施、推出一批改革创新试点，综合运用科技、法律、经济和必要的行政手段提高交通综合管理水平，努力实现“十三五”时期交通发展的良好开局。

2015 年 12 月 8 日，国家发展改革委和交通运输部联合出台的《京津冀协同发展交通一体化规划》介绍了“十三五”期间北京的交通发展计划：计划到 2016 年年底，16 号线一期将开通，北京市轨道交通总里程将增长到 574 公里。到 2020 年，北京轨道交通运营里程有望达到 900 公里；地铁线路也更加密集，市民在中心城区平均走 700 米到 1 000 米，就能碰到一座地铁站。轨道交通也迎来黄金建设期。2016 年北京市计划有 20 个项目开工建设，在建里程达到 393.9 公里，其中新开工 4 项，里程 108.5 公里；续建 16 项，里程 285.4 公里。

按照《规划》要求，北京市将以科技创新为手段，以信息化建设为平台，以整合集聚和开放共享为重点，打造京津冀区域交通智能化示范区。主要任务包括：公交一卡通互联互通建设、ETC 电子系统建设、道路客运联网售票等。

2. 上海市交通政策解读

2016 年 3 月 21 日，上海市城乡建设和交通发展研究院发布《2015 年上海市城市交通运行年报》(以下简称《年报》)。《年报》显示，去年上海城市交通运行总体保持平稳态势，但道路交通拥堵范围进一步扩大，交通供需矛盾仍突出。2015 年，上海小客车增速是近几年中增速最快的一年，本地牌照与外地牌照的小客车数量都在增长。截至去年底，全市已注册的小客车达 247 万辆，同比增长 13%。由于小客车数量增加，上海机动车交通量持续增长。中心城快速路日均交通量与 2014 年同期相比增长了约 8%，中心城越江交通日均总量增长了 4%、高速公路日均车流总量增长了约 10%。上海道路交通拥堵时间和拥堵范围进一步扩大，如何缓解交通拥堵成为上海的重要课题。

2016年3月24日起，《上海市电动汽车充电基础设施专项规划(2016—2020)》正式公开向社会征求意见。目前，上海新能源车规模快速增长。2013—2015年，上海市共累计推广应用各类新能源汽车57 666辆，截至2015年年底，本市已建各种充电桩共计2.17万个。根据上海市新能源汽车发展现状，结合未来发展趋势，预计到2017年本市新能源车辆发展规模将达到13.1万辆，到2020年全市新能源车辆发展规模将达到26.3万辆。为满足新能源汽车的上述发展目标要求，经测算，至2017年全市新能源充电设施规模需达到10.3万个，有充电功能的公交停保场需42座；至2020年，全市新能源充电设施规模需达到21.1万个，有充电功能的公交停保场需68座。为此，上海构建覆盖全市的充电设施服务网络与充电设施服务走廊，满足各类地区新能源车辆发展与使用的基本需求。

2016年4月21日起，上海市公交线路导则开始实施。上海市交通委制订《上海市公共汽(电)车客运线路优化导则》(以下简称《导则》)，统一了公交线网的优化标准，今后上海市公交线路的调整、延伸和撤销将以《导则》为基础。未来的上海公交线路将构建骨干线、区域线、驳运线三级线网结构。《导则》明确，上海公交线路将构建骨干线、区域线、驳运线三级线网结构，未来上海市要做到外环线内两点间公共交通出行在一小时内完成，郊区新城可以通过一次乘车进入轨道交通网络或外环线内，新市镇与所属行政村之间通过一次乘车到达。

为提高车辆泊位使用信息透明度和周转率，有效缓解停车难矛盾，上海市交通委积极联合各区县与社会企业合作，试点推进“互联网＋停车”智能停车信息系统建设。在前期工作取得阶段性进展的基础上，上海市交通委于2015年11月10日上线发布“上海停车”(公开测试版)。在公开测试过程中，相关技术开发企业虚心听取公众意见和建设，及时修正相关信息，不断丰富和完善“上海停车”APP的服务功能。上海市交通委计划下一步将按照上海市静态交通两级管理体制，以区县政府为责任主体，有序推进所辖区域内经营性公共停车场(库)和道路停车场安装使用电子收费系统工作，并同步将有关停车信息统一接入上海市公共停车信息平台，力争2016年底基本实现“上海停车”APP对本市公共停车资源的全覆盖。同时，市交通委将进一步与相关社会企业合作，鼓励、支持相关社会企业开发基于“上海停车”APP的停车泊位预约、电子支付、错时停车等增值服务功能，进一步提高本市停车服务信息化管理水平。

3. 天津市交通政策解读

2016年2月16日，天津市交通运输工作会议总结了“十二五”时期及2015年本市交通运输工作，提出了“十三五”时期交通运输改革发展的总体思路，部署了2016年重点工作任务。“十三五”期间，天津市交通运输行业将贯彻五大理念，打造五个格局，围绕五大国家战略，实施“十大工程”，到2020年，基本建成与高质量小康社会相适应的现代综合交通运输体系，为建设经济发达之都、创新创业之都、绿色宜居之都、魅力人文之都、和谐幸福之都，提供坚强有力的交通运输保障。

2015年11月22日，天津市交通运输委发布《天津市客运公共交通管理条例》(以下简称《条例》)，并将于2015年12月1日起正式施行。作为天津市专门的公共交通地方性法规,《条例》对优先发展公共交通政策措施、公共交通车辆要求以及公共汽车驾驶员、乘客乘车都做出了相应要求规定。对妨碍客运公共交通运营的行为,最高可依法追究刑事责任。《条例》着重对公共汽车客运管理进行规范,此外,着眼于本市实施城乡统一的公共交通服务,《条例》适用地域范围不再限定在城市规划区或者城市建成区,而是涵盖全市行政区域。

2016年,天津市将完善未来科技城、武清北部等非首都功能疏解平台规划,为承接北京非首都功能提供有效载体。完善提升港口、机场、铁路枢纽总体规划,编制市域综合轨道交通规划,提升天津交通枢纽地位。此外,2016年2月17日,天津市2016年全市城乡建设工作会议提出未来几年天津市力争每年都有一条地铁线路开通运营。根据规划,"十三五"期间天津地铁将加速发展,重点实施10条轨道交通项目,到2020年运营里程达到375公里。

4. 重庆市交通政策解读

2016年4月7日,重庆市政府出台《主城区优先发展公共交通的实施意见》(以下简称《意见》),明确优先发展公共交通思路和发展目标,着力构建以轨道交通为骨干、地面公交为主体、站场节点为支撑、其他交通运输方式为补充的城市公共交通综合运输体系。

《意见》明确到"十三五"末,重庆主城区公共交通占机动化出行分担率达到65%,轨道交通通车里程达到348公里,万人公共汽车保有量达到15标辆,中心城区公共汽车站点500米覆盖率达到100%。重庆将遵循便民利民、科学规划、切合实际、绿色发展原则,优先发展公共交通,优化公交线网,深入实施"主城区公交一小时优惠换乘"政策,让群众出行更加经济、安全、便捷、舒适。根据主城区都市功能核心区和绕城高速公路周边都市功能拓展区的实际情况,建立适宜的运行管理机制,配套相应的政策保障措施,确定科学的公共交通发展目标和发展模式。重庆将加大投入,完善补贴机制,将主城区公共交通发展资金纳入公共财政体系,重点增加大容量公共交通、综合交通枢纽、站场建设以及车辆设备购置和更新的投入。除此之外,重庆还将对电动公交车及城市轨道交通运营用电,实施电价优惠,更好构建公交都市,缓解交通拥堵。

《意见》要求完善价格形成机制。根据服务质量、运输距离以及各种公共交通换乘方式等因素,建立公共汽车、轨道交通、出租车之间多层次、差别化的价格体系,形成合理的比价关系,增强公共交通吸引力。

重庆市主城区优先发展公共交通的思路为:坚持"交通惠民、服务发展"和"当期可承受、未来可持续"的原则,着力发挥城市规划调控作用,落实用地保障,加快公共交通基础设施建设,优化公交线网布局,完善考评补贴体系,提升科技信息水平,增强应急疏运处置能力,努力构建以轨道交通为骨干、地面公交为主体、站场节点为支撑、其他交通运输方式为补充的城市公共交通综合运输体系。预计到"十三五"末,主城区公共交通占机动化出行分担率达到65%,轨道交通通车里程达到348公里,万人公共汽车保有量达到15标台,中心城区公共汽车站点500米覆盖率达到100%,实现居民出行更便捷、乘坐更舒适、换乘更方便的目标。

重庆市十三五交通规划中还提到,重庆市应完善城市交通系统。按照"内畅外达、均衡高效”原则，优先发展公共交通，大力发展城市轨道交通，完善城市路网体系，推进公共停车场和步行系统建设，提升交通换乘接驳能力。

5. 广州市交通政策解读

2016 年 3 月 17 日，广州市交通运输工作会议对 2016 年度交通运输工作做出了展望，提出将继续推进约租车服务试点、推进一批市政道路建设、计划新增及更换新能源公交车 400 台和研究开发建设“如约快递”服务平台等。

广州市政府工作报告提出的 2016 年要办好的十件民生实事中提到，要加强公共交通体系建设。新增 50 公里公交专用道，提高公交车快速通行能力；优化调整及新增公交线路 50 条，投放 1 100 台清洁能源公交车辆；增加交通信号自动化控制路口 40 个，实现全市 80%以上的路口自动化管理；加强对自动化设备的检测维护，确保设备完好率达 95%；优化芳村大道等 36 条“绿波带”交通信号灯设置，使交通更加顺畅。

根据《广州 2013—2016 年公共交通发展行动方案》，2013—2016 年，广州公共交通领域实施“861 行动计划”——紧紧围绕“立体公交、集约公交、畅通公交、智能公交、低碳公交、优质公交、文明公交、平安公交”等“8 大公交策略”，推进落实 30 项具体工作；全面落实“组织保障、规划保障、资金保障、用地保障、宣传保障、监督保障”等“6 项保障措施”；实现“至 2016 年末，实现中心城区公共交通出行方式占机动化出行比例达 70%”的“1 个总体目标”。按照《行动方案》的规划，截至 2016 年，应完成的八大交通策略主要有：立体公交、集约公交、畅通公交、智能公交、低碳公交、优质公交、文明公交、平安公交。

6. 深圳市交通政策解读

2016 年 3 月 23 日，深圳市交通运输工作会议提出深圳市 2016 年将从以下方面改善城市交通状况：

深圳市 2016 年将努力为市民提供有竞争力的公交系统，进一步优化全市公交线网规划布局。新增、优化公交线路 65 条以上，做好出行热点片区公交服务改善；加快推动快速公交走廊交通详细规划；完成 10 个以上公交路内发车点建设；新增、优化公交专用道 80 车道公里。同时，为完善与慢行系统、轨道交通的接驳，2016 年市交委计划建立全市统一的公共自行车管理平台，年内新增投放公共自行车 2 000 辆以上。

深圳 2016 年将加快推进出租小汽车管理条例(修订)等立法项目，推动传统出租车平稳转型升级。将以市民群众出行需求为导向，以市场化为发展方向，以规范互联网预约出租车为切入点，依法、有序、稳步推进出租车行业改革，解决出租车行业长期积累的问题和矛盾，逐步实现市场公平竞争和传统出租车的平稳转型升级。同时，政府将继续简政放权，全面清理行政审批事项，推动出租小汽车营运牌照质押登记等新一批行政职权事项的取消、转移或调整，进一步理顺政府与社会、政府与市场、政府与企业的关系。

2016 年深圳市交委将落实市委市政府新能源发展战略，进一步加大新能源公交车辆投放，确保全市公交行业电动化率达到 70%；完成福田枢纽地下充电站安全整治，全力推进民乐 P+R 停车场、机场的士蓄车场等新能源充电桩建设；同时，全面推进 11 个新能源立体公交综合车场建设工作，努力缓解深圳公交场站缺口大、新能源公交充电难的问题。

目前，深圳已形成汇聚 GPS、视频、“深圳通”刷卡、车流车速检测和交运通 5 大类数据的“综合交通大数据中心”。依托道路交通运行指数,实时监测全市 9 500 多条道路、108 个交通小区、13 条高速公路运行状态。2016 年将继续加大数据中心建设力度,构建一体化智能公交应用管理平台,保障行业安全稳定。

四、热点研究

(一)城市居民出行选择与特征

1. 提倡新能源车,控制机动车保有量

根据 2016 年 3 月北京市统计局发布的《2015 年国民经济与社会发展统计公报》,截止到 2015 年年末,全市机动车保有量 561.9 万辆,比上年末增加 2.8 万辆,比 2010 年末增加 81 万辆(图 8-18)。民用汽车 535 万辆,分别比上年末和 2010 年末增加 2.6 万辆和 82.1 万辆。其中,私人汽车 440.3 万辆,分别比上年末和 2010 年末增加 3.1 万辆和 65.9 万辆;私人汽车中轿车 316.5 万辆,与上年末持平,比 2010 年末增加 40.6 万辆。

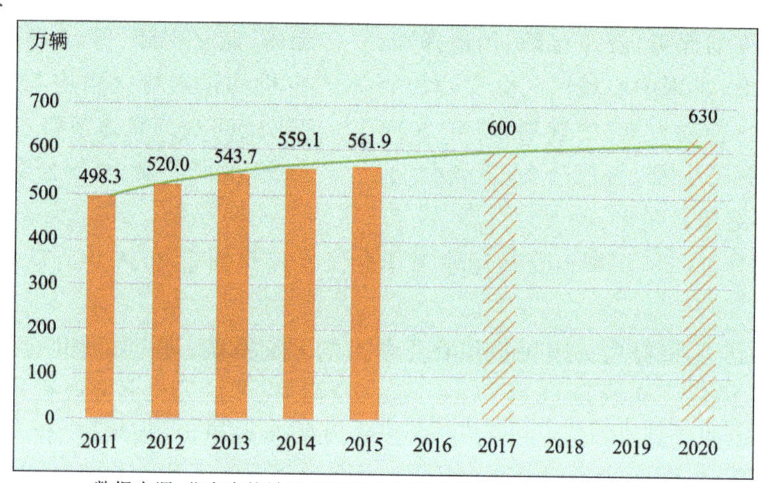

数据来源:北京市统计局《2015 年国民经济与社会发展统计公报》

图 8-18 北京市机动车保有量

2016 年 7 月 4 日,市交通委发布“十三五”期间本市交通建设发展规划。根据规划,北京将完善小客车指标调控政策,继续提高新能源小客车指标在年度指标规模中的比例,研究普通小客车指标引入市场化配置方式的改革方案。2017 年底将全市机动车保有量控制在 600 万辆以内,2020 年控制在 630 万辆以内。

而在新能源汽车方面,在政府主导、市场运作下,我国新能源汽车发展速度、推广速度迅猛,到 2015 年底,累计推广数量达 54.4 万辆,已成为全球最大的新能源汽车市场。网约车新政策出台之后,对于新能源汽车行业也将是一个重大的利好消息。此次暂行办法将网约车合法化后又对车辆及司机设置了更多的标准。以上海市为例,目前正常使用的新能源乘用车有超过半数是网约车。其合理的空间布局以及动力足以应对日常运营,最重要的是享受国家补贴以及沪牌。在限行高架的上海,沪牌意味着更高的路权和载客率。而经营网络约车平台,在补贴的加持下,购车成本也较同级别燃油车更具优势。

2. 公共自行车发展，倡导低碳出行

2016 年上半年，北京市公共自行车已经达到 5 万辆，年内将再新增 1 万辆公共租赁自行车。目前来看，朝阳区公租自行车服务半径将从三环扩至五环，预计年底前将总数达到一万辆。通州区在现有基础上再增加发卡 6 万张，并计划建设 90 个站点、新增4 000 辆公共自行车及配套设施。大兴区今年新增 40 个公租车站点。海淀区公共自行车首批将完成 5 000 辆放置任务，以上地和中关村大街区域为重点，开设 100 多个站点。事实上，目前城五区和房山、顺义、平谷、通州等区域都已经覆盖了公共自行车，新的规划意味着城六区公共自行车系统的最后一环将在今年打通，也弥补了海淀区公共自行车的空白。

除北京市外，国内其他的省市上海、广东、江苏、浙江、河南、江西、山西、湖北、陕西、新疆等地的百余个城市也在不断推行发展公共自行车。与公共自行车大量投放趋势相呼应的是，租用公共自行车也开始变得更加便捷。北京市部分区域及其他各省如山东、江苏等多个城市的公共自行车站点已经开始针对支付宝芝麻信用分 600 分以上的用户支持扫码租车，押金免除无需办卡，通过扫二维码就能随借随还，租车费用通过支付宝自动扣除。这一方式在很大程度上简化了租用公共自行车的流程，将大幅度提高公共自行车的使用频率，是“互联网＋”新业态下，对于互联网技术的使用、大数据的应用的典型范例。

3. 移动出行合法化，打车更加便利

2016 年 7 月 28 日，交通运输部等七部委公布《网络预约出租汽车经营服务管理暂行办法》及《关于深化改革推进出租汽车行业健康发展的指导意见》。前者从国家法规层面明确了网约车的合法地位，肯定了分享经济新业态下的移动出行新趋势；后者对出租车行业深化改革进行了顶层设计和制度性安排，鼓励促进互联网与出租汽车行业的融合发展。打车软件融入到广大普通用户的生活当中。

去年各打车软件之间的混战最终以快的打车与滴滴打车的战略合并而告终。而 2016 年 8 月，滴滴打车又收购了美国的 Uber 在中国的打车业务，整个打车行业开始走向整合。继打车之后，专车、拼车、租车、巴士、代驾等相继成为出行公司瞄准的新入口。滴滴、神州等都明确表示，要做移动出行的综合入口。为此，在 2016 年年初完成滴滴快的联姻后，滴滴开始加紧完善其“出行帝国”的业务版图，紧锣密鼓地推出专车、快车、顺风车、代驾、巴士、试驾等业务，几乎覆盖各个层次的出行消费需求。2015 年 9 月，滴滴宣布更名为“滴滴出行”，以彰显其“成为全球最大的一站式移动出行平台”的战略定位。

截止到 2015 年年底，中国移动端出行服务用户乘客数量总计接近 4 亿，达到 3.99 亿人。用户出行需求具有多样性，85.9％的用户会根据不同场景选择使用两种以上的移动出行服务。滴滴专车（快车）用户覆盖数量占比高达 88.4％，同时在中国专车（快车）移动端出行服务行业中，滴滴专车（快车）日均订单量占比达到 84.1％，占据了行业外领导地位。

4. 互联网定制巴士，成定制通勤主力

顺风车、快车和互联网定制巴士等新型交通方式兴起，导致公交集团商务班车增长缓慢。以滴滴巴士为例，从今年 7 月 16 日正式上线到现在，4 个多月时间，仅在北京地区，已开通超过 300 条线路，达到近 800 个班次。按照滴滴出行至少 20 人才开通班次的标准，保守估计每日运送人数近 2 万人，已是公交集团商务班车的 4 倍。

互联网巴士的出现,为交通出行提供了更多选择。自从 2015 年 11 月,政府提出"供给侧结构性改革"以来,各项政策均积极响应,加大新能源、文化科技、制度体系的一系列改革,受此影响,拥有新能源背景的资方在互联网出行领域的布局动作频频,新能源巴士也似乎将是一个必然选择。例如,2016 年年初,春阳资本携手大洋电机所设新能源汽车产业基金投资了深圳市众行智运科技有限公司。众行智运旗下战略品牌之一"小猪巴士"系全国首家互联网定制巴士服务平台,"小猪巴士"也由此成为全国首家获得新能源汽车产业投资的互联网品牌。

继网约车合法化后,在城市通勤出行市场,还有相当大的市场需求没有得到有效满足,相应的市场空间也很大。近两年来,互联网出行领域已经投入大量资本进行了市场培育,尤其是智能手机进一步普及,传统行业的从业者也逐渐意识到互联网的重要性。因而,互联网定制巴士可能是一个非常大的蓝海。

5. 新能源车分时租赁,"互联网+"时代的改变

2015 年,在新能源与"互联网+"的撬动下,越来越多的企业加入汽车租赁业领域。分时租赁是租车行业近年来兴起的一种随取随用的租车模式,消费者可以按个人用车需求和用车时间预订租车的小时数,其收费将按小时或分钟来计算。目前,全国已有北京、上海、深圳、武汉、杭州等十余个城市开始进入推广分时租赁模式,以上海地区为例,从 2010 年开始汽车租赁模式开始呈现规模性增长,到 2013 年随着新能源汽车的走热和互联网技术的发展,以新能源汽车为载体的汽车租赁模式进入了一个快速发展期。电动汽车因其不限行、节能环保、经济实惠等特点,成为分时租赁模式的主力车型,并受到了消费者的认可和欢迎。相关数据显示,在北京已上牌的新能源汽车中,租赁车辆的占比已经达到 1/3。

在北京地区,汽车分时租赁业务主要集中在政府机关、高档酒店,采取互联网+租车的模式,客户只需关注微信公众号,即可搜索到附近的分时租赁网点,轻松实现租还车辆。在天津地区,汽车租赁将用户人群锁定在了高铁出行商务人士。租赁公司在站内开设了实体门店,为高铁旅客提供车辆零租及分时租赁业务,旅客不出站便可在门店租用车辆,与高铁无缝对接,出行一站式解决。

从目前看来,新能源分时租赁不仅能够降低了机动车保有量、缓解了空气污染,对节能环保起到了积极作用以外,它还将作为一种传统交通的补充渠道以解决出行难的问题。但是,方便的同时也会有一些不便。一方面是借还车网点布局仍待优化,且新能源车存在远距离续航不足的问题;另一方面,停车运营费用以及停车管理的系统会存在一些难点。但这并不妨碍人民看好新能源车分时租赁这个市场,原因主要基于两点,一是道路资源的限制不可能让私家车无限制发展,另一方面,共享经济确实可以为人们带来更低的交通成本。而最为重要的是分时租赁相比于传统交通方式在价格上对消费者将产生极大的吸引力。

(二)城市交通新政策

1. 多城市拟征收交通拥堵费

(1)交通拥堵费

交通拥堵费是利用价格信号调节居民的出行行为,指在交通拥挤时段对部分区域道

路使用者收取一定的费用，其本质上是一种交通需求管理的经济手段，目的是利用价格机制来限制城市道路高峰期的车流密度，达到缓解城市交通拥挤的目的，提高整个城市交通的运营效率。

(2)拟征收相关城市

事实上，交通拥堵是城市发展的副产品，也是令各个大城市头疼的问题。以北京市为例，近年陆续出台各项政策，试图缓解北京市交通拥堵的现象，提高北京市的空气质量。早在 2013 年 9 月，《北京市 2013—2017 年清洁空气行动计划重点任务分解》等文件中提及，北京市将规划“低排放区”并研究制定征收交通拥堵费。2015 年 5 月 19 日，《北京市缓解交通拥堵第十二阶段(2015 年)工作方案》经北京市政府同意正式下发。方案中提到，综合利用经济手段以及必要的行政手段，完善高峰时段区域限行措施，降低小汽车使用强度。而 2016 年新颁布的《北京市缓解交通拥堵总体方案(2016—2020 年)》也提及，目前北京市已经制定了 2016 年缓解交通拥堵行动计划。

除北京市计划征收交通拥堵费之外，其他城市可能也会相互效仿而有所动作。按照高德地图发布的《2015 年度中国主要城市交通分析报告》，2015 年度中国堵城排行榜中前 10 位分别为：北京、济南、哈尔滨、杭州、大连、广州、上海、深圳、青岛、重庆。广州人口比伦敦多出三倍，交通用地仅为总用地的 10%～12%。2015 年底，广州市重大城建公众咨询监督委员会针对广州城市拥堵问题召开“广州拥堵情况研讨会”，向广州市交委、市住建委、市交警支队等建议，高峰期征收拥堵费。

(3)拥堵费征收的技术条件

拥堵费征收的技术实现方面，目前已经开始研究收费系统，将会考虑以下方式：用 ETC 去收，给车辆加装电子牌照(给牌照加一个电子装置)，用现在的探头辅助收费，用北斗卫星的方式。目前这四种模式都在研究，可能会侧重于其中一种系统。

2016 年年初，电子车牌技术在无锡率先进行试点。2016 年上半年，北京将进行汽车电子标识技术，也就是电子车牌技术的试点应用。这一技术的完善，将更进一步地推进拥堵费的征收。

(4)相关国际经验

对城市的拥堵路段征收拥堵费方面，国际也有过相类似的经验。新加坡 1975 年起在市中心 6 平方公里的控制区域，对除公交车之外的进入车辆每天收费 3 新元的道路拥堵费。英国伦敦和瑞典斯德哥尔摩，于 2003 年和 2007 年先后开始对市中心的车辆征收“道路拥堵费”。伦敦对进入市中心的小车征收道路拥堵费后，每天进入市中心的小汽车减少 20%～30%，公交车因此较以前提速 25%。纽约于 2008 年 3 月 31 日开始征收交通拥堵费，从早 6 时至晚 6 时，纽约市曼哈顿区 60 街以南到华尔街商圈路段将加征塞车费，并且上述路段居民的车库免税优惠同时被取消，但最终由于反对者众多而不得不搁置这项计划。

2. 持续进行交通基础设施建设

(1)多项政策支持，完善基础设施建设

为进一步完善交通基础设施建设，在政策支持方面，2015 年北京市规划委、市交通委共发布 7 项规划,包括《北京交通发展纲要(2015—2030 年)》、《北京市缓解交通拥堵总体方案(2015—2020 年)》、《市郊铁路规划》、《城市道路网规划》、《市域公交场站规划》、《公路客运枢纽(场站)规划》、《城市步行和自行车交通专项规划》,《公共汽电车站台设置与维护规范》、《实时公交服务数据交换技术要求》、《公交专用车道设置规范》、《城市道路代征用地移交管理办法》。北京市政府在 2016 年的重要民生实事项目中,方便市民出行方面有 6 件,包括:加快推进轨道交通建设;调整公交线路 40 条;完成 20 项市级疏堵工程建设;新增公共自行车 1 万辆等。为构建公交快速通勤网络,施划公交专用道 30 公里,调整 40 条公交线路,新开通 10 条微循环公交线路,增开一批定制公交线路,改造 100 处公交站台换乘环境。

(2)建设环线高速,缓解车辆过境压力

为促进京津冀协同发展,目前正积极建设首都地区环线高速公路、京秦高速公路、京台高速公路、110 国道二期等,缓解过境车辆给城市交通带来的压力。

(3)启用潮汐车道,提升道路使用效率

《北京市缓解交通拥堵第十二阶段(2015 年)工作方案》当中提到,北京市在道路使用方面,将优化平交路口交通组织,完善交通标识标线。在 16 处路口设置潮汐可变向车道,提升高峰时段通行能力。事实上,远在 2013 年 9 月,北京市首条"潮汐车道"西起朝阳路东三环京广桥,东到东四环慈云寺桥,由东向西从左到右的第三条车道作为可变车道投入运营。2014 年 9 月,北京第二条潮汐车道——紫竹院路潮汐车道正式启用。2014 年 12 月,北京市第三条潮汐车道在亦庄经济技术开发区荣华路正式开通。除了首都北京,我国的其他城市如上海、深圳、杭州、长沙等地也纷纷启用潮汐车道,提高通勤高峰时间的道路使用效率。

(4) 地铁建设不断,提高轨道交通运力

北京市目前正在开展轨道交通 3 号线、12 号线、17 号线和 7 号线东延前期研究,开通轨道交通昌平线二期,提高轨道交通 5 号线、10 号线、大兴线和亦庄线运力。

广州市现在已开通 8 条地铁线,包括 1 号线、2 号线、3 号线(包括机场南至体育西路和天河客运站至番禺广场两条支路)、4 号线、5 号线、6 号线、8 号线,以及 APM(珠江新城旅客自动输送系统)与广佛地铁。到 2016 年年底,还将新开两条地铁线 6 号线二期以及 7 号线。

杭州市近日出台地下空间发展规划——《杭州市地下空间开发近期建设规划(2016—2020 年)》,就将发展多条地铁线路,并以地铁线路作为地下空间开发的轴。

成都市在 2016 年也规划新增 8 号线一期、9 号线一期、10 号线二期、11 号线一期、17 号线一期等 5 个项目,总长度 124.2 公里,估算投资 831.41 亿元。至 2020 年,成都市将形成 13 条线路,总长 508 公里的轨道交通网络。

与此同时,哈尔滨、济南、合肥等众多城市也在不断规划建设地铁线路,充分利用地下空间,提升轨道交通运力。

另外,随着经济的发展,人们对于夜班地铁产生了逐渐变大的需求,值得参考的是,伦敦交通局自 2016 年 8 月 19 日,启动了英国首次地铁周末夜班车,旗下的维多利亚线和中央线将在每周五和周六提供夜班服务，同时还在已有夜班公交线路基础上新增了8条配套线路。

3. 大力推动绿色出行

为改善空气质量，2013年9月，国务院发布了被称为"国十条"的《大气污染防止行动计划》，同时，北京市政府也发布了《北京市2013年—2017年清洁空气行动计划》。经过四年的行动，进入2016年，北京市大力发展绿色交通，推广新能源汽车，淘汰老旧机动车，对新能源给予政策支持。比如，2016年5月，北京市交管局发布通告，自2015年6月1日至2016年4月10日，北京市核发号牌的纯电动小客车不受工作日高峰时段区域限行措施限制，即电动车工作日不再实行尾号限行。同时，为发展绿色交通，北京市政府计划完成100公里自行车道和步行系统建设整治任务，并新增1万辆公共租赁自行车。除北京市外，清洁空气行动计划在如上海、吉林、厦门等地也在持续展开，政策上大力支持绿色出行。

2016年2月5日，北京市出台《2016年北京市缓解交通拥堵行动计划》。据交通部门介绍，今年将综合运用科技、法律、经济和必要的行政手段提高交通综合管理水平，确保实现中心城路网交通指数控制在5.7左右，绿色出行比例达到71%。7月4日，市交通委发布《北京市"十三五"时期交通发展建设规划》。"十三五"期间，北京将继续大力推动公共交通发展，中心城绿色交通出行比例从70.7%增加至75%，高峰时段交通拥堵指数控制在6.0以内，中心城采用公共交通通勤平均出行时间从"十二五"末的67分钟，控制在60分钟以内，平均缩短7分钟。公共交通日客运量从2 160万增加至3 050万人次。

4. 研究推行错峰上下班制度

北京市2016年将研究制定《商业金融和产业园区社会单位弹性上下班指导意见》等政策，在CBD、金融街、中关村、上地等区域内推行社会单位早晚高峰弹性上下班，即上班时间和下班时间都延后。北京将重点调节高峰集中出行，研究建立早晚高峰遇极端雨雪天气实施弹性上下班、上下学机制，推动重点功能区内企事业单位实施错时上下班，大力提倡"互联网+"办公模式。国贸、中关村等密集商务区将研究错峰上下班制度。

为给错峰出行制度提供技术上的支持与保障，北京地铁在2015年12月4日到5日的两天时间内，对地铁低峰优惠票价进行测试，除机场线以外的地铁线路，将进行设备功能测试。测试期间，凡在早上7点前持一卡通刷卡进站的乘客，在出站扣费时，将在原有票价基础上享受9.9折的优惠。12月28日，北京地铁在通勤客流强度大、乘客出行时间较早的八通线、昌平线的16座车站试点推行低峰优惠，工作日早7时前，乘客持一卡通刷卡进站乘车，可享票价7折的优惠措施。试行低峰票价优惠，鼓励乘客错峰出行。

(三)交通拥堵

随着城市的扩张和私家车的急速增加，交通拥堵问题已成为制约城市发展的瓶颈。2016年4月20日，高德地图联合清华大学戴姆勒可持续交通研究中心正式发布了《2016年第一季度中国主要城市交通分析报告》。报告公布了2016年第一季度中国堵城排行榜。TOP10依次为济南、北京、杭州、哈尔滨、重庆、郑州、深圳、贵阳、昆明、广州。其中，济南继去年三季度夺魁之后，今年再次问鼎。数据显示，济南是唯一一个高峰拥堵延时指数达到 2.0 以上的城市,也就是说一季度济南市民由于拥堵造成的时间损失达到了正常状态下的 2 倍以上,拥堵时间成本全国最高。

报告显示,受春节返乡影响,今年一季度全国城市拥堵大幅缓解,其中一线城市下降最明显。以北京为例,2016 年,中心城路网交通指数控制在 5.7 左右,绿色出行比例达到 71%,核心区拥堵加剧的势头得到有效遏制,城市交通运行总体安全平稳有序。

1. 普遍实施的交通拥堵治理政策

(1)限购限号的政策。2016 年北京、上海、广州、贵阳、天津、杭州和深圳 7 个城市继续实行汽车限购令。北京市小客车指标办公室公布 2016 年小客车指标额度及配置比例情况。继续实行机动车总量控制,小客车指标年度配额为 15 万个,普通小客车指标由去年的 12 万降至 9 万,改变了摇号阶梯中签率进阶规则。纯电动车指标从 3 万增至 6 万,今年不再进行摇号,6 万指标"先到先得",超出部分按申请时间明年优先配置。

2016 年北京、兰州、贵阳、杭州、成都、长春、天津、武汉、哈尔滨、济南、南昌 11 个城市继续实行尾号限行,每个城市规则不一,差异较大。除了尾号限行政策,北京、兰州、贵阳、杭州、成都、长春、天津、武汉、哈尔滨、广州、石家庄、南京、郑州、西安、福州、上海、深圳这 17 个城市还对外地车实行限行。

北京市对外地车辆实施按车牌尾号工作日高峰时段区域限行交通管理措施,限行时间为 7 时至 20 时,范围为五环路以内道路(不含五环路)。贵阳市对尾号是字母的外地车辆实施星期五限行。成都市对所有外地籍车辆限行。

(2)差别化停车费与交通拥堵费。2016 年 4 月 18 日,《武汉市机动车道路临时停放管理办法》正式实施。中心城区城市道路停车收费为经营服务性收费,收费标准分不同路段和不同时间。

一类收费区域:小型车停车第 1 小时收费标准为每泊位 3 元,自第 2 小时起,收费标准为每泊位每小时 4 元,不足 1 小时的,按 1 小时计算,每天累计计时最高收费标准不超过 25 元;大型车停车按实际占用泊位数计时收费。时限为 7:00～21:00。

二类收费区域:小型车收费标准为每泊位每小时 2 元,不足 1 小时的,按 1 小时计算,每天累计计时最高收费标准不超过 8 元;大型车停车按实际占用泊位数计时收费。时限为 7:00～20:00。

扬州市出台新能源汽车停放费政策,自 2015 年起,在占道停车泊位、室外及室内停车场,新能源汽车 1 小时内免收停放费,而普通汽车为 15 分钟内免收停放费。1 小时后的收费时间段,新能源汽车则按同车型现行停放费标准的一半收取。

目前我国还没有城市实施交通拥堵费。北京市交通委指出 2016 年要研究拥堵费的试点工作。

(3)智能交通 APP。智慧交通 APP 提供交通管制、道路施工、突发事件、交通天气等信息发布,实现道路交通控制管理、交通安全管理、综合交通信息、交通应急、公交优先、公共交通智能化运营等多种服务,智能诱导车辆,避开堵点,对于根治城市交通拥堵能够发挥极为重要的作用。

移动互联网解除了对网络接入端的束缚,尤其适合交通领域。以百度手机助手为例:

交通服务类 APP 达 719 款，下载量过百万的交通 APP99 款，累计下载 12 亿次。

2016 年 4 月 20 日，“河北高速通”手机 APP 公众测试版正式上线。该软件的主要功能分为行车模式、出行导航、高速快览、高速服务、出行指南、旅游指南、意见反馈等模块。

2016 年 4 月 28 日，湖南省高速通 APP 正式上线。“高速通”APP 分为高速路网、路况信息、路况导航、出行广播、高速服务、服务区、ETC 服务和线路查询八大版块功能。可以提供高速路况信息、路况导航、高速路网拥堵指数、分流预案、高速服务等一站式服务。

“宁波通”APP 整合了市区 6 家公交企业数据，能够提供 30 余项交通出行服务功能，包括公交、公共自行车、汽车联网购票、机动车违章查询等。随着功能的不断完善，“宁波通”成为了居民日常出行查询首选，目前注册用户 70 余万人，日活跃用户 10 万人以上。

2. 具有地方特色的治堵政策

结合以上交通拥堵治理政策，各省市根据各地具体情况采取了具有地方特色的治堵政策。

(1)北京市。2016 年北京市通过《2016 年北京市缓解交通拥堵行动计划》。提出重点工作任务：一是加快交通基础设施建设，提高交通供给能力；二是完善交通需求管理政策，降低机动车使用强度；三是规范静态交通管理，大力整顿停车秩序；四是加强交通秩序管理，严厉查处交通违法行为；五是着力强化结构性改革，不断创新体制机制；六是加大宣传力度，营造共治共建良好氛围。

(2)上海市。《2015 年上海城市交通运行年报》数据显示，截至 2015 年底，上海市已注册的小客车达 247 万辆，同比增长 13%。随着小客车拥有量的增加，上海快速路早高峰时段车速由初期的提升 2～3 公里/小时，逐步下降到了只提升 0～1 公里；晚高峰时段车速由初期提升 4～5 公里/小时逐渐下降至提升 0～3 公里。上海市政府提出破解上海道路拥堵，要充分利用现代智能交通技术。一是建立智能交通管理指挥系统；二是建立智能出行管理预报系统；三是建立智能公共交通运营系统；四是建立智能商用车辆运营系统；五是建立智能停车管理系统。

(3)福建省。福建省政府制定了《畅通城市三年行动计划(2016—2018 年)》，落实城市公共交通优先发展战略，强化政府主体责任，计划用 3 年时间推动城市核心区交通拥堵有效缓解。2016 年以来进展情况：一是加快车辆购置。年计划投资 8 亿元，新增更新公交车 800 辆。截至 3 月底，累计投资 2.7 亿元，占年计划 33.75%；新增更新公交车 243 辆，占年计划 30.37%，其中新能源 163 辆。二是优化线网布局。计划新增延伸优化公交线路 120 条。截至 3 月底，新增延伸优化 39 条，占年计划 32.50%。三是筹备地铁运营。委托福州市交通委组织开展福州地铁 1 号线试运营基本条件评审。四是拓展出行“一卡式”支付。年内计划更换卡片 120 万张，线下营业服务网点覆盖到县，新增互联网用户50 万名。五是引导汽车租赁网络化发展。鼓励引进全国性业务的汽车租赁公司，支持网络租车企业入驻福建，在全省布局汽车租赁“一站式”服务网络。

(四)财政扶持

交通建设是稳定经济增长的有效投资，2016 年李克强总理的政府报告里面确定了

2016 年铁路建设完成 8 000 亿元、公路完成投资 1.65 万亿元的明确目标任务。

国家发改委公布数据显示,“十二五”期间全国轨道交通建成 1 900 公里,完成投资 1.1 万亿元。初步测算,2016 年全国城市轨道建设项目投资总规模达 1.75 万亿元,年度投资计划 3 500 亿元。但是国家发改委新闻发言人赵辰昕提醒,随着征地拆迁费用、人工工资以及物价的上涨,地铁建设费用快速上涨,因此,各城市不要盲目攀比,应根据自身经济、财政实力和城市公共交通发展需要选择城市轨道交通制式,通过多系统、多制式的技术经济比选,发展多层次轨道交通。

公共交通设施建设财政补贴的方式如下。

(1)传统财政扶持。辽宁省政府印发《辽宁省 2016 年交通投资工作方案》,明确今年全省交通建设项目及投资,集中发力全省经济稳增长。2016 年,辽宁交通基础设施建设投资预期完成 696.9 亿元,同比增长 11.3%。其中,铁路项目 312.1 亿元,公路项目 213 亿元,港口项目 59 亿元,民航项目 12 亿元,运输场站项目 14 亿元,城市轨道交通项目 86.8 亿元。

河北省 2016 年首季,普通干线、路网改造、农村公路建设累计完成投资 12.4 亿元,为预定目标的 2.5 倍,投资形势大大好与去年同期;公路站场建设完成投资 2.1 亿元,较去年同期翻了一番多。全省计划完成交通投资 32 亿元,实际完成约 46.4 亿元,是预定目标的 1.45 倍;地方铁路建设完成投资 7.4 亿元,较预定目标增加 50%;机场建设完成投资 9 亿元,较预定目标增加 80%。

宁波市交通运输委 2016 年下达给奉化的交通投资计划为 14.702 亿元,为 2015 年的 161.1%。截至 3 月底,江拔线改道、奉化西环线、两高连接线等 10 个重点工程累计完成投资 2.552 亿元,占年度计划的 22.3%。

广州市地铁 7 号线西延至顺德段获得批复。项目线路全长约 13.64 公里,共设 7 座车站,其中换乘站 2 座。平均站间距 2.05 公里,设停车场一座。工程总投资额约 90 亿元,建设工期约 5 年。项目计划 2016 年开工,2020 年底建成试运营。

太原市 2015 年 12 月 30 日通过《太原市人大常委会关于批准 2015 年市本级预算调整方案及政府债务限额分配方案的决议》。其中,山西省转贷太原市的第二批新增专项债券 3 亿元,将全部用于太原市城市轨道交通 2 号线一期工程建设。

截至 2015 年 8 月,深圳市政府已为轨道交通三期及三期调整主体工程安排项目资本金 251 亿元,配置土地作价出资 234 亿元,待安排项目资本金约 500 亿元。

2016 年 4 月 20 日,《陕西省韩城市悬挂式单轨交通机场至古城段预可行性研究》通过评审。韩城市悬挂式单轨交通机场至古城段全长约 16 公里,设置车站 7 座,车辆基地 1 座,项目总投资 25.15 亿元,技术经济指标约 1.6 亿元/公里。

(2)PPP 投融资模式。PPP 投融资模式(Public-Private-Partnership),是指政府与私人组织之间,为了提供某种公共物品和服务,以特许权协议为基础,彼此之间形成一种伙伴式的合作关系,并通过签署合同来明确双方的权利和义务,使合作各方达到比预期单独行动更为有利的结果。2015 年财务审计司发布《交通运输部关于深化交通运输基础设施投融资改革的指导意见》,提出要逐步形成“中央投资、地方筹资、社会融资、利用外资”的交通运输基础设施投融资模式。积极推广政府和社会资本合作模式(PPP),最大限度的鼓励和吸引社会资本投入,充分激发社会资本投资活力。

江苏省2016年2月2日签下PPP融资支持基金首个投资项目,即以股权方式对徐州市城市轨道交通2号线一期工程项目投资4亿元,这也是全国PPP基金投资的第一单项目。江苏信托代表江苏省PPP融资支持基金,与徐州市城市轨道交通有限责任公司签署《关于对徐州市2号线轨道交通投资发展有限公司的股权投资合同》,明确以股权方式对项目投资4亿元,期限10年。徐州轨道交通2号线一期工程总投资169.79亿元,线路全长23.9公里,该项目被列为江苏省首批PPP试点项目。

(五)公共交通运营财政补贴

政府不仅在公共交通设施建设中进行投资,在公共交通运营方面也给予了大量财政补贴。随着北京公共交通票制票价的改革,尽管财政资金对公共交通的投入金额不会减少,但投入方向会有所调整。从长远趋势看,市财政对公交、地铁的补贴额度将会逐步降低。郑州市十四届人大三次会议上,书面听取了《关于2015年财政预算执行情况和2016年财政预算草案的报告》,将为公交、地铁等运营补贴14.6亿元,以推进公交都市的建设。呼和浩特市财政持续加大公共交通投入,将在2016年内安排1.5亿元资金用于公交运营补贴。目前,已预拨呼和浩特市公交总公司运营补贴3 750万元。

(六)绿色、低碳交通

绿色、低碳交通与解决环境污染问题的可持续性发展概念一脉相承。它强调的是城市交通的"绿色性"、"低碳性",即减轻交通拥挤,减少环境污染,促进社会公平,合理利用资源。其本质是建立维持城市可持续发展的交通体系,以满足人们的交通需求,以最少的社会成本实现最大的交通效率。绿色、低碳交通理念应该成为现代城市轨道交通网络规划的指导思想,将绿色交通理念注入到城市轨道交通网络规划优化决策之中,研究城市的开发强度与交通容量和环境容量的关系,使土地使用和轨道交通系统两者协调发展。这种理念是三个方面的完整统一结合,即通达、有序;安全、舒适;低能耗、低污染。

我国各级政府积极采取各种推进措施,目前重庆、厦门、深圳、杭州、南昌、贵阳、保定、武汉、北京、无锡等城市已成为全国绿色低碳交通运输区域性试点城市。

1. 京津冀地区

交通运输部联合国家发改委联合制定《京津冀协同发展交通一体化规划(2014—2020年)》,提出,到2030年,京津冀地区将形成"安全、便捷、高效、绿色、经济"的一体化综合交通运输体系。统一京津冀地区机动车注册登记、通行政策、排放标准、油品标准及监管、老旧车辆提前报废及黄标车限行等政策。

2. 北京市

北京市政府印发实施《北京市2013—2017年清洁空气行动计划重点任务分解2016年工作措施》(以下简称《2016年工作措施》)。相比往年,《2016年工作措施》印发实施较早,体现全市年度大气污染防治工作"早部署、早安排、早落实"的鲜明态度,措施紧扣"治环境、补短板”,聚焦散煤、高排放机动车、城乡结合部等污染治理“三大战役”,着力加快南部四区(丰台区、房山区、通州区、大兴区)重点区域的污染治理步伐;着力完善全市空气重污染应急和街道(乡镇)大气污染防治责任落实机制;着力提高环境监测、监管执法两项基础能力。同时,坚持综合施策、全面推进,按照进度提前、力度加大的原则,扎实推进《北京市 2013—2017 年清洁空气行动计划》的贯彻落实。

3. 上海市

上海市交通委制订《上海绿色港口三年行动计划(2015—2017 年)》,以节能降耗工作为基础,以大气污染防治为重点,以加快构建绿色、集约、清洁港口为主要任务,同时推进水水中转、海铁联运及物流效率的提高,不断优化和完善港口集疏运体系,全面构建上海国际航运中心绿色低碳发展模式。到 2017 年底,港口生产作业单位吞吐量综合能耗较 2010 年下降 7%,港口生产作业单位吞吐量碳排放较 2010 年下降 9%,主要港区细颗粒物(PM2.5)年平均浓度比 2013 年下降 20%。

4. 杭州市

杭州市交通部门结合全国低碳交通示范城市建设、公交都市创建、交通治堵、大气污染防治等工作,有计划、有力度地推进新能源汽车的推广应用。至 2016 年 1 月底,全市新能源公交车总量已达 1 600 辆,新能源出租车 560 辆,已备案的新能源租赁车辆总量达 16 450辆,占全部备案租赁车辆的 57%。根据计划,2016 年杭州市将努力完成 1 万辆新能源汽车推广任务。

5. 重庆市

2016 年 4 月 14 日,重庆市创建绿色交通城市区域性试点项目通过考核验收。重庆市将出租汽车信息管理系统、低碳机动车模拟驾驶培训工程以及重庆市道路运输企业申报的 CNG 公交车推广应用、CNG 出租车推广应用、CNG 班线客车推广应用、LNG 班线客车推广应用、联网售票系统、智能公交工程、陆路甩挂运输示范项目均作为重点支撑项目。以出租汽车信息管理系统为例,仅以重庆市主城区目前出租汽车空驶率 30%(约 150 公里)计算,在出租汽车信息系统的支持下,近两年降低空驶 10%,即每车每日减少空驶 15 公里,主城区 1.47 万辆 出租汽车每日可减少空驶 22.05 万公里,每年可减少空驶约 8 048.25 万公里,可节约燃气消耗 740.4 万立方,每年可节省 2 924.58 万元。

(七)智能交通

智能交通被认为是保障交通安全、缓解拥堵难题、减少交通事故的有效办法,“综合运输与智能交通”也是交通科技领域“十三五”规划布局的重点专项之一。

交通运输部印发的《城市公共交通“十三五”发展纲要》提出建设与移动互联网深度融合的智能公交系统重要任务。到 2020 年,城区常住人口 100 万以上城市全面建成城市公共交通运营调度管理系统、安全监控系统、应急处置系统。推进“互联网+城市公交”发展,推进多元化公交服务网络建设。

中国的智能交通系统发展迅速,在北京、上海、广州等大城市已经建设了先进的智能交通系统;其中,北京建立了道路交通控制、公共交通指挥与调度、高速公路管理和紧急事件管理的4大ITS系统；广州建立了交通信息共用主平台、物流信息平台和静态交通管理系统的3大ITS系统。随着智能交通系统技术的发展，智能交通系统将在交通运输行业得到越来越广泛的运用。

1. 电子收费系统

电子收费系统(Electronic Toll Collection System，简称ETC)又称不停车收费系统，是通过设置在收费公路收费站出入口处的天线及车型识别系统和安装在车辆的车载装置，利用信息通信技术，自动实现通行费支付的系统。

使用该系统，车主只要在车窗上安装感应卡并预存费用，通过收费站时便不用人工缴费，也无须停车，高速费将从卡中自动扣除。这种收费系统每车收费耗时不到两秒，其收费通道的通行能力是人工收费通道的5到10倍。

除了用于高速公路自动扣费，ETC系统也用于市区过桥、过隧道自动扣费，在车场管理中也用于建立快速车道和无人值守车道，自动扣停车费。可以大幅提高出入口车辆通行能力，改善车主的使用体验，达到方便快捷出入停车场的目的。

目前除海南、西藏外，全国29个省份实现高速公路ETC联网。其中，江西省累计建成ETC车道618条，实现主线收费站全覆盖，用户突破100万。陕西省去年新建ETC车道231条，实现主线站100%、匝道站98.8%覆盖。湖北省ETC车道数已超过571条，ETC车道覆盖率达95%以上。山西省新增ETC及非现金支付卡用户近60万户。浙江省新增ETC车道51条、用户51万户。广东省共建成ETC车道1 325条，主线收费站100%覆盖率，匝道收费站90%覆盖率。江苏省“苏通卡”用户达到283万。福建省去年清算交易量达521.2万笔；加强舆论引导，树立ETC服务品牌。

2. 网络约租车

2016年4月16日，北京交通发展研究中心指出网络约租车增加小汽车日出行月33.0万车次。按单车每日出行率2.43车次计算，考虑尾号限行，相当于增加16.9万辆小汽车。北京市2015年小客车配置指标为15万，网络约租车导致的小汽车出行量增减相当于北京市小客车配置指标提速了一年。网络约租车快速发展及其所带来的出行结构改变是目前可见的主要变化因素，其对交通运行的影响不可回避。

2016年7月28日，《关于深化改革推进出租汽车行业健康发展的指导意见》、《网络预约出租汽车经营服务管理暂行办法》正式发布。未来我国出租汽车服务主要包括巡游、网络预约等方式。专车新政将从2016年11月1日起实施。

(1)符合以下条件的私家车可登记为预约出租客运，取得《网络预约出租汽车运输证》。7座及以下乘用车；安装具有行驶记录功能的车辆卫星定位装置、应急报警装置；车辆技术性能符合运营安全相关标准要求。

(2)网约车行驶里程达到60万公里时强制报废。行驶里程未达到60万公里，但使用年限达到8年时，退出网约车经营，不强制报废。

(3)取得相应准驾车型机动车驾驶证，并具有3年以上驾驶经历；最近连续3个记分周期内没有记满12分记录；无暴力犯罪记录；所在城市人民政府的其他规定。满足上述条件的司机才能取得《网络预约出租汽车驾驶员证》。

(4)网约车平台公司承担承运人责任,应当保证运营安全,保障乘客合法权益。

(5)网约车平台公司应当公布确定符合国家有关规定的计程计价方式。确定网约车运价,实行明码标价,并提供相应的出租汽车发票。网约车不得妨碍市场公平竞争,不得以低于成本的价格扰乱正常市场秩序。

(6)网约车平台公司所采集的个人信息和生成的业务数据,应当在中国国内存储和使用。

3. 各地智能交通新发展

(1)北京市。按照《京津冀协同发展交通一体化规划》要求,北京市将以科技创新为手段,以信息化建设为平台,以整合集聚和开放共享为重点,打造京津冀区域交通智能化示范区。主要任务包括:公交一卡通互联互通建设、ETC电子系统建设、道路客运联网售票等。

在公交一卡通互联互通建设方面,目前,公交一卡通使用范围覆盖北京、天津、石家庄、保定、沧州、邯郸、承德、廊坊、张家口。其中,北京有139条公交线路,天津有119条公交线路,河北有300余条线路。按照计划2016年,基本实现北京市市区、市郊公交京津冀交通一卡通互联互通,并加快推进在轨道交通领域的应用。2017年,北京地铁所有线路均将加入京津冀交通一卡通项目。2017年底,持一卡通卡的市民可以享受北京公交和地铁的优惠政策。

在ETC电子系统方面,目前,北京与全国已实现不停车收费联网,京津冀三省市ETC用户达到了245万,其中,北京ETC用户达到180万,电子收费通行量占总通行量的35%以上。

(2)上海市。围绕交通运输部"加快发展综合交通、智慧交通、绿色交通、平安交通"的要求,以及《上海市交通发展白皮书》所提出的交通行业发展目标,上海市至2016年,将基本建成本市智慧出行,初步建成智慧管理与决策;至2020年建成智慧运营和智慧物流,形成本市智慧交通总体布局。

(3)苏州市。"平安苏州"建设信息化提升二期工程进入试运行与调优阶段。新建200个WiFi热点项目,至2015年底已竣工WiFi热点202个,完成年度目标;全市车站码头、商业区等公共场所建有免费WiFi热点1 517个,超过1 500个的年度目标;完成市区3 300辆公交车免费WiFi设备部署,并已投入使用。

(八)区域交通一体化

近年来,京津冀,长三角,珠三角经济圈经济一体化迅速发展,区域交通一体化成为一个热门话题,下面分别对京津冀,长三角,珠三角区域交通一体化的发展进行阐述。

1. 京津冀区域交通一体化新进展

交通一体化是京津冀协同发展的骨骼系统,是优化城镇空间格局的重要基础,是有序疏解北京非首都功能的基本前提。京津冀协同发展的功能定位、空间优化、产业升级转移、生态保护等也对交通发展提出了新要求。

2015年12月8日,国家发改委和交通运输部联合发布的《京津冀协同发展交通一体化规划》中提到，京津冀一体化主要以“一核、双城、三轴、四区、多节点”为总体空间布局，力求打造以首都为核心的世界级城市群交通体系。到 2020 年，多节点、网格状的区域交通网络基本形成，城际铁路主骨架基本建成，公路网络完善通畅，港口群、机场群达到国际先进水平，基本建成安全可靠、便捷高效、经济适用、绿色环保的综合交通运输体系。京津冀的协同发展战略目标具体包括以下方面：

(1)交通网络完善畅通：形成多层次、全覆盖的综合交通网络，实现区域内快速铁路覆盖所有地级及以上城市，高速公路覆盖所有县城，形成京津石中心城区与新城、卫星城之间的“1 小时通勤圈”，京津保唐“1 小时交通圈”，相邻城市间基本实现 1.5 小时通达。

(2)枢纽功能优化提升：建成北京、天津、石家庄、唐山、秦皇岛 5 个全国性综合交通枢纽；新建或改扩建综合客运枢纽，不同运输方式之间换乘时间不超过 10 分钟。

(3)运输服务一体便捷：推动不同运输方式之间客运联程联运、主要城市之间实现交通“一卡通”，旅客出行更加便捷；实现货运多式联运系统流程、标准、单证的有效对接，货运组织更加高效，综合运输服务能力全面提高。农村客运班车实现定线定点、全线定时。

京津冀一体化的发展，将给京津冀区域的百姓出行提供更大的便利，部分道路客运班线将实现公交化运营。不同运输方式之间旅客“联程联运”将有望实现，区域交通管理政策将更加融合，交通信息化服务将逐步实现区域共享。

在京津冀协同发展中，交通一卡通互联互通工作较贴近民生。2015 年 12 月，北京、河北、天津三地的部分线路已经开始试水京津冀交通一卡通互联互通业务。交通运输部把交通一卡通工作列入工作重点，京津冀将率先启动区域城市交通互联互通，方便人民群众便捷换乘，促进城乡客运综合一体化发展。“目前，京津冀交通一卡通还处于试运行阶段，各地仍在不断完善、准备的过程中，预计到 2017 年实现京津冀交通一卡通跨区域跨交通方式的互联互通。”未来，在交通运输部的协调指导下，各地将在京津冀一卡通互联互通试点线路试运行阶段基础上，扩大京津冀一卡通互联互通城市数量，扩大在不同交通运输方式上应用的范围，实现主要交通方式的互通，包括公交、地铁等，力争在道路运输等运输服务方式上拓展。此项工作计划于 2017 年完成。

“十三五”期间，京津冀三地还将持续建设完善干线铁路、城际铁路、市郊铁路和地铁四层轨道网。城际铁路网将成为京津冀主要城市群间的绿色通道。到 2020 年，这张线网的规模将达到 1 355 公里。京津冀交通一体化发展是项复杂的系统工程，要从蓝图落至现实还有很长的路要走。

2. 长三角区域交通一体化新进展

长三角作为一个世界级的城市群，轨道交通的发展是长三角可持续发展非常重要的支撑。长三角城市群发展的重要条件是要建立一个比较完善的区域轨道交通网络，以支撑长三角城市群的可持续的发展。以高铁、城际铁路为代表的轨道交通对长三角城市群空间格局的形成，以及区域经济一体化发挥着重要作用。

关于推动长三角区域交通一体化发展问题，《中华人民共和国国民经济和社会发展第十三个五年规划纲要》提到，要构建高质量综合立体交通走廊。依托长江黄金水道，统筹发展多种交通方式。建设南京以下 12.5 米深水航道，开展宜昌至安庆航道整治，推进三峡枢纽水运新通道建设,完善三峡综合交通运输体系。优化港口布局,加快建设武汉、重庆长江中上游航运中心和南京区域性航运物流中心,加强集疏运体系建设,大力发展江海联运、水铁联运,建设舟山江海联运服务中心。推进长江船型标准化,健全智能安全保障系统。加快高速铁路和高等级公路建设。强化航空枢纽功能,完善支线机场布局。建设沿江油气主干管道,推动管道互联互通。

2016 年 5 月 9 日,推动长江经济带交通运输发展部省联席第一次会议在交通运输部党组书记、部长、部省联席会议召集人杨传堂的主持下顺利召开。会议强调,会议充分肯定了近年来长江经济带交通运输发展取得的积极成效。并强调,推动长江经济带发展,是党中央、国务院主动适应和引领经济发展新常态,并提出具体要求。

2015 年 10 月 22 日举行的长三角地区合作与发展联席会议研究确定加快构建长三角地区更加方便快捷的综合立体交通运输体系、加快新型城镇化发展等主要合作事项。下一步,四省市将按照 2015 年长三角地区交通建设计划,积极推动交通基础设施的互联互通,支撑长三角区域一体化发展。加强“十三五”交通运输发展规划的对接工作,加快省际交通重点项目建设步伐;做好长三角地区甩挂运输试点工作,鼓励发展精品甩挂运输线路;充分发挥水运优势,合力推动长三角地区集装箱运输联动发展;尽快建立应急联动工作信息通报制度,逐步实现跨省部门间的资源共享、信息互联。

随着交通运输部从上而下的推进,诸如联网售票、公交一卡通、智能公交、电子站牌、出租车管理服务系统等长三角区域交通一体化的建设,已经不再是新闻,各省市的智能交通建设重点基本上都有相似的内容;互联网+交通的大趋势下,实时公交 APP、综合交通出行信息服务开始逐步铺开,前者几乎可以在所有地级市落地,后者则更多的出现在省会城市和经济较发达的城市。

2016 年长三角地区交通运输领域的智能交通建设有如下发展目标:浙江省 2016 年交通运输工作会议指出,十三五期间将加快建设长三角综合交通运输信息共享系统、动态交通移动大数据应用项目、公路水路安全畅通与应急处置工程;2016 年,上海将加快交通行业数据中心建设,形成覆盖全行业的综合数据库;浙江嘉兴智慧交通综合信息服务平台建设,2016 年计划重点充实综合交通数据中心数据,拓展有条件的县(市)的交通信息数据,并启动建设应急指挥系统,实现监测预警、信息报告、综合研判、辅助决策、指挥调度、应急联动和异地会商等功能;2016 年,徐州将实施“互联网+道路水路运输服务与管理”行动,完善一体化的道路水路运输行业数据中心,强化对人、货、车、船、户、站的动静态监管,推进与公安、安监等部门的数据对接,形成跨部门数据资源共享共用格局。

3. 珠三角区域交通一体化新进展

据 2015 年国民经济和社会发展计划执行情况与 2016 年计划草案的报告中获悉,未来 5 年,珠三角将建设 16 条城轨,包括东莞惠州、佛山东莞、广州清远、广州佛山江门珠海等多条线路。到 2020 年珠三角城市群内将形成“1 小时城轨交通圈”。根据《珠江三角洲地区城际轨道交通网规划》,到 2020 年,广东将建成 16 条城际轨道线路,总里程达 1 430 公里。截至 2016 年 4 月 1 日,根据《珠三角地区城际交通建设规划》,除目前珠三角已通车的 5 条城际,未来中短期还有 10 条城际列入规划或在建。